21世纪的
全球危机论思潮及其批判研究

21SHIJI DE QUANQIU WEIJILUN SICHAO JIQI PIPAN YANJIU

刘 魁 等著

江苏人民出版社

图书在版编目(CIP)数据

21世纪的全球危机论思潮及其批判研究 / 刘魁著.
—南京：江苏人民出版社，2023.11
ISBN 978-7-214-28761-8

Ⅰ.①2… Ⅱ.①刘… Ⅲ.①经济危机-研究-世界
Ⅳ.①F113.7

中国国家版本馆 CIP 数据核字(2023)第 220395 号

书　　　　名	21世纪的全球危机论思潮及其批判研究
著　　　　者	刘　魁 等
责 任 编 辑	张惠玲
装 帧 设 计	许文菲
责 任 监 制	王　娟
出 版 发 行	江苏人民出版社
地　　　　址	南京市湖南路 1 号 A 楼,邮编:210009
照　　　　排	南京紫藤制版印务中心
印　　　　刷	江苏凤凰数码印务有限公司
开　　　　本	652 毫米×960 毫米　1/16
印　　　　张	24.5
字　　　　数	300 千字
版　　　　次	2023 年 11 月第 1 版
印　　　　次	2023 年 11 月第 1 次印刷
标 准 书 号	ISBN 978-7-214-28761-8
定　　　　价	68.00 元

(江苏人民出版社图书凡印装错误可向承印厂调换)

目　录

导　言

　　人类的历史从来就是一部充满危机、挑战与机遇的历史,一部在灾难中孕育新的文明与希望的历史。不过,在不同的时代,人类面临的危机、挑战与机遇的主题不尽相同。如果说 20 世纪人类的发展主题是民族国家的发展道路抉择问题,面临着是社会主义或资本主义、民族主义或自由主义的道路抉择问题,那么,21 世纪的人类发展主题则是全球生存危机与拯救问题。

　　目前人类已经进入了 21 世纪 20 年代,随着全球气候变暖的加剧,南北极地冰川融化,海水升温,海洋生态灾民不断增加,新冠疫情阴影尚未散尽,俄乌冲突、美欧俄冲突、美国对新兴大国的打压等政治冲突还在不断加剧,全球金融危机、粮食危机、能源危机以及核战争的阴影也在逐步扩散,人口老龄化、生态帝国主义等新帝国主义的崛起、智能机器对人类的替代等全球危机此起彼伏,导致许多人对于人类的未来前景忧心忡忡。2020 年 12 月,联合国秘书长古特雷斯在一次演讲中警告说:"人类正在向自然开战。这是人类的自杀行动。大自然一定会进行反击——它正在以日益强大的力量和愤怒进行反击。生物多样性正在崩溃。百万个物种面临灭绝的危险。生态系统正在我们的眼前消失。沙漠正在蔓延。湿地正在减少。我们每年要失去 1 000 万公顷的森林。海洋过度捕捞,并被塑料垃圾堵得窒息。海洋因为吸收的二氧化碳而正在酸化。珊瑚礁正在漂白和死亡。空气污染和水污染每年造成 900 万人死亡——超过当前大流行病死亡人数的六倍。随着人类和牲畜进一步侵入动物栖息地,破坏野生空间,我们可以看到更多的病毒和其他致病因子从动物转移到人的身上。我们不要忘记,在新出现的人类传染病中 75% 是人畜共患疾病。"2022 年 8 月 2 日,联合国秘书长古特雷斯警告称,人类距离核毁灭只差一个误解、一个误判。

在此背景下,各种形式的全球危机论思潮,如"全球化危机论""生态末世论""气候危机论""生态帝国主义论""新帝国主义论"等等,甚器尘上。对此,有许多学者从不同的视角对这些思潮展开了反思、批判与未来前景展望,提出了拯救与重建人类文明的新构想。一时间,号称"新轴心时代""超越工业文明""智能文明"之类的说法流行一时,各种冠名"大师""思想家"与"政治家"的学者也是纷纷登台,热闹非凡,但是,被各界公认的、引领未来的思想家、政治家并不多见。在许多人看来,目前是二战结束后人类思想上的一个黯淡的时代。也许目前只是工业文明陷入危机、新型文明还在孕育的过渡时代,是新的思想家、政治家等诞生的前夜。有鉴于此,我们有必要认真研究当前流行的各种全球危机论及其批判的思潮,以便把握未来时代的脉搏。

毋庸置疑,对于当前的全球危机以及相关的各种全球危机论思潮,学术界已经进行了丰富的研究。但是,由于各种原因,学者们多数局限于所在的哲学、政治学、经济学、伦理学、生态学等学科进行专题研究,往往缺乏综合视野。由于全球危机的复杂性与跨学科性,本著作从跨学科的视角进行综合研究。在本著作中,所谓全球危机具有复杂的内涵,不仅既指全球人类与各种物种的生存危机,包括地球上人类与各种生物生存的全球环境污染、能源危机、粮食危机与气候变化危机,也指全球化危机(即逆全球化、全球碎片化),是一种广义上的、综合性的全球系统危机。

从总体上看,自 21 世纪以来,国内外学术界针对全球危机的反思与批判具有现实性、前沿性与探索性,丰富了有关全球化、资本主义批判以及未来文明展望的理论研究。不过,由于种种缘故,目前的学术研究还存在如下的不足:(1)学术界的研究主要是围绕代表人物和流派进行,对于 21 世纪生态思潮发展趋向缺乏总体研究;(2)学术界对于生态现代主义、生态纳粹主义、生态非现代主义、生态后人类主义以及生态政治、生命政治等前沿思潮只有零星研究,缺乏系统研究;(3)学术界对于当前轰轰烈烈的第四次工业革命对当代生态治理发展的影响,目前还关注不够。因此,本书着眼于 21 世纪"人类世"语境下的各种形式的全球危机论思潮展开系统研究,尤其着眼于研究"人类世"、逆全球化、第四次工业革命等对全球生态发展与文明重建的影响,关注思潮的前沿性、全球性与社会影响性,一方面填补目前学术界这方面研究的空白,一方面也为当代中国的全球化发展与生态文明建设提供思想资源。

本著作主要分为三编,分别为"21 世纪的全球危机与批判""21 世纪的全球危机及其反思""21 世纪的全球危机及其未来展望"。与国内同类论著相比,本论著具有以下特点:一是具有综合性,对于学术界与社会各界的各种形式的全球危机论(包括政治、经济、文化、社会与生态诸方面的危机)进行了研究,并非仅仅局限于生态、政治等方面的研究;二是具有前沿性,立足于当代马克思主义对于国际学术界的权威学者及其相关理论思潮进行跟踪研究;三是具有批判性,对社会上流行的各种思潮进行比较深入的理论反思与批判。当然,目前还只是处于 21 世纪的早期,新的科技与产业革命蓬勃发展,尤其是智能革命的历史性影响还只是"小荷才露尖尖角",有待进一步考察。因此,对于全球危机的成因、对策以及对于各种形式的全球危机论思潮的批判也还在探索过程中,不足之处,恳请各位专家学者、社会贤达以及青年才俊指正!

第一编
21世纪的全球危机论及其多维批判

第一章　21世纪全球化危机与
新帝国主义批判

　　自奈格里与哈特的大作《帝国》问世以来,新帝国主义就成为学术界讨论的热门话题,其中以奈格里与哈特的"帝国论"、哈维的"新帝国主义论"、福斯特的"晚期帝国主义论"和"生态帝国主义论"影响最大,但是,他们之间的分歧也很严重,至今也没有达成共识。时间已过去了近20年,从今天的角度看,他们关于新帝国主义的讨论过分关注全球化、后现代、后工业等对经典帝国主义的冲击及其对新帝国主义塑型的影响,不经意中却忽略了全球生态危机,尤其是全球化危机对于工业帝国主义的巨大冲击与影响,忽视了建立在西方民族国家基础上的工业帝国主义的结构转型。按照布鲁诺·拉图尔(Bruno Latour)的说法,随着工业危机,特别是生态危机的日益严峻,西方社会的精英突然意识到,地球上有限的自然资源并不足以支撑全球实行现代化,由此导致启蒙运动以来信心满满的"现代化危机"与"全球化危机",进而导致"逆全球化"以及西方生态霸权的诞生。① 不过,新帝国主义的诞生未必意味着帝国主义进入福斯特所谓的"灭绝"或"晚期"境地,而是可能意味着帝国主义的发展进入了一个新的阶段,从国家工业帝国主义演变为全球生态帝国主义,工业文明因此并没有陷入绝境,而是转变为一种新的形态。本章试图从全球霸权危机的视角对21世纪新帝国主义的结构转型进行哲学审视。

一、全球化危机与新帝国主义的主要内涵

随着西方"逆全球化"思潮的兴起,尤其是随着美国政府近年的一系列"美国优先"与"美国回来"的政治操作,全球化危机已经成为社会各界讨论的一个重点话题。不过,大家关心的多是逆全球化思潮兴起的根源、影响与应对问题,而对全球化危机与现代化危机、生态危机,尤其是其与气候变暖的危机的关系问题关注不够。对此,布鲁诺·拉图尔在近年的著作《着陆何处》一书中对此问题有了令人深省的重要解读,引起国际学术界的高度关注。

拉图尔认为,当今世界面临的最大危机是由气候危机引发的全球化危机。2015年12月12日,各签约国在《巴黎协定》上签字的同时就已经意识到,"如果大家继续信心满满,按照各自既定的全球化计划前进,那么目前的星球并不够用,它们的发展愿景于是也无从实现。换言之,它们需要好几个星球,但它们却只有一

---

① 〔法〕布鲁诺·拉图:《着陆何处——全球化、不平等与生态巨变下,政治该何去何从》,陈荣泰、伍启鸿译,群学出版有限公司2020年版,第12—13页。注:大陆学者一般将其译为"拉图尔",本书也是如此。

个"①,全球化的梦想开始塌陷。按照拉图尔的看法,近年来国际社会发生的三个标志性历史事件——英国脱欧、特朗普当选美国总统以及移民潮再起,恰恰是当前全球化危机的三种表现形式。"无论是对富裕国家的老居民或对这些国家的未来居民,问题都一样。对前者而言,他们既然体认到适用全球化的星球并不存在,便得彻底改变生活模式;对后者来说,他们不得不离开遭蹂躏的故土,从而也一样必须学会彻底改变生活模式。"②

在此背景下,各国意识到,过去自认为全球可以共享同一个世界,现在已不可能。面对如此严峻的气候危机与疫情危机,美国可以有两条路可以选,即要么面对现实,承担全球拯救责任,带领各国走出危机,要么横下心来彻底否认目前面对的危机,愈陷愈深,企图在隐瞒危机的过程中独自逃生。不幸的是,它选择了第二条路,既然不能共存,那就彻底否认气候危机与疫情危机,或者是政治甩锅,推卸责任,一切以"美国优先",千方百计保持自己的生活方式与生产方式的优越性。于是,特朗普在 2017 年 6 月 1 日退出了《巴黎协定》。按照拉图尔的说法,特朗普宣布退出《巴黎协定》,就意味着他向全球发起了一场战争,至少是划定了战区:"我们美国人,不跟你们属于同一块土地。你们的土地也许遭受威胁,但我们的永远不会!"③如果拉图尔的说法可以成立的话,我们对 21 世纪新帝国主义的起源与特征的理解也必须考虑生态危机,尤其是气候危机引发的现代化危机与全球化危机问题,不能单纯考虑全球化对于新帝国主义结构塑型的影响,毕竟逆全球化是目前国际社会流行且塑造新型国际关系与生态政治的一股主流思潮。当

---

① [法]布鲁诺·拉图尔:《着陆何处——全球化、不平等与生态巨变下,政治该何去何从》,陈荣泰、伍启鸿译,群学出版有限公司 2020 年版,第 12 页。
② 同上书,第 13 页。
③ 同上书,第 8 页。

然,我们也不能否认全球化对于20世纪70年代以后新帝国主义形成的巨大影响,就像不能否认新自由主义对于早期新帝国主义形成的巨大影响一样。但是,自2008年全球金融危机爆发以后,各国经济复苏乏力,自由贸易促进经济增长不力,贸易保护主义思潮开始盛行,民族主义抬头,"英国脱欧",特朗普上台推行"美国优先"政策,把逆全球化思潮推向高潮。美国在2017年不顾国际社会的广泛反对,悍然退出《巴黎协定》,标志着新帝国主义进入了第二阶段,也意味着21世纪新帝国主义的诞生。

在本章中,所谓"21世纪新帝国主义",主要是指21世纪以来因应全球气候危机、能源危机与生物多样性危机而形成的,具有民族主义、民粹主义、全球生态霸权主义等特征的全球生态帝国主义。它之所以"新",主要体现在以下三个方面:

首先,它是处于新的历史时代的帝国主义,即处于全球化危机、民粹化、民族主义大行其道的新时代,既与19世纪末、20世纪初形成的工业发展朝气蓬勃的经典帝国主义相区别,也与20世纪70年代形成的新帝国主义相区别。

这里有必要预先说明的是,"帝国主义"一词有广义与狭义之分,本文所谓的"21世纪新帝国主义"是在狭义上使用的。广义的帝国主义,一般指一国对别国进行军事和经济征服的企图、政策或行动①;狭义的帝国主义,按照列宁的经典界定,是指金融与工业相结合的垄断的资本主义,是"资本主义发展的高级阶段"。不过,列宁意义上的"帝国主义"虽然是指垄断资本主义,但是资本主义在不同的历史阶段可以有不同的垄断形式,既有自由资本主义之后形成的国家垄断的工业帝国主义,也有当代以生态资本为主导、结

---

① 　对于"帝国"与"帝国主义"概念的辨析,特别是对"帝国主义"概念内涵的辨析,可以参阅周芬、张顺洪《帝国和帝国主义概念辨析》,《史学理论研究》2021年第2期;汪晖《世纪的诞生——20世纪中国历史的位置(之一)》,《开放时代》2017年第4期。

合金融资本进行全球生态霸权的生态帝国主义。帝国主义的本质在资本主义之后没有发生变化,它始终是建立在资本主义的资本增殖基础上的,资本垄断是形式,资本增殖是根本的经济发展动力,维护中心地区对边缘地区的资本权威、进行经济剥削与政治控制是其根本的政治动机。

二战结束以后,尤其是 20 世纪 70 年代以后,随着西方殖民体系的崩溃和高科技的大加速发展,西方资本主义逐步进入了所谓的后现代、后殖民、后工业阶段,为适应新时代的发展,鼓吹全球贸易自由、市场万能,反对国家干预的新自由主义大行其道。换句话说,资本主义从建立在国家主权基础上的垄断资本主义进入了具有全球化、跨国性、追求全球垄断的新帝国主义,与列宁所阐述的处于国家垄断资本主义的经典帝国主义有着明显的“代沟”。在列宁的时代,资本主义正处于工业革命如火如荼的发展时期,到 20世纪六七十年代发展到顶峰。然而,20 世纪 70 年代以后,资本主义的工业经济已经遭遇严重的人口爆炸、资源短缺、环境污染、生物多样性减少、气候变化、石化能源危机等全球性危机,随着全球化、新自由主义与后工业的推行,这个时期的新帝国主义在相当程度上是工业危机的产物。到了 2008 年,全球金融危机爆发以后,资本主义的全球化陷入危机,新帝国主义于是逐步进入了逆全球化阶段。值得注意的是,新帝国主义虽然进入逆全球化阶段,却没有抛弃新自由主义的大旗,它以新自由主义为幌子,对外追求经济与工业发展的全球化与全球霸权,对内则宣称“逆全球化”,迎合民众的经济利益追求。

其次,它追求的是新的霸权类型:以环境保护、节能减排、应对气候变化为借口,一方面对发展中国家进行生态资源垄断、生态环境污染转移与生态贸易剥削;另一方面则在全球控制石油、煤炭、页岩气、天然气等石化产品的开采与运输,控制新能源以及相关技术的开发,包括控制信息技术、人工智能技术、航天技术的发展,实际上是一种不惜牺牲全球经济发展边缘地区、追求全球最优生态位垄断的生态帝国主义,为与以前的生态帝国主义相区别,我们可称之为"全球生态帝国主义"。

在学术史上,最早提出"生态帝国主义"一词的是美国著名历史学家阿尔弗雷德·克罗斯比(Alfred W.Crosby)。在《生态帝国主义:欧洲的生物扩张,900—1900》(1986年出版)一书中,他指出,资本主义在美洲、大洋洲及非洲的殖民侵略之所以成功,不仅仅得益于其先进的军事武器优势和文明制度,更得益于与之伴随的生态扩张、生物侵略与病菌感染,比如把欧洲本土的植物、动物、家畜、家禽,乃至疾病引进到殖民区域。他甚至认为:"造成土著居民大量死亡和为移民开辟出新欧洲的主要责任承担者,不是残酷无情的帝国主义本身,而是他们带来的病菌。"[①]为此,他把早期西方殖民者针对殖民地的野蛮、残酷的生态侵略与扩张行为称为"生态帝国主义"。

从历史的角度看,原始积累时期的生态帝国主义是早期殖民者为了满足需求、获得经济收益时对殖民地附属国进行的一种军事侵略与经济掠夺,其中,以军事掠夺和经济掠夺为主,而生态殖民侵略为辅,其侵略主体既有人,也有动物和植物,甚至是疾病,但对于当地的原住民及生态环境都产生了毁灭性的打击。这与21世纪的全球生态帝国主义打着环境保护的旗号,有着根本的区别。

第二次世界大战结束后,随着殖民地国家纷纷获得独立,帝国主义国家从领土上重新瓜分世界的幻想破灭,于是,资本主义的发

---

① 〔美〕阿尔弗雷德·克罗斯比:《生态帝国主义:欧洲的生物扩张,900—1900》,张谡过译,商务印书馆2017年版,第186页。

展进入了后殖民阶段,过去的政治与经济控制就逐渐转向了不平等的贸易剥削与生态资源掠夺,军事侵略与政治干预反倒成为一种辅助形式,有学者将此称为"新殖民主义",福斯特、佩珀等人称为"生态帝国主义"。福斯特对生态帝国主义的特征进行了归纳:掠夺外围地区的各国资源,改变各国生态系统;剥削廉价劳动力,制造大量人口流动;强化资本控制,制造和利用外围地区的生态脆性;向外围地区倾倒生态垃圾;不断强化环境的"物质变换断裂"(马克思语),导致全球生态危机。①

戴维·佩珀则认为,面对全球生态危机,生态帝国主义主要有两种表现方式:其一是利用其自身的优势对欠发达地区实行不平等贸易,并通过跨国公司进行资源掠夺。其二是将高消耗、高污染企业向欠发达地区转移,造成污染转移。佩珀明确指出,这是一种基于经济不平等的生态剥削,由于"环境质量与物质贫穷或富裕联系在一起,西方资本主义正在逐渐维持和改善自身,并通过掠夺第三世界的财富而成为世界羡慕的对象。因此,被新发现的'绿色'将通过使不那么具有特权的地区成为破坏树木和有毒废物的倾倒处来实现"②。

需要注意的是,21 世纪新帝国主义不仅仅关注全球生态危机问题,还关注全球化危机问题。在 20 世纪 90 年代,西方世界经济中心地区还对全球化抱有幻想,企图通过全球化手段掠夺边缘地区的资源。进入 21 世纪以后,随着能源危机、气候危机与人口爆炸危机的加剧,尤其是随着生态环境危机的加剧,工业的可持续发展受到严峻挑战,工业帝国主义的发展进入衰退期,为维护西方发

---

① 贾学军:《"生态帝国主义":福斯特对垄断资本主义批判的新视角》,载《理论视野》2013 年第 6 期。

② [英]戴维·佩珀:《生态社会主义:从深层生态学到社会正义》,刘颖译,山东大学出版社 2005 年版,第 140 页。

展的全球霸权优势,以美欧为代表的西方帝国主义根据形势的发展,以新自由主义和生态环境保护为借口,对处于边缘地域的国家或地区进行不平等的贸易剥削与打压,或者是以各种手段建立强大的能源帝国、碳帝国,或者把生态环境废品、污染物转移到落后国家与地区。按照拉图尔的说法,目前的西方精英已经意识到地球资源不够全球 75 亿人口使用,现代化不可能在全球实现,否则地球资源远远不够使用,因此,这些精英试图否认气候变暖等全球危机,从全球化倒退到主权国家化,通过对生态资源、新能源,尤其是二氧化碳排放权的掌控,达到消灭落后民族、国家与民众,获取最佳生态位的霸权目的。[①] 此外,他们也还通过对其他国家的高科技,包括对基因技术、智能技术、光伏技术以及稀土资源的打压进行全球帝国主义式的控制与垄断。其中最为突出的就是对中国中兴与华为两家高科技公司的打压。

最后,它处于新的历史阶段:它是一种时间上的晚近帝国主义,但并非资本主义或帝国主义的"灭绝期"或"末期",不同于福斯特的"晚期帝国主义"。

对于 21 世纪的新帝国主义,福斯特强调其全球性、危害性、人为性,尤其是其晚期性、灭绝性,为此,他把新帝国主义称为"晚期帝国主义",有时也称为"人类世帝国主义"。[②] 按照福斯特的看法,"人类世"帝国主义是导致"人类世"危机的罪魁祸首。在晚期帝国主义阶段,生态帝国主义、能源帝国主义和水帝国主义使"人类世"

---

① [法]布鲁诺·拉图尔:《着陆何处——全球化、不平等与生态巨变下,政治该何去何从》,陈荣泰、伍启鸿译,群学出版有限公司 2020 年版,第 44—45 页。

② John Bellamy Foster & Hannah Holleman & Brett Clark, "Imperialism in the Anthropocene," *Monthly Review*, Vol.71, No.3 (2019), p.84.也可以参见约翰·贝拉米·福斯特:《社会主义理想的复兴》,刘仁胜译,载《国外理论动态》2021 年第 1 期;牛田盛:《晚期帝国主义:资本主义世界秩序的历史终点》,载《世界社会主义研究》2020 年第 6 期;贾学军:《新帝国主义是更为凶险的帝国主义——福斯特对新帝国主义的经济与生态的双重批判》,载《南京政治学院学报》2018 年第 6 期。

危机不断恶化。"人类世"帝国主义既是 21 世纪资本主义的灭绝阶段,也极有可能是导致人类和地球灭绝的阶段。新的物种意识的形成和反抗灭绝运动则是解决"人类世"危机的主要途径。① 但是,按照拉图尔的非现代性的思想,生态危机的发生应当是自然因素与社会因素共同作用的结果,西方近代以来的现代性思想往往把自然因素与人的因素、科学因素与政治因素区别开来进行分析,可是在现实世界,它们往往是综合作用。② 福斯特的问题就在于过分关注全球生态危机的社会因素与政治因素,对于其中的自然因素与科学因素关注不够,忽略了问题的复杂性。此外,福斯特只注意到生态帝国主义是晚期帝国主义,强调帝国主义的灾难性与灭绝性(甚至于把这一时期的资本主义称为"灾难资本主义"),忽视了资本主义与晚期帝国主义的自我调节性,过分悲观。实际上,资本主义的发展到目前为止还具有相当的科技创新与经济发展活力,第四次工业革命为资本主义开启了新的经济长波,还没有进入"灭绝状态"。美国在 2008 年金融危机之后,抛弃所谓的后工业,走上了"再工业化"道路,也充分说明了这一点。

总之,21 世纪新帝国主义起源于 21 世纪初,处于全球化危机的时代背景,是一种因应全球生态危机与人类生存危机而产生的,对外追求新自由主义,对内追求民族主义,在政治目标上追求全球生态位、维护全球生态霸权的生态帝国主义,是第二阶段的新帝国主义,具有民族主义、新自由主义、生态霸权主义等特征。

---

① 牛田盛:《"人类世"帝国主义是 21 世纪资本主义的灭绝阶段——福斯特对帝国主义的最新批判述评》,载《世界社会主义研究》2019 年第 10 期。
② 参见[法]布鲁诺·拉图尔《自然的政治——如何把科学带入民主》,麦永雄译,河南大学出版社 2016 年版。

二、新帝国主义的本质及其形成的内在根据

对于新帝国主义的本质,学术界讨论甚多,其中冲击力最大的无疑是奈格里与哈特的"帝国论",与之相对立的则是约翰·福斯特的"晚期帝国主义论"。在论述21世纪新帝国主义的本质之前,我们有必要对20世纪70年代形成的新帝国主义进行评述。至于其他有影响的研究,包括阿瑞吉(Giovanni Arrighi)与大卫·哈维的研究,立场基本居于二者之间,学术界已经讨论很多,限于篇幅,恕不赘述。

奈格里与哈特的"帝国论"的一个根本特征就是浪漫主义,对于全球化的未来抱有浪漫主义的幻想,强调随着全球化的发展与殖民主义的终结,全球成为一个整体,传统或者说经典的帝国主义体系逐渐走向终结,取而代之的是一个庞大的、全球性的、不断扩展边界运动,用哈特的话说:"它是一个去中心的(decentered)和去领土化的(deterritorializing)机器,这样的机器在其开放的、不断扩张的边界内将整个全球版图整合起来。帝国通过对指挥网络系统的调整来对混合的身份、灵活的等级制度和多元的交流实施管理。"①其中已经没有中心与边缘之分,它试图对这些全球交流进行控制,也对那些主宰世界的主权大国进行控制。与帝国主义相对照的是,帝国并不建立权力的领土中心,并不寻求稳固的边界,只有不断破除边界的运动。按照他们的看法,即使是当今强大的美国也只是帝国全球化过程的产物,最终会为新的强大的"全球性帝国"所取代。正是基于此,奈格里与哈特认为,列宁等在20世纪初

---

① ［意］麦克尔·哈特、颜海平:《"帝国"与"大众":对话的开始》,(2007-3-19)［2022-1-20］［EB/OL］. http://www.chinawriter.com.cn/2007/2007-03-19/22775.Html.

制定的帝国主义范式已经失效,拥有权力中心与国土边界的帝国主义体系,随着全球化进程的不断推进,终将为没有权力中心与没有确定边界的帝国运动所取代。

仔细想来,奈格里与哈特的帝国理论实际上是对资本帝国全球化扩张的一种迷幻,是资本主义背景下帝国主义无止境地追求全球控制的一种迷幻。虽然奈格里与哈特的思想本身可能如一些学者所说,起源于对古代罗马帝国行政管控的一种迷幻,但是,他们在现实中看到了建立在经济、信息与网络技术等发展要素的全球化扩张态势,却忽略了全球化背后的资本主义剥削因素。这种迷幻是对去中心、去二元性、去边界的后现代文化思潮的一种呼应,并企图借后现代文化思潮而获得理论上的合法性。后现代文化思潮一旦在理论上合法化以后,反过来又在理论上进一步引导全球资本帝国的去中心化、去领土化拓展。基于此,"我们今天在认识论上的一个重要任务,就是要批判性地透视观念层面上与帝国同质的后现代文化思潮,后现代文化恰恰映射了现实中资本帝国统治方式的深刻变化,反基础论和流动的多样性认知模式正是资本帝国全球化布展的存在特征"①。

由于奈格里与哈特的帝国理论本质上是基于资本帝国的无止境的全球化拓展的幻想,但在理论上又遮蔽了帝国扩张背后的资本主义、帝国主义背景,因此遭到了福斯特等学者从新帝国主义视角展开的有力批判。

福斯特认为,随着技术的进步,资本主义进入了全球化的世界,但是,资本主义追求价值增值的本质没有变化,作为垄断资本主义的帝国主义的本质也没有发生根本的变化,帝国主义建立在

---

① 张一兵:《后现代文化与资本帝国的全球统治——奈格里、哈特〈帝国〉解读》,载《文学评论》2018 年第 5 期。

殖民剥削基础上的二元结构体系也没有根本的变化,变化的只是表现形式;过去的殖民剥削是建立在民族国家基础上的,现在的殖民剥削是建立在跨国基础上的,过去的殖民剥削是建立在殖民主义、以军事为后盾的势力范围瓜分基础上的,现在的殖民剥削是建立在后殖民、自由主义与全球化基础上的。最为重要的是,帝国主义的内在冲突与外在矛盾也进入了最为激烈的阶段,帝国主义要么走向毁灭,要么走向社会主义,没有第三条路径可以选择。因此,帝国主义进入了灭绝期,可称之为"晚期帝国主义"。

在福斯特那里,作为晚期帝国主义的新帝国主义开始于20世纪70年代,崛起于资本主义社会陷入经济滞胀的时期,又因为苏联的瓦解而不断加速扩张。不过,与奈格里与哈特的帝国理论相反,在福斯特看来,所谓的新帝国主义,或者是晚期帝国主义仍然是有权力中心、有边界的,在当今的现实世界里,全球化的世界秩序的核心是由美国主导的美国、欧洲和日本的霸权主义联盟。

福斯特虽然认为生产和金融的全球化加强了资本主义的垄断性,帝国主义剥削方式发生了新的变化,对世界也更具有破坏性,但他并不认为当今新帝国主义与列宁阐释的垄断资本主义有本质的区别。在福斯特看来,列宁所揭示的"资本主义是对外围世界所进行的制度性剥削"仍然有效。"尽管少数第三世界国家受益于全球化进程,在工业化和贸易方面取得了可观的进步,但中心国家与外围国家之间的总体差距继续扩大。全球化进程催生了世界经济和政治中的许多新事物,但它并没有改变资本主义的基本运作方式。它也无助于和平或繁荣的事业。"[①]所以,帝国主义没有新旧之分,世界"外围"与"中心"之间的区别一直存在,中心国家一直在不

---

① Harry Magdoff, "Globalization-To What End?" *Socialist Register*, Vol. 28 (1992), p.41.

断对外围国家进行经济上的剥削和政治和文化等方面的控制。为了说明这一点,他还借用发达资本主义国家对于落后国家所欠下的"生态债务"进行了深刻说明,并以"碳排放量"为指标进行了量化分析①,在学术界产生了巨大影响。

福斯特强调,晚期帝国主义代表了资本主义秩序的终点,"不革命,即灭亡"②。如果说奈格里与哈特的帝国理论代表着资本主义对于无止境全球化的激情与梦幻,那么,福斯特的晚期帝国主义理论代表着西方激进左翼对全球资本主义的毁灭与社会主义新生的激情与渴望,其共同的现实基础就是资本主义的全球化正处于技术、经济与政治上的辉煌时期,前者看到了帝国扩张对于各种主权边界的突破性与创新性,后者看到了帝国扩张的全球垄断性与灾难性。从今天的角度看,他们都忽略了一个重要问题,即全球化固然对全球政治结构塑型很重要,但是当今世界的全球化是资本主义的全球化,它的立足点是对于资本主义体系有利,一旦出现反噬现象,出现对于资本主义体系的不利的现象,就会出现反全球化、逆全球化现象。今天的美国之所以走上逆全球化的道路,劳工阶层多数人反对全球化,就是因为感觉到全球化只对占人口 10% 的上层社会有利,对于人口 90% 的大多数民众不利,甚至是有害。因此,从今天逆全球化角度看,上述学者被 20 世纪 70 年代的全球化以及资本主义对于苏联、东欧社会主义阵营的胜利所迷晕,并没有完全看清新帝国主义的本质。笔者认为,70 年代兴起的新帝国主义并非经典帝国主义在时代的延续,也不是新时代的政策手段,而是帝国主义在新时代的结构转型。到了 2008 年,随着美国引发

---

① John Bellamy Foster & Brett Clark, "Ecologocal Imperialism: The Curse of Capitalism," *Socialist Register*, Vol. 40 (2004), pp.187 - 198.

② 约翰·贝拉米·福斯特:《社会主义理想的复兴》,刘仁胜译,载《国外理论动态》2021 年第 1 期。

的全球金融危机的爆发,经济的全球化危机在发达国家首先爆发,后来随着气候变化的日益严峻,气候危机引发了生态危机的焦虑,进而引发了现代化图景的危机,生态法西斯主义开始崭露头角,直到特朗普上台在气候问题上推行一系列"美国优先"政策,新帝国主义于是逐渐发展到了一个新的阶段,即从以国家为基础的工业帝国主义走向全球化的、具有法西斯主义特征的生态帝国主义阶段,这就是所谓的"21世纪新帝国主义"。

相对于以前的帝国主义与新帝国主义,这一时期的新帝国主义具有如下特征:

第一,它是全球生态危机时代的帝国主义:20世纪的工业帝国主义是建立在工业技术发达、工业资源丰富、工业文明昌盛的基础上,然而,目前建立在工业技术基础上的物质生产陷入困境,生态环境危机意味着工业发展的不可持续性。既然生态危机意味着帝国主义长期掠夺的生态资源、经济资源的危机,那么西方帝国主义为了维护自己的霸权,就会千方百计地垄断、侵略与掠夺各种生态资源,掠夺的目标重点转向了生态资源与能源资源,导致以美国为代表的生态帝国主义的兴起。

第二,它是全球工业文明危机时代的帝国主义:生态文明、绿色发展提上了议事日程,传统的工业帝国主义的掠夺行为也走到了尽头,所以帝国主义的掠夺重心被迫发生变化,从掠夺工业资源走向了掠夺生态资源,垄断非物质经济。但是,工业文明只是遭遇严重的挑战与危机,并没有陷入绝境,而是随着技术的发展进入工业文明发展的新阶段。

第三,它是全球化危机时代的帝国主义:资本主义遭遇全球化的危机,必然不会甘于没落,必然会利用各种手段来维护起全球资本的权威,新自由主义、非物质经济、金融资本无论怎么发展,归根到底都是一种垄断资本主义的掠夺与剥削手段。全球化、全球资本主义化并不意味着帝国主义的等级体系的消失,而是意味着帝国主义在全球化、金融化、非物质经济背景下采取了更为隐蔽的方式。

按照拉图尔的说法,当今最大的危机是现代化的危机,全球化的危机实际上是现代化危机的结果。自近代以来,西方现代化是建立在全球化的基础上的,以现代化的目标引领全球走向经济繁荣、政治民主、文化灿烂、科学昌盛的未来。可是,随着人口爆炸、气候变暖、环境污染、资源短缺与能源危机等全球性灾难的爆发,人们突然发现,现代化的发展出乎意料,将人类引向了万劫不复的未来,比如目前地球的资源无法满足地球上现有的 75 亿人口的现代化发展的需要,最多只能满足其中 10% 的人口。所以,目前人类面临的最大危机并非能否实现现代化与全球化,而是能否在地球上持续生存,是不同群体、区域与国家的人能否获取最优生态位的危机。

为此,西方一些资本主义精英为了维持自己的生存霸权,为了适应工业危机与工业帝国主义衰微的大形势,以维持资本主义在全球化过程中的霸权,走上了建立与维护全球生态帝国主义霸权的道路。他们一方面以节能减排、生态拯救为口号,转移污染品与污染产业,打压工业化边缘区域的经济发展;另一方面又大力开发新能源,或者是新的石化能源,如美国大力开采页岩气,占领全球能源市场老大位置,或者对于其他能源国家进行军事与经济、政治干预,以便垄断全球能源与生态产业,海湾战争、阿富汗战争都有石油战争的影子。所以说,新帝国主义,即全球生态帝国主义崛起的内在根据是建立在工业化基础上的全球化危机、现代化危机,是资本主义现代化与全球化危机的产物,也是工业文明危机的产物。

当然,我们也必须注意,全球生态帝国主义是资本主义现代化与工业文明危机的产物,并不意味着资本主义以及建立在其基础上的现代化、工业文明的立即终结,目前还看不出其立即灭亡的征兆,毕竟资本主义的科技发展与生产力还充满创新的活力。虽然工业文明的发展面临着现代化危机、全球化危机、人口爆炸、气候变暖、能源危机、环境污染、生物多样性减少等方面的困境与挑战,但是,这些问题都是工业文明内在的矛盾造成的,非物质经济、第三产业、人工智能、环境保护、新能源开发等等都在从不同的方向缓解或解决这些内在的挑战与困境。目前的生产方式、生活方式、价值观念等等都还是在工业文明的负反馈循环中进行,尤其是第四次工业革命为工业文明的发展带来了新的活力与机遇,按照马克思的说法,"无论哪一个社会形态,在它所能容纳的全部生产力发挥出来以前,是决不会灭亡的;而新的更高的生产关系,在它的物质存在条件在旧社会的胞胎里成熟以前,是决不会出现的"①。换句话说,资本主义及其工业文明还没有进入终结阶段,只是资本主义发展面临阶段性的严重危机,意味着资本主义的现代化与工业文明面临结构转型的内在动力。在历史上,原始社会、农业社会都存续数千、乃至上万年的时间,工业社会也还会存在很长的时间,资本主义与社会主义作为工业社会现代性的两种对立而又互补的存在形式,也还会持续博弈下去,直到为我们现在还难以具体构想的高级社会形态——共产主义社会所取代。由于工业文明与全球化还会存在很长时间,因此,全球生态帝国主义的诞生与结构形成也还有一个过程,工业帝国主义与全球生态帝国主义也还会并存一段时间,所以,在目前的阶段,帝国主义会以非常复杂、非常矛盾的形态存在。

　　总之,21世纪新帝国主义本质上是一种全球化危机时代的帝国主义,它不仅具有全球化的特征,还具有全球化危机(即逆全球

---

① 　《马克思恩格斯选集》(第2卷),人民出版社2012年版,第3页。

化)的特征,是一种建立在民族主义、自由主义基础上追求全球生
态霸权的生态法西斯主义。不可否认,在 2008 年全球金融危机爆
发之后,福斯特与拉图尔等西方左翼学者等都从生态法西斯主义
视角批判当代资本主义与当代帝国主义,但是,他们都没有意识到
新帝国主义进入了新的历史阶段,没有意识到工业化危机,乃至现
代化危机是 20 世纪曾经辉煌盖世的工业帝国主义衰落的内在根
据,也是 21 世纪全球生态帝国主义形成的内在根据,更没有意识
到新帝国主义的本质是生态法西斯主义,只是对野蛮的生态法西
斯主义现象进行无情的揭露与批判。

三、新帝国主义与金融、数字、能源等
领域帝国主义的关系

如果说 21 世纪新帝国主义本质上是全球生态帝国主义,那么
许多人可能有不同意见,有人可能会说:未必,现在学术界也在讨
论金融帝国主义[①]、数字帝国主义[②]或者是能源帝国主义[③],为什么
不是其中一个呢? 21 世纪新帝国主义、全球生态帝国主义与这些
领域的帝国主义之间又是怎样的关系呢? 这是我们必须认真思考
与回答的问题。

笔者认为,21 世纪新帝国主义可以包括金融帝国主义、数
字帝国主义、能源帝国主义、基因帝国主义,甚至还可以包括碳

---

① 张南燕:《金融资本与"新帝国主义"批判——基于列宁的"帝国主义论"之阐释》,载
《国外社会科学前沿》2020 年第 1 期。
② 参见刘皓琰《新帝国主义的数字殖民——从网络族群与注意力时间谈起》,载《国外
理论动态》2020 年第 3 期;蓝江、王欢《从帝国到数字帝国主义重读哈特和奈格里的
〈帝国〉》,载《求是学刊》2019 年第 2 期。
③ 参见毛加强、兴迎丽《即将到来的巨大挑战:石油峰值与能源帝国主义》,载《国外理
论动态》2008 年第 12 期。

帝国主义①,但是,新帝国主义的主体是全球生态帝国主义,其余种类的帝国主义属于新帝国主义的附属存在。21世纪新帝国主义的主体之所以是全球生态帝国主义,主要包含以下几个方面的原因:其一,由于全球生态危机的严峻性,人类已经面临现代化与工业可持续发展的危机,从工业经济进入工业生态经济时代,经典的工业帝国主义难以为继;其二,为生态帝国主义利用资本主义的经济、政治、文化、科技等手段,发展生态资本主义,或者是绿色经济,而所谓的金融帝国主义、数字帝国主义、能源帝国主义、碳帝国主义,不过是其发展生态资本主义,或者是绿色经济的一种手段;其三,进入生态经济发展阶段以后,生态环境保护就成为新时代全球发展最重要的行为规范与引导方向,金融业、数字技术以及能源产业都必须服从生态环境保护这一铁律,否则其权威性就得不到广泛的认可,所以,数字帝国主义、能源帝国主义、碳帝国主义之类帝国主义也必须服从生态帝国主义。何况能源帝国主义、碳帝国主义本身就隶属于生态帝国主义范畴。

许多人认为,当代帝国主义是全球化资本主义的帝国主义,是金融帝国主义,但是,资本主义的全球化已经遭遇逆全球化的阻击,资本主义的全球化导致美国经济的空心化,疫情更加速了美国实体经济的回流,资本主义的全球化也遭遇俄罗斯和中国两个大国的抵制。资本主义的金融化导致实体经济的泡沫化,1998年、2008年两次席卷全球的金融危机对于资本主义的金融化也是严重的挑战,以制造业为核心的实体经济再次获得了基础地位。所以,全球化、金融化都不能代表资本主义的未来发展趋向,也不能表征全球去经济与文明发展的趋向,而只是阶段性特征,唯有新能源与

---

① 参见郇庆治《"碳政治"的生态帝国主义逻辑批判及其超越》,载《中国社会科学》2016年第3期。

生态技术、生态经济才是资本主义,乃至帝国主义的可能发展趋向。

也有学者认为,未来的时代应该是信息时代[1]、网络时代或者是智能时代[2],问题是信息、网络与人工智能的基础是技术,主要涉及的是生产力与交往方式问题,不涉及生产关系中的所有制变革问题,不涉及价值观的根本调整问题,这些技术产生于工业经济时代,仍然服务于工业经济,所以不可能成为新的时代主体。在资源短缺、绿色能源缺乏的背景下,即使是信息技术、人工智能技术也都起着推动经济与技术发展、促进全球一体化的作用,不可能完全取代工业物质经济而发展,只有绿色技术、绿色经济可以取而代之。金融帝国主义和全球资本主义、信息资本主义是美国曾经努力的方向,至今还在泥塘中挣扎,其他高技术的发展仍然是工业经济的延伸,是工业帝国主义的延续与挣扎。唯有生态帝国主义,揭示了现代文明的危机与冲突本质,在矛盾运动中孕育着未来的发展趋向,因而最为值得关注。

如果从现实世界角度看,当代以美国为首的西方生态帝国主义霸权行为确实已经造成了严重的全球危机,主要表现在以下几个方面:

其一,在能源开发方面,为应对石化能源危机,在国内鼓励以新技术开采、开发新能源,建立庞大的能源帝国;对外,则以各种理由发动战争,利用军事手段占领石油生产基地,或者以政治手段胁迫石油生产大国,以各种方式控制世界石油储量。

其二,在经济上,通过资本主义金融化等手段,建立以美国主

---

[1] 参见卢风《走向新文明:生态文明抑或信息文明》,载《特区理论与实践》2019 年第 2 期。

[2] 参见陆幸福《人工智能时代的主体性之忧:法理学如何回应》,载《比较法研究》2022 年第 1 期。

义为主导的世界石油霸权。

自20世纪90年代碳排放交易市场体系确立之后,金融化便成为气候政策过程的主导逻辑。一般而言,金融机构代理关系、股东价值最大化偏好以及去监管与市场导向等多元变量共同推动了气候政策金融化的深入。气候政策金融化既推助金融食利者崛起,也造成了地理上的嬗变,进而导致资本更加集中。

其三,在政治上,以美国为主导的西方发达国家一方面以新自由主义的名义压迫发展中国家对发达国家开放各种市场,一方面以激进的低碳政策、碳中和政策打压发展中国家发展,在技术与能源开发方面打压中国与俄罗斯,自己却不断退出国际气候协议,维护自己的霸权地位。新自由主义一面强迫很多国家开放市场;一面动用政府干预手段保护本国弱势产业,并防止外围地区的劳动力向资本主义的中心地带自由流动,这些都需要靠新帝国主义的全球霸权作支撑。一句话,21世纪新帝国主义是一个综合体系,其本质是生态法西斯主义,该体系的主体与核心是全球生态帝国主义,金融帝国主义、数字帝国主义和能源帝国主义,乃至碳帝国主义之类都隶属于全球生态帝国主义,都只是21世纪新帝国主义的发展手段,其中的能源帝国主义、基因帝国主义、碳帝国主义之类,原本就隶属于生态帝国主义的组成部分。

四、新帝国主义与工业文明新形态的建构

目前人类文明新形态是学术界讨论的热点问题,许多学者是从超越工业文明、资本主义或现代性视角出发的,国内学者近来主要是从中国式现代化视角进行了深入的反思与理论探讨,为中国式现代化的发展描述了光明而又普适的理论前景,是一种积极的阐释,具有深刻的理论意蕴。不过,笔者期望换个角度,从新帝国

主义兴起的反面视角检视人类文明新形态的建构图景。

对于人类文明新形态的探讨,首先涉及的是,我们今天处于什么时代,我们是处于工业时代,还是处于后工业时代? 流行的说法有:我们处于生态文明时代、信息时代、"人类世"时代,知识经济时代、(人工)智能时代、后人类时代。说法不一。当然,目前占主导地位的看法是认为,我们目前还处于从工业文明向生态文明过渡的时代。至于信息文明时代之类对于时代的界定,都是从技术革命的角度对于时代的重新划分,没有涉及生产关系、所有制以及人类文明之类的根本更替,不在这里考虑。与目前主流的"过渡论"看法不同,笔者认为,目前我们仍然处于工业文明阶段,但是工业文明的发展具有阶段性。从资本主义工业化发展的角度看,它就经历了自由资本主义、垄断资本主义到今天的全球资本主义(又称多国资本主义、后现代资本主义、全球垄断资本主义)阶段①,从工业革命的角度看,资本主义也经历了四次工业革命(也有人说是三次工业革命),目前,我们还看不出来现阶段的工业革命、资本主义体系,乃至工业文明进入了终结阶段。即使是按照主流的说法,也只能说它们进入了"危机"阶段。从语义上说,"危机",本身就意味着"危险"与"机遇"并存,并非只是意味着"危险""毁灭"与"终结"。

笔者之所以坚持人类还处在工业文明阶段,还处于工业文明的发展更替阶段,没有进入全新的生态文明阶段,主要理由如下:

其一,目前人类仍然处于工业生产阶段,无论是资本主义国家还是社会主义国家,都还在如火如荼地进行第四次工业革命;我们目前的生产力、生产关系、社会经济结构、政治结构与社会意识形态都是建立在规模化的工厂生产基础上的,资本主义的私有制与

---

① 参见于天宇《永恒的生态限制——现代资本主义社会加速的逻辑、困境、策略及本真面目》,载《求是学刊》2020 年第 2 期;郑薇《解构新时代——斯图亚特·霍尔对全球资本主义的批判》,载《天府新论》2019 年第 2 期。

社会主义的公有制都是建立在工业化大生产基础上的。

其二,工业经济虽然已经出现不可持续的发展危机,但是,其他的经济形式还不能完全替代。学术界一度流行的所谓信息经济、金融经济、网络经济之类的第三产业,主要还是为以工业为主的制造业、实体经济服务的,美国在1998年的金融危机之后主张"再工业化",就是一个最好的明证。

第三,工业文明虽然已经陷入危机,但是,目前还没有其他的成熟文明予以替代,生态文明在当今社会主要还是以价值理念的引领方式起作用,绿色经济在资本主义体系中只是起着补充作用,由于种种缘故,工业经济的主导地位还没有从根本上动摇。

由此,我们对于人类文明新形态的研究,还是要基于现代工业文明的现阶段的弊端进行反思与展望。当然,在理论上,我们如果能够像现在后工业、后现代、后殖民理论所宣称的那样可以反思现代工业文明,能够像马克思那样在资本主义的早期就能够反思资本主义文明,当然更好。鉴于学术界在这些方面已经进行了比较深入的可能性探讨,笔者期望另辟蹊径,就其现实性而言,从现代工业文明现阶段的弊端与隐忧进行反思与展望。

从学术界对现代工业文明的弊端与隐忧反思来看,目前面临的最大隐忧是启蒙运动以来逐渐形成的现代化图景难以真正落实,难以真正地成为全球现实,地球有限的资源不足以支撑资本主义工业现代化的全球落实,甚至让全球陷入万劫不复的悲惨境地。因此,现代工业文明的未来形态大概有三种:

一种是在空间上从平面的、线性的地表文明走向立体的、多维的地球文明,从地球文明走向星际文明,从地表文明走向地下文明,从现实文明走向虚拟文明。通过高科技发展解决环境宜居问题、移民空间问题、资源不足与资源开发问题。一种是在社会形态上进行社会改良与环境保护,甚至是进行生态革命与政治革命,推翻具有反生态性质的社会主义革命,进行生产方式、生活方式与社会治理方式的革命,建立可持续发展的新型社会形态。还有一种是对文明主体即人类本身进行技术改造。在颠覆式技术革命的基础上,对于人类本身进行基因、智能与身体增强方面的技术改造,进行所谓的后人类革命,以便从人体内在结构改造角度解决资源不足问题。

当然,这三种形态不是对立的,它们可以融合共存。目前,这三种形态还是处于萌芽状态或是初级阶段。

现在,我们看看工业文明新形态的建构面临的最大现实威胁是什么。通常,学术界从可持续发展视角研究该问题,认为主要的威胁是各种形式的人类中心主义、消费主义、公地主义与工业化,也有学者认为是以追逐资本利润为核心的资本主义制度。不可否认,这些都是非常重要的影响要素,但还不是最重要的威胁,因为它们只是一些影响很大的价值观念,或者是一些运作机制与组织体系(如工业化、全球化、资本主义),基本上是建立在国家主权或者是个人功利主义基础上的,这些不同层次的主体对于不同形式的人类文明新形态的探索,会基于可持续发展的视角给予有限的支持或者是反对,即使是天生具有反生态性的资本主义制度也会出于资本运作的需要支持环境保护与全球生态治理,倡导生态资本主义的全球治理。与这些影响因素不同,以全球生态帝国主义为主体的 21 世纪新帝国主义本身是由于现代化的危机而诞生的,已经意识到现代化的需求已超出了这个地球的供给与容纳力,现代化已超出了全球化,为了维持新帝国主义利益集团的优越的生存状态,为了维持现代化图景,它们是要牺牲占 90% 的其他阶级的利益集团以达到目的。由于它们还具有庞大的、跨国的、全球性的组织力量,因此对于建立在现代性基础上的工业现代化与工业文明,以及对人类文明新形态的探索威胁最大。

如此说来,我们应当如何应对现代工业文明的危机与困境呢?从现代性角度看,新帝国主义诞生的一个重要根源是现代化与全球化的危机,是现代化与全球化的内在冲突,庞大的地球人口、有限的地球资源、被污染的自然环境和严峻的生态危机,导致现代化与全球化的内在冲突。为此,我们应当如何对待与处置现代化的危机呢?笔者的主张是:针对现代化与全球化冲突的内在危机,我们有必要探索新型的现代化,解决现代化与全球化的内在冲突,否则全球文明冲突、生态帝国主义对于人类共同生存的挑战就难以从根本上避免。

从理性的角度看,启蒙运动以来的现代化本身不一定有错,它毕竟也是一定历史条件的产物,具有产生的历史必然性。问题在于现代化可以有多种形式,目前占主导的现代化模式及其背后的现代性理念是近代西欧本土文明演变的产物,一旦作为普世的社会发展模式必然就出现问题,何况西方的现代化本身也有一个完善与演变的过程,各种类型的浪漫主义、社会主义思潮与共产主义思潮对于近代社会的批判,本身就是一个证明。从现代化本身来看,造成现代化与全球化冲突的主要因素有三:

第一,今天的现代化主要是物质主义的现代化,尤其是经济主义的现代化,由此造成全球资源短缺、能源危机。目前的非物质经济的发展,是一个很好的摆脱危机的发展方向。

第二,今天的现代化是西方资本主义的现代化,其现代性是强调个人的权利与幸福本位,由此造成个人本位与全球生存本位的价值冲突,也造成西方价值理念与东方等其他区域的价值理念的冲突。

第三,今天的现代化是建立在民族国家主权基础的国家现代化,国家主权对于全球化、对于人类命运共同体的建构、对于人类文明新形态的探索就是一个巨大的冲击。

因此,我们要探索工业文明新形态,就需要走超越物质主义、西方资本主义和民族主义的新型现代化道路。当然,我们要超越自 18 世纪启蒙运动以来的现代化,必然会遭遇 21 世纪新帝国主义的反对与阻碍,这是我们必须认真应对的重大现实难题。面对西方现代化发展的难题,学术界目前流行的三种观点:一是反对现代化,否认现代性,走后现代、后工业的发展道路;二是改良现代化,在坚持工业现代化的基础上加强环境保护与生态治理,走生态现代化的发展道路;三是试图超越现代化,一方面坚持现代化,一方面反对资本主义的普世现代化与工业文明,走具有本土特色的文明超越道路。这三种观点固然都有一定的根据与合理性,但是面对庞大的 21 世纪新帝国主义,仍然显得乏力。

对此,国内学术界热烈讨论的中国式的现代化已经取得了突出的成就,提供了一些有益的启示,值得认真关注。第一,以生态文明引领现代化;中国式现代化是引领时代的现代化,吸取西方工业现代化地忽略环境保护和生态经验的深刻教训,把生态文明建设放在首位,以生态文明引领政治、经济、文化与社会建设,从注重经济增长转变为关注高质量的全面发展;第二,关注民生福祉;中国式现代化是"以人民为中心"的现代化,关注全体人民的生活福祉,与西方资本主义追求价值增值的现代化区别开来;第三,强调包容性发展;中国式现代化是建立在继承本土优秀文化传统基础上的现代化,妥善处理传统与现代性、本土性与普适性的关系,走包容式的现代化道路;第四,关注全球正义;中国式现代化追求全球正义的现代化,反对各种形式的帝国主义与生态霸权主义,面对严峻的生态危机,强调全球是一个生命共同体,强调人类命运共同体。即使面对严峻的新冠疫情以及西方新生态帝国主义的污名与讹诈,也坚持走自己的应对疫情之路。在走中西医结合的疫情救治之路的同时,还坚持向广大的发展中国家出口疫苗,赢得广泛的国际声誉。

由此可见，全球现代化的危机并非现代化的终结，而是现代化与工业文明走向新形态的一个重要契机。21世纪新帝国主义对于现代化的探索与发展固然是一个挑战，但也是一个重要的机遇。在历史上，人类文明的新形态从来都是在应对危机与挑战中诞生的，这就是历史发展的辩证法，也是文明演进的辩证法。俗话说得好，"山重水复疑无路，柳暗花明又一村"，历史的发展不是以任何人、任何国家与全球组织的意志为转移，对此，我们充满信心与期待。

第二章　21世纪全球发展危机与
　　　　社会加速批判

　　进入 20 世纪 70 年代以后,人类社会步入晚期现代阶段。随着社会的高速发展,金融、政治、生态和公共安全等方面的危机也接踵而来。为防范与化解危机,许多社会学家、哲学家和政治理论家开始对社会现状进行诊断,挖掘现代社会的特有性质并对其进行批判分析。在对现代社会体验与分析的基础上,历史学家 R.科泽勒克(Reinhart Koselleck)指出:"持续危机时代正是时间危机的结构。"①现代性就是时间的加速。唯有采用时间的视角才能实现对社会危机及其影响的有理论深度、可经验证明的规范化定义。近年来,新生代法兰克福学派思想家 H.罗萨(Hartmut Rosa)从时间分析切入,对晚期现代社会的增长逻辑和动态稳定的总体性危机进行了深刻而富有洞见的考察。罗萨的社会加速批判理论吸引了国内外众多学者的关注,有学者从宏观视角对这一理论进行介绍,也有学者尝试对罗萨所提出的通过"共鸣"抵抗"异化"的方案进行批判。② 在此基础上,本章旨在对晚期现代加速情境中社会危机到

---

① Reinhart Koselleck, *Vergangene Zukunft: Zur Semantik Geschichtlicher Zeiten* (Frankfurt a. M.: Suhrkamp, 1995), p.321.

② 参见董金平《加速、新异化和共鸣——哈尔特穆特·罗萨与社会加速批判理论》,载《山东社会科学》2019 年第 6 期;蓝江:《可能超越社会加速吗?——读哈尔特穆特·罗萨的〈新异化的诞生〉》,载《中国图书评论》2018 年第 7 期。

生存共鸣的逻辑脉络、现实困境与发展思路进行考察,基于历史唯物主义对社会加速批判理论进行评析与深化。

一、现代性的时间维度批判

对社会病症进行分析并提出治疗方案,不仅是批判理论的目的,也是整个社会科学的核心目标。回溯有关现代性的社会理论,我们可以发现,"现代性批判大师不约而同地以扭转时间观为支点:马克思以自由时间扬弃必要劳动时间深层地规定共产主义取代资本主义,尼采以'(相同者的)永恒轮回'逆转渊源于犹太—基督教救赎史的现代性直线矢量进步时间而颠覆现代性价值,海德格尔欲以本真的统一到时的'当下'取代流俗物理时间"[①]。时间是构成我们生命体验的不可或缺的要素,然而,在对各种时间观念进行分析的基础上,我们可以认识到,一方面,这些时间概念探讨时间与社会之间的关系,异质性较强,在对时间的功能属性问题上各有分说,对于时间是属于自然界还是观念领域的理论争论此起彼伏;另一方面,人们在对时间重要性的认识上,往往迷失在人类学或是日常生活的概念阐述中,而对时间是以什么样的方式参与并作用于社会实践和社会结构等问题未有清晰的解释。法国社会学家 P.布迪厄(Pierre Bourdieu)也曾感慨道:"社会理论式的实践是'去时间化的',因此甚至连将时间排除在外的想法都没有,而且一直如此。"[②]

现代化进程从根本上表现为时间结构和时间维度本身的重大变革,而最能够表示社会时间结构和时间维度改变方向的概念就

---

① 尤西林:《现代性与时间》,载《学术月刊》2003 年第 8 期。
② Pierre Bourdieu, *Outline of a Theory of Practice* (Richard Nice, Trans.) (Cambridge: Cambridge University Press, 2013), p.9.

是社会的加速,离开时间维度的社会批判理论无法深入系统地理解西方社会在社会结构和社会文化层面正在发生的变化。基于对时间重要性的认识,罗萨指出,只有厘清时间结构的特性、逻辑及其发展,才能准确把握当代发展的间歇抑或是连续性[①],进而理解现代社会的危机与现代化的进程。在对法兰克福学派前三个世代社会批判理论主旨进行分析的基础上,罗萨对将加速作为当代社会批判理论核心的原因进行了初步的研判。

对于社会批判理论来说,社会病症不仅只是马克思所阐释的社会再生产"功能性"的失调,而且也包含着"规范性"意义上社会结构和社会文化层面的扭曲或撕裂。这种扭曲和撕裂与社会行动者的实际生活息息相关,更能为社会行动者所切身体验。因而,罗萨强调,"批判的规范基础应该奠定在社会行动者实际的经验之上"[②],需要将文化方面的基本体验放置到现代社会的结构化与变化过程中去尝试。基于对社会理论的研究,人们开始思考:究竟通过什么样的机制,使得社会系统性与结构化的要求与行为者的行为导向相互适应与互相协调,最终导向一种幸福而美好的生活。

在对社会现实进行技术分析的基础上,霍克海默和阿道尔诺把社会批判的矛头指向了"启蒙理性",认为"启蒙的根本目标就是要使人们摆脱恐惧,树立自主……唤醒世界,祛除神话,并用知识替代幻想"[③]。然而,现实的境遇是,正是技术加速支配下的启蒙理性奠定了对理性标准的盲目崇拜,使得人们越来越丧失本真的自我意识与生命向度。科学的高速发展将引发严重的政治后果,解

---

① 参见哈尔特穆特·罗萨《加速:现代社会中时间结构的改变》,董璐译,北京大学出版社 2015 年版,第 251 页。

② [德]哈尔特穆特·罗萨:《新异化的诞生:社会加速批判理论大纲》,郑作彧译,上海人民出版社 2018 年版,第 67 页。

③ [德]霍克海默、阿道尔诺:《启蒙辩证法:哲学断片》,渠敬东、曹卫东译,上海人民出版社 2006 年版,第 1 页。

救文明的出路在于进行启蒙的自我批判。[①] 自结构功能主义大师帕森斯以后，社会理论逐渐从构建宏大叙事的理论愿景转向微观层面对行为逻辑的考察，以期通过寻找社会理论所有的变量，将"宏观社会系统"与"微观行为逻辑"相统一。

在这一逻辑下，哈贝马斯对社会文化与意识形态进行了批判性考察，关注到晚期资本主义危机已扩散到了政治系统，提出"合法性危机是一种直接的认同危机（Identitatskrise）"[②]。它并非受单一的经济危机影响，而是产生自政府行政体系与整个社会结构中经济层面和政治层面的不契合。晚期资本主义经济危机、合法性危机和信念危机等产生的根源就在于资本主义生产方式造成的社会壁垒，即交流与沟通不畅，因而运用"语言哲学"来重建"商谈伦理"与"交往理性"是走出合法性危机的核心路径。这一基于社会结构和文化互动的视角探讨社会危机的内涵、根源及解放的模式，为社会理论探求幸福生活提供了一种"规范批判"的逻辑框架和研究范式。但是，这一理论并未涉及交往行为所面临的"时间压力"问题。一般而言，任何基于交流和沟通的集体审议和决策都需要时间，而基于外在语言实现的交往理性与沟通行为在逻辑上和实际操作中无疑都与时间模式的转变相冲突。在此意义上，罗萨批判地指出，哈贝马斯的交往行为理论无法为晚期现代资本主义的社会危机开出诊疗救治的良方。

如果说合法性原则、交往理性和商谈伦理是哈贝马斯社会批判的核心，那么"承认"便构成了霍耐特的理论基础。在霍耐特看来，"为承认而斗争"的思想具有作为社会哲学的规范性意义，作为

---

① 参见赫伯特·马尔库塞《单向度的人：发达工业社会意识形态研究》，刘继译，上海译文出版社 2006 年版，第 5 页。

② ［德］哈贝马斯：《合法化危机》，刘北成、曹卫东译，上海人民出版社 2000 年版，第 65 页。

承认的对立面,蔑视与承认共同构成了交往行为的内在机制,这样,交往行为就获得了不是由"外在的语言"而是由"内在的机制"支撑的规范性内涵,推动着社会不断地运行、发展与变迁。

在罗萨看来,随着科技发展、社会变迁和生活节奏的加快,这种"为承认而斗争"也无可避免地使人们日益陷入害怕被"蔑视"的恐惧中。"承认批判理论"也需要考虑时间因素和社会加速,研究承认情境在当代社会的改变,以及这种改变所带来的具有阻碍性的副作用。如果没有考虑到时间面向,便不能准确地理解和把握这种承认的基础和斗争的实质,更不能基于这种高强度和高流动的"斗争"而指向一种幸福生活的理想状态。霍耐特的承认理论和哈贝马斯的交往理论虽然有益于把握社会的构成及其基本形态,但都未能清晰阐释现代社会危机的内涵、发生机制以及推动现代社会运行的动力问题。

借鉴经典的社会学理论,罗萨将注意力从"社会交往"和"社会承认"转移到现实的加速运动上,综合西方哲学以及社会学中关于速度与时间的论述,用时间情境分析作为社会批判的基础,探索晚期现代社会的危机与病症以及在范式方面加以转变的可能方式。

二、社会加速与社会新异化批判

与许多讨论现代性的理论家一样,罗萨被现代性的动态特质所吸引,意识到"自从文艺复兴后出现了有关'现代'的可以追溯的讨论开始,现代性的维护者和对现代性的蔑视者在一点上就一直是一致的:人们的结构性的基本体验就是世界和生活的巨大的加速,以及因此带来的个体经验流的加速"①。这种加速也带来了变

---

① [德]哈尔特穆特·罗萨:《加速:现代社会中时间结构的改变》,董璐译,北京大学出版社 2015 年版,第 43 页。

化的、持续的、不安全的体验。到了20世纪后期,"通过空间、固定的交流伙伴和参考群体、物品的身份确定模式接受了有时间限制的和时间限额的特征……生存如同'没有地点的地方'一样,正是没有身份和没有历史的"①。自我完全处于流动的状态中,被迫不断重复着身份认同。

在《加速:现代时间结构的改变》(以下简称《加速》)这本著作中,罗萨从时间社会学的视角出发,指出整个现代化的发展就表现为社会时间结构的加速,而全部的社会加速现象可以划分为"技术加速""社会变迁加速"和"生活节奏加速"三种类型。

第一,技术加速指的是利用科技使生产与流通的目标导向过程的速率提升。运输、通讯和生产过程是这一加速领域的典型。从交通运输的空间体验中看,人们已经从徒步出行,经过马背、蒸汽机船、汽车、火车和飞机时代,未来还将步入宇宙飞船时代,交通运输工具的更新换代以及各种工具自身速度的提升为平均行动速度的大幅提高创造了条件,人们同时也普遍体验到社会理论家哈维所说的"时间通过交通速度提升消灭了空间"②。从通讯系统的加速看,通讯技术的提升一定意义上正是对运输速率提升的回应。手机通信技术从20世纪80年代的1G技术发展到当今的5G技术,使得人们的沟通与交往更加便捷。21世纪的数字革命更加剧了"速度"革命,信息处理速度达到光速阶段,进一步解放了时间本身。随着工业化的发展,涉及生产、交换、分配和消费的整个物质处理系统的速度都得到了极大的提升。因而,总体上看,技术加速正加剧着"时空压缩"。

---

① [德]哈尔特穆特·罗萨:《加速:现代社会中时间结构的改变》,董璐译,北京大学出版社2015年版,第125页。

② David Harvey, *The Condition of Postmodernity*: *An Enquiry into the Origins of Cultural Change* (Chichester: Wiley-Blackwell, 1992), p.241.

第二,社会变迁加速指社会结构的变迁速率提升,包括流行、生活方式、职业关系和家庭结构等社会生活的方方面面。哲学家H.吕伯(Hermann Lübbe)指出,"在现代社会,由于社会和文化的不断加快的'过时的速度',或者说不断增大的社会文化的'革新密度',我们正在经历持续的'现在的萎缩'"①。过去的"经验"与对未来的"期望"的可信赖度急剧衰退,虽然这一加速情形相较技术加速不够明显,然而我们依然可以通过对世代之间关系的变化来考察社会变迁的速率。

第三,生活节奏加速指由于时间资源的短缺,每单位时间里行为事件和体验事件的增多,在主观上表现为个体时间体验上的焦虑,在客观上表现为通过时间的"压缩"来达到多任务(multi-tasking)的体验。随着社会分工越来越严密,社会复杂性程度越来越高,人们需要制定规范详细的时间计划来应对时间的匮乏和生活节奏的加快,时间贫乏的紧张之感如鲠在喉,我们被迫不断加速着自己的生命历程。技术加速、社会变迁加速和生活节奏加速互为因果,构成一个自我驱动的加速循环。② 现代生活的个体无一例外地被卷入到加速循环中。

基于以上分析,罗萨进一步区分了古典现代和晚期现代。古典现代的加速浪潮带来了铁路、电话、音响的生产以及民主政治的发展,而这一浪潮在晚期现代受到阻碍,尽管晚期现代无处不在加速,但社会形态和社会结构同时表现出"疯狂的停滞"。正如社会学家F.瑞海斯(Fritz Reheis)在《慢的创造性——通过减速实现新

---

① Hermann Lübbe, "Gegenwartsschrumpfung", in *Die Beschleunigungsfalle oder der Triumph der Schildkröte*, ed. by Klaus Backhaus & Holger Bonus, 3rd edn (Stuttgart: Schäffer-Poeschel, 1998), p.263.
② Hartmut Rosa, *Social Acceleration: A New Theory of Modernity* (Jonathan Trejo-Mathys trans.) (New York: Columbia University Press, 2013), pp.160-185.

的繁荣昌盛》一书中对现代社会的加速现象的批判分析一样,罗萨进一步将晚期资本主义社会出现的经由时间结构走向减速或"停滞"的现象概述为"社会的加速将超过了加速力量"①,进而指出,晚期现代社会中,一旦"加速跨越了批判的门槛,便无法满足社会同步与社会整合之间协调的要求"②。从现象学角度看,所导致的结果无疑是"时空的萎缩""代际的断裂"和"经验的丧失"。就个人而言,每个人只有通过不断的加速努力,才能在语言、知识、服饰、能力等方面不落后于时代;对社会来说,社会运行和社会变化持续的加速造成了贫富差距等问题,然而社会仍然需要系统性地依赖"增长、创新和加速",才能继续维持社会经济与制度的稳定发展。

如果说《加速》这部著作还是倾向于现象学的描述而没有用过多笔墨描绘社会的现实问题,那么在随后的《新异化的诞生:社会加速批判理论大纲》《共鸣:世界关系社会学》《不受掌控》以及《批判理论和新唯物主义》等一系列著作中,罗萨深入阐发了妨碍美好生活的社会结构和社会文化层面的问题,指出时间关系的"去同步化"促使人与世界脱钩,造成加速时代的五种"异化"现象(空间异化、物界异化、行动异化、时间异化、自我与社会异化),从而加深了我们对于晚期现代社会危机的理解。

晚期现代的社会危机在社会结构层面的表征主要体现在"社会发展需求与自然资源的不平衡""保持社会动态运行的外部成本越来越昂贵"以及"主体对于时间焦虑以及对未来发展不确定性担忧的提升"等诸多方面,并且逐渐形成了生态危机、民主危机和社会心理危机(即全球倦怠危机)等总体性危机。这些都无不体现晚

---

① ［德］哈尔特穆特·罗萨:《加速:现代社会中时间结构的改变》,董璐译,北京大学出版社 2015 年版,第 110 页。

② Hartmut Rosa, *Social Acceleration: A New Theory of Modernity* (Jonathan Trejo-Mathys trans.)(New York: Columbia University Press, 2013), p.20.

期现代的动态稳定已经变得越来越难以维系,稳定因生态成本提高、社会整合失败等外部效应而被削弱。因而,罗萨指出,在许多方面,晚期现代社会的再生产模式似乎由一种"动态稳定"转向了"动态不稳定",尽管也会呈现出一种增长,但却伴随着失业率的提升、生态危机的加剧以及社会压力的增加。

在罗萨看来,这些危机产生的本质根源在于时间关系的"去同步化"。从社会系统、生态系统与个人身心系统的层面看,社会速度的提升让我们周遭的"自然时间框架"超载了,人类的实践活动与大自然新陈代谢之间产生去同步化,不可避免地导致以环境问题为代表的各种生态危机的出现;人们身心也因社会过快的步调而超载,我们身心所体验的生命时间与社会通过秩序和节奏建构起来的社会时间之间产生了分裂,人的内在心灵需求与社会加诸于人之上的外在要求之间产生去同步化,导致精神疾病和倦怠性危机的产生。从社会内部来看,由于生活节奏的加快和时间资源的短缺,社会政治领域出现了政策计划与社会生活实际之间的去同步化倾向,引发了民主危机和政治秩序危机;社会经济领域产生了生产流通过程的去同步化,包括实体经济与金融市场的去同步化等;而社会文化领域则由于功能失调,极易产生文化再生产的断裂。

社会结构层面的去同步化在社会文化层面不可避免地产生了"异化"趋势。"在晚期现代的'加速社会'当中……人们已经体验到加速的力量不再是一种解放的力量,而是成为一种奴役人们的压力。"[①]罗萨借用同为法兰克福学派霍耐特的学生 R.耶齐(Rahel Jaeggi)对于异化概念的重新概括,认为异化就是一种没有(真实)

---

① [德]哈尔特穆特·罗萨:《新异化的诞生:社会加速批判理论大纲》,郑作彧译,上海人民出版社 2018 年版,第 110 页。

关系的关系(Beziehung der Beziehunglosigkeit)。异化是主体与事物世界、人的世界、自我世界联系的一种特殊方式,在其中没有责任,也没有有意义的内在联系。换言之,这种"世界的沉默"已成为现代性的基本恐惧。海德格尔在20世纪上半叶就描绘了科技发展下脱离"人诗意地栖居"的生活状态:"我们今天的栖居也由于劳作而备受折磨,由于趋功逐利而不得安宁;由于娱乐和消遣活动而迷惑。而如果说在今天的栖居中,人们也还为诗意留下了空间,省下了一些时间的话,那么,顶多也就是从事某种文艺性的活动,或是书面文艺,或是音视文艺。"①从现象学的角度来看,我们似乎在获取世界的同时也失去了世界。异化逐渐成为一个描述世界变得冷漠、空洞、灰暗以及无反应的关键词,象征着主体内心的麻木与空虚。

社会加速批判理论从对时间结构变化的分析转向了对社会危机形成机制的探讨。通过在场形式的分析,晚期现代社会危机在社会结构层面和社会文化层面的形成机制更加清晰地呈显出来:社会加速使社会各子系统之间以及社会内部各要素之间涌现出不同步的压力,去同步化将人与世界能有所回应的基本同步性需求脱钩了,人们体验到的加速的力量不再是一种解放的力量,而是一种奴役人的压力,造成了加速时代的空间异化、物界异化、行动异化、时间异化、自我异化与社会异化等五种异化现象。由此我们可以感受到,增长逻辑与动态稳定导致我们"在世之在"(In-der-Welt-Sein)的方式越来越异化,美好的生活似乎恰恰与增长的逻辑相悖离。

那么,如何才能产生"在世之在"的共鸣,在与自然、社会、世界

---

① [德]马丁·海德格尔:《演讲与论文集》,孙周兴译,生活·读书·新知三联书店2005年版,第196页。

的交往中体验到真正的美好与幸福呢？基于对此问题的思考，罗萨描绘了一种以适应性稳定和共鸣概念为核心的后增长社会的基本面貌。

三、后增长、适应性稳定与社会共鸣

"资本主义的扩张具有压迫和解放相交织的性质，加速批判理论需要通过分析现有条件下的未来可能性，来找到超越资本主义的道路。"[1]事实上，罗萨对未来社会的思辨正是建立在对幸福生活研判的基础上：经典现代社会的加速器变成了晚期现代的制动器，社会再生产模式由一种"动态稳定"转向了"动态不稳定"，当前我们所进行的事业不是将充满活力的现代社会与惰性的"传统"社会进行对比，而是在加速进程中，探索构建一个并非只是为了维持现状或确保其结构性再生产而不断拼命"增长、提升和创新"的社会的可能样态。换言之，"为了控制资本主义经济这种不断加速却带有自毁性的内在趋势，西方社会应追求的是一种适应性稳定的模式和一种后增长的社会形态"[2]。这一建议包含了不少激进的改革内容，亦明确指出在此过程中政府应负有的责任。

在罗萨看来，"后增长"（Post wachstum）不是"反增长"（Degrowth），而是社会遵循内生的必要需求而可持续地进行增长、提升和创新。后增长社会首先在经济层面上体现为经济民主，期望通过改革以"增长、加速和创新"为动因的经济模式，使经济从"强

---

① Steven Shaviro, *No Speed Limit: Three Essays on Accelerationism* (Minneapolis: University of Minnesota Press, 2015), p.1.

② Hartmut Rosa & Klaus Dorre & Stephan Lessenich, "Appropriation, Activation and Acceleration: The Escalatory Logics of Capitalist Modernity and the Crises of Dynamic Stabilization," *Theory, Culture & Society*, Vol. 34, No. 1 (2017), pp.53 – 73.

制必需"的被动升级,转变成一种新的社会经济形态。经济民主内在要求工人在战略投资以及生产(和消费)的形式与目的方面拥有发言权,以此来约束社会自身的升级倾向。社会批判理论家奈格里和维希留也都曾强调工人相对于国家、政党和工会的独立性,希望依托工人的自治促进资本主义的瓦解。罗萨更进一步看到数字革命所造就的全球市场,提出要想扼制住资本主义侵占的动力机制,就需要加强国家的经济治理能力,同时构建全球性质的民主机构,统一规制经济运行规则与条例。

在政治层面上,后增长社会以保障无条件的基本收入与无条件的基本时间为特征,因而需要改革现代社会的社会政策和福利制度,阻断激发晚期现代社会持续增长的生产性的政治动因。当代左翼加速主义者 N.斯尔尼塞克(Nick Srnicek)和 A.威廉姆斯(Alex Williams)曾指出,在实现自动化之后,需要发放普遍基本收入(UBI)。[1] 在后增长社会的逻辑框架中,无条件的基本收入概念既是后增长社会法理的基石,也是后增长社会存续发展的指导方针与制度基础。

在文化层面上,后增长寓意着美好生活与强制性"增长"脱钩,通过变革评价社会、政治和文化繁荣的尺度来切断社会加速和动态稳定的文化动力,达到"诗意栖居"的生活状态。因而,我们需要用新的视角去探讨"美好生活"的社会前提,思考并探索是什么阻碍了现代社会的主体拥有这个前提。在对晚期现代社会加速后果的痛苦进行诊断之后,罗萨得出了"与世界相互回应的关系"的概念,指出幸福生活的真正特征在于重构共鸣(resonance)。在《共鸣:世界关系社会学》一书中,罗萨总结了他的核心观点,"如果加

---

[1] Nick Srnicek & Alex Williams, *Inventing the Future*: *Post capitalism and a World without Work* (London and New York: Verso, 2015), p.80.

速是问题,那么共鸣可能是解决方案"①。共鸣是非异化的世界关系,是异化的反面。值得一提的是,社会学家 J.特拉福德(James Trafford)和 P.沃尔夫达尔(Pete Wolfendale)评价道,"今天的加速理论的共同线索就是将异化作为一个肯定性的力量:它让我们的进步,摆脱了那些伊甸园式和谐的幻想"②。因而,异化是幸福生活一体两面的另一种形式,我们不是要拒绝异化,而是应将异化作为一种冲出晚期现代加速桎梏的武器。

虽然共鸣具有难以捉摸和转瞬即逝的特征,不过基于"共鸣轴"和"共鸣意向"的共同作用,能够将"共鸣"转变为适用于社会批判的概念。一般而言,现实生活中存在三个具有典型特征的共鸣轴:第一,标识主体与他人"横向"关系的社会共鸣轴,例如友谊、亲密关系、家庭、政治参与等,它将我们与他人联系起来。第二,标识主体与整个世界"纵向"关系的存在性共鸣轴,例如宗教、自然、艺术、历史等,并且自然与艺术已经发展成现代人极为重要的共鸣领域。第三,标识事物的"对角线"关系的物质共鸣轴,包含自然物或人造物,如艺术品、护身符及我们用来工作或娱乐的工具。只有迭代性和周期性的保证"生存共鸣",才能获得幸福生活。同时,基于主体的自由意志,个体的共鸣需要一定程度的"共鸣意向"以及一定意义上的"自我效能感"(perceived self-efficacy)。③ 沿着这种主观精神分析,罗萨进一步推导出通过重建共鸣,恢复主体与世界充实的关系,克服去同步化和异化所导致的社会危机,以推动走向一种后增长的社会形态的基本路径。

---

① Hartmut Rosa, *Resonance: A Sociology of Our Relationship to the World* (New York: John Wiley & Sons, 2019), p.1.

② James Trafford & Pete Wolfendale, *Alien Vectors: Accelerationsim, Xenofeminism, Inhumanism* (London: Routledge, 2019), pp.5 - 11.

③ Hartmut Rosa, *Resonance: A Sociology of Our Relationship to the World* (New York: John Wiley & Sons, 2019), p.174.

四、资本逻辑超越与生命共同体的复归

如果说社会加速批判理论的重要贡献在于通过对时间结构的考察找到了晚期现代自我与世界关系出现撕裂的症结在于"去同步化"与"异化",那么可以说寄期望于构建一种"适应性稳定"和"共鸣"的方案来对抗危机,并不能在真正意义上完善社会秩序和价值体系。如果站在历史唯物主义视域中看待这一问题,问题的理路会更为清晰。罗萨的社会加速批判理论虽然从时间维度的视角界定了社会危机与症结,但是超越危机的方案略显抽象,原因在于:一方面,"适应性稳定"和"共鸣"的方案忽略了资本逻辑的增殖需求,无法真正缓解产生自"社会"与"外在于社会的世界"之间的去同步化危机;另一方面,走向"荒野"的共鸣,将抵抗后现代危机的主体指向了每个单独的个体,遮蔽了个体与整体间的有机联系,无法为缓解产生自"社会"与"外在于社会的世界"之间的去同步化危机提供文化动力。

首先,通过对罗萨理论的分析可以看到,他的洞察力的中心是最发达国家中产阶级的工作与生活。[1] 这种基于中产阶级工作生活的个体经验的共鸣探讨,忽略了对于发展中国家和欠发达地区工人的生活及生产经验的考察,遮蔽了资本逻辑的增殖需求,在社会领域容易诱发新的"生产与分配"的去同步化危机。正如罗萨所分析的,中产阶级工作生活中的经济泡沫其实就是时间泡沫,它一旦破了就会造成难以弥补的后果,因而再同步化(ReSynchronisation)似乎是必须的。但是,不容置疑的是,再同步化的代价很高,

---

[1]　Isaac Ariail Reed, "When Acceleration Negates Progress," *Contemporary Sociology*, Vol. 43, No.6 (2014), pp.820 - 823.

很可能只能以不可预测的经济成本和社会成本作为再同步化的基础。此外,从逻辑上看,破除金融泡沫,促使社会经济同步化运行,人们似乎将不被抛入一种分歧化的、工具性的经济模式,也似乎拥有了开展美好生活的时间条件。但如若从个体视角分析,个人在社会背景中对于可感受的、可供经验的物的需求没有减少;对于"无条件的基本收入"和"无条件的基本时间"的需求没有放缓,个人的物质、精神与生活压力无形中被转移到企业、社会和政府层面,容易产生社会领域"生产与分配"的去同步化,无法真正解决社会领域去同步化的压力。因而,理解当代资本主义最显著的参照点应该是全球化的产业工人(factory workers),正如 A.翁(Aihwa Ong)在《反抗精神和资本主义纪律》(Spirits of Resistance and Capitalist Discipline)一书中指出的,正是在这些工厂里,而不是在中产阶级的家庭生活中,人们才能最清楚地掌握如何从利润中提取剩余价值。

其次,共鸣的概念面临着在具象化面前变得无能为力的风险。走向"荒野"的共鸣,无法为缓解产生自"社会"与"外在于社会的世界"之间的去同步化危机提供文化动力。罗萨认为,我们被无限扩展的可接近(available)、可获取(accessible)和可企及(attainable)的欲望所驱动。在晚期现代社会中,一方面,"自然"等同于不可接近、不可获取、不可企及的"他者";但另一方面,"自然"又意味着某个我们正在摧毁的存在,人们对自然的破坏造成了台风、海啸等气候灾害的出现以及病毒疫情等公共卫生灾害的爆发,自然界不再是可接近、可获取、可企及的,许多动物和植物开始濒临灭绝或正遭遇危机,人们逐渐意识到,尊重、珍惜和敬畏生命,尊重自然规律,与大自然和谐相处的重要性。因而,罗萨的共鸣理论给出的诊疗方案是,人们可以凭借存在性共鸣轴,即被经验为一个终极的、包容万象的、有回应的实体,来探寻和感受自我。比如,通过到森林、海洋或沙漠中倾听自然的声音来体验共鸣。然而,值得注意的是,如此"倾听自然"并不等同于"回归自然""保护自然",这种到森林、海洋或沙漠中捕获自然、探寻自我、感受自我的活动,在某种意义上说,依然是将自然作为独立于存在者的他者,对于缓解产生自"社会世界"与"外在于社会的世界"之间的去同步化危机(如生态危机、倦怠性危机)来说只能是隔靴搔痒。

那么,加速情境下解决去同步化和异化的根本出路在哪里?根据上述对"适应性稳定"和"共鸣"构想的分析,我们至少可以从历史唯物主义视域下资本逻辑与生命共同体的双重复归来深化认识,探求出路。

第一,只有将"加速"置于资本逻辑语境中探讨其理论限度,才有可能破解加速社会的异化。从马克思的视角看,加速所导致的不同步化与异化也是一种新陈代谢断裂。人与自我、人与自然、人与社会是具有新陈代谢功能的有机统一体,任何环节发展速度的不同步都可能导致新陈代谢断裂,进而影响整体功能的协调运转。晚期现代社会中新陈代谢断裂的原罪不在于外在于资本的社会文化形式,也不在于资本主义伦理维度的恶,而在于客观逻辑下资本的内在限度。而在罗萨的分析中,资本逻辑被社会结构和社会文化动力所遮蔽,对资本加速的解读淹没在技术加速、社会变革加速和生活节奏加速之中,并没有看到加速的主体是资本的再生产过程,由此加速从一种政治经济议题转向了对社会文化的探讨。

从这个角度看,左翼加速主义的策略显得更具有现实革命性,当代左翼加速主义者斯尔尼塞克和威廉姆斯从资本主义生产关系对生产力限制的视角出发,对当代资本主义社会中劳动对资本的从属状态做出研判,提出在金融、军事、数字技术、全球市场以及地缘政治交织发展的今天,"左翼必须利用资本主义社会所可能实现的一切技术和科学进步"①,通过内部加速来超越资本主义生产关系。最终使得速度到达社会体制难以维系的程度,促使社会体制的瓦解与崩塌。然而这一理路也存有一定程度上的局限性,即在资本逻辑构架下,资本主义生产关系对生产力的限制并不会自动消逝,运用政治手段实现的对社会加速的加速,即使能够为社会带来新的显著的变化,也仅仅只是构想了一种新的社会秩序,加速进程中的资本积累越丰富,资本成果越炫目,新的矛盾与冲突也将越深刻,势必引发更为凸显的新陈代谢断裂。因而,晚期现代社会对超越危机的探讨,不能脱离资本逻辑,亦不能遮蔽资本的内在限制与冲突。只有在历史唯物主义视域下将"加速"置于资本逻辑语境中探讨其理论限度,充分利用"社会加速"所创造的超越资本主义的可能性,深入挖掘"社会加速"所蕴含的革命力量,在生产的加速发展过程中革新生产关系与经济基础,通过对人与自我、人与自然、人与社会之间关系的反思,进一步调整产业布局,优化社会结构,加强对社会加速的制度、经济、法律、伦理与生态方面的约束,在保存"'以往发展的全部丰富成果'的基础上建立一个全新的、全球化的、有秩序的和统一的政治经济体系对物质生产力重新加以社会占有"②,才有可能破解加速社会的异化,从加速失衡走向人与自我、人与自然、人与社会的和谐发展,从而真正走向人的解放。

第二,在生命共同体理念的基础上丰富共鸣的内涵,开创人类生命的新价值。在马克思视域中,人与自然是密不可分的"生命共同体",自然是人类"无机的身体""诗意栖居的场所"以及"沟通人

---

① Alex Williams & Nick Srnicek, "Accelerate: Manifesto for an Accelerationist Politics", in *Accelerate: The Accelerationist Reader*, Robin Mackey & Armen Avanessian eds. (Cambridge, MA: MIT Press, 2014), p.356.

② 王志伟:《后人类主义技术观及其形而上学基础——一种马克思主义的批判视角》,载《自然辩证法研究》2019 年第 8 期。

与物之间情感交流的载体"。同时,人是物质世界的组成部分,是
自然生存和发展的最高级阶段。如果只是将抵抗社会危机的共鸣
主体指向每一个单独的个人,那么人与自然、人与社会、人与其自
身之间的共同体概念无疑将被遮蔽,如此一来,共鸣的设想只能成
为乌托邦的幻境。正如有学者指出的,"环境问题是一个复杂的系
统问题,涉及很多因素、很多方面,既涉及人与自然的认知关系问
题,也涉及宇宙生态系统的构成问题、人类的价值追求问题、社会
制度构成问题,还涉及民族国家利益问题,不是单个因素造成
的"[1]。因而,在同自然环境的接触中,我们应培育社会主体对自然
负责、对社会负责、对未来负责的责任伦理意识和道德意志,基于
人们生存和发展的真实需求,认识与改造自然,如此而导向的共鸣
体验既是包容的,也是开放的,更是持久的。换言之,只有将人与
自然整体利益的实现放在首位,树立起生命共同体的理念,尊重自
然、保护自然,才能领悟人类"此在"(Dasein)的本质,逐步为地球上
所有生命体的生存提供可能,进而实现后增长社会"人诗意地栖
居"的状态,回归本真的生活。

罗萨的社会加速批判理论在对晚期现代社会的增长逻辑和动
态稳定的总体性危机进行系统分析的基础上,为我们描绘了一个
后增长社会的基本愿景和可能样态。我们对于美好生活的定义往
往依赖于在文化中被认可,在社会中被承认,这种将社会结构与社
会文化相结合探讨社会形态的方式与我们当下的社会现实有着直
接的关联。尤其是中国特色社会主义迈向新时代,时代的发展要
求树立更加科学的速度观。通过对晚期现代加速情境中社会危机
到生存共鸣逻辑理路的分析,启迪我们在对时代状况进行分析和
诊疗的基础上,揭示未来社会发展的可能样态,探索历史发展前景

---

① 刘魁:《当代有机哲学的价值危机与价值重估》,载《江苏社会科学》2019年第2期。

和人类生存的奥秘。幸福生活的预想与社会现实之间的裂隙既是危机也是机遇,我们既是"历史的剧作者",也是"历史的剧中人",正如罗萨所说:"在终结性的灾难和彻底的革命之间的选择在此期间几乎还没有结束,因此人们开始阅读或者书写历史。"①因而,作为一种社会批判路径的思考,需要我们在关注社会现实的变化对人们美好生活观念产生影响的同时,更应在历史唯物主义视域下探讨人们美好生活观念的更新和变化对社会提出的新要求:一是通过革新生产方式、变革生产关系,促进经济结构与社会结构的协调发展,破解加速社会的异化,保持社会加速与生存共鸣的平衡,不断增强人民群众的获得感、幸福感和安全感,真正走向人类的解放;二是将共鸣引向共同体思想,在生命共同体基础上丰富共鸣的内涵,强调生态伦理责任的重要性,真正走出加速社会的危机与困境。

---

① [德]哈尔特穆特·罗萨:《加速:现代社会中时间结构的改变》,董璐译,北京大学出版社 2015 年版,第 371 页。

第三章 "人类世"危机境遇下的
三大生态思潮批判

　　面对"人类世"、现代性境遇下的生态危机,当代学术界与社会各界从不同角度进行了反思,其中最为突出的是生态现代主义、生态非现代主义和生态纳粹主义三大生态思潮,从不同的视角对现代性、自然以及当代生态拯救之间的关系进行了反思,提出了各自独特的拯救方案。但是,这三大思潮面对生态危机与现代性存在着巨大张力,需要我们从现代性的视角进一步反思。

一、生态现代主义及其"人类世"思想批判

　　工业革命以降,现代社会发展至今已有数百年的历史。在传统社会的现代化过程中,现代性思想,即现代主义,顺势而生。现代主义主张个人的主体地位,推崇人的理性,坚持人的理性进步能够推动社会进步,相信科技进步能够增进人类福祉。现实也正如现代主义所设想的那样,人类社会收获了繁荣与发展。然而,在这份繁荣与发展的背后,现代性带来了物质主义、享乐主义,使人类陷入理性的"牢笼"、沦落至精神虚无的困境,最终付出了沉重的经济代价、生态代价。于是,人们在反思现代性的过程中,提出了后现代主义。在后现代主义看来,生态环境保护与现代主义、现代化进程并不相容,消解人的主体性地位、限制社会发展以保护自然与

生物多样性是从根本上解决当前生态危机的唯一可行路径。实际上,后现代主义思潮的环境治理方案虽具有一定价值,但本质上还是一种极具浪漫主义的生态幻想。生态现代主义思潮正是在这样的背景下形成的。2015年,号称处于"人类世"的一批科学家、哲学家、环境运动者,提出了一套在他们看来更具可行性、更切合实际的生态理论与环境保护策略。他们认为现代主义与生态危机、自然客体化有重要干系,但后现代主义的生态方案又过于激进、极端,缺乏可行性。本章以生态现代主义思潮的兴起背景为引,导出其相较于其他生态思潮所具有的独特内涵,并在此基础上对其进行客观、辩证的评价与展望。

（一）生态现代主义的溯源与回顾

进入21世纪,面对日愈严峻的生态环境形势,人们进一步思索现代文明发展的二重性,考量生态环境保护的方案。如此,多样化的生态思潮此起彼伏、相互激荡,全球性的环境保护运动方兴未艾。然而,极具讽刺意味的是,随着人们对生态环境的关注与日俱增,生态环境恶化的趋势不仅未能实现根本性扭转,而且在资本逻辑与技术逻辑的支配之下愈发严重,生态环境问题随着经济全球化的不断推进而逐渐演变成全球性的生态危机。与此同时,现代主义与后现代主义所主张的生态方案却相继遭遇应对乏力、不切实际的困境。正是在此背景下,生态现代主义思潮于"人类世"中应运而生。

1. 生态现代主义思潮兴起的现实背景

任何思潮的兴起都与其背后的社会现实紧密相关。生态现代主义思潮正是"人类世"中现代化与生态环境保护之间矛盾激化的产物,是生态环境问题全球化、资本与技术逻辑普遍支配、"人类世"降临催生的产物。

（1）生态环境问题的全球蔓延。工业现代化肇始,资本主义国家就相继出现了生态环境问题。生活在工业文明发展初期的马克思恩格斯立足于当时的社会现实与生活状况,发人深省地指出,在工业革命的进程中,双重矛盾并存、同步发展,不仅存在人与人之间的矛盾,社会分化与阶级矛盾不断扩大,也存在人与自然之间的矛盾,空气污染、水资源污染、环境破坏、土壤退化等生态环境问题开始显现。虽然此时生态危机尚未全面形成,但危机已初现端倪。马克思恩格斯辩证捕捉到了,19世纪是人逐步建立起对自然统治的时代,在工业文明现代化发展的同时,自然环境成为被盘剥的对象,这构成了他们思考生态环境问题的现实基础。进入20世纪,尤其是60年代后,以美国、英国等为代表的发达资本主义国家的环境污染问题更为严重,逐渐演变成一个重大的社会问题。面对不断恶化的生态环境问题,资本主义国家的多位有识之士开始反思人与自然之间的关系,批判以生态环境为代价的社会经济发展方式,卡逊的《寂静的春天》、罗马俱乐部的《增长的极限》均发表于这一时期。然而,这些有识之士的真知灼见并未从根本上扭转生态环境问题的发展态势。

随着全球化这一历史进程的不断展开,滥觞于资本主义世界的生态环境问题逐渐向全球扩散开来,发展中国家成为环境污染的重灾地。生产全球化之下,发达资本主义国家只需控制资金与核心技术,将生产转移到拥有环境与人口优势的发展中国家,带走生产创造的财富,留下生产造成的一切污染。同时,部分发达国家更是以"捐赠"的名号将大量难以处理的污染物直接运往国外,导致接受地的环境遭受无法挽回的破坏,人民面临严重的健康问题。简言之,全球化的不断深化,既带来了全球经济的繁荣与发展,也推动了生态环境问题的全球扩散。根据联合国环境规划署（UNEP）

最新发布的《前沿报告》(第四版),气候变化、污染、生物多样性丧失是当前全球共同面对的危机。这三重危机与发轫于 2019 年的新冠肺炎疫情相互交织、相互叠加,给全球人类的健康与福祉带来了多重打击与不良影响,如粮食不安全、医疗救治不力、经济衰退等。面对多重危机,各国与国际组织已经行动了起来,不断加快应对危机的进程。以气候危机为例,从 1992 年的《联合国气候变化框架公约》,到 1997 年的《京都议定书》,再到 2015 年的《巴黎协定》,这些协定的签署是国际社会共同努力的成果。然而,正如比尔·麦吉本(Bill McKibben)所言,即使各国严格履行在各种协定书中所做出的承诺,到 21 世纪末,全球气温的上升也会造成巨大的环境破坏,使人类文明走向崩溃,更何况一些本应承担责任的大国已退出相关协定。由此可见,当前生态环境问题的全球蔓延、国际社会的应对不力,是生态思潮兴起、生态理论创新与生态实践探索的重要现实背景。

(2)资本逻辑与技术逻辑的双重支配。诞生于 20 世纪初的生态马克思主义,坚持在制度维度探寻生态环境问题的根源,指出"资本主义制度、生产方式和资本所支配的全球权力关系才是生态危机的根源"[1],而且资本主义制度下技术的非理性运用也与生态环境问题的形成息息相关。虽然生态马克思主义的思想囿于时代与学派的局限性,但其对资本主义制度统治下资本逻辑、技术逻辑与生态环境问题之间关系的准确判断仍是可取的。实际上,无论是生态环境问题的全球性扩散,还是生态问题应对方案的乏力,都离不开其背后的控制与支配逻辑。定位与把握这种逻辑是破解现实生态环境难题的基本前提。

---

① 王雨辰:《论西方绿色思潮的生态文明观》,载《北京大学学报》(哲学社会科学版),2016 年第 4 期。

"以人对自然的支配为前提"①的资本主义生产方式以利润最
大化为根本目标,不惜任何代价追求经济的永恒增长。在这种生
产方式得以运行的背后,是一整套支配与剥削的逻辑,即资本与技
术相互交织的逻辑体系。资本逻辑与技术逻辑的双重支配既构成
人对自然的控制与剥削,也构成人对人的控制与剥削。一方面,在
马克思看来,良好的自然条件为生产得以展开提供了可能性,而被
资本逻辑支配的生产方式,为了增加获得剩余价值的可能性必然
会用尽一切可能的方法加重对自然的盘剥,由此导致人与自然界
相异化。当自然受到愈发深重的盘剥之时,作为剩余价值创造者
的雇佣工人也不能幸免,随着生产的不断扩大而逐渐在异化劳动
中丧失自己"无机的身体",丧失自己的生活、生产资料,丧失自己
的劳动本质,沦落为资本家的附属,由此导致人与人的类本质相异
化。另一方面,技术逻辑的顺利运行促进实现资本主义生产方式
的根本目标。自培根起,技术运用的进步作用被不断高扬,经由数
次技术革命,技术进步成为社会进步的代名词,技术理性得以盛
行,而技术的非理性后果被掩盖于进步意义之下。如生态马克思
主义学者莱易斯(William Leiss)所指出,资本主义制度之下,技术
理性成为占用自然资源、控制人的消费需求的重要工具。这种技
术理性顺应资本主义生产方式追求利润的根本目的,与资本逻辑
相互强化,带来了技术的非理性运用。最终,资本逻辑与技术逻辑
的双重支配催生出了生态危机。在资本主义社会早期,为了追求
利润,资本逻辑与技术逻辑给工人与自然留下了一个个死水洼、一
堆堆的垃圾与废弃物、成打的冒着黑烟的工厂烟囱。这是资本逻
辑与技术逻辑摧残工人身心健康,破坏自然环境的铁证。当前,虽
然资本逻辑与技术逻辑看似有所收敛,但实质上,它们只是隐藏在

---

① 《马克思恩格斯全集》(第44卷),人民出版社2001年版,第587页。

所谓繁荣的经济发展与先进的科学技术的背后,其追求利润、回避一切责任与义务的本性依然存在,而且生态环境问题也依然存在,并逐渐演变为全球性的生态危机。可以预见的是,随着资本的不断积累,资本逻辑与技术逻辑所掩盖的一切问题终将完全暴露出来,终将使人与自然面临"整体性灾难"。

（3）"人类世"的到来。"人类世",顾名思义,是人类的世代。广义上的"人类世",指的是人类开始改造地球、影响地球的时代。狭义上的"人类世"概念是科学界研究的热点,由获得诺贝尔化学奖的大气学家保罗·克鲁岑（Paul Crutzen）和生态学家尤金·斯托尔摩（Eugene Stoermer）在2000年发表于《全球变化简报》的一篇论文中正式提出的。克鲁岑与斯托尔摩以人类活动对气候变化和生物圈影响的事实为依据,指出地球已经由"全新世"（Holocene）走入了"人类世"（Anthropocene）,即以人类为主导力量的地质时代。此时,人类不仅仅是地球上的一个物种,更是一种重要的地质力量,在相当程度上"人类本身已经变成了一个地质过程"[1]。虽然关于"人类世"概念存在诸多争议,但多数学者都同意人类对地球的影响已大大升级,人类无意识的活动逐渐"成为改变生物地质化学循环和地球系统的最重要因素"[2],人类深刻地改变了地球的自然变化过程,随之而来的生态环境问题也更为严重。[3] 2016年8月,在南非开普敦召开的第35届国际地质大会上,科学家们通过非正式投票同意提出"人类世"概念。2019年5月,"第四纪地层学分会"的"人类世工作组"进行投票,同意以20世纪中期

---

[1] 王瑜:《"人类世"来了》,载《中国自然资源报》,2019年6月17日。

[2] 包茂红:《"人类世"与环境史研究——〈大加速〉导读》,载《学术研究》,2020年第2期。

[3] Will Steffen & Regina A. Sanderson & Peter D. Tyson, et al, *Global Change and the Earth System: A Planet under Pressure* (Berlin: Springer Science & Business Media, 2005), pp.81 - 135.

作为"人类世"的起点。[①] 在工作组看来,20 世纪中期的工业化水平、人口增长速度、核能的使用是"人类世"到来的重要标志。[②]

关于"人类世"的讨论不限于科学界,生态理论研究领域也开始反思"人类世"中人与自然的关系。在他们看来,"人类世"概念的提出为打破人与自然二分的传统观点提供了科学依据。克鲁岑认为,"在这个时代,自然系统和人类系统相互包容,自然的力量和人类的力量相互交织,因而就不存在所谓的人类干扰自然或违背自然的理念。未来自然世界的面貌很大程度上取决于人类的选择。人类需要改变当前对于自己角色的认知方式,并建立一种与地球的自然世界一起增长的文化,而不是去消耗它或远离它"[③]。与此同时,一批学者并未因"人类世"的到来而感到愉快。他们认为,我们人类需要承认自己对生态系统的影响,但更为重要的是控制我们对生态系统的进一步破坏。简言之,作为人类活动与地球环境相互作用、相互影响、相互制约的新地质时代,"人类世"为学界研究人与自然、人与地球、人与人之间的关系提供了一种新的规范,使得人类主导、科学驱动的叙事成为一种新的研究范式。

基于这样的现实背景,18 位具有开拓精神的科学家、哲学家、环境运动者发出了属于 21 世纪的生态声音。他们承认全球性生态危机的严峻性,也认为"人类世"给人类提供了一个正视自身力量的机会,为建立一套新的、更积极的、更具前瞻性的生态理论与实践方案提供了舞台。这些开拓者在对生态环境问题的反思与回

---

① 包茂红:《"人类世"与环境史研究——〈大加速〉导读》,载《学术研究》,2020 年第 2 期。
② Meera Subramania, *Anthropocene Now：Influential Panel Votes to Recognize Earth's New Epoch*,[EB/OL]. https://www.nature.com/articles/d41586 - 019 - 01641 - 5.
③ 滕菲:《"人类世"的到来与生态现代主义的后自然思想》,载《福建师范大学学报》(哲学社会科学版),2019 年第 5 期。

应中,开启了生态现代主义思潮。

2. 生态现代主义思潮兴起的理论背景

20 世纪六七十年代以来,人们在坚持经济增长的同时,也为工业文明遭遇的一系列生态问题感到担忧,开始重视经济发展与环境保护之间的关系。如此,研究人与自然关系、社会发展与环境发展关系的学说此起彼伏,产生了大量的生态理论。这些理论是生态现代主义思潮形成的重要理论背景,生态现代主义的学者们在对这些理论的反思、批判与回应中,不断凝练自己的观点,最终为人类的未来提供一个新的发展方向。

(1)现代主义生态理论的后继乏力。现代主义生态理论的一大基本特征是坚持现代化,坚持在社会发展的过程中应对生态环境问题,包括可持续发展理论、生态现代化理论等。自启蒙运动以降,人类文明在理性光辉的照耀下,高扬人的主体性地位,追求社会的不断发展,经济的不断增长。在此背景下,一方面,现代主义生态理论为人类中心主义辩护,将维护人类利益作为其运行的内在逻辑。在现代主义生态理论看来,近代的人类中心主义价值观被曲解为"人类统治主义""人类沙文主义",这必然会导致人与自然之间关系的紧张。因而,近代的人类中心主义价值观应该对生态环境问题负有责任,而非人类中心主义价值观。而且,在人类中心主义价值观看来,正是由于人类具有更强大的创造力,能够承担起保护生态系统的更大责任,故人类的价值高于其他物种的价值。另一方面,现代主义生态理论强调通过一系列应对措施,如控制人口增长、科学技术革命等,能够解决当代的生态环境问题。在现代主义生态理论的视域下,生态环境问题与人口过快增长、现代技术的内在缺陷、自然资源无偿使用密切相关,在资本主义制度及其生产方式的框架之内,生态环境问题能够得到妥善解决,换言之,资本主义制度和生产方式具有解决生态环境问题的潜力。

客观说来,现代主义生态理论确实存在一些可取之处,如运用现代技术、制定严格的环境政策等,这些措施在应对环境问题之初,的确能够产生明显的效用。然而,随着生态环境问题的日益严重,现代主义生态理论陷入了应对生态问题后继乏力的困境。实际上,现代主义生态理论固有的内在缺陷,注定了其必然陷入困境的命运。首先,现代主义生态理论未能准确定位、把握生态危机的制度根源,即资本主义制度及其生产方式是生态危机的根源,或者说,它站在维护资本主义制度与生产方式的立场上,有意避开这一根本原因。其次,现代主义生态理论所推崇的人类中心主义也非真正的人类中心主义,而是建立在资本基础上,维护"资本利益"、维护资本主义生产条件的、具有西方中心底色的"人类中心主义"。再次,现代主义生态理论希望在资本主义制度框架之内,通过技术革命与制定严格的环境政策来解决生态环境问题。然而,只要在资本主义制度之下,任何技术的革新、任何环境政策的完善,都是为资本服务的,都是为利润最大化服务的。这不仅不能解决生态环境问题,还使得资本对人与自然的剥削升级了。

(2)后现代主义生态理论的不切实际。后现代主义生态理论以生态中心主义为基础,主张消解人类的主体性地位、限制社会发展、回到荒野以控制人对自然的破坏,主要包括以生态中心主义为基础的生态理论,如生物中心论、生态中心论。在后现代主义生态理论看来,人类中心主义价值观和以此为基础的技术运用是当前生态危机的根源,不断加速的现代化进程则放大了现有的危机与问题。

以"自然价值论"和"自然权利论"为基础的后现代主义生态理论具有以下四个过于激进的特征,这是其不切实际本性的生动展现。第一,后现代主义生态理论仅注重价值维度的探索,认为只要改变价值观即可扭转生态危机的局面,即改变现代主义生态理论所推崇的人类中心主义价值观。然而,如现代主义生态理论一样,后现代主义生态理论未能真正把握生态危机的根源,即资本主义制度及其生产方式。如此这般,不管后现代主义生态理论描绘出多么美好的人与自然相处的和谐画面,也仅是空想,绝无实现的可能。第二,后现代主义生态理论批判现代主义生态理论的人类中心主义价值观,代之以坚持"自然优先""地球优先"的生态中心主义价值观。它认为,人类只是地球上众多物种中的普通一员,并不具备任何高于其他物种的特别价值,这体现了其降低人类尊严的反人道主义立场。同时,它还以生态科学的生态整体性规律为依据,将保护生态环境与发展经济、运用先进技术、满足人的多种需求对立起来,这体现了其鲜明的后现代主义本质。第三,起源于西方的后现代主义生态理论仍然是一种坚持西方中心主义的理论。它只片面地将生态环境问题归结为所谓的价值观问题,既忽视了人与自然之间的实际物质交换,也忽视了在不同社会制度与生产方式框架之中,人对自然的相异看法以及处理人与自然关系的相异方式。如此,我们可以说,后现代主义生态理论本质上还是在为资本主义制度及其生产方式推脱其本应承担的生态责任与生态义务。第四,后现代主义生态理论还倡导回到荒野,崇尚未与人类发生关系的自然。它反对人类对自然的任何利用与改造,批判先进科学技术的运用,只要求人类顺应自然、服从自然。这样一种田园牧歌式的生活自然是十分美好的,但也与工业文明以来的社会现实严重分离,违背社会历史发展的客观规律,是一种极具浪漫主义色彩的乌托邦幻想。

基于对现代主义生态理论与后现代主义生态理论的蕴含特征与局限性的理解,生态现代主义者在反思与回应中提出了一套他们认为更为适合"人类世"的生态理论与方案,以试图超越已有生态理论应对生态环境不力的状况。

总而言之,正是在这一系列现实背景与理论背景的影响之下,生态现代主义思潮得以于"人类世"兴起,并日益成为一股具有重要社会影响力的生态思潮。

(二)生态现代主义的梳理与比较

在"人类世"提出之际,一支由18位科学家、哲学家、环境运动者组成的研究团队于2015年合作发布了一篇名为《生态现代主义宣言》(*An Ecomodernist Manifesto*,以下简称《宣言》)的文章,宣告了生态现代主义思潮的正式兴起,向人们展示了生态现代主义如何在充满机遇的"人类世"采取相适应的环境保护方案。生态现代主义思潮通过对过往生态思潮与生态理论的反思与回应,逐渐摆脱了现代主义生态理论与后现代主义生态理论的影响,获得了相对独立的发展。然而,作为一种阐释社会发展并希望引领社会发展的新思潮,其基本内涵与话语框架还稍显模糊。因此,本部分梳理生态现代主义思潮的主要代表人物及其主要观点,并通过比较研究,进一步概括凝练出生态现代主义思潮的独特蕴含。

1. 生态现代主义思潮的主要代表人物及其主要观点

《宣言》的18名作者多来自生态现代主义的研究智库——"突破研究所"(Break through Institute),如智库的创始人环境保护运动家、环境作家麦可·谢伦伯格(Michael Shellenberger)和环境保护运动家泰德·诺德豪斯(Ted Nordhaus),执行董事彼得·提格(Peter Teague),环境保护和食品农业项目负责人莱纳斯·布鲁姆奎斯特(Linus Blomqvist)以及两位高级研究员环境科学家厄尔·埃利斯(Erle Ellis)、哲学家马克·萨戈夫(Mark Sagoff)等。由于研究领域的差异,这些学者关于"人类世"、生态现代主义的理解往往有不同的侧重点,但正如《宣言》所呈现的那样,他们达成了一系列共识。

(1)麦可·谢伦伯格和泰德·诺德豪斯的主要观点。作为"突破研究所"的创始人,麦可·谢伦伯格和泰德·诺德豪斯于 2000 年初开启了以政治哲学、国际气候和能源、环境保护等为主题的合作研究之路;2007 年,共同创立"突破研究所",研究应对 21 世纪的全球性环境挑战的策略方案;2015 年,与 16 位科学家、哲学家、环境保护运动者合作完成《生态现代主义宣言》,为生态现代主义思潮的兴起做出了卓越贡献。谢伦伯格于 2015 年离开"突破研究所",随后创立"环境进步"组织(Environmental Progress),并担任主席。诺德豪斯则继续主持、管理、参与"突破研究所"的研究工作。

一是对现代环保主义进行批判。2004 年,谢伦伯格和诺德豪斯合作发表了《环保主义之死:后环境世界中的全球变暖政治》(*The Death of Environmentalism: Global Warming Politics in a Post Environmental World*)。他们在文中首次指出,兴起于 20 世纪 60 年代的美国环境主义运动已名存实亡,如今的全球生态环境问题与以前的生态环境问题是不同的,人们解决问题的思维与以前的思维也是不同的,故 20 世纪的环保主义无法解决复杂的、全球性的、21 世纪的环境挑战,如气候变化。① 这篇文章的问世引发了强烈反响,激励了一代年轻的环保主义者。一些学者虽然对环境主义是否死亡存在分歧,但多认为我们需要新的生态理念。此时,两位生态现代主义先驱已为开创、引领一种新的生态思潮埋下了伏笔。2007 年,谢伦伯格和诺德豪斯合著的《突破:从环保主义

---

① Michael Shellenberger & Ted Nordhaus, "The Death of Environmentalism: Global Warming Politics in a Post-Environmental World," *The Environmental Grantmakers Association* (2004).

之死到责任政治》(*Break Through：From the Death of Environ-mentalism to the Politics of Possibility*)一书被《时代》杂志(*Time*)誉为"有先见之明的",被《连线》(*Wired*)杂志誉为"自雷切尔·卡森的《寂静的春天》以来环保主义领域发生的最好的事情"。在书中,两位学者延续《环保主义之死》一文中的观点,指出,几十年来,主张保护自然和保护资源的环境保护运动已筋疲力尽。如果环保运动要取得进一步进展,那么它必将打破其利益集团模式,倡导新的环境保护理念,实现突破。我们不能再把自然、环境等概念放在我们政治的中心,而应专注于更全面的方法,将人类和人类的需求视为生态系统的一部分,并创造新的"可能性的政治"。他们还批评环境保护主义过于依赖错误的观念,即人是独立的,坚定地依赖实证主义的客观科学概念,以此来代表环境,采取如何保护自然不受人类影响的修辞。事实上,问题的关键不在于人类是否应该控制自然,因为这是不可避免的,而是人类应该如何控制自然、非人类、人类。[1] 在《爱你的怪物：后环保主义和"人类世"》(*Love Your Monsters：Post environmentalism and the Anthropocene*)这一本他们编辑的论文集中,两位学者延续之前的观点,指出,虽然碳排放交易、《京都议定书》和可持续发展都失败了,但气候变化、森林砍伐和物种灭绝仍在快速发展,重要的是,我们可以从环保主义的失败中吸取什么教训——我们现在必须做什么? 在"人类世"中,只有我们拥抱人类发展、现代化和技术创新,才有可能在下个世纪创造一个世界,让所有人都能达到使他们能够追求

---

[1] Michael Shellenberger & Ted Nordhaus, *Break Through：From the Death of Environmentalism to the Politics of Possibility*(New York：Houghton Mifflin Harcourt，2007).

梦想的生活水平。[1] 在另一本论文集——《邪恶的极化》(*Wicked Polarization*)中,他们认为,所谓理性守护者的专家阶层,非但没有起到调节环境问题的作用,反而助长了美国的政治两极分化。在经济增长和不平等、全球变暖、肥胖和两极分化的问题上,意识形态专家的斗争以破坏务实的政治行动的方式提出了新的社会和环境问题。谢伦伯格和诺德豪斯则认为,不平等、气候变化和肥胖等问题是富裕问题,而不是稀缺问题。最后,他们重申"突破研究所"的使命。作为一个转变范式的智囊团,"突破研究所"致力于实现 21 世纪的自由主义思想现代化,加速向未来的过渡,让世界上所有的居民都可以在一个生态充满活力的星球上享受安全、自由和繁荣的生活。[2]

二是主张以技术创新替代碳定价。在《超越总量管制和交易,清洁能源的新途径》(*Beyond Cap and Trade*, *A New Path to Clean Energy*)中,谢伦伯格和诺德豪斯质疑碳定价,认为碳定价并设定上限不像许多人认为的那样是灵丹妙药,认为美国减排的真正道路是政府帮助资助开发比天然气更好、更便宜的清洁替代品。为了大规模取代煤炭或天然气,我们需要自下而上开发和部署需要的技术和基础设施。[3] 在《气候经济学的创造性毁灭:为什么 18 世纪的经济学无法应对 21 世纪的全球变暖》(*The Creative Destruction of Climate Economics*:*Why 18th Century Economics*

---

① Michael Shellenberger & Ted Nordhaus, et al, *Love Your Monsters*:*Post-Environmentalism and the Anthropocene* (Oakland:Breakthrough Institute, 2011).

② Michael Shellenberger & Ted Nordhaus, et al, "Wicked Polarization:How Prosperity, Democracy and Experts Divided America," *Breakthrough Journal*, Vol. 3 (2013).

③ Ted Nordhaus & Michael Shellenberger, *Beyond Cap and Trade*, *A New Path to Clean Energy*, [EB/OL]. https://e360.yale.edu/features/nordhaus_shellenberger_beyond_cap_and_trade_a_new_path_to_clean_energy.

Can't Deal with 21st Century Global Warming）中，他们尖锐指
出,气候经济学家大多将全球变暖视为分配稀有资源的挑战,如污
染权的分配,而不是创造新资源,如廉价的零碳能源;气候模型将
技术创新视为给定的,而不是因变量,低估了公共投资对鼓励技术
创新的重要性,这正是气候经济学无力应对 21 世纪全球变暖的原
因。在他们看来,减少对碳定价的依赖,更多依赖于技术变革,依
赖清洁能源技术是应对全球变暖的有效途径。① 在 2013 年的能源
创新大会的演讲中,他们继续倡导技术革命、技术创新的观点,反
对技术部落主义,批判技术教条主义,主张让人类提供更便宜、更
清洁、更可靠和更安全的能源技术。他们还提出了实现技术创新
的具体步骤——在冷静审视事实的基础上,专注于解决问题,拥抱
更广泛的解决方案,改革能源补贴,加速故障率,增加知识溢出,改
革能源补贴。② 在《绿色大灾难:反对核能的经济论据如何凸显环
保主义者的错觉》（*The Great Green Meltdown: How Economic
Arguments Against Nuclear Highlight Environmentalist Delu-
sions*）中,两位生态现代主义者坚定地支持使用核能,认为核技术
是一项对环境有利的零碳技术,尽管存在风险,但其环境效益远远
超过了风险。同时,他们批判经济争论未能掩盖的构成绿色反对
核能的教条主义,指出绿色组织已经失去了他们曾经拥有的为气
候说话的可信度。③

① Ted Nordhaus & Michael Shellenberger, *The Creative Destruction of Climate Eco-
nomics*,[EB/OL]. https://the breakthrough.org/journal/online-content/the-crea-
tive-destruction-of-climateeconomics.
② Michael Shellenberger & Ted Nordhaus, *Against Technology Tribalism: Why We
Need Innovation to Make Energy Clean, Cheap and Reliable*, [EB/OL]. https://
thebreakthrough.org/articles/against-technology-tribalism.
③ Michael Shellenberger & Ted Nordhaus, *The Great Green Meltdown: How Eco-
nomic Arguments Against Nuclear Highlight Environmentalist Delusions*, [EB/
OL]. https://thebreakthrough.org/issues/energy/the-great-green-meltdown.

2015 年,在与其他 16 位科学家、哲学家、环境保护运动者合作发布了《宣言》之后,诺德豪斯继续"突破研究所"的研究工作,在《纽约时报》(*The New York Times*)、《旧金山纪事报》(*San Francisco Chronicle*)、《国家评论》(*National Review*)、《新共和》(*The New Republic*)、《连线》(*Wired*)等报纸、杂志发表文章,宣传生态现代主义。在对美国众议院科学委员会的口头证词中,他指出,气候政策辩论往往过分强调减缓而忽视适应,注重脱碳而忽视其他减缓途径,试图使肮脏能源变得昂贵而不是清洁能源变得便宜,并过分关注可再生能源技术,而忽略了可能是全球经济深度脱碳所必需的广泛的低碳技术。面对气候变化带来的无法解决的不确定性,相较于夸夸其谈、危言耸听和否认,温和、谦逊和实用主义能够更好地服务我们。① 同年,他在发表于《万古》(*Aeon*)的一篇文章中指出,我们通过技术创新有可能继续进一步提高地球的承载能力。一个有更多鸡、玉米和核能的星球可能不是许多人希望的田园,但它显然能够在很长一段时间内支持更多的人消费更多的东西。② 而谢伦伯格逐渐淡出"突破研究所",于 2016 年成立"环境进步"组织,主要以气候和环境活动家的身份从事环境保护的运动,拯救世界各地的核反应堆,为世界各地的政府作证和提供咨询,并为《纽约时报》、《华尔街日报》(*Wall Street Journal*)、《旧金山纪事报》撰文。

(2)厄尔·埃利斯的主要观点。厄尔·埃利斯是一位环境科学家,马里兰大学的教授,被称为"人类世"的理论家。埃利斯研究

---

① Ted Nordhaus, *Using Technology to Address Climate Change:Oral Testimony to the House Science Committee*,[EB/OL]. https://the breakthrough. org/issues/energy/using-technology-to-address-climate-change.

② Ted Nordhaus, *The Earth's Carrying Capacity for Human Life is not Fixed*,[EB/OL]. https://aeon. co/ideas/the-earths-carrying-capacity-for-human-life-is-not-fixed.

人类对地球的影响程度,从狩猎采集者导致的灭绝和大规模景观变化,到农业生产力因人口压力而增长的趋势。埃利斯的早期工作集中于中国农村景观的长期生态变化,这种变化是由传统农业体系向工业化农业体系的转变引起的。近年来,他将"人类群落"的概念理论化为"生物群落"的替代概念,特别关注人类对混合人类—自然系统的管理。

在《漫长的"人类世":三千年来人类重塑了地球》(*The Long Anthropocene*:*Three Millennia of Humans Reshaping the Earth*)一文中,埃利斯认为,"人类世"——"人类时代"——不是昨天诞生的:它是由我们的祖先长期持续努力创造的。在 3000 年前或更早的时候,人类为维持人类种群而进行的生态系统工程可能在全球范围内显著改变了生物圈。然而,我们这一代和未来的挑战是严峻的:我们已经在地球系统中创造了一些前所未有的大规模新变化——即由化石燃料驱动的快速人为气候变化。他认为,虽然通向未来有不同的道路,并不是所有的道路都通向一个适宜人类生存的世界,但为了开始"人类世"的旅程,继续支持充满活力的人类和非人类生命,我们必须接受我们作为祖先塑造者和生物圈管理者的历史。[1] 在《绘制"人类世"图:可视化人类如何融入自然》(*Mapping the Anthropocene*:*Visualizing How Humans Are Embedded in Nature*)一文中,他继续以"人类世"为研究的出发点,指出这个时代早已从"全新世"走入"人类世",自然现在被嵌入到人类改造的农田、牧场、城镇和城市的矩阵中。这些人为生物群落——简称"人类群落"——为我们提供了一种全新的视角。他还以印度、美国、中国、澳大利亚、巴西、卢旺达、英国等为例展示人类

---

[1] Erle Ellis, *The Long Anthropocene*:*Three Millennia of Humans Reshaping the Earth*,[EB/OL]. https://the breakthrough.org/articles/the-long-anthropocene.

和自然景观是如何融为一体的。① 在《向更好的"人类世"进化：人类是如何进化出推动地球进入新地质时代的能力？》(*Evolving Toward a Better Anthropocene*：*How did people evolve the capacity to push the planet into a new geologic era*?)中,他首先明确指出,我们可能很快进入以人类作为"伟大的自然力量"的一个新的地质时期,即"人类世"。其次,他提出疑问:为什么是人类,而不是地球历史上其他单一的多细胞物种,获得了改造整个地球的能力？这种新的全球力量的本质是什么？我们能引导这股力量为人类和非人类自然创造更好的结果吗？再次,在他看来,为了回答这些问题,我们必须超越地球物理学、地球化学甚至生物学。"人类世"的主要原因是社会性的,根植于地球上第一个超社会性物种的非凡能力:行为上的现代人(Behaviourally Modern Humans)。同时,他还提出了解释一种为什么人类社会长期以来改变了生态的理论,即人类生态学理论(Anthroecology Theory)。② 该理论的核心是社会文化生态位构建,一种新的进化综合,它将现有的生态位构建理论(theory of niche construction)、扩展进化综合理论(theory of Extended Evolutionary Synthesis)、文化进化理论(theory of cultural evolution,)、超社会性理论(theory of ultra sociality)和世界系统理论(world systems theory)结合在一起。最后,他认为,在可预见的未来,人类社会及其自然文化将塑造地球

---

① Erle Ellis, *Mapping the Anthropocene*：*Visualizing How Humans are Embedded in Nature*, [EB/OL]. https：//the breakthrough. org/issues/conservation/mappingthe-anthropocene.

② 人类生态学理论解释了人类社会为何以及如何获得了改变整个地球生态的能力。该理论通过作用于人类文化、生态系统和基础设施的进化过程,耦合了社会和生态变化的动力。人类生态学旨在了解人类活动导致环境变化的最终原因,而不仅仅是其后果,从而为人类和自然的其他部分塑造一个更美好的未来。可以参见人类生态学实验室(The Anthroecology Lab)的官网, https：//anthroecology.org/.

生命的未来。通过参与而不是反对社会文化生态位的构建过程，我们可能会引导这种新的"伟大的自然力量"朝着对人类和非人类自然都更好的结果发展。我们需要接受使我们成为人类的东西——超社会性，并将其用于"人类世"的巨大挑战——有意识地建设更好的社会和自然文化。①

（3）马克·萨戈夫的主要观点。马克·萨戈夫是乔治梅森大学哲学与公共政策研究所的退休教授和高级研究员。在过去的几年里，萨戈夫对生态问题的"科学化"提出了尖锐的批评，认为环保主义必须直接与社会价值观对话，还批评了环保主义者为保护自然系统而"定价"自然系统的失败努力。他的著作《地球经济》（*The Economy of the Earth*）和《价格、原理与环境》（*Price，Principle，and the Environment*）被认为是该领域的里程碑。

萨戈夫在《价格、原则和环境》中，严厉谴责那些披着狼皮的绵羊，认为他们试图以经济理由为环境保护辩护。他坚持认为，环境保护的经济理由是站不住脚的且不连贯的，而规范经济学的概念框架，尽管关注的是个人福利，却是与激励环境保护主义者的道德和美学价值观相对立的。在萨戈夫看来，环境问题的解决不在于正确计算成本和收益，从而找到有效的政策。相反，它在于审慎的政治对话，这种对话对支持环境保护的道德和美学原因以及这些保护对经济增长和福祉的影响十分敏感。② 在《地球经济》第二版中，萨戈夫延续之前的研究主题，利用过去 20 年来围绕环境保护论基础的辩论，提出了与消费、成本效益分析、新达尔文主义的规

---

① Erle Ellis, *Evolving toward a Better Anthropocene：How did People Evolve the Capacity to Push the Planet into a New Geologic Era？* ［EB/OL］. https://the breakthrough.org/issues/conservation/evolving-toward-a-better-anthropocene.

② Mark Sagoff, *Price，Principle，and the Environment* (Cambridge：Cambridge U-niversity Press，2004).

范含义、自然在国家历史中的作用以及地方概念在环境伦理中的中心地位相关的问题,分析了与环境、污染、工作场所以及公共安全和健康相关的社会政策。萨格夫将伦理问题与经济问题区分开来,并解释了哪种概念、论点和过程适用于它们。他对"偏好"和"支付意愿"作为环境经济学中的价值衡量标准提出批评,并为保护自然环境的政治、文化、美学和伦理理由辩护。① 在《哈耶克会对气候变化做些什么?》(What Would Hayek Do About Climate Change?)一文中,萨戈夫指出,气候变化经常被描述为一个"邪恶"的问题,即一个表述不当、争议严重、涉及令人费解的信息、有无数原因、因此没有单一正确答案的问题。然而,尽管存在许多问题和争议,但对于问题的根源和所需的应对措施,人们几乎达成了共识。煤、天然气和石油的燃烧是人为气候变化的主要原因。一种技术解决方案——廉价而丰富的清洁能源——将解决这个问题。有多少清洁廉价的有用能源就有多少正确的答案,但是每个答案都依赖于天赐的技术。他还认为,市场没有处理气候变化的内在机制,因为气候变化带来的不是稀缺问题,而是后果问题。② 尼斯卡宁中心(Niskanen Center)的高级研究员埃德·多兰(Ed Dolan)以题为《为什么哈耶克会支持碳税》(Why Hayek Would Endorse a Carbon Tax)的文章对萨戈夫关于负面的"碳定价"的观点进行回应,萨戈夫也通过《从列宁的制高点召唤稀缺》(Conjuring Scarcity From Lenin's Commanding Heights)回应多兰的评论与建议。

---

① Mark Sagoff, *The Economy of the Earth*: *Philosophy*, *Law*, *and the Environment* (*Second Edition*) (Cambridge: Cambridge University Press, 2008).

② Mark Sagoff, *What Would Hayek do about Climate Change?* [EB/OL]. https://the breakthrough. org/journal/no-13-winter-2021/what-would-hayek-do-about-climate-change.

2. 生态现代主义思潮与其他生态思潮之比较

自 20 世纪六七十年代以来,多种生态思潮先后登上社会历史发展的舞台,包括以生物中心论、生态中心论等为代表的具有后现代主义色彩的"深绿"思潮、以生态现代化理论、可持续发展理论等为代表的具有现代主义色彩的"浅绿"思潮、以有机马克思主义理论和生态马克思主义理论等为代表的具有马克思主义色彩的"红绿"思潮。作为一种兴起于"人类世"的生态思潮,生态现代主义与其他生态思潮之间存在着差异,也有相似之处,这直接反映在其所包含的生态理论中。

(1) 生态现代主义与"深绿"思潮之比较。在生态环境问题形势日益严峻、生态科学等自然科学快速发展的背景下,"深绿"思潮逐渐兴起。"深绿"思潮是一种以生态中心主义为基础的绿色思潮,经历了动物解放、动物权利、生态中心主义、深层生态学、激进的社会生态学等几个时期,强调在价值观与技术运用维度定位、把握生态危机的根源,力求通过价值观的转变、限制科学技术的运用来解决生态问题。

首先,"深绿"思潮将环境保护与经济社会发展对立起来。在具有后现代主义理论特征的"深绿"思潮看来,正是"支配自然"的人类中心主义价值观的引导,自然才会遭遇如此严重的问题。他们眼中的自然是"一种未被污染的、未被人类之手接触过的、远离都市的东西"[①],是一种未与人类发生关系的"荒野"。如此,他们所谓的保护自然,要求只需人类顺应自然而生存,避免对自然进行利用与改造,限制可能损害自然的经济与社会发展。生态现代主义思潮则将社会经济增长视为实现经济现代化与生态环境保护的核

---

① [美]詹姆斯·奥康纳:《自然的理由:生态学马克思主义研究》,唐正东、臧佩洪译,南京大学出版社 2003 年版,第 35 页。

心之一。只有社会经济发展,才能够让人类减缓气候变化、减少自然破坏、减少全球贫困。①其次,"深绿"思潮将环境保护与科学技术创新对立起来。他们认为,人类中心主义价值观之上的科学技术运用直接推动了生态危机的产生,主张限制现代科学技术的应用。事实上,这是"深绿"思潮未能识清科学技术应用带来生态环境问题的根本原因,即资本主义制度下科学技术的非理性使用。一是工具理性裹挟下的科学技术成为追求利润的工具,控制自然资源与人的消费需求,既没有兑现科技进步为人类带来幸福的承诺,还导致了多重异化与生态危机。二是资本主义制度与生产方式下的科学技术生产交换价值,服从资本追求利润与非理性需求的方向,走向了对自然的非理性改造与利用,对自然与人进行剥削,最终造成生态危机。而生态现代主义将技术作为实现经济现代化与环境保护的另一个核心,坚信知识和技术,辅以智慧,则有可能促成一个美好甚至伟大的"人类世",而且在这个"人类世"中,人类利用科学技术的力量会让人类生活更加美好。②再次,"深绿"思潮将环境保护与人的真实需要对立起来。为了对人类中心主义价值观进行彻底的批判,"深绿"思潮否定了人类的主体地位,认为生态危机的形成与人类过度掠夺自然以满足自身的需求密切相关。因而,人类应该克制自身的需求,退回到原始的丛林中。在生态现代主义看来,虽然人类必须减少其对环境的影响,让大自然拥有更多的空间,但人类的生计和福祉是经济现代化和环境保护的最终目标③,那种将自然视为荒野、将人类视为对自然的干扰、主张向限制人类

---

① ② ③ John Asafu-Adjaye, et al, *An Ecomodernist Manifesto*, [EB/OL]. https://the breakthrough.org/manifesto/manifesto-english.

发展的观点已经过时了。总之,在生态现代主义看来,"人类世"中的保护自然是对人与自然的共同保护与拯救,而非对荒野的保护与拯救、对人类发展的限制。

(2)生态现代主义与"浅绿"思潮之比较。"浅绿"思潮指的是以人类中心主义为基础,系统修正近代以来的人类中心主义价值观的缺陷,坚持在资本主义制度框架内解决生态环境问题的现代主义生态思潮,包括坚持社会现代化与环境保护协调的生态现代化理论、以发展为基本内涵的可持续发展理论等。在"浅绿"思潮看来,生态危机的根源不在于人类中心主义价值观,而在于人口过快增长、技术的内在缺陷与资源的无偿使用。在资本主义制度及其生产方式的框架内,通过以技术创新、工业化、控制人口等为代表的一系列措施,可以实现经济发展与环境保护的双赢局面。

"浅绿"思潮与生态现代主义思潮同属现代主义生态思潮阵营,二者之间既有相同之处,也存在着差异。第一,两种思潮均认为经济社会发展与环境保护不冲突。可持续发展理论表达了人类要在兼顾环境保护的基础上,满足当代人的发展需要,又不损坏后代人满足其发展的需要。生态现代化理论既继承了可持续发展理论的发展思想,又进行了超越,明确指出,要克服环境危机,实现经济发展和环境改善的双赢。生态现代主义思潮也认为,在"人类世"中,经济现代化和环境保护均能实现,气候变化减缓、自然破坏减少与全球贫困减轻并不矛盾。第二,"浅绿"思潮与生态现代主义思潮均以技术创新、技术革命为实现经济发展与环境保护的重

<hr />

① Michael Shellenberger & Ted Nordhaus, "The Death of Environmentalism: Global Warming Politics in a Post-Environmental World," *The Environmental Grantmakers Association* (2004).

② John Asafu-Adjaye, et al, *An Ecomodernist Manifesto*, [EB/OL]. https://the breakthrough.org/manifesto/manifesto-english.

要方式。"浅绿"思潮否认"深绿"思潮的科学技术运用是生态危机根源的观点,强调克服现代技术的内在缺陷,坚持技术创新,能够更好地解决生态环境问题,进而实现经济社会发展与环境保护之间的平衡。生态现代主义思潮也认同"浅绿"思潮技术创新的思想,并进一步提出,只有新一代的、更安全的、更便宜的核技术,才能满足缓解气候变化的所有必要条件。①第三,虽然生态现代主义思潮在相当程度上沿着"浅绿"思潮的发展方向,但其坚定反对人类社会与大自然协调的环境理念。在过往的生态思潮看来,人类社会与自然相协调是指导环境治理的基本准则与重要目标,而生态现代主义思潮则认为人类社会与大自然相协调的生态理念是不切实际的。尤其是在人类的环境影响持续增长的"人类世"中,只要人类依赖自然满足自己的生计与福祉,就不能使自然系统得到保护或增强。科学技术创新能够减少人对自然环境的影响,留给自然更多的空间,却不能彻底消除人对自然的影响,因而,在"人类世"中追求人类社会与大自然协调是生态现代主义思潮所坚决反对的。②

(3)生态现代主义与"红绿"思潮之比较。"红绿"思潮指的是以马克思主义理论为解决生态环境问题的根本依据,主要包括有机马克思主义和生态马克思主义两大重要流派的理论。较之"深绿"思潮、"浅绿"思潮,"红绿"思潮的鲜明特征之一便是强调制度变革对于解决生态危机的重要性。生态马克思主义与有机马克思主义都将资本主义制度以及相应的价值体系视为生态危机的根源,但二者对于马克思主义能否应对生态环境问题存在分歧。在生态马克思主义看来,脱离社会制度与社会生产方式讨论生态危

---

①② John Asafu-Adjaye, et al, *An Ecomodernist Manifesto*, [EB/OL]. https://the breakthrough.org/manifesto/manifesto-english.

机的根源是纸上谈兵,毫无益处,唯有以历史唯物主义的历史分析法与阶级分析法分析生态环境问题,才能够形成切实可行的生态理论与生态方案。而有机马克思主义则认为马克思主义是一种立足于现代主义价值立场的理论,是一种历史决定论,与当前的环境治理时代不相适应,因而,需要以具有后现代性质的过程哲学对马克思主义进行重建。实际上,有机马克思主义的生态理论对马克思主义理论的理解是存在问题与缺陷的,是一种后现代的怀特海主义,而非马克思主义。

如前所述,"红绿"思潮的鲜明特征便是其认清了生态危机的制度根源,将资本主义制度及其生态方式视为生态危机的根源,这也将"红绿"思潮与生态现代主义思潮区别开来。生态现代主义思潮秉承人类繁荣的信念,强调用人类的力量创造一个更加美好的"人类世",让全体人类生活得更加美好。这是生态现代主义思潮的进步之处,为全体人类的美好生活考虑,而非将经济繁荣与环境优美局限于资本主义社会。然而,要求不断演变社会、经济、政治体制的生态现代主义思潮,也未能在制度维度定位、把握当代生态危机的根源——资本主义制度及其生产方式,未能对"症"下药。同时,"红绿"思潮也认为人类社会应该与自然协调,人与自然应该处于和谐状态之中,但生态现代主义思潮则认为,在"人类世"中,人类只能减少对自然的影响,减少对自然世界的干扰,通过更智能、更环保、更高效的现代技术来解耦人类发展对环境的影响,人类社会并不能与大自然相协调。当然,"红绿"思潮与生态现代主义思潮之间也存在相通之处。虽然生态现代主义的技术创新观点与有机马克思主义反技术、反文明的后现代主义价值立场存在差异,但与生态马克思主义"并不反对技术本身、反对技术在资本主义制度下支配的非理性运用"的观点是相通的。生态现代主义思潮认为现代技术是解耦人类生产活动对大自然影响以保护自然的重要途径之一。生态现代主义思潮与生态马克思主义也都立足于现代主义的价值立场,坚持现代化,坚持人类文明发展。生态马克思主义强调在对工业文明的积极扬弃中,推进现代化进程,以促进人类文明发展。生态现代主义进一步明确指出,"人类世"的现代化是一个大幅改善物质福利、公共卫生、资源生产力、经济一体化、共享基础设施以及个人自由的过程,涉及社会、经济、政治、技术规范等诸多方面的长期演变。①

3. 生态现代主义思潮的本质特征

较之于"深绿""浅绿"和"红绿"生态思潮,生态现代主义思潮的本质特征与宝贵价值在于:

第一,从人的影响维度来看,生态现代主义认为地球是人类的星球,人类的生产活动对环境产生影响。在《宣言》中,生态现代主义者们明确指出,"人类世"为我们提供了正视人类力量的机会。"美好的人类世,要求人类利用他们不断增长的社会、经济和技术力量,让人类生活更加美好,让气候更加稳定,让自然世界得到保护。"②这是生态现代主义对人类力量的肯定,也是对人类的环境影响的要求与期望。源于地球的人类自诞生之日起,就开启了改变地球、影响自然的历史。随着"人类世"的到来,人类成为改造地球、利用地球的最重要的力量,对环境的影响在总体上持续增加,在相当程度上人类重塑了这个世界。在埃利斯看来,人类的力量已经深刻地改变了生物圈,独立于人类之外的自然世界消亡了。③谢伦伯格和诺德豪斯也指出,我们必须放弃这种信念,即人类的力

---

① ② John Asafu-Adjaye, et al, *An Ecomodernist Manifesto*, [EB/OL]. https://the breakthrough.org/manifesto/manifesto-english.

③ Mark Sagoff, *A Theology for Ecomodernism: What is the Nature We Seek to Save?* [EB/OL]. https://the breakthrough.org/journal/issue-5/a-theology-for-ecomodernism.

量可以被放弃,以服从更高的力量,无论是自然还是市场。我们必须看穿这些所谓的更高权力以微妙的和谐状态存在的错觉,不断面临因过多的人为干预而崩溃的风险。①

在过去的两个世纪,人类逐渐繁荣起来,人口快速增长、生活环境和公共卫生日益改善、自由与民主成为全球共识。同时,人类的繁荣也给人类尚未涉足的自然环境和野生动物带来严重损失。因而,生态现代主义坚信一种长久的环境理念,即人类必须减少对环境的影响,为自然留出更多的空间。这里需要特别说明的是,生态现代主义反对人类社会必须与自然协调的环境理念,并认为减少环境影响的理念与自然协调的理念在"人类世"不再能够调和。②虽然当前一系列的长期趋势,人类人口的增长速率触顶、人类对很多其他资源的使用量达到高峰、农业集约化,正在推动人类福祉与环境影响之间发生意义重大的解耦,可能使得人类对环境的总体影响在21世纪达到峰值并下降。解耦包含两重含义,一是相对解耦,指的是人类追求自身福祉的社会活动产生环境影响的上升速度慢于总体经济增长,对于每个单位的经济产出,所造成的环境影响更小;二是绝对解耦,指的是人类社会活动产生的总体环境影响达到峰值并开始下降。③但我们仍应该继续充分运用技术和人口趋势的驱动,实现人类福祉与自然影响之间的进一步解耦,不断减少人类社会活动对环境的影响,使得人类的非凡权力为创建美好的"人类世"而服务。

第二,从自然的价值维度来看,生态现代主义以对自然世界深深的爱和情感联系为出发点。正如《宣言》所指出,很多人通过欣

① Michael Shellenberger & Ted Nordhaus, et al, *Love Your Monsters*: *Post-Environmentalism and the Anthropocene*(Oakland: Breakthrough Institute, 2011).
②③ John Asafu-Adjaye, et al, *An Ecomodernist Manifesto*, [EB/OL]. https://the breakthrough.org/manifesto/manifesto-english.

赏大自然,探索大自然,寻求理解大自然,以及呵护大自然,能够实现自我超越。即便他们可能从来没有直接体验过野生自然,也依然坚信,野生自然与他们的心理与精神福祉息息相关。①换言之,人类对自然不仅存在物质方面的依赖,也存在不为生计的心理和精神方面的依赖。而且人类对自然的心理和精神依赖,会使得人类在物质方面对自然的依赖不那么具有毁灭性。在生态现代主义学者们看来,即便人类能够通过技术等方式创造一个生物多样性与自然元素少得多的人造世界,人类中的很多人可能还是选择与野生大自然更多的接触。究其背后的原因,便是这个人造的世界不是我们人类想要的世界,不能满足我们的精神和审美需要。因而,为了自身的精神或审美依赖,人类会运用实用主义的科学技术创新,更积极、更自觉、更快速地解耦,消除物质依赖的毁灭性,以保护想要的大自然。

同时,生态现代主义认为,基于自然的内在价值——精神和审美价值而保护自然,需要人类的选择。这种选择没有单一的标准,但不可避免地被人所作出。不同的地方、不同的历史、不同的文化取向都会对当地人处理人类福利与环境影响之间关系的选择产生影响,进而改变环境。②我们无法脱离具体的、地方性的文化社会背景来解决内在于人类社会的环境问题。比如,农业集约化是保护自然、保护土地的有效方式,但一些地方可能出于当地的审美或经济需求,仍将继续开拓土地,在农业发展中保护自然。政府、社会、土地所有者都会基于他们的审美或经济需要,而决定他们的选择。③因而,保护野生自然以满足人类的审美和精神需求,仅依靠技术与人口驱动加速人类福祉与环境影响的结构并不足够,还需要

---

①②③ John Asafu-Adjaye, et al, *An Ecomodernist Manifesto*, [EB/OL]. https://the breakthrough.org/manifesto/manifesto-english.

制定具体、切实的环境保护政策。而且,当人类的物质需求逐步得到满足后,人与自然之间的这种更深层次的情感羁绊与联系将为自然环境之优美、生物之多样性和人类之福祉保驾护航。

第三,从对待科学技术的态度维度来看,生态现代主义将科学技术进步视为解耦人类福祉与环境影响的重要方式,认为科学技术能够减少人类对自然的依赖性,是通往美好"人类世"的重要途径。在《宣言》中,一方面,生态现代主义者们高度肯定科学技术进步的关键作用。在他们看来,"对许多人类活动进行集约化(特别是农业、能源开采、林业和定居),从而降低其土地使用量,减少对自然世界的干扰,这才是人类发展与环境影响解耦的关键所在"①。由此可见,实现人类活动集约化的社会经济过程与技术过程,是经济现代化和环境保护的核心。作为相对解耦到绝对解耦的核心条件,"现代科技不再是人类将自然世界客体化和工具化的帮凶,而是转变为人类保护和拯救自然生态的助手"②。实际上,人类运用技术改造自然、影响自然的历史由来已久,随着社会历史的不断发展与科学技术的不断进步,人类已通过技术重塑了世界。在"人类世"中,运用更智能、更环保、更高效的现代技术,如核技术、碳捕获和储存技术,快速、积极、主动地解耦人类福祉与环境影响是可能的,也是必需的。技术进步、市场驱动创新均能够将环境影响与经济产出解锁,而且,技术也是大幅改善人类物质福利、公共卫生、资源生产力、经济一体化、共享基础设施、个人自由方面的现代化的必然规范。谢伦伯格和诺德豪斯甚至认为,技术创新能够替代市场驱动创新的重要代表——碳定价,大力倡导使用对环境有利的

---

① John Asafu-Adjaye, et al, *An Ecomodernist Manifesto*, [EB/OL]. https://the breakthrough.org/manifesto/manifesto-english.

② 滕菲:《"人类世"的到来与生态现代主义的后自然思想》,载《福建师范大学学报》(哲学社会科学版),2019年第5期。

核技术。

　　另一方面,生态现代主义者们论述了现代技术进步加速解耦何以可能。首要需要明确的是,技术选择由国家和地方机构以及文化惯例所决定,而非遥远的国际机构。①虽然在致力于绿色环保的国际组织与机构看来,部分发达国家关闭核电站,如美国、日本、德国,暂停核技术的使用,重启煤炭发电,甚至退出相关环境保护协定,是不可取的、违反环境保护基本准则的。然而,这些高碳、高污染的技术方案仍被这些国家所选择,并已投入使用。就发达国家而言,太阳能技术、核技术等代表了最合理的选择;对于贫困国家,与水电、化石燃料相关的技术仍是更廉价、更适合的选择。其次,科学技术的加速进步,需要多主体的参与,既需要国家的积极引导,也需要私营企业家、市场和民间社会的主动参与,还需要国际合作的推动与促进。如此,人类才能研发出更清洁、更高效、更智能的现代技术,制定更好的技术方案,承担更大的社会公共责任,减轻人类对环境造成的危害。再次,将人类福利与环境影响解耦,不仅需要持续的科学技术进步,也需要社会、经济、政治体制的不断完善与进步。②在生态现代主义看来,他们所追求的现代化还远未完成,即便在全球最发达的国家也是如此,其物质消耗刚刚开始达到峰值,还未下降。因而,为了完成未与资本主义、企业实力以及自由放任经济政策混为一谈的现代化,创造更美好的"人类世",我们不但要致力于科学技术的持续进步,还要不断完善与之相匹配的社会、经济、政治体制。

　　总而言之,兴起于"人类世"的生态现代主义思潮,始终对人类的能力、人类的未来抱有积极乐观的态度,希望通过不断增长的社

---

① ②　John Asafu-Adjaye, et al, *An Ecomodernist Manifesto*, [EB/OL]. https://the breakthrough.org/manifesto/manifesto-english.

会、经济、技术力量解耦人类福祉与环境破坏,让人类生活更加美好,让气候更加稳定,让自然世界得到保护,实现密不可分的人类繁荣与世界生机勃勃。①

（三）生态现代主义的评价与展望

生态现代主义思潮既包含了一种"人类世"的生态理念,也包含了一套"人类世"的环境治理方案。就生态理念的角度而言,生态现代主义思潮认为,当前地球已经进入了以人类力量为主导的新的地质时代——"人类世",人类福祉与环境影响之间的关系已发展变化。就环境治理方案的角度而言,该思潮为如何实现人类发展与环境影响之间的解耦以创造更加美好的"人类世"、更加美好的人类生活、更加稳定的气候、更加优美的自然世界提供了较为系统的行动方案。这样一种生态思潮,在理论层面与实践层面均存在进步之处,也具有一定的局限性,因此,自兴起之日起,生态现代主义思潮就被赞同与反对两种声音所环绕。

1. 生态现代主义思潮的进步性

生态现代主义思潮作为一种致力于解耦人类福祉与环境影响以促成一个美好甚至伟大的"人类世"的生态思潮,已经逐渐在西方(主要是在美国)的社会发展理论与实践领域发出了属于自己的生态声音。一个兴起不到十年的生态思潮能取得如此成绩,必有其可取之处,这是值得我们仔细研究和深入学习的。

（1）生态现代主义致力于全体人类的繁荣,让全体人类共享现代化的成果。在《宣言》中,生态现代主义者们反复强调他们写作此份声明的愿景——为了人类的繁荣,让人类生活更加美好。他

---

① John Asafu-Adjaye, et al, *An Ecomodernist Manifesto*,［EB/OL］. https://the breakthrough.org/manifesto/manifesto-english.

们认为,在人类力量成为主导力量的世代中,我们不应该限制人类的发展,相反,应该充分运用人类的力量创造一个更加美好的"人类世"。①虽然在人类繁荣的背后是天然的非人类环境和野生动物的严重损害,但这种损害可以通过人类发展与环境影响的解耦而得到补救与恢复。同时,生态现代主义所指的人类是全体人类,而非局限于某一地区或某一国家。在分析气候变化问题时,《宣言》充分关注世界各地数十亿人民的现代化发展需要,能够理解全世界大多数人民面临生态环境与现代化生活标准之间冲突时的选择。对于物质消耗逐渐到达顶峰的富裕社会而言,形成缓解气候变化、减少环境污染的生产生活方式是恰当的;而对于贫穷落后的社会而言,采取富裕社会的生态标准、养成大大减少物质消耗的生产生活方式是不切实际的。我们不应该过于苛求他们符合自身发展实际的生态选择,而应该通过深刻的技术变革为它们提供一条更环保、更高效、更好的生产生活途径,实现全体人类的繁荣。

(2)生态现代主义思潮对现代化进行辩证分析。较之于极力鼓吹现代化的生态思潮与批判、限制现代化的生态思潮,拥有现代主义底色的生态现代主义思潮辩证分析现代化。生态现代主义者们作出澄清,他们所认为的现代化与资本主义、企业实力以及自由放任的经济政策毫无关系,是指社会、经济、政治和技术规范在人类社会中的长期演变过程,包括大幅改善物质福利、公共卫生、资源生产力、经济一体化、共享基础设施以及个人自由。②"现代化不是一个人类从自然解放出来的过程而是文化与自然更加深刻的相互影响的过程。"③在过去两个世纪的现代化过程中,人类逐渐繁荣

①② John Asafu-Adjaye, et al, *An Ecomodernist Manifesto*,［EB/OL］. https://thebreakthrough.org/manifesto/manifesto-english.

③ 滕菲:《"人类世"的到来与生态现代主义的后自然思想》,载《福建师范大学学报》(哲学社会科学版),2019 年第 5 期。

起来,在降低传染病的发病率和影响方面,取得惊人进步,能够抵御极端天气和其他自然灾害;各种形式的暴力行为已大幅下降,走向以法治和更多自由为特征的人文民主;个人自由、经济自由和政治自由已传播到全世界。[①]然而,人类的繁荣却给天然的非人类环境以及野生动物带来严重损失,耕地遭到破坏、森林覆盖率下降、生物多样性减少、气候变化、平流层臭氧损耗等。更为直接的是,这些生态环境问题给人类带来了健康风险,世界上很多人口正忍受着水污染、空气污染导致的疾病与死亡。

(3) 生态现代主义思潮为处理人与自然之间的关系提供了新视角。人类系统和自然系统是两个相互融合、不可分割的整体。[②]如何处理人与自然之间的关系,始终是生态思潮和生态理论研究的中心议题。在多数生态思潮和生态理论看来,人与自然相协调是一种引领实现人与自然和谐状态的环境理念,也是它们所追求的终极目标。然而,生态现代主义思潮坚决反对这种相协调的环境理念。一般而言,人类的生计与福祉会越来越依赖自然系统,尤其是进入"人类世"以来,人类力量对自然的影响持续增长,这让自然系统无法得到保护或增长,人与自然相协调更是无从谈起。生态现代主义认为,"人类世"给了我们重新思考人与自然关系的新契机,"坚信一种长久的环境理念,即人类必须减少其对环境的影响,让大自然拥有更多的空间"。[③]这种不一样的环境理念似乎也与人类越来越依赖自然系统相矛盾,但技术在减少人类对自然的影响方面所起的作用化解了这一矛盾。事实上,当前发生的一系列

---

①③ John Asafu-Adjaye, et al, *An Ecomodernist Manifesto*, [EB/OL]. https://the breakthrough.org/manifesto/manifesto-english.

② Michael Shellenberger & Ted Nordhaus, "The Death of Environmentalism: Global Warming Politics in a Post-Environmental World," *The Environmental Grantmakers Association* (2004).

长期趋势正在推动人类福祉与环境影响之间的重大解耦,意味着人类减少其对环境的影响蕴含潜力与可能性。生态现代主义甚至认为,随着技术的进步,即便在一颗生物多样性与自然元素少得多的星球上,当前以及今后的几代人也是能够生存与繁荣的。[①]

（4）生态现代主义思潮为应对全球性生态危机提供了系统的治理方案。首先,科学技术变革及其运用是生态现代主义思潮解决生态环境问题的重要方式之一。技术这一关键词,可以说贯穿于生态现代主义思潮的始终,被其视为经济现代化与环境保护的核心。技术进步能够将人类福祉从对大自然的破坏中解耦,使得人类不需要太多自然资源来满足自己的需要以减少人的发展对环境的影响,实现对自然的保护。其次,减少人类对环境的影响,也需要人口趋势的驱动,通常需要技术变革与人口趋势相配合。根据当前的人口趋势,生态现代主义认为,人类的人口规模很有可能在 21 世纪达到峰值,并开始下降。更先进、更高效、更清洁、更安全的技术与更小规模的人口相组合,能够加速人类发展与环境影响之间的解耦。再次,单单加速解耦并不足以留给自然更多的空间、保护好自然,还需要其他措施与之相配套,包括制定环境保护政策、演变社会、经济和政治体制、开展环境保护运动以及充分运用人与自然之间更深层次的情感联系等。

2. 生态现代主义思潮遭遇的批评

作为一种强调技术和经济增长在应对全球社会、经济、生态挑战中作用的新兴思潮,生态现代主义自诞生以来,便面临着来自各种生态思潮与学术流派的批评与争议。艾琳·克里斯特（Eileen Crist）、杰瑞米·卡拉多纳（Jeremy Caradonna）和爱瑞思·博洛维

[①] John Asafu-Adjaye, et al, *An Ecomodernist Manifesto*, [EB/OL]. https://the breakthrough.org/manifesto/manifesto-english.

(Iris Borowy)等学者围绕现代化、技术、经济增长、自由对生态现代主义思潮进行批评与回应。

（1）批评生态现代主义的现代化主张。以克里斯特和卡拉多纳为代表的学者们认为，生态现代主义所主张的现代化将导致人类文明对物质、自由的无止境追求，与他们保护环境的初衷相背离。在这些学者看来，以现代化来实现生态环境保护与人类文明发展本身就基于自由主义与消费主义的道德预设，这预示着生态现代主义的环境治理策略终将迎来生态环境破坏与人类文明崩溃的结局。然而，我们认为，这些批评不仅未能厘清生态现代主义所主张的现代化与资本主义、企业实力以及自由放任的经济政策之间的关系，还片面地将生态现代主义与绿色资本主义混为一谈。实际上，在生态现代主义的现代化主张背后蕴含着对人与自然关系的新思考，即一方面解构传统生态思潮理解中的人与自然关系，另一方面以"人类世"的科学叙述范式重释人与自然的关系。

（2）批评生态现代主义的技术崇拜。在生态现代主义的批评者看来，生态现代主义者的技术发展是世界主要动力的观点，虽存在一定的合理性，但其饱含对技术的狂热与崇拜。正如卡拉多纳和博洛维等所指出，《宣言》读起来就像赫伯特·斯宾塞（Herbert Spencer）小册子中的一章：像维多利亚时代对科学技术的热爱、崇拜与信仰。[①] 生态现代主义者们夸大了新兴技术的好处，如提倡在很大程度上未经测试的碳捕获和储存技术，甚至预测，"人类文明可以借助来自封闭铀或钍燃料循环（或者氢氖聚变）的能

---

① Jeremy Caradonna, et al, *A Call to Look Past An Ecomodernist Manifesto*：*A Degrowth Critique*，［EB/OL］. https://www.resilience.org/wp-content/uploads/articles/General/2015/05_May/A-Degrowth-Response-to-An-Ecomodernist-Manifesto.pdf.

量,蓬勃发展数百年,乃至数千年"①。然而,批评者们认为,通过技术进步与可再生能源使经济增长与环境破坏解耦的方式,不能实现一个适宜人类居住的星球所需的绝对减排,而且生态现代主义所主张的技术进步神话与人类对地球环境造成的损害并列在一起,"技术并不被视为神奇的救世主,因为许多技术往往会加速环境恶化"②。卡拉多纳和博洛维等学者还从可持续发展的维度,列举了至少八个不应将核能技术作为一种积极贡献的理由。

(3)批评生态现代主义对经济增长的无休止追求。在生态现代主义思潮的视域中,技术总能找到克服所谓"限制增长"的方法,至于 20 世纪 70 年代以来关于"增长极限"的断言,几乎没有证据能够表明,"人类人口和经济增长将在可预见的未来,超过种植粮食或获得关键物质资源的能力"③。因而,经济增长是贯穿生态现代主义思潮的基本线索。生态现代主义的批评者们则认为,生态现代主义对无休止经济增长的支持与对技术的狂热追求是同步的。或许增长的绝对极限还没有到来,但正如格雷厄姆·特纳(Graham Turner)、乌戈·巴尔迪(Ugo Bardi)的实证研究所示,人类的无止境增长正在与自然的极限相冲突,绝对的极限已不再遥远,无休止的经济增长终将停止。与此同时,当生态现代主义痴迷于经济增长神话时,忽略了工业社会以来的增长植根于有限且污染严重的化石燃料,而且根据政府间气候变化专门委员会(IPCC)的数据,生态现代主义所推崇的清洁、低碳、高效、安全的核能仅占世界能源的 2%,即便根据国际能源协会(IEA)的数据,也仅占世

---

①③　John Asafu-Adjaye, et al, *An Ecomodernist Manifesto*, [EB/OL]. https://the breakthrough.org/manifesto/manifesto-english.

②　Jeremy Caradonna, et al, *A Call to Look Past An Ecomodernist Manifesto: A Degrowth Critique*, [EB/OL]. https://www.resilience.org/wp-content/uploads/articles/General/2015/05_May/A-Degrowth-Response-to-An-Ecomodernist-Manifesto.pdf.

界能源的 5.7%。①

（4）批评生态现代主义对自由的理解。生态现代主义者们在《宣言》中明确阐述要促进创造一个人类生活、气候、自然世界更加美好的"人类世"代，一个共享现代化成果的星球。然而，在克里斯特看来，生态现代主义思潮秉持的人类繁荣信念，过于乐观地肯定人类的进步、人类的力量，毫不掩饰对人的自由的追求。当《宣言》声称关于人口和经济扩张将超过种植粮食和获得关键物质的能力的证据仍非常少时，就意味着我们正处于一个只有人类的地球，人类的福祉、人类的自由才是生态现代主义的追求，非人类领域的自由可以被任意侵犯，这时自由一词变为人类的特权，而生态现代主义所期望的一个具有生物多样性、蓬勃发展的星球毫无存在的可能。克里斯特认为，人类对限制的拥抱蕴含着人文主义理想的实现。人类自由与非人类自由均是整体自由的重要组成部分，而真正的人类自由绝不能以牺牲整体自由为代价，因为"不仅仅是其他生物和地方遭受痛苦——被消灭、被限制、被奴役、被管理或被当作物品对待。同样，人道主义如此珍视的人的尊严也受到损害"②。

3. 生态现代主义思潮的局限性

在兴起与发展的过程中，生态现代主义思潮也面临着一定的局限性，这种局限性既源自思潮自身矛盾的束缚，也源自思潮发展过程中应对现实挑战时遭遇的瓶颈问题，研究生态现代主义思潮及其包含的生态理论必须慎重对待这些问题。

从理论自身矛盾来看，生态现代主义理解中的自然存在片面

① Jeremy Caradonna, et al, *A Call to Look Past An Ecomodernist Manifesto: A Degrowth Critique*, [EB/OL]. https://www.resilience.org/wp-content/uploads/articles/General/2015/05_May/A-Degrowth-Response-to-An-Ecomodernist-Manifesto.pdf.

② Eileen Crist, "The Reaches of Freedom: A Response to An Ecomodernist Manifesto," *Environmental Humanities*, Vol.7, No.1(2016).

性。发轫于"人类世"的生态现代主义,批判传统生态理论将自然视为他者的观点,强调人类力量在人与自然关系之中的重要地位,将自然拉入人类的文化圈以实现对自然的理解与保护。他们认为,只有人类的社会经济活动和技术,才是经济现代化和环境保护的核心。然而,即便是属于"人类世"的生态思潮,也不能完全否定自然的他者性。诚然,我们人类是一种具有反思力的伟大物种,人类逐渐繁荣起来,人的力量极大增长了,但人类仍无法控制自然的进程,处于人类之外的自然仍按照自己的规律向着自己的目的演化,不可预测的自然灾害、不易控制的肺炎疫情等仍会到来,而且,技术进步并不意味着人类能够控制其他物种、控制地球。因而,强调人与自然互动、文化与自然交互的生态现代主义需要在尊重自然、充分肯定自然独立性的基础上,客观看待自然、辩证理解自然。同时,生态现代主义蕴含的生态理论未能深刻理解人类福祉与环境保护之间存在的冲突。一方面,当人类否定自然的独立性时,也取消了人类行为的环境安全界限(Planetary Boundary)。[①] 生态现代主义以与文化交互的自然取代处于人类文化之外的自然,如此,人与自然之间限制人类行为的环境安全界限便不复存在。当人类行为超出自然的承载力时,人类福祉与环境保护之间的矛盾逐渐尖锐化。另一方面,生态现代主义主张以技术和人口趋势驱动人类福祉与环境影响之间的解耦。然而,这种生态理论,一是过于相信环境问题仅是一种技术挑战,依赖技术的进步来解决环境问题,认为技术革新便可满足人们增长的物质需要,实现对自然的保护;二是过于乐观地预测人口趋势、低估现有人口规模对环境的影响,预测人类对环境的总体影响将在 21 世纪达到峰值并开始下降,认

---

① 参见滕菲《"人类世"的到来与生态现代主义的后自然思想》,载《福建师范大学学报》(哲学社会科学版),2019 年第 5 期。

为当前每个人的环境影响低于前工业社会。

从现实挑战来看,生态现代主义尚未能妥善解决"人类世"紧迫的环境问题。生态现代主义思潮的环境治理方案不仅存在其生态理论固有的乐观主义与理想主义色彩,还存在不够具体、缺乏可操作性的问题。如此,生态现代主义应对当前的生态环境问题时,便会出现应对不力的情况。进入"人类世"后,人类不仅面临着经济危机、生态危机,还面临着以新冠疫情危机为代表的生存危机,在相当程度上可以说,我们人类正处在形势严峻的境地之中。然而,在生态现代主义看来,这些迫在眉睫的生存危机、经济危机、生态危机似乎都可以通过以科学技术变革为核心、辅之以体制变革的环境治理方案得到妥善解决。诚然,我们相信,科学技术进步是解耦人类发展与环境影响的重要驱动力,但过分依赖科学技术的进步也会带来诸多社会、经济、生态问题,这是生态现代主义尚未涉及的地方。而且生态现代主义提倡的一些技术仍存在争议,如碳捕获和存储技术在很大程度上仍未通过测试。需要特别说明的是,生态现代主义对于核能技术的推崇是值得商榷的。在生态现代主义看来,核电是具有潜力的能源,能够减少人类对环境的需求,让非人类物种拥有更多生存空间。①"核裂变是现今唯一已论证能够满足一个现代经济体的大部分(若非全部)能源需求的零碳技术,能够让核能满足其作为一种重要气候缓解技术的所有必要条件。"①然而,他们所描述的核能创造的美好世界未免过于遥远。一是作为一种清洁能源,目前核能的占比较低,不足以改变生态环境污染、气候变暖的紧迫现状;二是核能技术从研发到投入使用需要付出高昂的经济代价,非绝大部分发展中国家可拥有的,因而,核

---

① ② John Asafu-Adjaye, et al, *An Ecomodernist Manifesto*,[EB/OL]. https://the breakthrough.org/manifesto/manifesto-english.

能的进一步推广应用存在巨大的经济障碍;三是核能的运用会产生大量具有放射性的核废料,这些核废料的放射性会持续数小时到数十万年,一旦处理不当,将会严重破坏生态环境、威胁人类的生命安全。总之,生态现代主义提出的新一代的更安全、更便宜的核技术距离广泛投入使用还十分遥远,尚未具备充足的可操作性。

概言之,作为当前关于人类福祉与环境保护的新兴社会发展思潮之一,生态现代主义思潮在批判借鉴过往生态思潮、生态理论的基础上,于"人类世"中正式兴起,因其独特的内涵意蕴极具合理性和科学性而颇受国内外学界的关注,也因其自身的理论局限性与实践局限性而遭受诸多批评与非议。就中国的社会主义现代化进程而言,如何取其精华去其糟粕,在超越生态现代主义思潮的基础上,协调人的发展与环境优美,建设人与自然和谐共生的中国式现代化,是实现中华民族伟大复兴的一项重要任务。

二、生态非现代主义及其现代性批判

对于"人类世"境遇的现代主义生态拯救方案,学术界有各种不同意见,其中批判最为深刻的也许是前不久刚刚去世的法国著名的人类学家、生态哲学家布鲁诺·拉图尔。拉图尔认为,生态现代主义妄图通过寄予技术来恢复自然的解决方案,只是以保护生态为掩饰的现代性的强化,这种"得其利而无其害"的意图不过是现代人的主观臆想。"人类世"是一种最好的选择,但是必须对现代性进行修正①,这是因为人类活动对环境的影响使得再也没有任

---

① Bruno Latour, "Telling Friends from Foes in the Time of the Anthropocene," in Clive Hamilton & Christophe Bonneuil & Francois Gemenne (ed.), *The Anthropocene and the Global Environmental Crisis: Rethinking Modernity in a New Epoch* (London: Routledge, 2015), pp.145-155.

何"外部"环境①,生态危机也不再单单是关于"自然"的危机。因此,当前提出的各种生态运动其实都未能超越现代性的构想。

在拉图尔看来,现代性作为一种宪政(Constitution),一方面通过实验室的中介来代表自然,另一方面则通过社会契约的中介来代表公众,这是一种建立在自然和政治严格对立基础上,将自然和政治进行简单的并置或结合的主张。古希腊哲学家柏拉图最早在"洞穴"比喻中构建了"两院制"(Bicameralism)的洞内(政治)世界和洞外(自然)世界,而拉图尔也用西方传统绘画中的透视法生动地描述了自然外在于人类而存在的观点。② 同时,现代科学提出要呈现"客观的、纯粹的和无价值的自然力量",但是这种"自然"只是指简化为"尾闾议会"(rump parliament)的一种特定的政治功能③,给真正的"普遍自然"仅仅赋予了一个等待着人类随意挪用的角色。这种科学被拉图尔称为单数大写科学(Capital S),近似于一种独立于民主政治和社会利益的意识形态,"既没有减少人类的非理性,也没有让科学变得更好"。④ 基于此,与"自然"有关的论述总是以"好"或"坏"的科学的中性说法提出,科学则是利用"自然"来组织、协调或中止政治。

值得注意的是,拉图尔是在寻求一种新的"自然政治",绝不是要回到那种前现代的、对人类社会具有规范性意义的"自然"。在拉图尔看来,我们所遭遇的并非是纯化而是混合,现代性的"两院

---

① 钟晓林,洪晓楠:《拉图尔论"非现代性"的人与自然》,载《自然辩证法通讯》,2019年第6期。

② Bruno Latour, *Facing Gaia : Eight Lectures on the New Climatic Regime* (New York: John Wiley & Sons, 2017), p.17.

③ 麦永雄:《将科学带入政治——拉图尔"政治生态学"思想初探》,载《马克思主义与现实》,2016年第2期。

④ Bruno Latour, *Pandora's Hope : Essays on the Reality of Science Studies* (Cambridge: Harvard University Press, 1999), p.258.

制"反而导致了"混合体的无序扩散",但是却无法将其系统地纳入进政治进程。他认为人们意识到混合体扩散的不断增强就是对"自然"的关注,"自然"不应是围绕着人类的纯粹的非人类世界,而是指人类与世界不可避免的纠缠。因此,"纯粹的生态危机应该被认为是人类与世界关系的深刻突变"①,生态危机不再是自然的危机,而是客观性、现代性、现代科学的危机。除非人类接受一种非现代的思维方式,否则将继续在生态危机的本质上欺骗自己并逐渐失去应对危机的能力。根据拉图尔的说法,世界是由人类与非人类的行动者组成的,绝对的存在形式是中间地带的、多重杂合的拟客体(quasi-objects),我们需要去研究的是自然的和人工的事物以及各种政治的、社会的因素是如何相互转译的。至于应对危机,并不取决于某种固定的自然道德价值尺度,而是取决于考虑到审美和实际利益、不确定性和风险、政治参与问题和许多其他因素的复杂判断,真正需要被考虑的是纳入我们文明之中的繁多的事物及其带来的其他因素。这样,包含人类与非人类行动者的"集体"取代了自然和政治的二元分离。生态非现代主义"需要被理解为现代性的替代物",更适于理解人类与自然之间关系的实质,并且能够应对生态危机中的复杂性问题。

面对这种状况,拉图尔认为必须有能够容纳多元自然模式以及人类和非人类的混合体作为替代物,而拉夫洛克(James Lovelock)的盖娅假说为其提供了样板,但拉图尔的盖娅更加具有独特的"人类世"指向。首先,盖娅是一个容纳各类行动者、事件和争议的有机体。拉图尔不仅反对将盖娅视为缺乏生命活力(deanimated)的存

---

① Bruno Latour, *Facing Gaia: Eight Lectures on the New Climatic Regime* (New York: John Wiley & Sons, 2017), p.8.

在,更反对将其视为一种超活力(overanimated)的存在。① 盖娅在不预设一种整体概念的情况下,达成了各行动者之间的联结,强调一种非整体论的联结性(connectivity without holism)。② 基于此,盖娅不是作为超有机体(super organism)外在于行动者并调节行动者的行为,而是各行动者之间的广泛联系共同制造了盖娅,并且盖娅不以目的论的形式预设任何走向和结果。人和盖娅之间的关系是人在盖娅之中,却和盖娅处于对话、相互影响和相互建构的状态。③ 其次,拉图尔将盖娅视作遍布全球的"关键带"(critical zone),既不包括地心也不伸向银河,只是地球表面的那层生物薄膜。在"关键带",所有行动者之间的联系大大增强,其中人类的力量发挥了关键性作用,并呈现出人类和非人类行动者高度融合的状态,将行动者活动的动态变化展现出来。这里正是人类即将"着陆之处",这层生物膜中的所有生物都是"陆地人"(earth bound),这一概念不仅定义了只能束缚在地球上的人,还让其发现了自身的有限性问题。因此,生态保护问题直接指向人类的生存处境。再次,盖娅具有地方性、有限性特征。一方面,拉图尔认为"地球本身不可能再被任何人全球化式地理解"④;另一方面,在拉图尔看来,我们对移居地球之外空间的期盼,只是一种转移视线的权宜之策,因为绝大多数人仍将身处地球之中。所以,盖娅的作用是为各种地方性的思考提供对话和联合的可能性。此外,拉图尔对"反馈循

---

① 张亢:《重构自然与政治:论拉图尔的政治生态学》,载《自然辩证法通讯》,2020 年第 1 期。

② Bruno Latour, "How to Make Sure Gaia is not a God of Totality? With Special Attention to Toby Tyrrell's Book on Gaia," *Theory, Culture and Society*, Vol. 34, No. 2 - 3 (2017), pp. 62 - 63.

③ Bruno Latour, *Facing Gaia: Eight Lectures on the New Climatic Regime* (New York: John Wiley & Sons, 2017), p. 97.

④ Bruno Latour, *Facing Gaia: Eight Lectures on the New Climatic Regime* (New York: John Wiley & Sons, 2017), p. 154.

环"的借鉴,将我们对地球的理解从"全球"转向"准反馈循环"
(quasi-feedback loops)。换言之,所谓"地球的存在"就是以"准反
馈循环"的形式存在于地球"关键带"中的缓慢操作。这个循环并
非是意识控制的结果,而是由参与循环的行动者自身的循环过程
驱动。[1] 在拉图尔看来,只有在地球"关键带"中建立行动者网络,
才能够看到"准反馈循环"的结果,而对这些反馈结果保持足够的
"敏感性",则可以帮助我们积累足够的"经验",从而成为真正的历
史代理人和有公信力的政治行动者。最后,拉图尔和生态学家蒂
莫西·兰顿(Timothy Lenton)共同阐释了升级版的盖娅 2.0,更加
强调在盖娅范围内,从个人到全球工程的有意识的自我调节正在
发生,人类开始意识到自身行为的全球后果,而具有自养性(autot-
rophy)、网络性(networks)和层级性(heterarchy)特征[2]的"盖娅
2.0"能够科学地设定目标和实现目标。通过强调生命形式的能动
性和其设定目标的能力,"盖娅 2.0"可能是促进全球可持续性发展
的有效框架。

　　既然盖娅被拉图尔设定为生态非现代主义的象征形象,那么
关于解决方案,拉图尔认为现代性并没有使真正的政治成为可能。
在"人类世"境遇下,我们不应该向上寻找高级仲裁者来统一人类,
而是需要关注我们居住的地球和其他非人类生命,也就是需要一
种"人类世"的新地缘政治(geopolitic)。拉图尔提出了融合人类和
非人类的集体,但是为了能够让集体根据正当程序来探索美好的
共同世界,还必须构建一种替代"两院制"的新分权。拉图尔将其

---

[1] Bruno Latour & Denise Milstein & Isaac Marrero-Guillamón, et al, "Down to Earth Social Movements: An Interview with Bruno Latour," *Social Movement Studies*, Vol.17, No.3 (2018).

[2] Timothy M. Lenton & Bruno Latour, "Gaia 2.0: Could Human Add Some Level of Self-Awareness to Earth's Self-Regulation?" *Science*, Vol. 361, No. 6407 (2018).

分为考量权、排序权两种形式以及困惑、磋商、等级和机制四种要求。在新的两院制中,集体的"上院"关注的是关于现象存在的问题,确保所有可能对争议做出贡献的行动者都能够参与其中,"下院"则是对进入集体的行动者进行"分层"工作,讨论如何使行动者与集体中已经认识到的现象相适应或不相适应。这是一种多元自然主义(多种自然共同发展且共同生活),而非一元自然主义(客观而无可争辩的"普遍自然")或多元文化主义(多种文化生活在一个共同的自然中)。

总之,拉图尔的生态非现代主义是一种建立在反思现代性危机、以行动者网络理论与盖娅理论重塑自然政治的生态拯救方案。不可否认,相对于生态现代主义,拉图尔的生态非现代主义具有更强的创造性,他在行动者网络理论的基础上重塑了人与自然、科学与政治的关系,同时又以"生物膜"与"关键带"重塑了拉伍洛克的盖娅理论,把现代性中作为主体的人限定为具有地域性、敏感性、有限性的"地面人",清除了生态现代主义及其他各种现代主义的"人类中心主义"的遗迹与幻想,为全球生态危机提供了富有生态魅力的新地缘政治拯救方案。不过,拉图尔的生态非现代主义也存在着明显的不足:(1)拉图尔强调人类行动者与非人类现代者在生态系统构成以及生态危机中的复杂关联性,尤其强调不能忽视非人类行动者的重要作用,这固然非常合理,但是他过分突出生态关联的普遍性,却忽略了万物联系的差异性,忽略了"人类世"境遇下人类在全球生态拯救方面的突出作用;(2)拉图尔过于突出人与自然、科学与政治的关联与渗透性,但是对于人与自然、科学与政治之间的差异关注不够;(3)即使在政治层面上,全球不同地域的社会制度和经济发展水平具有很大的差异,不同阶级、民族、种族和性别对于生态危机在感受、责任、应对能力方面也不尽相同,尤其是不同的社会制度与文化传统对于生态危机的感受、责任、应对能力方面也是千差万别。① 对此,拉图尔关注不够;(4)面对不断生成的盖娅,拉图尔要求我们将注意力从事实问题转向关切问题,他认为处理生态危机的关键在于让更多的行动者参与到"争论"之中,这固然有理,但是行动者数量的增加也加重了生态治理决策的成本。总之,这种生态非现代主义无法将生态系统呈现出的普遍特征与实际差异区分开来,因而难以真正提高生态治理的效率。

三、生态纳粹主义及其反现代性批判

如果说生态现代主义与生态非现代主义是21世纪以来西方学术界基于现代性反思而诞生的两种态度各异的生态拯救思潮,其影响力也主要在学术界,那么,生态纳粹主义则是西方民间自21世纪以来流行的、基于全球化与现代性反思的激进生态政治思潮。尽管生态纳粹主义目前还只是一种非主流的生态拯救思潮,但在移民激增、生态危机严峻、西方各国主张反移民、反全球化的右翼政党实力不断增长的背景下,这股思潮有不断扩张的趋势,值得警惕。

生态纳粹主义宣称,生态圈是绝对道德价值的唯一承担者,人类与其他物种只能被赋予相对的道德价值,而这种价值完全取决于对整体生态圈的参与,其目的就是确立道德主体能够始终服从于生态圈的最佳利益。然而,进入"人类世"以后,人类无限制的繁衍和对环境的肆意破坏,严重威胁到了生态圈平衡,因而生态纳粹主义认为,应当不惜代价地大幅缩减人口数量,甚至是造就出广泛的"无人区",其中任何手段在原则上都是公正和公平的。在他们

---

① 常照强:《行动者网络理论的后人类主义困境——从马克思主义的观点看》,载《自然辩证法研究》,2022年第2期。

看来,人类应当拒绝所有的文化和技术等现代性成就,直到重构出适当的生态平衡,这是因为技术只不过是夺占人类生活中的所有真正意义的手段。此外,生态纳粹主义认为,生态危机正是由所谓的自由民主制度造成的系统性后果,因而需要诉诸某种极端暴力形式的专制制度,政治实体(如国家、联邦、联盟)应当对公民个人的基本权利实施限制,只要这些基本权利的行使会对环境和构成生态圈的非人类造成伤害。

总之,生态纳粹主义认为,只有通过一场现代性的"大灾难",自然才能恢复到初始状态,人类也才能够摆脱对生态危机的担忧。例如,2019年,在位于新西兰基督城的两座清真寺爆发了恶性枪击事件,造成了约50名穆斯林死亡。这名自称是"生态纳粹主义者"的枪手明显受到了被称为"大替换"(The Great Replacement)的种族人口思维的影响,将非白人设想成激进的种族中心主义,认为其能够作为一个高度协调的、统一的集团来运作,从而导致白人难以逃脱注定灭绝的命运。① 对于生态纳粹主义来说,最为重要的就是要寻求抵御现代性对于现有文化的毁灭性威胁,进而寻求改变现代性的特定方面以创造一个几乎完全由暴力和危机来定义的全新社会。

生态纳粹主义虽然在目前还只是一种非主流的社会思潮,但是从历史的角度看,它继承了马尔萨斯的人口暴力控制论与纳粹主义的暴力排外论,在西方社会具有一定的文化传统,是一种极端主义的反现代生态治理思潮,对其社会影响与未来发展趋势不可低估。早在18世纪,英国人口学家马尔萨斯(Malthus)就提出,自然资源的稀缺性与不断膨胀的人口欲望存在着冲突,这会导致严

---

① Sam Moore & Alex Roberts, *The Rise of Ecofascism: Climate Change and the Far Right* (New York: John Wiley & Sons, 2022), p.88.

重的人口过剩,而只有自然原因、灾难和道德限制才能够阻止这一
结果发生。为此,马尔萨斯出于所谓理性的缘故,建议只对劳动群
众和贫困阶级采取限制措施,他认为文明的生活之所以是优越的,
正是因为其不平等的阶级结构可以有效地"控制"人口数量。① 生
态纳粹主义激进排斥外来移民,就与马尔萨斯的这种激进人口论
有关。不仅如此,生态纳粹主义的兴起还与德国历史上纳粹主义
的激进种族主义思想有关。早在 19 世纪,德国生态学家阿恩特
(Ernst Arndt)就曾以德国土地和人民的福祉为借口,推行强烈的
排外民族主义,以便要求生态的完整性和种族的纯洁性。② 随后,
海克尔(Ernst Haeckel)更是明确赞同种族优越性和种族优生学理
论,从而将"基于科学的生态整体主义与民族(völkisch)社会观点
相结合"。③ 不仅如此,纳粹主义在其不断发展的过程中,还从自然
界中汲取了稀缺性、竞争性和支配性的教训,倾向于根据自然法则
来对社会关系排序,从而肯定了自身种族的优越性以及种族斗争
的"自然"特性,最终为通过使用暴力来实现德国人民的种族"复
兴"、征服生存空间以及大规模屠杀"种族敌人"的计划提供了理论
依据。例如,"血与土"(Blood and Soil)是纳粹主义的重要原则,它
是指种族和领土之间天然的、受自然规律支配的排他性联系,而作
为"入侵者"的移民恰恰扰乱了这种联系,因而通过使用暴力来清
除移民就如同生态保护般的能够维护这种有机联系。

　　简言之,这些生态学家和纳粹主义思想之间的相互作用共同
凝结成了一种同时强调生态保护、暴力专制和种族优越的激进环

---

① Sam Moore & Alex Roberts, *The Rise of Ecofascism: Climate Change and the Far Right* (New York: John Wiley & Sons, 2022), p.18.

② Janet Biehl & Peter Staudenmaier, "Ecofascism: Lessons from the German Experience," *Ethics and the Environment*, Vol.1, No.2 (1996), p.6.

③ Janet Biehl & Peter Staudenmaier, "Ecofascism: Lessons from the German Experience," *Ethics and the Environment*, Vol.1, No.2 (1996), p.7.

境主义,对于当今的生态纳粹主义的形成产生了巨大影响。保罗·埃利希(Paul Ehrlich)宣称,人口过剩会导致数以亿计的人死于饥饿,他还试图开发出一种单一的分析方法来衡量地球系统可持续供养的最大人口规模。① 类似的,还有以保护生态为由来限制移民的呼吁,在 20 世纪 90 年代,赫伯特·格鲁尔(Herbert Gruhl)等人甚至主张,必须拒绝移民以便保护本国的生态完整性,并且只有死亡才能使"地球上繁衍过度的所有生命"恢复平衡。此外,受纳粹主义影响,生态纳粹主义极力反对民主政治,大力推崇独裁的极权主义政治。芬兰著名的生态纳粹主义者林科拉(Linkola)公然鼓吹通过战争和种族灭绝等手段来实现生态平衡,因为民主制度无法实现他所谓的"必要的人口急剧减少"。为此,他甚至设想了一个由一群开明的"突变的远见者"(mutant visionaries)监督的世界政府,这群"天生的领导者"可以实现拯救人类的愿景。②

在"人类世"境遇下,日益恶化的生态危机催生了生态纳粹主义,而治理的不作为则是在某种程度上为生态纳粹主义的泛滥提供了契机。2015 年爆发的欧洲移民危机使得欧洲极右翼政党的政治话语权大幅提升以及生态纳粹主义的伺机崛起,但这并不单单是因为移民数量的增加而导致的恶果,而是欧洲政府一直未能为难民所需的人道主义措施提供充足支持的结果。因而"真正的风险是发达强国将屈服于仇外心理、种族主义、警察监视镇压和军国主义的政治,从而让自身变成混乱之海中相对稳定的新纳粹主义

---

① Sam Moore & Alex Roberts, *The Rise of Ecofascism: Climate Change and the Far Right* (New York: John Wiley & Sons, 2022), p.38.

② Evangelos D. Protopapadakis, "Environmental Ethics and Linkola's Ecofascism: An Ethics Beyond Humanism," *Frontiers of Philosophy in China*, Vol. 9, No.4 (2014).

岛屿"。①

    总之,生态纳粹主义思潮对于自然整体主义、种族主义和暴力主义的推崇呈现出鲜明的反现代性色彩,其始终宣称将"自然的教训"直接适用于社会关系,企图以规避自由民主规范的方式,动员种族化的民众来捍卫所谓自然化的社会关系。然而,这种反现代性论调不仅忽视了全球生态危机成因的复杂性(不仅包括人口成因,还包括生产方式、生活方式以及社会制度等成因),以极端种族主义的方式拯救生态危机也忽视了生态危机的全球关联性,更忽视了纳粹极权政治的反人道主义的历史教训。生态纳粹主义为了保护生态圈而草率地剥夺人类的道德价值,从而使个人福祉无条件地服从于种族繁荣的主张不仅是极其不合理的,不得人心的,最终也是会被历史淘汰的。

---

① Sam Moore & Alex Roberts, *The Rise of Ecofascism: Climate Change and the Far Right* (New York: John Wiley & Sons, 2022), p.107.

第四章 能源危机与当代西方能源治理思潮批判

能源是现代社会的"血液"。自人类大规模使用能源以来,化石能源一直在能源结构中占据主导地位,而化石能源的使用会产生大量负外部性。20世纪80年代以来,最为明显也最受关注的能源负外部性问题,就是全球气候变暖。近年来,海水变暖、冰盖融化加剧,热浪、洪水、干旱、野火、破坏性飓风等与气候变暖密切相关的灾害频发,以至于联合国秘书长与全球科学家多次发出"地球逼近多个气候临界点"的警示,呼吁人类采取有效行动进行能源治理,以便应对气候变化。但是,由于种种缘故,全球能源治理仍然困难重重,不仅全球"碳中和"战略遭遇民族主义、民粹主义阻力,全球大国政治博弈与地缘政治博弈对于能源治理也产生了巨大冲击,今天的俄乌冲突对欧盟的石化能源需求产生巨大的政治影响,就是典型的案例。综观当前以美国为代表的西方发达资本主义国家的能源治理策略,可以发现,其中或隐晦、或显著地存在着市场中心主义、技术至上主义和激进低碳主义这三种思潮。在某种意义上,当今全球能源治理的困境都与这三种思潮存在着千丝万缕的联系。为摆脱当代全球能源治理的困境,我们有必要对其进深入的剖析与梳理。

一、能源治理的市场中心主义思潮批判

所谓能源治理中的市场中心主义,就是突出强调市场调节在能源治理中的作用,反对政府对能源生产与流通的干预,把全球能源危机归结为作为自然物的化石能源的价格核算体系没有得到合理有效的确立,把能源负外部性归结为生态损害长期被排除在市场、生产成本以外,由此导致能源危机与生态危机。而人类只需要把绿色能源产品纳入市场、把生态损害纳入生产成本,就能够从根本上解决问题。长期以来,这种主张主要在经济界与政治界比较流行。

在根本上说,能源治理的市场中心主义就是对市场作为"无形的手"在经济发展中的作用的崇拜,这在某种程度上已经是西方经济学的"金律",也成为西方各种自由主义的重要理论根据。尽管马克思的政治经济学批判曾经揭露资本主义的市场经济会导致周期性的经济危机,但是,由于自由主义、新自由主义在西方世界广泛流行,市场中心主义在能源治理界获得天然的合法保障。在解决生态危机、气候危机以及与之相关的能源治理问题上,"自然资本论"(Natural Capitalism)作为一种重要的市场中心主义思潮至今仍然非常流行,就是一种典型的表现。

按照所谓的"自然资本论",造成当代生态危机、能源危机的一个重要根源,就是没有把工业生产消耗能源所造成的生态损害纳入成本范畴,因此,有必要将其纳入生产成本,通过市场调节的手段在根本上解决能源危机与生态危机。早在 20 世纪 90 年代,商业生态学(Business Ecology)的大力倡导者保罗·霍肯(Paul Hawken)等人就曾明确指出:人类挽救自身与生态的唯一方法是建立一种以自然资源定价为核心的商业模式,在这种商业模式中,保护气候"有意义且能赚钱",能够为关心气候的人提供"乐趣",而为不关心气候的人提供"利润"。[①] 后来,该模式进一步发展为"自然资本论"。当代著名生态经济学家莱斯特·布朗(Lester R. Brown)也倡导将资源使用和生态破坏转化为成本,主张"创建起实事求是的市场,也就是能反映生态真实情况的市场……从而将间接成本纳入市场价格",只有这样,才能打造有能力保证持续发展的全球性经济。[②] 在霍肯和布朗等人看来,传统工业资本主义的"资本"只包含货币与商品价值,但是,这种资本概念忽视了自然的价值,没有将资源消耗和生态损耗纳入资本计算,因而造成资源浪费、生态破坏、环境污染等问题。反之,如果将自然生态进行资本计算,将能源负外部性纳入成本分析,交由自由市场进行资源配置和能源结构调整,就能将市场变为消解能源负外部性的工具,进而彻底解决生态问题。

自然资本论者和一些生态经济学家强调"市场"在解决能源及气候问题中的中心地位,这是西方社会由来已久的市场中心主义传统在能源治理领域的凸显。可是,市场调节真的能够从根本上解决能源危机乃至生态危机问题吗? 对此,姑且不论单纯的市场调节本身就存在先天的调节失灵隐患,目前的各种理论研究与能源危机的现实状况也已经表明,能源治理的市场调节,尤其是能源治理的资本主义的市场调节,后果难以乐观。

首先,单就能源治理的市场调节本身而言,它就面临困境。(1) 在现实中,现有的市场机制在能源治理中已经出现了调节失灵

---

① [美]Paul Hawken & Amory Lovins & L. Hunter Lovins:《自然资本论——关于下一次工业革命》,王乃粒、诸大建、龚义台译,上海科学普及出版社 2000 年版,第279—309 页。

② [美]莱斯特·R·布朗:《B模式 4.0:起来,拯救文明》,林自新、胡晓梅、李康民译,上海科技教育出版社 2010 年版,第293 页。

的现象。世界气象组织的观测数据显示,2020 年,大气中的 CO_2 浓度达到工业化前水平的 149%,而导致大气中 CO_2 浓度创下新高的罪魁祸首,主要是化石燃料的燃烧和水泥生产的排放。[1] 对于市场机制未能有效控制 CO_2 排放的现象,国内有学者尖锐指出,"使用传统化石能源带来的全球环境问题是迄今为止人类最大规模和最大范围的市场失灵"[2]。(2) 在理论上,如果将"以市场为中心"的原则应用到能源治理领域,也面临如下理论上的难题,包括能源资源的产权归属问题;能源资源负外部性的责任主体问题;能源资源的绿色产品"搭便车"问题。这些问题不仅是理论上的难题,也是市场机制本身难以解决的问题,也属于市场失灵的范畴。

其次,在资本主义的资本逻辑驱动背景下,市场机制的失灵会被进一步放大。(1) 西方发达国家的市场机制在根本上是围绕资本逻辑展开的,资本追逐利润的逻辑会严重削弱市场调节机制,导致市场机制的严重失灵。宣称以自由竞争原则为"铁律"的市场经济,事实上处于资本的统治之下,"资本的统治是自由竞争的前提"[3]。资本统治下的市场追逐利润,而当前化石能源更能实现这一目标。因为在当前经济社会发展的现实条件下,可再生清洁能源与化石能源的竞争起点有差距,相较于可再生清洁能源,化石能源具有基础设施完备、技术成熟度高、短期相对成本低廉等优势,更受讲求成本-效益的市场青睐,这对能源结构的绿色转型构成阻力。以美国为例,截至 2021 年底,化石能源在其能源消费结构中

---

[1] 世界气象组织:《温室气体公报(第 17 期)》,(2021 - 10 - 25)[2022 - 05 - 06],https://library.wmo.int/doc_num.php? explnum_id=10931.

[2] 徐斌:《市场失灵、机制设计与全球能源治理》,载《世界经济与政治》,2013 年第 11 期。

[3] 《马克思恩格斯全集》(第 31 卷),人民出版社 1998 年版,第 43 页。

仍然占据较大比例,达到 76.91%。① 更重要的是,化石能源的既有
优势致使西方发达资本主义国家仍然锁定并进一步固化以化石燃
料为基础的能源体系。在全球化矛盾冲突愈发明显的当前形势
下,"全球帝国主义参与者出于国家和资本的利益还将深化这种化
石燃料经济,除非被不断壮大的工人阶级运动所阻止"②。归根结
底,资本主义的市场是不完全竞争的市场,完全依靠市场并不能解
决具有公共领域特征的能源治理结构性问题。(2)资本主义条件
下的市场调节是被动滞后的,容易导致不正当竞争,表现之一就是
绿色能源技术攻关过程中的市场寻租。能源结构的绿色转型面临
巨大的技术挑战,而全世界能源行业民间筹款开展研发工作的比
例异常的低,因为能源技术的高成本是民间投资能源技术的巨大
障碍。③ 市场中的大多数主体只有有限的动力进行绿色能源技术
创新,除非它们能获得一些保证以应对市场的高风险。然而,奉行
自由放任原则的资本主义市场,难以主动引导和预先引导市场主
体开展绿色能源的技术攻关,即便"垄断新技术以获得暴利"的动
机驱使部分市场主体推进能源技术改革,这一动机也同时驱使它
们为实现垄断利润而进行寻租活动,影响甚至操纵不正当的政府
干预,导致市场失灵。(3)资本主义条件下的市场具有"唯利是图"
的特征,这决定了它不会以充分满足人们的能源需要为根本目标,
难以公正分配能源资源。可以说,公正享有能源资源是促进当代

---

① 美国能源信息署:《一次能源概述》,(实时更新)[2022 - 05 - 07],https://www.eia.
gov/totalenergy/data/browser/#/? f＝A&start＝1949&end＝2021&charted＝
4 - 6 - 7 - 14.

② 苏珊娜·杰弗瑞:《化石能源、资本主义和工人阶级》,盛国荣译,载《国外理论动
态》,2019 年第 8 期。

③ Gwyn Prins & Isabel Galiana & Christopher Green, et al, *The Hartwell Paper: A New Direction for Climate Policy After the Crash of 2009*(London School of Economics and Political Science, LSE Library, 2010), pp.24 - 25.

社会正义的重要内容之一,关注和满足能源贫困群体的能源需求,保障和实现能源贫困群体的生存权、发展权,是当代社会公正的应有之义。然而,直至今天,世界上依然存在大量能源贫困人口。世界银行的统计数据显示,截至 2019 年,全球通电率为 90.097%①,这意味着世界上数亿人口无法用电,被排除在现代社会的发展进程之外。无法用电人口与贫困人口存在密切相关性,而资本主义条件下的市场机制无法满足这部分群体的能源需要。在当代社会,人民群众对美好生活的需要,要求便捷、低廉、稳定的能源保障。可是,唯利是图的市场,其能源交易的根本遵循是"资本增殖",无论能源贫困群体生存发展的能源需要,还是人们创造美好生活的能源需要,都无法在资本增殖过程中得到保障。因而,在充分满足人们能源需要、促进社会公平正义方面,资本主义的市场机制存在失灵缺陷。

最后,在现实的资本主义社会中,能源治理的市场机制还受到以政府为代表的公共部门的各种利益的制约。事实上,频繁的周期性危机早已使这些国家认识到市场机制的缺陷,所以,凯恩斯主义式的国家干预隐伏在其经济体系之中,在社会消费需要被刺激提振的时候显现。但是,这些国家能源治理中的干预措施,不是为了引导能源结构的绿色转型,而是为了维护化石燃料集团的利益,在某些时候则是为了维护新能源集团的利益;不是为了保障民众的能源需要,而是为了保障能源市场的利润需要;清洁、绿色、低碳不是这些国家的持续性目标,"低碳"口号是出于政党政治赢得选票的需要。政府干预能源治理的最终目的,是维持以资本主义市场体制为核心的经济、政治、社会运转。可是,部分发展中国家经

---

① 世界银行:《通电率(占人口的百分比)》,(2022 - 04 - 08)[2022 - 04 - 25],https://data.worldbank.org.cn/indicator/EG.ELC.ACCS.ZS? view=chart.

济界、政治界的理论家和实践者对此不加甄别，不顾本国国情，僵化奉行市场崇拜，盲目追随西方发达资本主义国家，在能源治理中宣扬市场中心主义，实际上不利于本国能源结构的绿色转型。

不可否认，市场机制在能源治理中一方面存在失灵的现象，另一方面也确实发挥了一定程度的调节作用。为此，我们需要辩证对待，既不能一概否定市场的调节作用，也不能由此而夸大、盲目崇拜市场机制的调节作用，市场机制的调节作用毕竟是要在总的社会调节下才能合理实现和有效发挥。

二、能源治理的技术至上主义思潮批判

能源治理中的技术至上主义认为，无论是传统石化能源存储有限与新能源开发无法满足经济发展的能源短缺危机，还是能源（包括传统能源石化能源与各种新能源）开发与消费造成的环境污染与气候变暖危机，在根本上都是一个技术问题，都是由于新能源开发技术、能源保护技术以及传统能源的减碳技术的局限性造成的。因此，随着技术革命的推进，特别是随着第四次工业革命的发展，相关能源开发技术、减碳技术的突破，能源危机、气候危机、生态危机最终也能在根本上得以缓解。著名未来学者阿尔温·托夫勒（Alvin Toffler）就秉持这种乐观态度，他对太阳能、风能、地热能、氢能等新能源技术抱极大信心，认为"一旦我们把这许多的新技术综合运用，可供选择的有利机会将按指数律而上升，这将引人注目地加速第三次浪潮能源基础的建设"①。此类观点在当代西方社会的理论和实践中并不鲜见，如在学界、政界和科技界等

---

① ［美］阿尔温·托夫勒：《第三次浪潮》，朱志焱、潘琪、张焱译，生活·读书·新知三联书店 1983 年版，第 189—194 页。

领域都具有一定影响力的德国经济学家、政治学家赫尔曼·希尔（Hermann Scheer）就强烈主张可再生能源技术具有强大效应，他称可再生能源是"永不枯竭"的能源，提出："如果从 20 世纪 50 年代开始，我们就坚持关注可再生能源，那么我们也许就不会面对如今全球所遭受的气候变化威胁，就不会因为争夺能源而发生战争……"①

目前，这类观点已经成为一种具有广泛影响力的社会思潮，强调技术进步能不断实现新的能源效率革命、造就污染更少的新能源，从而减少甚至消除能源使用对气候变暖的"贡献"，挽救人类面临的能源危机、气候危机与生态危机，推动人类社会迈向更好的未来。当代著名生态马克思主义学者福斯特（John Bellamy Foster）将这种思潮描述为："技术的魔杖最受欢迎，似乎可以提供改善环境又不影响资本主义机器顺利运转的可能性。"②与能源治理的市场中心主义思潮在经济界与政治界流行不同的是，这种思潮主要在新能源开发、传统能源改造以及气候治理的工程技术领域流行。

平心而论，能源治理确实与技术开发、技术改造有密切的关系。但是，能源治理涉及经济发展、民生福祉、能源市场博弈等方面。在当代国际关系中，涉及地缘政治博弈与大国政治博弈，比方说著名的阿富汗问题、波斯湾战争问题、俄乌冲突问题，背后都有地缘政治博弈与大国政治博弈的影子，并非微观的能源技术开发与技术改造的革新就能够解决。所以说，技术进步只是能源治理的一个方面，它是解决生态危机与能源危机的必要条件，而非充分条件。

---

① ［德］赫尔曼·希尔：《能源变革：最终的挑战》，王乾坤译，人民邮电出版社 2013 年版，第 24 页。

② ［美］约翰·贝拉米·福斯特：《生态危机与资本主义》，耿建新、宋兴无译，上海译文出版社 2006 年版，第 86 页。

退一步讲,即使在微观的能源开发与技术改造领域,技术至上主义也存在明显的缺陷。目前西方发达资本主义国家试图通过"技术魔杖"消除气候变暖、空气污染等负外部性,其思路和方案大体有两类:一是希望以技术进步提高化石能源利用效率,减少化石能源消耗,最终达到节能减排的效果。可是,杰文斯悖论(Jevons Paradox)早就打破了提高化石能源利用效率可以减少化石能源使用的技术神话。[①] 早在 19 世纪 60 年代,英国著名经济学家、逻辑学家威廉姆·斯坦利·杰文斯(William Stanley Jevons)就已经通过研究证实:技术进步实际上并不能如人所愿减少能源消耗总量,因为伴随能源利用效率提高的是能源消耗的中长期增加,而不是减少。因为,"效率的进步只有在演化过程中响应效率进步但不改变现有行为组合时,才会引起资源的节约"[②]。在当代能源治理中,技术进步确实有助于提高化石能源利用效率,然而,这不意味着全球化石能源的消耗量降低。事实上,当代全球化石能源需求和依赖呈现增强趋势,化石能源消耗量及碳排放量持续上升。国际能源署统计数据显示,新冠肺炎(COVID-19)疫情暴发之前的近 30 年间,全球煤炭、原油、石油产品、天然气的最终消费总量(total final consumption)由 1801 万万亿焦耳增加到 2772 万万亿焦耳,全球煤炭、石油、天然气的二氧化碳排放量由 20468 百万吨增加到 33392 百万吨。[③] 这再一次验证了杰文斯悖论。况且,资本逻辑一刻不停地驱动全球消费社会的运转,驱动技术实现社会消费的不

---

① 叶海涛:《生态环境问题的技术化和经济学解决方案批判——以"杰文斯悖论"为中心》,载《江苏行政学院学报》,2015 年第 6 期。
② [美]约翰·M·波利梅尼、[日]真弓浩三、[西]马里奥·詹彼得罗等:《杰文斯悖论:技术进步能解决资源难题吗》,许洁译,上海科学技术出版社 2014 年版,第 118 页。
③ 国际能源署:《1990—2019 年世界二氧化碳排放来源能源》,(2021-12-09)[2022-04-25],https://www.iea.org/data-and-statistics/data-browser? country=WORLD&fuel=CO₂%20emissions&indicator=CO₂BySource.

断扩张,驱动社会系统快速赶超能源技术进步带来的能源利用效率提高,以攫取一切可能的利润,最终导致能源消耗增加。

二是发展新能源技术,试图以新能源获得市场竞争优势,进而取代传统化石能源,达到减排减碳的效果。可是,这一方案至少有两点缺陷。首先,新能源技术的发展并非一蹴即至,至少就目前而言,新能源技术的发展存在明显短板。新能源开发中存在大量较难攻克的技术难题,如风力发电机组效率低,电解水制氢技术性能差,生物质能转化利用技术滞后,光伏发电的关键设备性能衰减严重,且当前各类新能源开发大都面临转化率低、储存困难等问题;新能源开发极其依赖自然条件,如风能、太阳能、潮汐能严重受制于地方性的自然禀赋,且目前的储能技术远无法满足实际需要,从而导致用电高峰期无电可用、发电高峰期被迫弃电的双重困境。当前新能源开发中存在的诸种难题致使它的成本居高不下,很难形成强大的市场竞争力。其次,新能源技术革命在更深层次上是一个政治问题。一方面,新能源技术从实验室诞生到规模化生产和应用,必须经历政治决策、公众接受、方案执行等多个环节,"技术魔杖"并非唯一的决定性要素。另一方面,即使部分新能源技术实际上已经取得相应进展,国家间,尤其是发达国家和发展中国家在技术、贸易、政治等方面的壁垒,也会顽强阻击新能源技术的全球流动和推广。所以,新能源技术进步只是实现能源结构绿色转型的必要条件,但远非充分条件,"能源效率方案只是低碳化的一条路径,而且只是更根本方案的补充"[①]。而技术至上主义有意忽略技术的社会和政治属性,将能源负外部性简化为纯粹的技术问题,原因在于,"技术与资本存在逻辑共契,技术通过'资本化'转化

---

① Gwythian Prins & Mark Caine & Keigo Akimoto, et al, *The Vital Spark: Innovating Clean and Affordable Energy for All* (London School of Economics and Political Science, LSE Library, 2013), p.21.

为技术资本"①，由此，技术异化为资本追逐剩余价值的纯粹工具，不是服务于人的真正的能源需要，而是服务于资本增殖。可是，资本的增殖本性是无限的，极易导致对能源的滥用和浪费。综上，"技术魔杖"实际上只能解决能源治理领域的部分技术问题，而不能解决能源技术推广普及的公共政治问题，也不能解决技术异化为资本逐利工具的根本制度问题。

既然单纯依靠能源技术进步并不足以实现经济社会发展的绿色低碳化，为何西方发达国家仍然热衷于在能源治理中强调技术至上呢？从技术垄断与全球争霸的角度讲，其根本的政治目的恐怕是为了巩固自身在全球能源转型中的领先水平和在全球能源治理中的领导地位，固化当前全球能源秩序。"领先水平"为"领导地位"制造合法性。整体而言，由于较早开始和完成工业化，发达国家的能源技术水平领先于发展中国家，而在能源治理的技术至上主义逻辑中，先进意味着话语权，意味着领导地位。因此，强调技术至上主义也就能帮助发达国家巩固其领导地位与垄断地位。在现实社会中，西方发达国家往往通过封锁能源技术、建构绿色壁垒来巩固其在当前全球能源秩序中的优势地位。而对于《巴黎协定》等国际气候协定中要求发达国家在气候与能源开发方面增援发展中国家、为发展中国家提供技术与资金支持的规定，西方发达国家总是百般拖延、敷衍了事，也在相当程度上证明了其目的。

当然，认识到技术的固有局限及资本逻辑下技术运用的缺陷，并不意味着否定技术在能源治理中的地位和作用，而是要反对现代社会将一切问题简化为技术问题的危险倾向。"科学引诱我们想要一劳永逸地结束政治，把人类境况转变为一系列可以用确定

---

① 高剑平，牛伟伟：《技术资本化的路径探析——基于马克思资本逻辑的视角》，载《自然辩证法研究》，2020 年第 6 期。

方案来解决的技术问题。"①但能源治理和应对气候变化不仅是科学问题、技术问题,更是事关全人类公共领域的政治问题。我们要尊重这一问题的科学性,更需要慎重分析该问题的政治性。科学技术能够回答(或部分回答)化石能源负外部性的原因和解决方案,而政治行动才能扫除能源结构绿色转型过程中的执行阻碍。在这个意义上,根源于工具理性传统的能源治理的技术至上主义,存在着浪漫主义的盲目乐观倾向,同时也在一定程度上遮蔽了西方发达国家维护其垄断地位的真相。

三、能源治理的激进低碳主义思潮批判

近些年来,受温室效应理论影响,在气候界、经济界与能源界流行着一股激进的低碳主义思潮,强调工业经济发展中大量使用化石能源导致了大量排放二氧化碳等温室气体,认为这是造成当前全球气候变暖乃至人类生存危机的罪魁祸首,甚至强调人类已经进入"人类生存临界点",必须实施节能减排的低碳经济发展战略,甚至提出二氧化碳"零排放"的设想。所谓"碳中和"战略由此而生。按照西方发达国家的"碳中和"战略,人类必须迅速放弃使用煤炭、石油与天然气,大力开发新能源,通过各种方式快速节能减排,到 2050 年全球实现"碳中和"。

从温室气体理论的角度说,全球通过节能减排实现"碳中和"的发展战略具有一定的合理性,但是,节能减排、开发新能源、淘汰石化能源、实现能源结构转型是一个缓慢的过程,不能操之过急,否则可能欲速而不达。姑且不论新能源发展滞后,如风电、光电

---

① [美]汉娜·阿伦特:《人的境况》(第二版),王寅丽译,上海人民出版社 2021 年版,序言第 1 页。

严重受制于天气和季节、新能源储能基础设施短缺等因素,尚不
能满足实际需要,也不论化石能源仍在全球能源结构中占据主
导,即便致力于净零排放的国际可再生能源署也承认世界严重依
赖化石能源,并给出"2050 年化石能源仍在能源结构中占有重要地
位"的展望[1],更不用说激进的节能减排有可能严重影响民生,引发
民众对能源减排政策的不满与抵制,近年各国出现的能源供应吃
紧以及石化能源的价格上涨,新能源开发冲击甚至造成衍生灾难,
就是典型的例证;更棘手的是,激进低碳路线甚至造成地缘能源博
弈与大国霸权博弈,引发能源贸易冲突、地缘政治冲突与大国冲
突,煤炭、石油等传统石化能源因紧缺而导致盲目开发,与"碳中
和"战略的初衷背道而驰。

此外,在现实世界,西方发达资本主义国家所强调的激进低碳
路线,是"特定构型的低碳化,以欧美工业发达国家既存的或已然
萌生中的绿化现实为摹本"[2]。这种"特定构型低碳化"的不合理之
处突出表现在,在应对气候变化的国际谈判中,西方发达国家常常
在"二氧化碳排放总量高""能源单位利用率低"等方面攻击发展中
国家,并以此为由使用技术标准、碳排放标准、反倾销等手段对发
展中国家设限。可是,这种"特定构型的低碳化",掩盖了发达资本
主义国家人均碳排放量高、历史碳排放量高、消费碳排放量高,以
及发展中国家人均碳排放量低、历史碳排放量低、消费碳排放量低
等事实,是帝国主义行为逻辑的当代凸显,是能源帝国主义霸权的
现实表现,遭到广大发展中国家的反对和抵制。

---

① 国际可再生能源署:《世界能源转型展望》,(2021 - 06 - 06)[2022 - 05 - 06],
　　https://www. irena. org/publications/2021/Jun/World-Energy-Transitions-Out-
　　look.
② 郇庆治:《"碳政治"的生态帝国主义逻辑批判及其超越》,载《中国社会科学》,2016
　　年第 3 期。

对西方发达资本主义国家的能源霸权,我们可以从新自由制度主义(Neoliberal Institutionalism)创立者罗伯特·基欧汉(Robert.Keohane)那里管窥一豹。在基欧汉看来,为了应对全球气候变暖,有必要"构建一个完整一致的国际治理体系",这个国际治理体系的重要功能之一是"对管制宽松地区进口的产品征收特殊税费",例如"印度和中国这种仍在新建大量燃煤电厂"国家的产品。① 不幸的是,类似主张在现实政治中已经被欧美发达资本主义国家所采纳。2021 年 3 月,欧盟通过"碳边境调节机制(CBAM)"议案,这意味着欧盟对进口商品征收碳关税的设想进入法律实施阶段;美国则在更早的《限量及交易法案》和《清洁能源安全法案》中,规定了对进口产品征收碳关税的相关内容。这些行为是借"低碳"名义施行贸易保护主义,以便继续维持长期以来国际能源领域发达国家与发展中国家的等级差异和不公正秩序。

绿色低碳本应是世界各国及全球能源治理的实质性目标,可是在追求能源霸权、构建国际能源帝国秩序的背景下,低碳叙事却被西方发达经济体用作维护某些资本集团特殊利益的话语手段。一方面,西方发达经济体利用低碳话语实施贸易保护主义,以发展中国家高碳排为理由开启碳关税,以碳关税的"绿色壁垒"维护本国资本集团利益。另一方面,西方发达经济体的某些利益集团利用低碳话语谋取利润,罔顾本国普通民众的能源需要。2021 年美国得克萨斯州的大停电事件有力说明了这一事实。2021 年 2 月,北极气团携带冷空气一路南下,引发得克萨斯州百年难遇的极端严寒,致使为该州提供主要电力服务的风力涡轮机和太阳能发电机遭受重创,导致停水、停电,以致数百万居民基本生活无法保障,

---

① 罗伯特·基欧汉:《气候变化的全球政治学:对政治科学的挑战》,谈尧、谢来辉译,载《国外理论动态》,2016 年第 3 期。

甚至造成人员伤亡。在这种情况下,私人电力公司趁机涨价,而政府束手无策、毫无作为。由此可见,资本主义的低碳话语在根本上是围绕资本逻辑运行的,并不能充分关注全球社会以及本国民众的能源需要。

第五章　新冠疫情与马尔姆的气候政治批判

　　近年来,国外马克思主义在气候政治领域的相关研究呈现迅猛发展之势①,而作为在气候政治领域新近崛起的标志性人物,瑞典左翼激进生态马克思主义学者安德烈亚斯·马尔姆(Andreas Malm)从新冠肺炎与气候的内在勾连入手,在深刻剖析发达资本主义何以采取截然不同的态度对待新冠疫情与气候问题,并就新冠肺炎的爆发原因及其类似"慢性紧急状态"的灾难生发机制进行深入解剖的基础上,提出以"生态战时共产主义"的激进方案,来应对慢性紧急状态和气候危机问题。可以说,作为当代马克思主义在气候政治领域的新动向,系统而全面地梳理与检视马尔姆的气候政治批判理论,不仅有利于我们对新冠疫情和气候问题予以双重反思,并以此更好地呈现资本主义的反生态性、贪婪性、灾难性,而且也有助于我们能够自觉明辨其理论主张的内在缺陷,防止陷入绿色极端主义思潮的窠臼。

---

① 参见安德烈亚斯·马尔姆《生态学与马克思主义:重要议题和阅读指南》,苑洁译,载《国外理论动态》,2021年第5期。

一、新冠与气候两种截然不同的态度及背后政治隐语

当西方学术界仅仅还停留在承认新冠肺炎与全球变暖存在直接相关性时,马尔姆已把它看成是"现实趋势"下全球变暖灾难后果中的一个"特定极端"事件。并且,这种特定极端事件与现实趋势之间并非此消彼长的关系,也不是连续性关系,而是一种间断性的关系。而这种间断性关系决定着发达资本主义对待新冠肺炎和气候问题必然呈现两种截然相反的态度。

（一）"两种态度":紧急状态下的全力阻击与气候问题上的踌躇不前

作为一种"特定极端事件",新冠肺炎来势汹汹,世界进入紧急状态,各国都采取了非常规措施,全力阻击新冠肺炎的战斗由此被迫打响。具体而言,一是严格执行社交距离,把本国公民限制在家;二是对社会中"基本"和"非基本"功能加以区分,保留涉及人类生存基本需求的生产和商业,停止其他形式的生产和商业;三是通过国家力量打破私有财产和公有财产的边界,共同致力于抗击疫情。例如,世界各国政府通过征调私营企业,并指示具有生产医疗设备潜在能力的公司和具备接收病人的私营医院,来按照国家计划从事医疗设备生产和医治患者。马尔姆认为,一方面,在紧急状态下因疫情而采取的非常规措施,堪比世界大战中的普遍行动,这注定是一场没有硝烟的人与自然之间的战时生态战;另一方面,在紧急状态下所采取的非常规措施,足以表明人类在面对全球重大灾难时,既有能力也有坚定的决心阻击疫情,同时印证只要人类能够"想要"解决危机,危机便终将过去。

不同的是,作为一种"现实趋势",西方各国在气候问题上却踌

踌不前。何以西方国家只对新冠采取非常规措施,而无视气候变暖或只是口头允诺减排目标呢? 他们认为,从新冠方面来说,在某种绝对的、客观的、临床的意义上,新冠对人类构成了更严重的危险;从气候变暖来看,它意味着一种遥远的、不确定的可能性威胁,而新冠却是当下生活每个人必须加以面对的问题;从措施手段来看,疫情防控对于每个人来说是具象的,有可以采取的立即措施。例如,保持社交距离、注射疫苗。但在气候领域却不存在这样的直接途径。对此,马尔姆认为,首先,无论新冠肺炎的威力如何,它都将最终与人保持安全距离的某个地方停留下来,并且它的致死率也会因科学诊治和防控措施得以降低。但是,持续加剧的全球变暖将摧毁包括人类在内的众多物种的生活基础,倘若人类无动于衷,那么这种影响就如同一趟停不下来的雪国列车一样,最终车毁人亡。其次,从现实影响来看,世界气象组织(WMO)统计每年因气候变暖问题所导致的灾难性风暴、严重干旱、丛林野火、致命热浪、特大洪水、突发瘟疫等自然灾害造成的全球死亡人数超过 15 万人,受灾人数更是高达千万人次[①],这些威胁就发生在现实情境中。最后,相比应对新冠肺炎的措施而言,IPCC 早已告知人类在全球变暖面前该做些什么,那就是阻断化石资本,停止排放。其实,那些针对气候问题踌躇不前的解释,例如气候危机的不现实性、相对良性、无形性、复杂性、遥远性都属于意识形态的范畴,它们通过表达在意识形态中阻碍气候问题的因素来扭曲现象的事实属性。[②] 换言之,与新冠相比而言,气候问题只是无法触及的、难以

---

① Scientific American, '*The Impact of Global Warming on Human Fatality Rates*', 17 June, 2019. World Meteorological Organization, *WMO Statement on the State of the Global Climate in 2019*, pp.29 – 30.

② Andreas Malm, *Corona*, *Climate*, *Chronic Emergency*: *War Communism in the Twenty-First Century* (London and New York: Verso, 2020), p.10.

证明的原因,某个特定的灾难事件并非就归因于全球变暖,而不像新冠那般导致具体明确的行动结果。

就此马尔姆指出,之所以人们信奉这样的思维路径,是因为他们相信气候变化遵循渐进主义的原则。他们确信气候变化的渐进是长期缓慢的积累过程,并且遵循线性的因果律关系,其影响并不是一下子就突然爆发,所以很难产生不可估量的损害。恰恰相反,这种陷入渐进主义意识形态窠臼的想法却难以解释当前气候变化所产生的灾难性后果。事实上,当今气候变化所造成的影响在全球局部地区已经超出了渐进性的范畴,并且它往往是以一连串的突然破坏出现,同时越来越以线状态势分布。所以,那种把渐进主义作为一种托词,从而拒绝承认关于气候变暖造成灾难性影响的认知,其背后还隐藏着更深层次的政治隐语。

(二)"时空维度":两种不同态度背后的政治隐语

西方各国对待新冠肺炎与气候问题呈现出的两种截然相反的态度背后,有着更深层次的政治隐语:发达资本主义国家固有的阶级本性,决定了他们要不遗余力地维护自身的阶级利益和统治,并在"时空维度"的加持下予以表现出来。马尔姆认为,首先,在新冠疫情早期,发达资本主义之所以对新冠肺炎采取非常规措施,是由于新冠受害者大多是代表右翼核心的资产阶级老白人,他们主宰着现有政治体制,并决定着未来的政府选举,但他们是极易感染并且受到威胁最大的群体。其次,从时间维度看,新冠肺炎暴发初期,最先受到伤害的不是发展中国家的穷人,而是发达国家的富人。在紧急状态下,富人大规模感染乃至死亡引起西方政府的恐慌,统治阶级不得不以牺牲经济为代价换取健康。相反,当前全球气候变暖最先冲击的恰恰是大多数发展中国家,他们无力抵抗自然灾难所带来的巨大损害。尽管发达国家也时不时受到极端气候的影响,但富人们却很难受到气候危机的冲击。最后,从空间维度看,发达资本主义国家对新冠肺炎采取非常规措施恰好迎合了近年来北方国家民族主义政治势力的崛起。执政的民族主义政治势力通过关闭边境、派遣军队巡逻边境、"禁飞令"等方式来把自己与外界隔绝起来,无视他国利益关切,只为谋求本国利益需求。然而,在全球变暖议题上,当涉及减排目标时,它超出了民族国家的框架,因而减排的成本与收益需要在全球范围内分配,这就必然导致发达资本主义国家与发展中国家之间存在根本性的利益冲突,其结果就是西方国家不愿遵循"共同但有区别的原则",从而使得气候协定屡屡走样。

但不可忽视的是,"新冠和气候却有着共同的结构特征,即死亡的数量是国家作为或不作为的数量函数"①。事实上,进入后疫情时代,由于欧美国家开启大规模疫苗注射,随之放松对疫情的管控措施,然而这一行为致使全球新冠疫情形势仍处于高位流行,至今感染人数超过 5 亿人,死亡病例超过 600 万。戏谑的是,原本最先冲击富人的疫情又反扑回来,最终受到最大伤害的仍是那些无力抵抗的欠发达国家和地区的底层人民。同时,在发达资本主义国家内部,疫情感染和死亡人数的阶层分布也反映了资本主义社会的阶级性差异。同样,全球气候变暖也是如此,二氧化碳排放越多,地球反馈机制就越大,而这种反馈机制反过来又会进一步加热自身,并最终也将波及西方富人阶级。

① Andreas Malm, *Corona*, *Climate*, *Chronic Emergency*: *War Communism in the Twenty-First Century* (London and New York: Verso, 2020), p.16.

二、全球变暖趋势下新冠等疫情
何以成为一种慢性紧急状态

看似面对新冠肺炎所采取的强力行动说明西方各国在紧急状态下可以有所作为,但实际上这只不过是一个表面假象。换言之,针对新冠初期的强力行动与气候问题的迟缓虽形成鲜明对照,然而两者并无不同。因为新冠只是长期趋势下气候危机里的一个表现,它与全球变暖相伴相生。也就是说"新冠危机"终将过去,但又会在某个时间点重启,以至于反反复复,并将成为现实生活世界里的常态困境,而这种常态困境映射了"我们现在正处于一个慢性紧急状态的时代"①。

(一)生发前提:急剧加速的砍伐森林

一般认为,新冠病毒等病原体蔓延源于人畜共患溢出。所谓人畜共患溢出是指新冠病毒等人畜共患病原体溢出物种边界,先是跳到动物等宿主身上,再由动物感染给人,并且在不具有抗体能力的人和动物体内寄生、繁殖与攻击。面对新冠病毒,人们呼吁消灭蝙蝠种类和其他常见的携带病原体的野生动物,切断病原体的跳板,那么缺乏宿主的病原体就会自行消失。然而,在马尔姆看来,尽管这种说法有一定合理成分,但实际上可能会走向相反的一面。因为根据"稀释效应"原理,在物种丰富的完整生态系统中,不同物种之间相生相克,而这种多样物种之间的复杂循环过程为防止病毒蔓延提供了缓冲带的作用,这个缓冲带就意味着更低的人

---

① Andreas Malm, *Corona, Climate, Chronic Emergency: War Communism in the Twenty-First Century*(London and New York: Verso, 2020), p.50.

畜共患溢出风险。相反,大规模扑杀野生动物反而会破坏生物多样性,可能会把病原体分散到更远地方,而且简单粗暴的扑杀行为可能会造成生态系统的失衡。

问题的根源不在于蝙蝠等宿主,而在于急剧加速的森林砍伐。森林砍伐不仅造成生物多样性的丧失,更加速了人畜共患疾病的蔓延。也就是说,由于人类不断地砍伐森林,尤其倾向于以点状、块状、环状等方式切入森林,从而造成森林呈现碎片化的现实形态。而这种形态把病原体以及它们的宿主锁定在岛屿状的栖息地,从而破坏了病原体及其宿主的生存空间,由此形成孤岛效应。然而,在这种效应压力作用下,为在有限的空间中寻求生存,它们被迫开启"共同进化引擎",最大限度地利用任何突变和基因漂移,以此来突破孤岛模式的围困,并在人类生活空间引发"病毒排泄冲脉",导致双方在支离破碎的森林边缘频繁相遇,从而推动人畜共患的蔓延。那么,何以导致这种贪婪性的森林砍伐? 马尔姆认为,作为一种人类古老习俗,原本砍伐森林并无不妥。但随着全球进入资本主义时代,砍伐森林转变为一种为追求最大利润,按照资本逻辑从事商品生产的剥削性活动。然而这种不计生态后果的行为必然要破坏蝙蝠等宿主的栖息地,于是,原本有着稀释效应的森林变成了被压缩的流线型的森林。正如研究人畜共患的科学家罗布·华莱士(Rob Wallace)所说,"向全球资本循环开放森林,本身就是所有这些疾病的主要原因"[1]。

(二)必要条件:野生动物贸易和家畜革命

其一,充当交换价值的野生动物被迫拖入资本主义商品链,成

---

[1] Andreas Malm, *Corona*, *Climate*, *Chronic Emergency*: *War Communism in the Twenty-First Century*(London and New York: Verso, 2020), p.30.

为人畜共患溢出的直接爆点。众所周知,作为人类的一项古老传统,食用野味起初只是作为使用价值来担负充饥的功能。虽说那些携带大量病原体的野生动物也会感染人类,但这种感染的活动空间有限,森林所具有的稀释效应总体上可以自我消化。然而,随着资本主义全球化的到来,资本在巨额利润的诱导下,野味市场得以迅速扩张,因而野味的使用价值被交换价值所取代,它被迫加入全球资本主义商品链之中。根据《科学》杂志调查统计,全球超过5579 个野生物种被拖入资本主义商品链中,时刻面临贸易灭绝风险,而且这一数字还在持续上升。尽管如此,新古典经济学学者却认为这种说法言过其实。在他们看来,根据经济学模型预测,随着被捕杀的野生动物越来越稀少,捕获成本加大,捕猎者需要承担超出市场价格的投资成本,这就导致他们会转向其他易于捕获的猎物,因而某种野生动物会维持在一个均衡的水平,并且在时间作用下会有所恢复。对此,马尔姆认为,稀有性本身会让这个模型轰然倒塌。正因为越稀有的野生动物就越昂贵,它对那些追逐稀有性的富裕消费者也就越有吸引力,他们愿意为之付出代价,而这会促使捕猎者穷追不舍。在这里,价格上涨需求下降的资本主义市场理论毫无作用,从被雇佣的捕猎劳动者到全球运作的中间商,他们无疑都深陷资本积累循环的巨大漩涡之中,被巨额利润所吞噬。一方面,这一切始于资本通过虚假宣传赋予野味特有的食用价值和保健功能,来刺激那些富裕的顶级捕食者;另一方面,那些陷入消费异化的顶级捕食者为凸显独特的生活方式与象征社会精英的地位,需要通过这种稀缺的奢侈品来进行自我定位。因此,两者的不谋而合就促成了一部针对野生动物大屠杀的现实惨剧。不难想到,纳入商品链的野生动物不仅造成人直接感染病原体的风险急剧上升,同时,由于那些充当病原体宿主的动物被大规模捕食,加之砍伐森林所导致的空间萎缩,一些病原体可能会重新寻找宿主,跳出森林,反过来又会增加人畜共患的溢出。

其二,发达资本主义在发展中国家开启的"家畜革命"导致人畜共患溢出的井喷。进入资本主义时代,发达资本主义城市化规模急剧膨胀,这无疑加剧人们对肉类需求的飙升。因而,一方面,畜牧业的养殖必然也就脱离了传统式的小农生产模式,现代式的大规模农场养殖得以兴起,并且成为普遍标准,家畜革命随之出现。然而,在马尔姆看来,把成千上万只近亲繁殖动物关在一个屋檐下,会形成病原体的"人工泻湖"。这是因为,经过程序化、标准化的生产模式的规训,这些家畜的基因在拥挤的农场被格式化与单一化,而它们之间本应存有的缓冲带或防火墙就此崩溃,从而难以抵御病毒的侵扰。因此,病毒利用它们及其周围的环境作为跳板进行扩张,并且借助家畜的商品链功能完成千里输送。这是家畜革命制造人畜共患溢出效应的内在机制。另一方面,为了满足沉浸在"越多越好"消费幻景中的消费者,资本需要把成本降到最低,从而在加快积累中才能获得利润最大化。毋庸置疑,广大发展中国家廉价的土地资源和劳动力成本无疑就成了资本的最佳理想地。资本在发展中国家大规模砍伐森林,开辟畜牧业,把家畜革命模式完美地复制到这里。这样一来,发展中国家的畜牧业不出意外就成了全球资本主义商品链中最低端的一环,资本拿走了利润,而留给发展中国家的只有无数个病原体的人工泻湖。可以看到,在新冠病毒之前,1998 年在马来西亚发现的尼帕病毒、2014 年袭击西非的埃博拉病毒、2015 年在拉丁美洲滚动的塞卡病毒等等,这些就足以说明资本在制造人畜共患溢出方面是一把天才好手。

(三)充分条件:全球运输为病原体插上翅膀

如果说新冠病毒等病原体所导致的人畜共患溢出是疫情发生的必要条件,那么,全球运输则为这些插上翅膀的病原体从局部走向全球提供了充分条件。这种充分条件之所以能够成立,就在于交通运输的革新和化石燃料的大规模使用。马尔姆认为,古代商业资本书写了传染病的早期现代历史,这种现代历史虽然也同样是灾难性的,但传染病的波及范围和传播能力却是有限的。进入全球资本主义时代,化石燃料的大规模使用和交通工具的革新打破了这种限制能力,它们为病原体插上了飞越全球的翅膀。[1] 换言之,在资本主义全球化和蒸汽时代到来之前,由于全球航行持续时间漫长,那些在全球运输中受到病毒感染的人要么在到达目的地之前康复(不具有传染性),要么就死亡,疫情传播受到阻隔。但随着蒸汽时代的开启,全球航行时间持续缩短,以至于缩短到受感染的人在到达目的地时仍未出现感染症状,从而导致疫情以前所未有的速度传播。例如,1918 年在美国产生经由蒸汽船导向世界的"西班牙流感"(因为它首先被西班牙媒体报道而冠名)在 18 个月内就造成 5000 万人死亡。不难想象,当人类由蒸汽时代进入石油时代、航空导航取代蒸汽导航就成为迄今为止化石燃料运输的最高阶段。易言之,在航空时代,病原体及其载体可以在几个小时内从一个大陆抵达另一大陆,而受到感染的环球旅行者又会在几个小时内把病毒从一个大陆带到另外一个大陆,而众多的机场入境口、温暖密闭的机舱环境,以及大规模的环球旅行者,无疑使得病毒在全球航空网上以不可阻挡之势无情扩张到世界任何角落。当然,在马尔姆看来,冠状病毒的扩张之网并不是均匀分布在世界各地,它的扩张范围取决于国家或地区的航空业在全球资本主义的地位。也就是说,相对于欠发达国家和地区而言,发达国家和地区的富人有更多的机会进行全球飞行,而这无疑对疫情溢出具有推波助澜的作用。

---

[1]　Andreas Malm, *Fossil Capital: The Rise of Steam Power and the Roots of Global Warming* (London and New York: Verso, 2016).

（四）助推剂：气候变暖改变病原体地理范围

气候变暖不仅影响人类，而且对改变病原体及其宿主的地理范围有着深刻影响。换言之，气候变暖会导致那些携带病原体的野生动物向北方和高海拔地方迁徙，从而导致病原体和野生动物的地理范围发生变化，增加人畜共患溢出的风险。一方面，由于气候变暖，当一个地区的耐受性极限被突破时，难以忍受高温的动植物资源要么无法适应面临死亡，要么另寻他处，寻找可供生存的气候环境。当它们沿着气候变化的预期路线往北移动时，携带病原体的野生动物势必要与当地的野生动物发生勾连，而成千上万的病原体就会处于一种交互的状态，其结果可能形成一个移动的"超级基因重组库"，从而使病原体具备超强的跳跃能力。例如，近年如疟疾、登革热、黄热病和寨卡病毒呈现"南病北移"的趋势。另一方面，对于那些喜热的野生动物来说，气候变暖意味着为它们的活动空间开辟新的历史前景，而这种活动空间既指向横向发展，也指向纵向发展。譬如，由于湿暖空气的上升，低地地区的野生动物向山区移动，甚至有可能跨过被它们视为障碍物的山脉，从而使得人畜共患的空间风险增大。不难看出，随着全球气候持续变暖，病原体的地理位置在常态压力作用下或将持续扩张，从而与人类接触的可能性将大为增加。

事实上，在马尔姆看来，对于新冠等疫情暴发的原因，无论是从某一个来源来推断，还是从多种驱动因素共同作用来推断，都是一种无知的片面之见。从某种意义上来说，疫情的爆发存在一个根本性的元驱动因素，即资本积累循环的贪婪性。"资本厌恶野性的真空。"[①]正如马克思所说，"资本来到世间，从头到脚，每个毛孔

---

① Andreas Malm, *Corona, Climate, Chronic Emergency: War Communism in the Twenty-First Century*(London and New York: Verso, 2020), p.47.

都滴着血和肮脏的东西"①。面对自然,资本不仅不会想要去欣赏和尊重它,反而想要征服和吞噬它。因为在资产阶级世界中,荒野的自然是一个未被得到承认的普遍状态,而自然只有依附资本,从使用价值变成交换价值,变成可以索取利润的源泉,变成受价值规律支配的资源空间,它才能获得承认,否则对于资本来说它就是无用物。同时,资本积累的贪婪性使资本的再生产无法停止,并要求自我必须以更高的速度和强度加快循环,由此才能获得最大利润。然而,这种带有天然扩张性的资本积累循环意味着,依附自然的这只资本寄生虫并不能像其他寄生虫那样,与其他物种资源保持一种长期的共同进化平衡。不出意料,在荒野自然中,那些不计其数包括病毒在内的物质实体被卷入到资本主义交换价值链的漩涡之中,并且随着资本积累的加速循环,所卷入的生物物理资源在时空压缩作用下成倍增长,因而风险也成倍增加。可以说,资本召唤是病原体频繁出现的元凶。

当然,必须看到的是,这种召唤背后是资本循环举着生态殖民主义与新自由主义的大旗,以空间分离的形式通过资本主义商品链把病原体和宿主卷入到全球贸易中。也就是说,晚期资本主义为实现资本积累的最大化,生产和消费之间的空间分离是其显著特征。这种空间分离是指,发达资本主义国家以经济结构调整、债务偿还、跨国公司投资等隐蔽方式为手段,通过看似公平的货币交易与全球市场,来购买发展中国家廉价的土地资源、森林资源、矿产资源、劳动力等商品,以此满足本国消费的过程。实际上,这种空间分离的生产和消费正是生态殖民主义和新自由主义的表现,它背后凸显的是,发达资本主义无休止地榨取和耗尽广大发展中国家的生物物理资源和自然禀赋。并且,所谓公平货币交易却无

---

① 《马克思恩格斯文集》(第5卷),人民出版社2009年版,第871页。

法掩盖资本对劳动力、土地剩余价值的残酷剥削。不难想象,这种生态不平等交换价值链的后果是,发达资本主义国家可以把对动植物的影响从他们自己的土地上转移到那些物种更丰富的土地上,而广大发展中国家则面临着由生物多样锐减、砍伐森林所带来的人畜共患溢出风险和病理伤害。

三、气候资本主义灾难的衍生机理

围绕资本积累循环为核心的多重驱动因素,让新冠病毒等病原体的蔓延成为全球变暖趋势中无法攻克的顽症,并时不时地突然闯入人类世界,从而演变成一种慢性紧急状态。当然,在这里,马尔姆所说的慢性紧急状态并非单单指那些脱离了人类掌控的病原体的蔓延,而是指类似如新冠那样一种受全球变暖影响而导致生态灾难的紧急状态。换言之,在不同的时空维度上,慢性紧急状态本身就是全球变暖灾难后果的阶段性反映。在分析慢性紧急状态何以成为一种常态困境之后,马尔姆紧接着便指出一个残酷的现实后果:全球变暖与慢性紧急状态在后果上并无本质差异,即对制造慢性紧急状态和气候变暖影响最小的底层人民却承受着最大的伤害。为何如此?通过对本·维斯纳(Ben Wisner)等人的"关键脆弱性理论"的批判性改造,马尔姆回答了这一问题。一般来说,所谓脆弱性是指一系统在受到外部压力影响时易受伤害的程度。① 当地球物理主义学派把脆弱性理论应用到自然灾害中来时,他们认为,洪水、风暴、地震等灾难是极端地球物理主义事件的结

---

① W. Neil Adger, "Vulnerability," *Global Environmental Change*, Vol. 16, No. 3 (2006), p.269; P. M. Kelly & W. Neil Adger, "Theory and Practice in Assessing Vulnerability to Climate Change and Facilitating Adaptation," *Climatic change*, Vol.47, No.4 (2000), p.328.

果,而山坡的斜度、海岸线的平坦程度、靠近主要断层是脆弱性事件发生的本质,作为接收端的人类并不参与到环境与因果之中。[1]

　　然而,受到马克思主义影响的威斯纳及其同事对这一理论发起挑战,并通过"压力和释放模型",将这一理论发展成关键脆弱性理论。首先,维斯纳等人认为,地球物理主义无法解释一个事实,即当灾难的规模与数量都没有增加时,而受害者人数,尤其是第三世界国家的受害者人数却在增加。之所以地球物理主义学派无法解释这种现象,是因为这一学派难以从"偶然"的自然灾难的思维定势中走出,缺乏社会因素的理解。在威斯纳看来,恰恰是社会而不是自然决定了灾难事件的结果,也就是说,脆弱性的关键不在于那种偶然的自然事件,而在于社会资源所有权的不平等。其中,影响缓冲灾害的根本因素取决于"生产关系和剩余的溢出"[2]。其次,维斯纳借助"压力和释放模型"构建了关键脆弱性理论的因果运行逻辑。灾害是受社会因素和偶然的自然因素双重影响的结果,但社会因素是导致脆弱性的关键。具体而言,因果关系表现为"根本原因"→"动态压力"→"不安全条件"(左边)+"偶然的危险因素"(右边),最终导致"灾难突显"。其中,根本原因和动态压力属于社会因素,不安全条件两者兼有,偶然的危险因素属于纯粹的自然因素。[3] 例如,在严重不平等(根本原因)的资本主义社会中,身处城市化浪潮(动态压力)的无产阶级被迫居住在环境糟糕(不安全条件)的贫民窟,一旦病毒出现(自然因素),就极易引发疫情(灾难显

---

[1]　Kenneth Hewitt, "The Idea of Calamity in a Technocratic Age," in *Interpretations of Calamity*: *From the Viewpoint of Human Ecology* (London: Routledge, 1983), pp.5 - 6.

[2]　Ben Wisner & Piers Blaikie & Terry Cannon & Ian Davis, *At Risk*: *Natural Hazards*, *People's Vulnerability and Disasters* (London: Routledge, 2005), pp.6, 91.

[3]　Ben Wisner & Piers Blaikie & Terry Cannon & Ian Davis, *At Risk*: *Natural Hazards*, *People's Vulnerability and Disasters* (London: Routledge, 2005), p.51.

现)。最后,维斯纳等人认为,若要尽可能地减缓自然灾害的影响,唯有通过阶级力量的平衡或重大调整来解决。言下之意,必须按照社会主义的原则来进行自然灾害预防规划。正如罗莎·卢森堡所说,"医生只要通过显微镜观察,就可以追踪中毒受害者肠道的致命感染;但真正导致疯人院里的人死亡的细菌被称为——资本主义社会,在其最纯粹的文化中"①。

不过,在马尔姆看来,关键脆弱性理论存在局限性,不足以解释气候灾难与新冠灾难之间的内在联系,因此必须对其加以批判性的改造。马尔姆认为,当干旱、暴雨、地震、洪水等自然灾害是一种稳定的偶然事件时,"关键脆弱性理论模型"还能够发挥作用。然而,随着全球气候的变暖,当纯粹的偶然因素变成一种危险本身速度与力量都在加速的状态时,右边的自然因素必然也掺杂着左边的社会因素。也就是说,仅靠社会因素是无法解释自然灾难的问题根源。这是因为,尽管左边能够提前规划,减轻灾害的影响,但右边的发生频率不受限制地在加速,且危险程度无法预测。因此,"关键性脆弱理论模型"必然会分崩离析。正如关键性脆弱理论否定地球物理主义一样,马尔姆发展了一种否定的气候灾害的辩证模型。②

首先,马尔姆保持"关键性脆弱理论"中左边的根本原因、动态压力、不安全条件不变,将右边的偶然危险因素的影响移至中间。同时,在原有的右边增加某种自然灾害的根本原因和动态压力。其次,不同于地球物理主义和"关键性脆弱性理论"的是,他把模型两边的社会驱动力视为非常活跃且动力强劲的因素,并认为慢性

① John Peter Nettl, *Rosa Luxemburg: The Biography* (London and New York: Verso, 2019), p.478.

② Andreas Malm, *Corona, Climate, Chronic Emergency: War Communism in the Twenty-First Century* (London and New York: Verso, 2020), p.61.

紧急状态的出现和升级是由右边事件的频发所决定。最后,他认为,解决问题需要左边和右边同时发力,但关键还在右边,而右边问题的症结就在于化石资本。譬如,以新冠疫情为例,基于资本主义发展的前提背景,在疫情灾难的辩证模型的左边,殖民主义、新自由主义和全球发展不平衡(根本原因)→城市化、私有化、加固边界、艰苦生活、大量不稳定和非正式的劳动力(动态压力)→获得医疗保健的机会有限、由相对贫困决定的健康状况、过于拥挤的贫民窟、完全暴露于传染病(不安全条件);在疫情灾难的辩证模型右边,资本野性主导并转换为交换价值、材料产量的持续增长(根本原因)→森林砍伐、野生动物贸易、畜牧业、全球运输加速(动态压力)→人畜共患溢出(影响)。[1] 因此,左右两边的合力共谋构建了慢性紧急状态的灾难生发。但是,如果只是解决左边的问题,而不解决右边的问题,不把右边的问题作为生态灾难的根源,那么在气候变暖现实趋势下,慢性紧急状态就会不受控制地频繁出现。这是因为,无论是疫情灾难的辩证法,还是气候灾难的辩证法,它们都有一个共同的右边支点,即作为资产阶级财产关系的能源基础[2],化石资本通过在热带地区开采化石燃料,把气候变暖与人畜共患疾病蔓延的驱动因素系在一起。

四、"生态战时共产主义"的激进方案

马尔姆认为,随着全球生态危机的突显,传统马克思主义的资本主义危机理论难以在生态问题上有所作为,而奥康纳的资本主

---

[1] Andreas Malm, *Corona*, *Climate*, *Chronic Emergency*: *War Communism in the Twenty-First Century* (London and New York: Verso, 2020), pp.61-63.

[2] Andreas Malm, *Fossil Capital*: *The Rise of Steam Power and the Roots of Global Warming* (London and New York: Verso, 2016), pp.195-227.

义双重危机理论则填补了传统历史唯物主义的理论空场,弥补了自然在其中的缺失。在奥康纳看来,当财产关系和生产力倾向于通过损害或破坏而不是复制自身条件而导致自我毁灭时,这就意味着生态灾难将会转化为资本主义灾难,从而引发资本主义的第二重矛盾。[①] 也就是说,资本主义在资本积累循环作用下,无限制的压榨自然生产条件,从而引发自然对资本的报复,使人类进入一种慢性紧急状态,而这种慢性紧急状态又促使资本主义不得不进入一种战时状态才能予以应对,那么,这就意味着资本主义的生产和消费必须予以暂停,结果就是资本积累的车轮停止,资本主义危机便由此爆发。事实上,资本主义在气候问题上的模棱两可和不作为,恰恰反映了资本主义本身固有的内在矛盾无法克服,停止积累,资本便要死亡。而资本主义在疫情初期强有力的干预与进入后疫情时代的瘫软防控则更能说明这种国家干预是极其有限的,资本无法容忍资本主义生产与消费的断裂。然而,一个无法回避的事实是,因全球变暖所引发的慢性紧急状态可能造成资本主义自身的崩溃,甚至是人类自身的毁灭。那么,出路在哪里? 在与环境决定论、社会民主主义以及无政府主义的论战过程中,马尔姆对列宁的战时共产主义政策加以批判性地改造,得出走出这种慢性紧急状态的方案只能是"生态战时共产主义"的结论,并就如何走向"生态战时共产主义"构建了一套涉及指导原则、可能路径、经验教训以及实施对象的激进方案。

(一) 社会主义是前提:对三种气候政治流派的批判

其一,对环境决定论的批判。当前在气候波动、重大的传染性

---

① James O'Connor, *Natural Causes*: *Essays in Ecological Marxism* (New York: The Guilford Press,1998).

疾病与社会崩溃之间存在这样一种流行的观点,即自古以来社会文明的崩溃有着一种天然的、目的性的、环境决定论的味道。也就是说,人类历史上发生的气候变化及重大瘟疫事件所导致的文明崩溃,是早已注定的自然现象,不能被人类所左右,而人类的命运总是陷入这样一种历史循环之中,这种循环就决定了无论是古代文明还是现代文明,其文明的削弱乃至崩溃是迟早的事。进一步说,在这种目的论中,随着时间的推移,人类文明总是有着通过环境自我毁灭的倾向。[①] 例如,历史上的安东尼瘟疫、查士丁尼瘟疫、古旧小冰河时代晚期等环境事件就导致政权的衰落与更迭。对此,马尔姆认为,首先,在影响范围上,历史上的非人为气候变化事件不能与当前的全球变暖相提并论,它们之间是质的差异。诚然,历史上的气候系统变动导致了文明的崩溃,但它的影响是有限的区域性波动,而当前人为因素所导致的全球变暖却是全球性的系统波动。其次,在影响结果上,历史上的非人为气候变化所导致的帝国衰落意味着贫富差距的缩小与新的文明形态崛起的可能,人民在这种受剥削的衰落中能够得到喘息的机会,从而寻求普遍的自我缓解。相反,当前人为的资本主义第二重矛盾所引发的气候变化和重大传染性疾病,不仅把贫富差距抬上新的高度,而且可能会彻底拖垮地球系统,从而对全人类命运产生不可逆的重大后果。最后,在历史机遇方面,与历史上不同的是,资本主义文明在制造全球气候危机的同时,也酝酿出社会主义文明这一解决危机的新形态。这种新形态在反资本主义的同时,能够通过有意识的政治干预为解决慢性紧急状态提供现实出口。[②]

[①]　Kyle Harper, *The Fate of Rome：Climate，Disease，and the End of an Empire* (Princeton, NJ：Princeton University Press, 2017), pp.2 - 3, 192, 245, 293.

[②]　Andreas Malm, *Corona，Climate，Chronic Emergency：War Communism in the Twenty-First Century*(London and New York：Verso, 2020), pp.72 - 73.

其二,对社会民主主义的批判。当马克思关于资本主义系统趋向崩溃的预言并未发生,资本主义生产方式在一次次经济危机中反而变得更加强大之时,社会民主主义企图通过改良的渐进主义方式来进行零碎敲打的改革,以此希望逐步地将工人阶级从资本主义的泥潭中拉出。不过,这种梦幻般的做法遭到奉行革命路线的罗莎·卢森堡的批判。在她看来,资本主义危机趋势只是被推迟了,而更可怕的暴力后果在未来必然爆发。不出所料,在面对第一次世界大战和第二次世界大战时,带有软弱性和妥协性的社会民主党人放任并加速了灾难的发生。社会民主党人为何心存幻想? 在马尔姆看来,社会民主党人缺乏灾难的概念,并且把希望寄托于那种历史和时间是站在他们这一边的假设基础之上,这种假设使他们认为随着时间的推移,不必与阶级敌人正面交锋,就能瓦解资产阶级,从而迈向社会主义。然而,正因社会民主党人缺乏灾难的概念,加之善于制造危机的资本主义使世界长期处于慢性紧急状态,这无疑使生态灾难呈现空前的加速状态,当灾难来临,社会民主党人别无选择,要么被灾难吞噬,要么转向社会主义。不过,马尔姆对当前社会民主主义仍旧抱有较大希望,认为他们能够在长期慢性紧急状态下发挥重大作用。关键在于,他们必须要实现对自我民主政治的超越与革命,改变那种教条主义的最低政治诉求。[1]

其三,对无政府主义的批判。面对新冠疫情此类慢性紧急状态,无政府主义粉墨登场。他们奉行不掌权就能改变世界、不需要国家就能实现完美自治的逻辑原则,认为人们可以在互帮互助中实现疫情防控。特别是在疫情初期,那些在疫情中陷入困境的人

---

[1] Andreas Malm, *Corona*, *Climate*, *Chronic Emergency*: *War Communism in the Twenty-First Century*(London and New York: Verso, 2020), pp.73 - 75.

得到当地社区组织和邻里之间的帮助,从而呈现出来的"互助"繁荣景象给了他们一种精神的鼓舞。令人讽刺的是,长期宣扬这种互助乌托邦的无政府主义却遭遇着那些因国家缺乏强有力的疫情防控措施而造成疫情大规模蔓延的窘境。譬如,滑稽的是,在里约热内卢的贫民窟,由于政府不存在,宣布宵禁竟然由贩毒集团来承担。相反,正是由于某种意义上的国家缺位,最广大的弱势群体需要承受最大的痛苦。为此,马尔姆还特意借用著名中东研究学者阿塞夫·巴亚特(Asef Bayat)的著作《没有革命者的革命:理解阿拉伯之春》,来再次印证无政府主义的破产。巴亚特认为,埃及革命失败的关键在于从没有夺取国家权力,国家仍旧掌握在逆行倒流的力量手中。由于受到无政府主义的迷惑,革命者不打算接管国家,他们被排斥在权力结构之外,而当他们意识到需要国家权力时,他们又缺乏从又一个换汤不换药的政府手中夺取权力所必需的资源,其结果就是陷入民主的死循环。[①] 同样如此的是,如果在慢性紧急状态下践行无政府主义的理念,不采取强有力的国家干预,那么结果可想而知。

通过对这三种气候政治流派的批判,马尔姆认为唯有社会主义才能应对气候问题与慢性紧急状态。不过,在他看来,仅凭社会主义还不足以解决问题本身,必须实施一种生态战时共产主义方案才有可能。

(二)走向生态战时共产主义的指导原则和可能途径

面对紧急状态所表现出来的症状,列宁开启的战时共产主义政策不是一般意义上所采取的包括调节消费和配给在内的战时紧

---

① Asef Bayat, *Revolution without Revolutionaries*: *Making Sense of the Arab Spring* (Stanford, CA: Stanford University Press, 2017), p.169.

急措施,而是针对灾难驱动因素本身而采取的瓦解资本积累及资本主义生产方式和所有制关系的根本措施。因此,马尔姆认为完全可以通过借鉴这一政策,来解决气候问题和慢性紧急状态。

其一,生态战时共产主义为解决气候问题和慢性紧急状态提供三个决定性的原则。马尔姆认为,首先,生态战时共产主义把对危机症状的打击转向驱动原因的打击,这是结束慢性紧急状态的战略方向。在战争期间,列宁主义的最根本措施就是,把对战争爆发的症状的解决转向对产生战争制度的打击。同样,生态战时共产主义不是如何研发疫苗、阻挡太阳辐射等停留在危机症状的解决办法上,因为这样只会让这种紧急情况变成慢性的,而是彻底针对造成这种慢性紧急状态的根本驱动因素上来,要把枪口对准资本主义制度与化石资本。其次,生态战时共产主义把速度作为结束慢性紧急状况的关键要素。列宁说,“拖延确实等于自取灭亡”①。同样,在慢性紧急状态下,任何折中主义、犹豫不决以及拖延都是行不通的,缺乏敏锐的危机意识和无法及时转变只会加速灾难爆发,造成恶性循环。最后,生态战时共产主义把强制性权威的运用作为结束慢性紧急情况的根本手段。在战争期间,列宁主义在抓住任何有可能机会的基础上,采取强制措施使经济走向灾难的地区转变为公共控制。同样,过去几十年来,发达资本主义石油巨头没有表明自己要转型成为二氧化碳的清洁者和储存者,而发达资本主义肉类和棕榈油等大型跨国公司也没有致力于牧场和种植园的重建。那么,这就意味着实现能源过渡必须有一些强制性的权威力量。②

其二,在可能途径方面,马尔姆提醒公众在日常生活中必须向

---

① 《列宁全集》(32 卷),人民出版社 1992 年版,第 376 页。
② Andreas Malm, *Corona*, *Climate*, *Chronic Emergency*: *War Communism in the Twenty-First Century*(London and New York: Verso, 2020), pp.91 - 93.

资本施加压力,尝试以炸掉管道、捣毁 SUV 燃油汽车等方式,来打碎化石资本凝聚的力量平衡。[①] 另外,在他看来,处于长期慢性紧急状态中的世界可能导致政治动荡,这种政治动荡会引发骚乱、非暴力反抗和故意破坏,而这会激发公众的革命意识,从而为培育新的革命力量提供可能。不过,当这种机遇来临之时,生态列宁主义者必须有一种提前"做好准备"的意识,并利用强有力的领导组织和硬实力来快速引导这场机遇变革。

(三)走向生态战时共产主义的主要路径与警醒

首先,根除资本主义私有制是生态战时共产主义的核心。在战争紧急状态下,尽管资产阶级同样建立了国家对其经济的控制形式,但这种控制形式随着紧急状态的褪去而被消解,私有财产神圣不可侵犯仍是资产阶级的最高信条。而战时共产主义就是要把资本主义私有制给打碎,使资本主义统治阶级消亡,从而实现社会主义经济形式的国有化。同样如此,生态战时共产主义也需要做这样的革命工作,通过利用国家政治体制来实现绿色转型。

其次,战时共产主义下的能源转变为生态战时共产主义提供启思。战争期间,在国内外势力双重夹击下,布尔什维克控制的地区被急剧压缩,可供开采的化石能源严重匮乏。因此,布尔什维克党不得不通过强制义务劳动和严格的军事纪律等方式,来专门派人收集木材,以填补化石燃料的大范围缺位。在这种恶劣的环境下,虽然战时共产主义下军事性的强迫劳动的能源政策饱受争议,但以基本零化石能源而由生物能源撑起的苏联红军却打败了拥有丰富化石能源的国内外反对派。因此,马尔姆认为,战时共产主义

---

① Andreas Malm, *How to Blow up a Pipeline*: *Learning to Fight in a World on Fire* (London and New York: Verso, 2021).

的能源转变为在紧急状态下生态战时共产主义的能源转型提供了可能性。一是在当时如此恶劣的环境下,苏维埃政权依旧可以完成能源转变,今天人们也同样能够做到。当然,问题的关键在于,国家必须强制干预,但这种干预不是像当时国家强制雇佣劳动力那样来改变。这是因为,今天的绿色技术革新对太阳能、风能等可再生绿色能源的利用已经不需要大规模的劳动力来收集。二是在过渡期间摆脱化石能源依赖,需要国家利用强制力,在某种程度上来迫使民众放弃那些奢侈的非必需的资源消耗。

最后,极权主义和官僚主义是生态战时共产主义需要警惕的问题。马尔姆认为,在紧急状态下,国家主导的紧急行动极易走入极权主义的轨道,民主权利可能会遭受践踏和无视。战时共产主义政策并非完美,在某种程度上,国家使用权力是以牺牲民主本身为代价的,并经过官僚主义的反复发酵,以致后来又发展成为极权主义下的斯大林主义。相反,列宁主义却注重对国家权力制衡和官僚主义上的警惕和反思,以防止国家走向人民的反面。正如唐娜·哈拉威(Donna J. Haraway)所说,"要意识到那种在紧急状态下执行控制措施而不践踏民主权利,如何通过确保民主权利、在民主权利的基础上再接再厉,并从民主权利中汲取力量的困境"[1]。因此,在马尔姆看来,为了避免国家陷入这样一种困境当中,生态战时共产主义首先要做的就是,"永远不要侵犯言论自由和集会自由"[2]。事实上,西方发达资本主义国家民众之所以频繁发起反封锁的抗议运动,提出"治愈可能比疾病更糟糕"的口号,原因可能就在于他们害怕国家打着防疫的幌子,利用国家权力来向极右翼势

---

[1] Andreas Malm, *Corona*, *Climate*, *Chronic Emergency*: *War Communism in the Twenty-First Century* (London and New York: Verso, 2020), pp.101 - 102.

[2] Andreas Malm, *Corona*, *Climate*, *Chronic Emergency*: *War Communism in the Twenty-First Century* (London and New York: Verso, 2020), p.102.

力靠拢,致使民主被牺牲的同时,权威本身也遭受解构。

(四)走向生态战时共产主义的主要措施

其一,必须通过强制性的措施来减少肉类消费,改变饮食结构。"强制性的全球素食主义可能是对所有人最有益的终点。"[①]在马尔姆看来,从热带国家进口肉类是对森林生物多性最具破坏性的行为之一,发达资本主义国家的饮食结构不应陷入消费主义制造的那种所谓健康的饮食指南,而是应该遵循维度梯度和生态学知识。也就是说,要想停止大规模的森林砍伐,就意味着不仅要首先减少以肉类消费为前提,而且同样需要减少对大豆、棕榈油、巧克力等单一农业经济作物的消费,要以"够了就好"的原则和遵循生态学知识的饮食结构来压缩热带森林种植园规模。唯有如此,人畜共患溢出和气候灾难的缓解才有可能。

其二,必须制定和执行严格的法律法规来打击野生动物贸易,同时以强制干预手段改变消费者消费野生动物的习惯。一方面,如果法律漏洞百出,处罚微不足道,执法不严,那么在高额利润驱使下,中间商不会停止资本积累的循环;另一方面,如果仅靠道德规范来引导消费者停止野生动物消费,那么这种规范的作用极其有限。这是因为,一是消费者对风险的认知并没有起到推迟作用。历史表明,每当重大传染病危机过去之后,健忘的消费者可能再次会被虚吹的具有保健功能的野生动物所吸引,加之还有那些为炫耀自身地位而追求具有稀缺性特性的野生动物的消费者,这两方面使得仅靠消费者的个体觉醒不现实;二是消费习惯的熏陶是一件长久的事,而法律法规具有立竿见影的作用;三是过去那种推动

---

① Andreas Malm, *Corona*, *Climate*, *Chronic Emergency*: *War Communism in the Twenty-First Century*(London and New York: Verso, 2020), p.80.

消费者主动改过自新的策略已经失败。多次出现的重大流行传染病已经表明,无论是疫情状态中的强制隔离措施还是疫情后的消费习惯,国家在行动上必须有所作为。在马尔姆看来,解决问题的关键在于,必须重新赋予那些打击野生动物的部门以更大的压制性权力,从而从根源上消灭这个行业的资本积累。同时,要打破食用野味与美好生活的想象,把人类对蛋白质的需求从肉类蛋白更多地转向植物蛋白。

其三,必须对石油巨头开战,通过收购或者无偿没收,把私营的石化企业收归国有,立即停止化石燃料燃烧,从而使慢性紧急状态成为过去。面对气候变暖问题,信奉技术至上的人们认为,现有的直接空气碳捕集技术(DACS)可以通过矿化直接把大气中的二氧化碳过滤出来,并以固体形式埋藏在地下,而这项技术远远要超过生物能源碳捕集和储存技术(BECCS),从而使人类看到应对气候变暖的希望。然而,在马尔姆看来,技术创新的资本主义公司利用 DACS 收集二氧化碳面临着,如何把埋藏在地下的二氧化碳转变成具有交换价值的商品的困境。如果固定下来的二氧化碳不具有商品属性,也就意味着它不能在市场上流通,更不能按照商品的逻辑进行消费,获取利润必然也就成为不可能的事,那么,被加压而放入地下的二氧化碳是没有办法进行资本积累,这本身就是对自身的否定。正如著名地球工程社会研究学者霍莉·让·巴克(Holly Jean Buck)所说,DACS 所要做的就是把二氧化碳埋藏起来,而不是单单回收而已,如果它停留在商品逻辑中,它就不能兑现其负排放的承诺。[①] 因此,要使这种技术大规模应用,把吸纳下来的这种非商品的碳物质从空气中排除并加以埋藏,就需要找到

---

① Holly Jean Buck, *After Geoengineering: Climate Tragedy, Repair, and Restoration* (London and New York: Verso, 2019), pp.122, 126, 191.

如何获取交换价值增量的途径。在马尔姆看来，这种巨额的、不以利润为导向的巨额清理工作的出路，只有在国家那里才能完成。同时，扩大规模不仅需要大量的钻井技术、地震技术、运输浓缩二氧化碳的基础设施以及超国家规模的组织，还需要大量的资金支持，而这一切只有那些对释放二氧化碳负有历史责任的发达资本主义国家石油巨头拥有这些东西。所以，必须对那些制造灾难驱动因素的石油巨头开战，将它们收归国有，使其从私营的化石燃料公司转变为重组下的国有公司，才有可能走向零排放的道路。

其四，必须强制干预人们的消费需求，把消费活动控制在合理范围内。如果说从回收端入手温室气体排放问题是解决气候危机问题的后半程，那么，从需求端入手温室气体排放问题则是化解气候危机问题的前半程。在马尔姆看来，在资本逻辑导向下的发达资本主义不会主动做出改变消费需求的转变，而放任自流的后果是，慢性紧急状态的出现可能导致灾难达到沸点并主动找上他们，因而他们也不得不被迫这样做。但是，尽管这样，资本主义的第二重矛盾同时又决定资本主义在立法上永远比驱动因素慢一步。于是，面对灾难，他们会把希望寄托于那种短时间内给地球降温的技术手段。然而，这种急功近利的对地球系统干预的行动方案，可能会把人类引向另一无法估计的灾难之中。[1] 所以，为避免灾难，必须立即利用现有的绿色新政、可再生能源技术推广和气候战时动员，以重新分配、征用等方式，来逐步填补立即停止使用化石能源后的空白，从而在过渡期内指导能源结构完成过渡。而问题的关键在于，对待需求必须有全面而严密的控制与规划。换言之，面对资本游戏，国家必须利用行政权力从绿色生产端和绿色消费端两

---

[1]　Jean Philippe Sapinski & Holly Jean Buck & Andreas Malm, et al, *Has It Come to This? The Promises and Perils of Geoengineering on the Brink* (New Brunswick, NJ: Rutgers University Press, 2020).

方面,来强力调控人类的日常生活需要。

五、马尔姆气候政治批判理论的乌托邦色彩与不足

诚然,紧紧抓住资本逻辑这根毒刺,马尔姆深刻批判了发达资本主义在制造慢性紧急状态方面的残酷事实,并利用灾难辩证法模型构造了气候灾难与生态灾难的衍生机理,这是其气候政治批判理论的精髓所在;并且,通过对环境决定论、社会民主主义、无政府主义的批判,他指出解决气候问题和慢性紧急情况的出路只能是社会主义,提出以生态战时共产主义的大胆方案,来试图为气候问题和慢性紧急状态寻找现实出口,这些无疑反映了他在气候政治批判理论方面的勇气和担当。但是,可以看到的是,在当前全球地缘政治剧烈冲突和全球能源结构和格局总体并未发生根本性变革的国际背景下,他开出的理论药方却是一副缺乏阶级主体意识,混杂着激进与懦弱、妥协与恐怖味道,带有明显的乌托邦色彩。

首先,他提出生态战时共产主义,却不去回答如何激发无产阶级主体意识的觉醒,来变革当前以资本逻辑为主导的资本主义制度,而是鼓吹让一些绿色环保激进分子通过搞故意破坏的极端形式来抗议气候问题,希望以此向化石资本施压。这在资本主义朽而不死、主宰国际统治秩序的当下,无疑是以卵击石的个体冲动和不痛不痒的制度敲打。同时,他还把希望寄托于慢性紧急状态下可能引发的政治动荡,并以此从这种动荡中寻求公众革命意识觉醒的可能。然而,事实证明,灾难资本主义的自我调整和加快资本循环的能力远比想象的强大,这就注定它更加隐蔽地深化对底层民众革命意识的消解。事实上,马克思的"两个决不会"论断早已表明把仅把希望寄托于阶级意识上只能是空中楼阁。因此,马尔姆的生态战时共产主义方案恰恰体现理想的丰满与现实的骨感之

间的鲜明对照。

其次,他提出把化石能源巨头公司无偿没收或收归国有,立即停止化石能源燃烧,这种激进的气候方案脱离当前现实情况。我们暂且不谈化石能源巨头愿不愿意被国有化(可能性几乎为零),仅仅就目前世界存在的国际能源慌,就让马尔姆的气候方案毫无招架之力。更为异想天开的是,在新能源技术成熟度远远不能大规模普及市场的情况下,他认为利用现有新能源技术成果,加上国家强制干预消费者的消费,以开源节流的战时状态完全能够立即停止化石燃料燃烧。然而,这种激进的"立即"想法却全然无视那些在缺少技术、资金等条件的广大发展中国家所面临的能源转型困境。试想一下,当广大发展中国家还在为经济发展、改善民生苦苦挣扎之时,停止化石能源使用无异于自断生路。相反,与其谈对能源巨头的国有化,倒不如谈现阶段发达资本主义如何在践行"共同但有区别的原则"上不大打折扣更为实际。

最后,马尔姆看似激进的革命方案却充斥着妥协和懦弱的味道,并且可能会走向一种生态恐怖主义的境地。如前所述,马尔姆在批判社会民主主义的同时,又在某种程度上对其大为赞赏,这种前后不一的矛盾心理凸显了马尔姆生态革命立场的不坚定性和妥协性。马尔姆说,"社会民主主义可能是我们最大的希望"[1]。他认为,当今气候运动领域的社会民主主义代表人物英国的杰里米·科尔宾(Jeremy Corbyn)和美国的伯尼·桑德斯(Bernie Sanders)倘若能够登上国家权力的宝座,就能够对气候问题作出某些根本性的变革措施。但实际上,靠资产阶级某些政治人物上台来推动渐进性的气候改革,而不触动资本主义制度,就想解决气候危机,

---

[1]　Andreas Malm, *Corona*, *Climate*, *Chronic Emergency*: *War Communism in the Twenty-First Century* (London and New York: Verso, 2020), p.74.

这正如马尔姆自身批判资本主义针对慢性紧急状态所采取的头痛医头脚痛医脚的滑稽措施那样,自己反倒成为笑柄。此外,马尔姆呼吁人们以暴力方式与化石资本开战,并以实际行动领导一些极端绿色环保分子在他的老家斯德哥尔摩开展刺破昂贵的 SUV 轮胎等破坏活动,以试图向人们表明这种气候斗争的可能性。但深入观察不难发现,马尔姆发起斗争的对象是瑞典的中产阶级。而之所以懦弱的马尔姆不敢把斗争矛头指向上层阶级,是因为他明白得罪他们就意味着何种政治后果。更糟糕的是,马尔姆的这种理论方案迎合了那些极端生态恐怖主义分子的口味,他们借用这种理论不分青红皂白地在世界各地大搞生态恐怖主义活动,这在某种程度上又为恐怖主义做嫁衣,无疑也就使他的理论遭受普遍诟病。因此,理论的激进与行动的懦弱反映马尔姆对现实气候问题有着一种狂怒偏执但又无可奈何的深深无力感。

第二编
21世纪的全球危机及其多维反思

第六章　克鲁岑、气候变化与
"人类世"的危机反思

　　根据人类活动引发的地球状态和全球生态变化的规模、程度、多样性以及持续时间,荷兰化学家保罗·克鲁岑(Paul Crutzen)和美国海洋生物学家尤金·斯托尔默(Eugene Stoermer)在2000年率先指出,地球已经进入了由人类主导的地质时代——"人类世"(Anthropocene),这不仅意味着在地球未来数百万年的地质地层记录中都可能观察到人类活动的影响,还标志着人类与地球系统之间关系的根本改变。尽管学术界对于"人类世"的时代划分还存在不同的争议,但是,随着高科技,尤其是人工智能、核能技术、生物技术以及信息网络技术的迅猛发展,人类通过现代技术对于地球进化造成了颠覆性影响(生态危机是其中最为突出的表现形式)已经是无可争辩的事实,"人类世"作为当代人类的生存境遇也就无可置疑。

一、克鲁岑与气候危机的"人类世"反思

目前流行的"人类世"（Anthropocene）这个概念,是由著名的地球科学家保罗·克鲁岑与生物学家尤金·斯托尔默提出的,提出不久,就受到科学界、后来是人文社会科学界的高度关注与争议。此时,科学界与人文社会科学界关注的不仅仅是人类对于地球地质演变的巨大影响,更主要关注的是人类对于地球生态危机的巨大影响,换句话说,关注的是"人类世"的生态危机问题。

值得一提的是,"人类世"概念的流行与关注是与保罗·克鲁岑这个人的社会影响力分不开的。保罗·克鲁岑是一个著名的气象学家与化学家,以提出轰动一时的"臭氧空洞"说而在 1995 年获得诺贝尔化学奖。"臭氧空洞"就是由于人类工业大量排放的氟利昂而造成的,是一种典型的人类行为导致地球发生巨大地质变化乃至威胁人类生存的灾害性事件,这种科学研究经历对于他提出"人类世"概念具有不可忽视的重大影响。

对于"人类世"的内涵、起始年代及其应对措施问题,学术界一直有各种争议,保罗·克鲁岑本人也多次做出修正。但是,这个概念的基本含义应该是没有争议的,是一个明确的新地质时期的概念。我们可以从这个概念提出的会议背景及语境进行分析。

保罗·克鲁岑是在 1999 年墨西哥举办的一次地球科学会议上提出"人类世"这个概念的。他对与会代表说,"别再用全新世这个词了…… 我们不再处于全新世了。我们在……人类世!"①随后,与会学者就开始讨论"人类世"问题了。"人类世"这个新的地

---

① 张振:《西方生态批评的第三波浪潮——"人类世"话语及局限》,载《中国高校社会科学》2022 年第 3 期。

质分期概念就这样诞生了,但是,由于这是一次学术界的内部会议,因而影响有限。后来,克鲁岑了解到年轻学者尤金·斯托尔默数年前曾多次在一些场合提到过"人类世"概念,但人微言轻,没有在学术界产生影响,便主动与他联系。2000年5月,二人共同在墨西哥会议组织方的内部通讯上发布论文阐述有关"人类世"的思想,"人类世"概念才正式在学术界崭露头角。在这篇简短的内部通讯中,克鲁岑和斯托尔默对"人类世"进行了定义,并将其开始时间定于1784年(当年瓦特改良蒸汽机)。因为大约从这一年开始,因燃烧化石燃料所造成的大气中二氧化碳含量的增加,在地球上大多数湖泊沉积物中都留下了明显的地层标志。他们强调,除非发生重大灾祸,如火山爆发、传染病、核战争、行星撞击等,否则,"在接下来几千年,甚至几百万年的时间里,人类将依旧会是一股影响地质变迁的重要力量",因此"在当前的地质时期,使用'人类世'这个术语恰如其分,因为它强调了人类在地质活动和生态环境中的核心角色"[①]。由此可见,"人类世"概念最初是作为一个地质划界概念而出现的,是在全新世之后的新的地质时期的概念,突出了人类在地质活动和生态环境中超越各种自然力量的主导作用与核心力量,其时间开端于18世纪晚期。

不过,"人类世"概念提出以后,引起了巨大争议,因为克鲁岑的"人类世"把全球生态危机归因于人类整体,忽视了人类群体的阶级、民族与种族差异及其生态正义问题。为此,2002年1月克鲁岑在《自然》期刊上,修正了他关于"人类世"的想法,提出这一新世代的变化"主要是由世界人口中的25%造成的"。[②] 此外,他为解决"人类世"的地球环境危机初步提出了运用大规模地质工程的解决

---

① Paul J. Crutzen, Eugene F. Stoermer, "The 'Anthropocene'," *Global Change Ne-wsletter*, Vol.41 (2000), pp.17 – 18.

② Paul J. Crutzen, "Geology of Mankind," *Nature*, Vol.415, No.6867 (2002), p.23.

方案。

2006 年,克鲁岑发表《平流层硫酸盐注入提高反射率,是解决政策困境的一种贡献吗?》一文,进一步探讨了"人类世"的内涵以及相关"地球工程"设想。他明确指出,"人类世"不仅仅意味着人类继续掠夺地球资源,向环境中倾倒大量的废物,不仅仅意味着人类"自为"的生存危机,还意味着人类生态环境意识的觉醒,意味着大幅改进的技术和管理,明智地利用地球资源,控制人类和家畜的数量,全面谨慎地操纵和恢复自然环境。他将"地球工程"视为应对气候危机的良策,并明确提出以气溶胶应对温室效应的解决方案。①

二、"人类世"面临的诸多挑战与演变

由于"人类世"问题既是一个复杂科学问题(尤其是地质学问题),牵涉到其起始时间以及公认的地质证据问题,也是一个复杂的人文社会科学问题,牵涉到如何应对人类在新世代的生存危机问题,学术界存在着各种分歧,至今还在争论不休,不断推动着问题研究的深化。

首先,"人类世"起源于何时? 根据目前的研究,学术界主要有四种看法:第一种看法认为,"人类世"起源可以回溯到 1.2 万年前人类的农业革命时期,农业革命的刀耕火种,毁林开荒,就已经对地球的地质演变产生了巨大影响,地球在那时就开始进入了"人类世";第二种看法认为,"人类世"起源应该可以回溯到 18 世纪后半期的工业革命。因为根据科学家对极地冰层中的空气分析表明,

---

① Paul J. Crutzen, "Albedo Enhancement by Stratospheric Sulfur Injections: A Contribution to Resolve a Policy Dilemma?" *Clamite Change*, Vol. 77, No. 3 - 4 (2006), pp.211 - 220.

全球二氧化碳和甲烷的浓度开始增加是从 18 世纪后半期开始的，这个日期也恰好与 1784 年詹姆斯·瓦特设计蒸汽机的时间相吻合。这也是克鲁岑早期提出"人类世"概念时所持的看法。第三种看法认为，"人类世"可以追溯到 1945 年，这一年美国在日本引爆原子弹，这些核爆的放射性物质进入大气、河流、海洋与地层，形成地质积淀物，标志着"人类世"的开端。这种观点在地质学家中受到广泛支持，2019 年，"国际地质科学联合会"工作组（AWG）投票支持的就是这种观点，并计划据此在 10 个拥有"人类世"完整地层的备选地点选择一个作为"金钉子"；第四种看法认为，"人类世"应该是从 20 世纪 50 年代开始，因为从 1950 年起，地球工业发展进入加速期，地球上空的二氧化碳浓度大幅度上升，从 310ppmv 上升到 380ppmv。自工业革命以来大气中增加的二氧化碳含量多半发生在过去 30—40 年间，与此对应的正好是工业经济的高速增长期，具有全球同步的性质。①

　　鉴于"人类世"问题的复杂性以及科学研究的最新进展，克鲁岑在 2007 年联合著名气候学家史蒂芬（Will Steffen）与环境史专家麦克尼尔（John R. McNeill）发表《"人类世"：人类现在已经是超越自然的巨大能量了吗？》一文，对"人类世"问题进行了跨学科讨论。可能是考虑到以瓦特改良蒸汽机这一具体的历史事件作为"人类世"这样的地质时代的开端有些欠妥，三位作者对"人类世"的起始时间进行了修改，将起始时间设定在 1800 年这一代表大工业发展的普遍年代，并对"人类世"的演变进行了阶段划分。"人类世"被划分为三个阶段：第一，工业化时代（约 1800—1945 年）。在这一阶段，全球范围内矿物燃料的使用给地球系统带来了巨大的

---

① Jan Zalasiewicz, Mark Williams, Paul Crutzen, et al, "When did the Anthropocene Begin? A Mid-Twentieth Century Boundary Level is Stratigraphically Optimal," *Quaternary International*, Vol.383（2015）, pp.196 - 203.

影响。第二,大加速时代(1945—约 2015 年)。在这一阶段,人类对地球生态系统的改变比以往任何时候都更加快速和广泛。第三,地球系统的管理者时代(约 2015—   )。在这一阶段,人类在作为一种重要的地质作用力的同时,也开始思考并制定地球生命支持系统可持续性发展的方法和政策。他们指出,"人类世"没有一个确定的起始点,而是处于一个不断发展的时间进程中。①

2011 年,保罗·克鲁岑、威尔·斯蒂芬、约翰·麦克尼尔与雅克·格林瓦尔德(Jacques Grinevald)合作发表论文《从概念和历史的角度看"人类世"》,指出地球正在走出当前的地质时代全新世而迈向新的地质时代"人类世",人类作为一种全球性的、堪比自然力的地质力量,要为这一新的地质时代的到来负主要责任。这篇论文意味着自然科学家与人文社会科学家就"人类世"问题从分歧逐渐走向了共识,当然,目前还只能说是部分共识。②

值得一提的是,在科学界,2009 年国际地层学委员会成立了"人类世"工作组,主要研究根据地层学证据,探究地球是否正在经历全新世的终结、进入一个新的地质时间区间——"人类世"。2016 年 8 月,"人类世"概念由科学家联合同意提出,并提议向"第四纪地层学分会"申请进行正式命名。2019 年,"国际地质科学联合会"工作组(AWG)确认,"人类世"在地质时间尺度内正式化,确定始于 20 世纪中叶,其标志是工业化、人口增长和资源利用的明显加速,以及原子武器的首次使用。一句话,"人类世"作为一个新的地质时代目前虽然在科学界还没有得到完全确证,但是其认同

---

① Will Steffen, Paul J. Crutzen, John R. McNeill,寒江:《"人类世":人类将压倒大自然的威力吗?》,载《AMBIO-人类环境杂志》2007 年第 8 期。

② Will Steffen, Jacques Grinevald, Paul Crutzen, John McNeill, "The Anthropocene: Conceptual and historical perspectives," *Philosophical Transactions of the Royal Society A: Mathematical, Physical, and Engineering Sciences*, Vol.369, No. 1938 (2011), pp.842-867.

程度与范围已经与日俱增。

其次，"人类世"作为一种科学假说在自然科学中虽然逐步得到确认，但是在人文社会科学界仍然受到各种非议与批判。归纳起来，"人类世"的反对者主要有以下异议：

第一，在"人类世"图景中，地球仅仅是人造工程，被人类活动所塑造，把复杂的"人类世"问题简单归结为技术问题，人类仅存的希望就是允许科学精英们自上而下地去管理国际事务，使自然资源可以被更有效地开采。除了技术专家以外，任何人都没有发言权，消解了帝国主义、资本主义在其中的历史责任。

第二，在危机归因问题上，克鲁岑等把气候危机归因于人口膨胀，在很大程度上把人口数量的巨大变化作为工业发展的关键驱动力，犯有马尔萨斯主义"人口决定论"的错误，忽视了地理因素、社会制度因素、生产方式等在工业发展中的推动作用。

第三，在方法论上，它把人类作为一个同质的群体，忽视了不平等的阶级、种族、国别等差异的影响；把当代全球危机归因于膨胀的人类整体，含蓄地指责全人类造成了生物多样性和物种丧失，忽视了碳排放、海洋退化、森林砍伐和其他压力对我们生物圈的有害影响。

第四，克鲁岑的"地球工程"意味着人为大规模干预地球，也带来了伦理争议。应对气候变暖的地球工程操控人类赖以生存的自然基础是否公正合理？其实施的效果与作用也具有不确定性，因为任何地球工程计划能否按计划运作或持续维持，都需要稳定的国际政治与合作做保障，这一点恰恰是不确定的。此外，如果在地球工程活动期间发生负面气候事件，就有可能发生跨界冲突。

根据以上分析，在"人类世"概念的内涵问题上，我们可以得出三个结论：第一，在克鲁岑于 2000 年提出"人类世"这个假说以前，科学界已经产生了类似的想法，提出了类似的概念，但不是作为一个地质学的分期假说提出来的,也没有意识到生态危机对于人类生死存亡产生的全球影响,更没有系统探讨解决生态危机的"地球工程"方面的技术问题;第二,"人类世"是在 21 世纪作为讨论当代气候危机问题而提出的,其核心不在于歌颂人类力量的巨大增强和科技的进步,而是对人类力量巨大增强带来的地质变化的巨大担忧与焦虑。由于气候危机的起源问题、社会内涵和对策问题的复杂性,克鲁岑的"人类世"学说也一直在调整、丰富与发展之中;第三,"人类世"作为一个科学假说,不仅在自然科学界产生了巨大影响,也在人文社会界甚至在社会上产生了广泛的影响,引起了巨大争议,其内涵也随之发生变化与丰富。但是,它作为一个地质分期的科学假说已经得到越来越广泛的认同,可是在人文社会科学界围绕生态危机的主要责任以及解决途径的争议,还远远没有平息。对此,我们有必要谨慎对待,不可混为一谈。

三、马尔姆、杰森等对"人类世"的批判

在当代有关"人类世"危机问题的讨论中,其中以克鲁岑与马尔姆等人从"资本世"视角对"人类世"的批判影响最大,形成著名的"人类世"与"资本世"之争,其中涉及生态马克思主义面对"人类世"的不同态度,需要认真辨析。

"人类世"学说倾向于强调"人类世"最早起始于 18 世纪中叶,并倾向于将化石燃料的使用作为关键的历史时刻,可是,以马尔姆与杰森·摩尔为代表的学者认为,当代全球危机起源时间要早得多,可以追溯到 1492 年西方殖民者的大航海运动。"资本世"说没有把危机归责于全人类,因为全人类包括世界上数十亿最贫穷的人,他们消费和污染很少,而是强调将当代危机的责任归咎于全球化的资本主义关系体系更为准确。

马尔姆与霍恩伯格（Alf Hornborg）认为，"导致气候变化的元凶并不是地球上生活的数十亿芸芸众生，而是控制着生产资料、决定着能源格局的少数人。在这个与其说是'人类世'，不如说是'资本世'的时代，要预防像摧毁了多米尼克的飓风那样的极端天气事件，不可避免地要与化石资本产生正面冲突"[1]。在马尔姆等人看来，那些信奉"人类世"学说的人犯了决定论的错误，把人类从发现火到蒸汽机的发展看成是一个自然主义的、不可避免的决定论过程。与其相反，马尔姆与霍恩伯格认为，"人类世"危机不能被理解为一种自然现象，而应该被理解为一种"社会"现象，产生于特定的社会关系和不同国家、社会群体和物种之间的权力分配不均，准确地说是资本主义社会的产物。

在方法论上，杰森·摩尔反对笛卡尔主义的二元论，把人与环境、自然与社会区分开来，而是强调人与环境、自然与社会是密切关联的、孕育生命的生态之网络。摩尔坚持认为，"资本世"是以"世界—生态学"辩证法为前提的，在这种辩证法中，资本和权力不是作用于自然，而是通过生命之网发展。由此视角出发，他认为，当代人类面临的气候危机、生态危机不是一个单纯的气候系统危机与生态系统危机问题，而是与社会危机密切联系在一起的复杂问题。

从这个意义上说，我们追溯"人类世"的起源时间点，不能从二氧化碳大规模排放算起，而是要从大自然当初廉价的资源算起，这就与资本主义的商品扩张发生了联系。在封建社会，统治者追求的是领土的扩张，只有在资本主义社会，统治者追求的才是商品交易市场的扩张，追逐的是廉价的自然资源与劳动力。所以，我们要

[1]　Andreas Malm, Alf Hornborg, "The Geology of Mankind? A Critique of the Anthropocene Narrative," *The Anthropocene Review*, Vol.1, No.1（2014）, pp.62 - 69.

追溯"人类世"的起源时间点,必须与资本主义的殖民扩张与资源掠夺活动关联在一起。

正是在此意义上,摩尔将 1450 年和商业资本主义时代确定为"资本世"的起点。摩尔认为,资本主义创造价值的秘诀在于它实际上并不重视其大部分投入,相反,它依赖于源源不断的"廉价自然"——劳动力、食物、能源和原材料——来促进积累。[①] 自 1970 年代新自由主义阶段开始以来,资本主义的大部分危机可能归因于获得廉价自然投入的难度越来越大。在他看来,当代人类面临的气候危机与其说是一种"人类世"的危机,还不如说是一种"资本世"的危机。在他看来,"人类世"概念虽然很好地展现了生物圈和地质时间都被人类活动从根本上改变了,将人类历史与自然史放在一起,但并未能解释清楚是以怎样的方式和原因结合在一起。由此出发,杰森·摩尔认为,人类拯救地球的最大希望取决于找到用社会主义生产和消费关系取代不可持续的"资本世"的方法,寻求"文明"救赎的希望。

针对马尔姆和杰森·摩尔从"资本世"对"人类世"的批判,克鲁岑等人采取的应对策略主要有二:(1)改进、完善"人类世"理论,消化吸收"资本世"倡导者的指责与批判:为应对"资本世"倡导者对"人类世"忽视社会因素的指责,在内容上承认社会因素在生态治理、气候治理过程中的作用,在气候工程问题上考虑气候治理的社会维度,在"人类世"起源问题上强调过程性;为应对"资本世"倡导者对其马尔萨斯主义的指责,在方法论上也承认全球存在人口差异,承认富人群体、发达资本主义国家对气候危机负有更多的责任;(2)坚持"人类世"学说内核的合理性,"资本世"不足以说明与

[①] Jason W. Moore, *Anthropocene or Capitalocene? Nature, History, and the Crisis of Capitalism* (Oakland, CA: PM Press, 2016), p.78.

应对气候危机:当代"人类世"危机既有资本主义的经济制度因素,也有工业化的生产方式因素与多种自然因素,但根本上是一个石化能源危机,是一个地质危机,需要通过科学的方法去解决,就像臭氧空洞危机最终是通过自然科学的方法去解决一样,社会因素只起辅助作用;"人类世"危机毕竟是一个全球危机,富人也没有特别的救生艇,必须全球共同倡导责任,只不过富人与资本主义承担的责任份额更大;从历史的角度看,如果说资本主义起源于 15 世纪,全球性的气候危机与生态危机并没有随之出现,相反,全球性的气候危机与生态危机与工业革命的发展阶段密切关联。何况"人类世"已经得到地质学的底层积淀验证,而"资本世"学说没有得到地质学验证。此外,非资本主义国家也出现了气候危机与生态危机,这也从侧面验证了"人类世"危机根本上是一场全球危机,尤其是一场全球能源危机。

针对克鲁岑与摩尔等人的"人类世"与"资本世"之争,福斯特(John Bellamy Foster)等虽然对克鲁岑把当代生态危机归结为"人类世"的危机、忽视资本主义在其中的原罪有不满,但是,从地质学的角度讲,"人类世"的说法毕竟有一定的根据,所以,他们总体上赞成"人类世"的说法,只不过强化其中的资本主义批判。与此相反,作为生态马克思主义倡导者,福斯特、斋藤幸平等针对摩尔以"资本世"代替"人类世"的做法,从反经济还原论与辩证法视角提出了批判。

福斯特的生态马克思主义虽然也公开宣称:资本主义的增长逻辑是造成人与自然之间物质变换裂缝的根源,但是他对摩尔的"资本世"理论把复杂的生态危机简单归结于资本主义的经济危机深感不满。在《"人类世"时代生态马克思主义的演进》一文中,他揭示了以摩尔为代表的"资本世"在本体论上是一种激进社会一元论,把自然与社会之间的"人类世"冲突归结为社会一元论的内在冲突,既消解了自然的存在,也消解了自然与社会之间的复杂关系及其和解的可能性,"在这个转向社会一元论的过程中,最经常丢失的是在一种辩证的整体性概念中来理解对自然与社会之间复杂关系的调和。这个结果排除了与马克思的社会主义概念相一致的人类社会可持续发展的可能性"①。在这里,对自然的消解掩盖了自然的异化,任何抨击资本主义与自然之间矛盾的理论,都被错误地看作一种二元论,包括马克思关于自然与社会的物质变换断裂的概念,也被错误否定。在福斯特看来,摩尔的"资本世"理论本质上是一种"经济还原论",把复杂的生态危机简单还原为资本主义的经济危机,把辩证的马克思主义还原为长期受到西方学者指责的"经济决定论"。在福斯特看来,资本主义的增长逻辑是造成人与自然之间物质变换裂缝的根源,自然也因此发生异化。

对于福斯特与摩尔的争论,日本生态马克思主义者斋藤幸平(Kohei Saito)在他的《"人类世"的马克思主义》一文中指出,摩尔对生态价值理论的分析实际上背离了马克思的观点,在批判福斯特的二元论时也曲解了马克思的断裂概念。②"实质上,福斯特关心的是资本主义社会新陈代谢对自然新陈代谢的破坏,而摩尔关注的是自然新陈代谢对资本主义社会新陈代谢的反馈作用,显然因二者各执一端而引发论战。"③

另一个生态马克思主义者伊恩·安格斯(Ian Angus)更加猛烈地抨击了摩尔的观点,认为他对"人类世"、地球系统的危机或新的全球时代的认识都是错误的。第一,摩尔的"资本世"代表着资本主义是一种组织自然的方式,而"人类世"会对他的"世界—生态

---

① 约翰·贝拉米·福斯特、何山青:《"人类世"时代生态马克思主义的演进》,载《国外理论动态》2017 第 7 期。

② 斋藤幸平、陈世华、卓宜勋:《"人类世"的马克思主义》,载《南京工业大学学报》(社会科学版)2019 年第 3 期。

③ 王常冉、刘魁:《福斯特与摩尔关于新陈代谢断裂理论的论战》,载《南京林业大学学报》(人文社会科学版)2019 年第 5 期。

观"产生重大挑战;第二,摩尔批评"人类世"将环境变化归因于"人类作为一个无差别的整体",但他没有提供任何证据,也没有科学文献来支持他的说法;第三,摩尔对"人类世"概念是二元论观点的指控也是值得怀疑的,因为它忽视了"人类世"理论中的地球系统论。在"人类世"的地球系统论看来,"人类、他们的社会和他们的活动是地球系统的一个组成部分,而不是扰乱一个自然系统的外部力量。系统内有许多自然变异和不稳定的模式,以及人为驱动的变化"①,因此,"'人类世'科学家并不是说新时代是由人类社会从外部攻击自然引起的,而是由'全球社会经济体系的惊人增长,地球体系的人类部分'引起的"②。

针对"资本世"理论,霍恩伯格则批判了摩尔关于自然和社会完全交织的观点。他认为,如果没有对自然和社会进行明确的分离,资本主义就无法受到批判,这样也就减少了采取政治行动的可能性。

四、对"人类世"与"资本世"之争的后人类反思

迪佩什·查克拉巴蒂(Dipesh Chakrabarty)是印度裔的美国历史学家,也是历史学界最早对"人类世"与"资本世"之争作出深刻反思的学者。2009年,查克拉巴蒂在《批评探询》上发表了著名的《历史的气候:四个命题》一文,在这篇论文中,针对"人类世"时代气候变暖这一严峻问题,他提出了四个命题,其中最为核心的命题是:"从人类活动的角度去解释气候的变化,意味着由来已久的人文主义者对自然史和人类史区分的失效。"③该命题的提出,是对

---

① ② Ian Angus, *"Anthropocene or Capitalocene?" Misses the Point*. https://climate-andcapitalism.com.

③ Dipesh Chakrabarty, "The Climate of History: Four Theses," *Critical Inquiry*, Vol. 35, No. 2 (2009), pp. 197 – 222.

人类主义的历史观提出了严重挑战,开启了大历史即超越人类中心主义的历史研究,由此出发,也对"人类世"与"资本世"之争进行了后"人类世"反思。

对于这场"人类世"与"资本世"的辩论,查克拉巴蒂承认,毫无疑问,资本主义是"气候危机的近因或有效原因"[①],但是理解气候变化及其给人类带来的挑战,需要我们从物种的角度来思考,但要超越使用物种作为生物学术语进行分类,而应该将物种视为一个已经成为地质的政治经济集体。查克拉巴蒂把对资本主义全球化的批判和人类漫长历史连接在一起,他发现抵制现有的资本主义全球化,抵制其在利润驱动下对弱势群体和脆弱的生态系统的剥削是解决现今生态危机的必要前提。但他坚定地认为,单独的反抗资本主义并不足以达到这个目的。地球的大气、海洋、岩石、植物还有动物正在经历着一种大到足以标志一个世的结束和另一个世的开始的变化。环境灾难的能量、规模与形态是比资本主义更大的问题,它动摇了独立于资本主义逻辑下的"生存边界"。环境灾难所带来的气候变化,无疑会比资本主义本身存在的时间更长。对此,工业化进程中的所有国家都负有责任。查克拉巴蒂断言,西方左翼与后殖民主义涉及范围太窄,无法处理人类成为地球物理力量的事实,只有通过添加"人类世"的物种视角,我们才能开始理解这一事实。对查克拉巴蒂来说,资本的政治历史与碳的地质历史的对立并不代表"人类世"已经没有出路,相反,它提供了一个可以重新思考人类以及非人类间权力关系的机会,将社会批判与物种思维方式相结合。由此,查克拉巴蒂提出了一种合二为一的观点,试图综合资本历史与物种历史这两种不可调和的年代表。换

---

① Dipesh Chakrabarty, "The Climate of History: Four Theses," *Critical Inquiry*, Vol.35, No.2 (2009), pp.197-222.

言之,它要求对政治采取一种全球性的方法,而没有全球身份的神话。

但是,由于"人类世"框架的特点是其对人类规模历史的明显超越,因此将其硬塞进政治理论是尴尬的,这是查克拉巴蒂试图融合"人类世"与"资本世"之争所遇到的困难,对此,他也承认了这一点,承认他希望拼接的物种层面的普遍性缺乏规范性内容(除非人们将物种生存的必要性作为一个例子);该物种是一种"无视正义的集体存在模式"①,为此,他的理论也遭到了福斯特、摩尔以及后殖民主义者从社会正义视角提出的质疑与批判。查克拉巴蒂集中对福斯特、摩尔等批评者进行了回应,他认为,"从逻辑上讲,气候危机本质上并不是经济不平等的结果,而是我们排放到大气中的温室气体数量问题。那些将气候变化完全与现代世界收入不平等的历史起源形成联系起来的人提出了关于历史不平等的有效问题;但是,将气候变化问题简化为资本主义问题(并入现代欧洲扩张和帝国的历史)只会使我们看不到我们当前的本质"②。

查克拉巴蒂强调,历史学家应当打破人在历史叙事中的中心位置,将人的历史与自然的历史结合起来。为此,查克拉巴蒂提出了两种关于人类的历史:一种是有文字记载的人类的历史,这是一种人类占据主体位置的历史。一种是人类的深度历史(deep history),它超出了有文字记载的历史,人类在其中只是地球上众多生命形式中的一种,人类历史也只是地球上生命历史的一部分。查克拉巴蒂认为,只有将人类的历史置于深度历史的语境中,人们才有可能对"人类世"这一概念做出客观的理解,进而对人类未来做

① Dipesh Chakrabarty, "Postcolonial Studies and the Challenge of Climate Change," *New Literary History*, Vol.43, No.1 (2012), pp.1-18.
② Dipesh Chakrabarty, "Climate and Capital: On Conjoined Histories," *REAL-Yearbook of Research in English and American Literature*, Vol.33 (2017), pp.19-42.

出负责任的规划。在这一意义上,"人类世"概念对人类作为一种地质力量的强调,并不是要说人类因为具有了堪比自然力的改变地球的力量,而成为一个特殊的物种,可以凌驾于地球上其他物种甚至自然之上。相反,"人类世"概念其实是想表达一种不确定性和危机意识,是要强调人类与其他物种及自然环境之间休戚与共的关系。由此可见,查克拉巴蒂的学术贡献不在于融合物种的视角与人类的视角以应对当代气候危机与生态危机,而在于他开辟了大历史的研究视角,即开辟了后"人类世"的研究视角。

正是受查克拉巴蒂等人的这种超人类中心主义或者是后人类思想的影响,一些学者认为,"人类世"时代,地球环境和人类之外的生物对人类这一气候力量所产生的反作用,已经不再以人类的意志为转移,这说明非人类的影响已经直接作用到人类自身之上甚至对人类的历史进程产生了重要后果。人类因而也参与到了非人类转向之中。在此背景下,哈拉维提出了"克苏鲁世"(Chthulu-cene)、拉伍洛克提出了"新星世"(Novacene)、斯蒂格勒提出了"负人类世"(Neganthropocene)、拉图尔提出了"行动者网络"等后"人类世"理论,强调打破人与机器、自然与社会、科学与伦理之间的界限,建立人类与无机物、各种生物、机器之间的生物网络,进而通过各种智能技术、增强技术、脑机接口技术等进行数字化、智能化改造,以适应恶劣的气候环境与生态环境,走向美好的未来。

这里,所谓后"人类世",并非否认"人类世",而是意味着人类面对生态灾难所能够采取的一种新的应对方式,通过技术改变自身结构与功能以应对环境危机的一种生存方式。这也是人类未来可能存在的方式、可能的进化方式。在这一点上,恰如女性主义者海伦·赫斯特(Helen Hester)所言,"对于女性主义技术政治学来说,身体是潜在的干预场所,它是一种可能的工具来避免女性难以忍受的痛苦。我并不是说在这里技术科学在根本上或在本质上具有解放的能力。相反,我想在异—女性主义蓝图中给出一个结构性的方向,来彻底重构女性的身体,让女性摆脱身体的封闭。未来仍然在建构当中"①。

在后"人类世"倡导者看来,让人类真正摆脱痛苦的方式,就是打破人类身体的生物性,让数字技术、生物技术、智能技术重塑人类的身体,从而让人类适应恶劣的生存环境。这里,人类的身体不再是纯粹的碳基身体,融合硅基芯片,变成了一个赛博格,"而赛博格的神话仿佛已经成为我们在走出'人类世'之后面对巨大的不确定未来的一种可能性"②。但是,人类的增强技术如果走到重塑人类肉体以致彻底消解作为生物物种的程度,"人类世"也就走向了终结之途。

---

① Helen Hester, *Xenofeminism* (New York: John Wiley & Sons, 2018), p.19.
② 蓝江:《走出"人类世":人文主义的终结和后人类的降临》,载《内蒙古社会科学》2021年第1期。

第七章　福斯特与新陈代谢
断裂之争的生态反思

　　美国俄勒冈大学教授约翰·贝拉米·福斯特（John Bellamy Foster）提出的新陈代谢断裂理论，是生态马克思主义的基础理论，也是对马克思本人生态思想的深入挖掘，一度引起国内外学界的广泛关注。但就福斯特是否正确挖掘了马克思的生态思想，是否坚持历史唯物主义立场，国内学界十分关注并展开了争鸣。南京大学唐正东教授认为福斯特"在方法论上无法进入历史唯物主义的视域"[①]，而上海对外经贸大学何山青老师在与唐正东教授的商榷文中指出："福斯特提出，一个更有力的生态和社会批判必然是基于历史唯物主义概念的，必然是回归马克思的。"[②]这里仅就唐教授和何老师提出的福斯特是否坚持历史唯物主义这个问题，围绕福斯特新陈代谢断裂理论，提出自己的管见。首先，从福斯特新陈代谢断裂理论的生成过程看，福斯特将马克思物质变换[③]裂缝的适用范围从土地肥力循环扩展到整个资本主义生产方式，值得深究；其次，分析这种适用范围扩展的背后，福斯特所依据的是生态唯物

---

① 唐正东：《异化的生产方式与资本主义的生态危机——福斯特的资本主义危机论解读》，载《南京社会科学》，2015 年第 1 期。

② 何山青：《福斯特的生态思想：个人道德视角抑或生产方式视角？——兼与唐正东教授商榷》，载《科学技术哲学研究》，2018 年第 2 期。

③ 需要说明的是，马克思使用的"物质变换"和福斯特使用的"新陈代谢"都对应同一德文单词"Stoffwechsel"，故本文对二者做同一意义上的使用。

主义;最后,剖析生态唯物主义与历史唯物主义的异质性,指明福斯特新陈代谢断裂理论面临历史唯物主义困境。

一、福斯特新陈代谢断裂的历史唯物主义之困

福斯特的新陈代谢断裂理论,是对马克思所提出的人与土地之间物质变换裂缝的重新建构,旨在揭示资本主义生产方式下普遍存在的新陈代谢断裂,从而展开对资本主义的生态批判。其生成过程包含三个重要的节点:一是李比希基于土壤肥力补偿定律的无法实现,批判资本主义农业的掠夺性;二是马克思吸收李比希的研究成果,纠正以往政治经济学研究中对地租问题的错误预设,即认为土地肥力绝对递减是不可变更的自然规律,进而指出资本主义大农业造成人与土地之间的物质变换裂缝,导致土地肥力的下降;三是福斯特通过将马克思的自然异化与物质变换裂缝在概念上等同,将马克思围绕土地肥力的物质变换裂缝,建构为资本主义生产方式下普遍存在的新陈代谢断裂理论,形成对资本主义的生态批判。

(一)福斯特新陈代谢断裂理论的生成

李比希从农业化学角度对资本主义大农业的批判,构成福斯特新陈代谢断裂理论的起点。19 世纪初西欧各国出现严重的饥荒,粮价飞涨,民不聊生。以当时最发达的资本主义国家英国为例,小麦价格从 1799 年的 7.84 先令每蒲式耳猛涨至 1800 年的 12.86先令每蒲式耳[1],涨幅高达 64％,且粮价一直高位运行。为缓

---

[1]　Gregory Clark, "The Price History of English Agriculture," *Research in Economic History* (2004), pp.41-124.

解粮价暴涨引发的社会动荡,英国政府十分关注李比希的农业化学理论,希冀从中找到提高粮食产量的方法。李比希在其代表作《化学在农业和生理学上的应用》中阐述了土壤肥力补偿定律,并以此作为维持乃至提高土地产量的农业化学基础。李比希指出:一方面,农作物吸收土壤中的肥力,并随粮食收成被带离土地,是土壤肥力的损耗;另一方面,人畜粪便沤制的厩肥能够有效补充这种损耗,因为由粮食带走的土壤中的"这些养分被人畜吸收利用过,并且通过他们的机体而排出体外"①。但由于城乡空间距离的不断拉大,作为粮食生产地的乡村由于增产而出现土壤肥力的不断损耗,而作为粮食消费地的城镇却无法将人畜粪便运回乡村沤制厩肥,这就造成了乡村土地肥力的净流失,从而引发 19 世纪初西欧普遍出现的粮食供给不足。李比希据此指出,资本主义大农业无法及时补偿土壤肥力,且又迫切需要提高产量,因而是"一种掠夺式的农业"②,须知只有"以肥料的形式收回全部从土壤中损失的东西,即为了归还每一块土地以恢复产量必需的那么多的物质。那么在这种情况下,掠夺性的经营就转化为合理的经营了"③。可见,李比希依据土壤肥力补偿定律,批判对土地过度索取的资本主义大农业未能实现对土壤肥力的有效补偿,造成了土壤肥力的入不敷出。

马克思的人与土地之间的物质变换裂缝,是福斯特新陈代谢断裂理论的基础。马克思在《资本论》写作的准备阶段就摘录了李比希的作品,其中就涉及李比希对资本主义大农业的批判,相关内

---

① 〔德〕李比希:《李比希文选》,刘更另、李三虎译,北京大学出版社 2011 年版,第 15 页。
② 〔德〕李比希:《李比希文选》,刘更另、李三虎译,北京大学出版社 2011 年版,德文第七版序言第 13 页。
③ 〔德〕李比希:《李比希文选》,刘更另、李三虎译,北京大学出版社 2011 年版,第 151 页。

容体现在《资本论》有关地租的篇章里。在《资本论》第三卷的《资本主义地租的起源》中，马克思写道："在社会的以及由生活的自然规律所决定的物质变换的联系中造成了一个无法弥补的裂缝，于是就造成了地力的浪费，并且这种浪费通过商业而远及国外（李比希）。"①可见，马克思通过人与土地之间的物质变换裂缝展开对资本主义的批判，在内容上对应李比希的土壤肥力补偿定律及李比希对资本主义农业掠夺性的批判。但马克思为什么会在地租理论中提及李比希呢？笔者认为，马克思将李比希的相关内容作为论据，符合当时他从历史唯物主义立场批判英国古典政治经济学的需要。具体来说，作为英国古典政治经济学集大成者的李嘉图，在地租理论中预设了土地收益递减规律，认为"在社会发展过程中，当次等肥力的土地投入耕种时，头等的土地马上就开始有了地租"②。显然这种认为土地肥力绝对下降的观点，不符合马克思的历史唯物主义观点，因为这会无视土地肥力在不同历史条件下的变化。而依据李比希的农业化学理论，土壤肥力补偿定律落实的好坏决定着土地肥力的历史变化。这能够很好地反驳李嘉图地租理论的预设前提。因此，马克思在地租理论中将李比希的相关内容作为论据，是马克思历史唯物主义立场的理论使然。这样，马克思在批判李嘉图的地租理论时，积极吸收李比希从农业化学角度对资本主义大农业的批判，形成了《资本论》中批判资本主义造成人与土地之间的物质变换裂缝的观点。

福斯特将马克思的自然异化概念等同于物质变换裂缝，形成对资本主义生态批判的新陈代谢断裂理论。由于马克思是在《资本主义地租的起源》中批判资本主义的物质变换裂缝的，所以马克

---

① 《马克思恩格斯文集》（第7卷），人民出版社2009年版，第919页。
② ［英］彼德·斯拉法，M. H. 多布：《大卫·李嘉图全集》（第1卷），郭大力、王亚南译，商务印书馆2013年版，第55页。

思的物质变换裂缝具有严格的适用范围,即仅限于人与土地的关系。福斯特通过将马克思的自然异化对应物质变换裂缝,将其适用范围扩展为资本主义生产方式,从而形成新陈代谢断裂理论。福斯特指出,"新陈代谢概念为马克思提供了一个表述自然异化(以及它与劳动异化的关系)概念的具体方式"①。由劳动异化引发的自然异化,是马克思在《1844 年经济学哲学手稿》中的表述。马克思认为,劳动者能动地改造自然并通过劳动产品来确证劳动者的主体性,但在资本主义雇佣劳动下,劳动者的主体性丧失,被迫进行无休止的劳动,此时"劳动的产品,作为一种异己的存在物,作为不依赖于生产者的力量,同劳动相对立"②。这种被动性劳动所获得的劳动产品,无法再确证劳动者的主体性,因而马克思称之为自然的异化。可见,自然异化直接对应资本主义雇佣劳动对人的主体性之消解。人的主体性关乎人的类存在状态,而类存在之状态以不同的呈现形式适用于所有人类社会,所以自然异化的适用范围包括整个资本主义社会。也就是说,福斯特将新陈代谢断裂视为自然异化的具体表达,客观上就将其适用范围从土地肥力循环扩展到整个资本主义生产关系,从而使新陈代谢断裂能够普遍地揭示资本主义的反生态性。

经由李比希从农业化学角度指出土壤肥力补偿的缺失、马克思对资本主义大农业的生态批判以及福斯特揭示资本主义生产方式的反生态性,新陈代谢断裂理论成为资本主义生态批判的核心。生态马克思主义者们则依据新陈代谢断裂理论,从多个方面呈现资本主义生产方式所带来的生态危机。克拉克和约克就依据新陈代谢断裂理论指出,无休止的资本主义生产燃烧大量的化石燃料,

---

① [美]约翰·贝拉米·福斯特:《马克思的生态学:唯物主义与自然》,刘仁胜、肖峰译,高等教育出版社 2006 年版,第 176 页。

② 《马克思恩格斯文集》(第 1 卷),人民出版社 2009 年版,第 156 页。

致使大气中的二氧化碳含量骤升，破坏了自然界中原本保持平衡的碳循环，结果造成了全球气候变暖的危机。[1] 弗里德曼从新陈代谢断裂的角度，批判资本主导的食品行业滥用抗生素，导致人类同微生物共生的平衡被打破，威胁到人类健康。[2] 可见，新陈代谢断裂理论成为批判资本主义生态危机的利器，为全面揭示资本主义的反生态本性提供了理论基础。但是，福斯特为何要将自然异化和物质变换裂缝在概念上等同起来？其建构普遍有效的新陈代谢断裂理论依据何在？

（二）福斯特新陈代谢断裂理论所依据的生态唯物主义

福斯特是用新陈代谢这个生理学现象来批判资本主义生产方式的反生态性，有必要挖掘福斯特采取这种思路的深层原因。其实，这个深层原因就是福斯特所提出的生态唯物主义。福斯特依据马克思的文本，结合马克思的思想发展史，指出"马克思呕心沥血，终其一生，不懈地与自然科学的发展保持一致"[3]，形成了以承认自然规律先在性为基础、用自然科学知识作为衡量标准的生态唯物主义。正是基于这种生态唯物主义，福斯特才将马克思在土地问题上的物质变换裂缝上升为揭示资本主义反生态性的新陈代谢断裂理论，并指出这种思路忠实于马克思。

马克思在博士论文写作阶段从伊壁鸠鲁哲学中吸收了"以自然解释自然"的原则，构成了生态唯物主义的起点。伊壁鸠鲁用原

---

[1]　Bret Clark & Richard York, "Carbon Metabolism: Global Capitalism, Climate Change, and the Biospheric Rift," *Theory and society*, Vol. 34（2005）, pp. 391 - 428.

[2]　Michael Friedman, "Metabolic Rift and the Human Microbiome," *Monthly Rev*, Vol. 70, No. 3（2018）, pp. 70 - 104.

[3]　［美］约翰·贝拉米·福斯特：《马克思的生态学：唯物主义与自然》，刘仁胜、肖峰译，高等教育出版社 2006 年版，第 10 页。

子论来诠释现实世界的一切现象,指出"组合物由原子产生,毁灭时又复归原子"①。尤其在对人的主体能动性的解释上,伊壁鸠鲁虽将其归为灵魂,但值得一提的是,他认为灵魂依存于身体,"如果整个有机体毁掉了,则灵魂就四下消散,不可能再拥有自己的功能和运动,从而也就不再拥有感觉"②。这种依附于身体的灵魂呈现出一种偶然性,不再受全能上帝的必然性支配,因为"物体的偶然性,并不永久地伴随物体,也没有自身存在的本性"③。这样,每个个体的人就被赋予了主体能动性,人的自由也有了以原子论为基础的自然主义解释。可见,伊壁鸠鲁将原子视为现实世界的基础,执行了"以自然解释自然"的原则。马克思在其博士论文《德谟克利特的自然哲学和伊壁鸠鲁的自然哲学的差别》中,十分推崇伊壁鸠鲁所指出的原子偏斜现象,因为"偏斜打破了'命运的束缚',并且正如他立即把这个思想运用于意识那样"④,从而说明了人类具有能动的主体性。人类的主体能动性来源于原子的偏斜运动,遵循这种唯物主义的思路,福斯特指出马克思"在伊壁鸠鲁的哲学中甚至还发现这样的观点,我们对世界(例如我们的语言)的觉知是随着支配生存的物质环境的演化而发展的"⑤。也就是说,伊壁鸠鲁用自然科学的原子论知识来诠释客观世界和主观世界的思路,是马克思在其博士论文中所关注到的,直接影响到马克思后来形成的生态唯物主义。

马克思在《1844 年经济学哲学手稿》中呈现出对费尔巴哈人道

---

① [古希腊]伊壁鸠鲁、[古罗马]卢克莱修:《自然与快乐:伊壁鸠鲁的哲学》,包利民、刘玉鹏、王玮玮译,中国社会科学出版社 2018 年版,第 6 页。
② 同上书,第 13 页。
③ 同上书,第 14 页。
④ 《马克思恩格斯全集》(第 1 卷),人民出版社 1995 年版,第 33—34 页。
⑤ [美]约翰·贝拉米·福斯特:《马克思的生态学:唯物主义与自然》,刘仁胜、肖峰译,高等教育出版社 2006 年版,第 63 页。

主义的唯物主义的积极吸纳,将主体性的人以及人的主体性活动都视为自然存在物,奠定了生态唯物主义的哲学基础。福斯特认为,马克思突破黑格尔唯心主义体系的关键在于费尔巴哈,正是借助费尔巴哈"《关于哲学改造的临时提纲》在黑格尔哲学体系中最脆弱的部分——自然哲学体系——实现了与黑格尔的决裂"[1]。费尔巴哈在《关于哲学改造的临时提纲》中批判黑格尔的绝对精神是唯心主义的,它"假定自然以外的自然本质,人以外的人的本质,思维活动以外的思维本质。黑格尔哲学使人与自己异化"[2]。而这种与人的本质相异化的哲学体系,充当了宗教神学的婢女,继续压抑着人的主体理性。为彻底反对宗教神学,费尔巴哈提出"一切科学必须以自然为基础……哲学必须重新与自然科学结合,自然科学必须重新与哲学结合"[3],才能完成对黑格尔唯心主义哲学体系的决裂。马克思正是吸纳了费尔巴哈在《关于哲学改造的临时提纲》中的思想而完成了对黑格尔的批判,这直接体现在《1844 年经济学哲学手稿》中。在"对黑格尔的辩证法和整个哲学的批判"片段中,马克思高度赞扬费尔巴哈"创立了真正的唯物主义和实在的科学"[4]。一方面,他扭转了以黑格尔为代表的唯心主义立场。在对劳动的理解上,强调人类劳动的"对象性的产物仅仅证实了它的对象性活动,证实了它的活动是对象性的自然存在物的活动"[5],而不是黑格尔所说的一种超验的绝对精神的历史呈现。正是这种从现实的自然存在物视角出发构成了"真正的唯物主义"的逻辑起点。

---

① ［美］约翰·贝拉米·福斯特:《马克思的生态学:唯物主义与自然》,刘仁胜、肖峰译,高等教育出版社 2006 年版,第 78 页。

② ［德］路德维希·费尔巴哈:《费尔巴哈哲学著作选集》(上卷),荣震华、李金山译,商务印书馆 1984 年版,第 104—105 页。

③ 同上书,第 118 页。

④ 《马克思恩格斯文集》(第 1 卷),人民出版社 2009 年版,第 200 页。

⑤ 同上书,第 209 页。

另一方面,这种真正的唯物主义是"彻底的自然主义或人道主义……只有自然主义能够理解世界历史的行动"①。也就是说,将人视为具有主体能动性的自然存在物,排除一切外在性的、强加于人的神秘因素之干扰,才能达到彻底的自然主义,进而在此基础上理解世界历史的客观运动规律,创立"实在的科学"。可见,将人类本身及其劳动实践都归于客观的自然存在物,是马克思从费尔巴哈那里吸收的、用以同黑格尔唯心主义决裂的自然主义前提。这种彻底的自然主义就是生态唯物主义的哲学基础,其引导了马克思对自然科学的持续关注。

马克思对达尔文进化论的接纳,推动生态唯物主义的内容不断丰富。鉴于马克思在《1844 年经济学哲学手稿》中确立了生态唯物主义的哲学基础,马克思对自然物运动变化规律的把握以及对自然科学知识的渴求,理所当然地充实着生态唯物主义的内容。对于达尔文的进化论,福斯特指出,"马克思当然不能忽视这种科学领域中的革命,他利用这个机会为他的唯物主义自然观(或者研究自然历史的方法)增添确切性"②。"因为自然选择由竞争而发生作用,它使各个地方的生物得到适应和改进"③,这种物竞天择、适者生存的进化论是对人类进化史的自然科学解释。显然,进化论对人类发展史的诠释使宗教神学失去了合理性。虽然达尔文本人遭到神学家们的反对,但他据理力争指出神创论抹杀了人类精彩纷呈的进化历史,且翔实的地质资料也毫不留情地回击了神学家们的诡辩,"只要把地球的历史想成是短暂的,几乎不可避免地就

---

① 《马克思恩格斯文集》(第 1 卷),人民出版社 2009 年版,第 209 页。
② [美]约翰·贝拉米·福斯特:《马克思的生态学:唯物主义与自然》,刘仁胜、肖峰译,北京高等教育出版社 2006 年版,第 219 页。
③ [英]达尔文:《物种起源》,周建人、叶笃庄、方宗熙译,商务印书馆 1995 年版,第 539 页。

要相信物种是不变的产物；而现在我们对于时间的推移已经获得某种概念，我们就不可没有根据地去假定地质的记录是这样完全，以致如果物种曾经有过变异，地质就会向我们提供有关物种变异的明显证据"①。对于达尔文从客观的自然史出发阐释人类进化发展的历史，马克思十分赞赏，他在 1860 年 12 月 19 日给恩格斯的信中指出："达尔文的《自然选择》一书。虽然这本书用英文写得很粗略，但是它为我们的观点提供了自然史的基础。"②这样，达尔文的进化论就以反对宗教神创论的形象进入了马克思的视野，并被马克思视为人类社会历史运动的自然基础。达尔文的进化论丰富了马克思对人类存在和发展的自然科学知识，拓展了生态唯物主义的内容。

从伊壁鸠鲁用原子论解释客观世界和主观世界，到费尔巴哈彻底的自然主义，再到达尔文进化论成为人类社会发展的自然基础，马克思通过自然哲学和自然科学知识不断深化对唯物主义的认识，形成了生态唯物主义。生态唯物主义强调自然运行规律的客观性和先在性，因而马克思积极关注自然科学的发展动态，不断深化对人与自然关系的认识。正是生态唯物主义的立场决定了福斯特关注到马克思的物质变换裂缝，因为它具体地呈现了人与土地之间的关系。而生态唯物主义将具体自然科学知识上升为衡量标准的研究路径，决定了福斯特对马克思物质变换裂缝的建构，形成了揭示资本主义反生态性的新陈代谢断裂理论。虽然生态唯物主义在逻辑上促成了福斯特的新陈代谢断裂理论，但生态唯物主义和历史唯物主义之间能否画上等号，也就是说，福斯特新陈代谢断裂理论是否符合历史唯物主义，则是值得严肃关注的理论问题。

---

① ［英］达尔文：《物种起源》，周建人、叶笃庄、方宗熙译，商务印书馆 1995 年版，第 548 页。

② 《马克思恩格斯全集》（第 30 卷），人民出版社 1974 年版，第 131 页。

（三）生态唯物主义与历史唯物主义的异质性

尽管生态唯物主义强调人与自然之间的协同共进关系，但它只是通过新陈代谢断裂呈现资本主义破坏生态的种种表现并加以道德评判，没有也不可能从内在矛盾运动中揭示资本主义的必然灭亡。笔者认为，其原因就在于它无法达到历史唯物主义的理论深度。生态唯物主义在内容上缺失历史的内在维度，在形成过程中排斥黑格尔的辩证法，对马克思哲学的理解只停留在人道主义等于自然主义的阶段，这些缺陷决定着生态唯物主义同历史唯物主义的异质性。

在内容上，生态唯物主义将人类史归于自然史，用自然科学知识诠释人类史，造成了历史内在维度的丧失。毫无疑问，马克思承认自然史是人类史的基础，也认可自然科学知识的重要性，因为自然科学打击了宗教神学的唯心主义影响，促使对历史的研究回归到唯物主义的正确轨道，但绝不能因此就认为马克思对历史的唯物主义认识停留在自然科学层面。事实上，自然科学只能从唯物主义立场揭示人类劳动实践的一般性，并不能呈现资本主义雇佣劳动的特殊性，因而无法揭示资本主义内生性的必然灭亡。具体而言，在生态唯物主义看来，研究历史离不开对历史变迁过程中的自然界状态的研究，因此历史规律就成为自然界运动变化的规律。这一点，可以从福斯特对马克思批判费尔巴哈历史唯心主义的理解中看出。福斯特认为"自然不能被简化为人类历史……外部自然界的优先地位仍然保存着"[1]，正是由于费尔巴哈未能将人类历史归于自然史，才导致马克思对其的批判。这种将人类史还原为

---

[1] ［美］约翰·贝拉米·福斯特：《马克思的生态学：唯物主义与自然》，刘仁胜、肖峰译，北京高等教育出版社 2006 年版，第 129 页。

自然史的生态唯物主义主导了福斯特对马克思的理解,导致人类社会历史的内在维度被自然史所消解。沿着这条思路,福斯特强调导致自然界出现"人与自然之间的新陈代谢断裂"才是资本主义的历史必然,并指出马克思设想的合理调控人与自然之间物质变换关系的共产主义社会,将是超越资本主义社会的新的社会形态。可见,在福斯特看来,人类史是人与自然之间新陈代谢关系变化的历史,断裂向顺畅的转变是主导历史前进的动力。这种将自然科学作为衡量社会历史运动变化之标准的生态唯物主义,同马克思和恩格斯所批判的自然科学唯物主义十分相似。恩格斯批判自然科学唯物主义"不能把世界理解为一种过程,理解为一种处在不断的历史发展中的物质"[1],因而无法理解具有特殊发展规律的人类历史。同样,福斯特将新陈代谢断裂视为资本主义社会的历史本质,也无法抓住资本主义所特有的内在矛盾。所以,生态唯物主义用新陈代谢断裂取代资本主义内在矛盾,丧失了历史的内在维度,无法达到历史唯物主义对资本主义社会的认知深度。

在形成上,生态唯物主义抑黑格尔扬费尔巴哈的思路,直接将辩证法排除在外,无法从矛盾运动角度把握历史规律。福斯特一再强调费尔巴哈的《关于哲学改造的临时提纲》对马克思形成唯物主义的关键作用,尤其是其中提到的哲学和自然科学的融合,构成生态唯物主义的主导思路。但福斯特在评价费尔巴哈《关于哲学改造的临时提纲》的意义时,却指出这是马克思与黑格尔"决裂"的关键点。这里的"决裂"反映出福斯特对黑格尔哲学的理解局限在其唯心主义的立场上,而没有看到矛盾运动的辩证法的科学性。不得不指出,福斯特的解读不符合马克思的思想发展进程,因为马克思对黑格尔哲学的态度是扬弃而非决裂,尤其是对黑格尔辩证

———————————

[1] 《马克思恩格斯文集》(第4卷),人民出版社2009年版,第282页。

法的吸收有助于马克思形成历史唯物主义立场。即便是在受费尔巴哈哲学影响甚深的《1844 年经济学哲学手稿》中，马克思也意识到了黑格尔辩证法的重要性，指出"外化的扬弃也不外是对这种无内容的抽象进行抽象的、无内容的扬弃，即否定的否定"①。虽然马克思在这里批判黑格尔辩证否定的抽象性，但只要翻转了黑格尔的客观唯心主义立场，那么辩证否定的科学性就会显现。换句话说，马克思对黑格尔哲学的扬弃，包括对其客观唯心主义的弃和对其辩证否定的扬。因而，马克思绝不是福斯特所说的同黑格尔决裂。可见，福斯特杜撰马克思同黑格尔决裂和投入费尔巴哈的怀抱，其目的就是为了营造马克思以自然科学为依据来发展唯物主义的假象，从而证明生态唯物主义属于马克思。显然，这种对马克思文本断章取义、随意嫁接的方法，只是服务于福斯特自己的生态唯物主义，而不可能回到马克思。尤其是对黑格尔的贬抑，埋没了辩证法这个科学内容，决定了福斯特无法从资本的内在矛盾运动中理解资本主义社会历史的发展变化。

在哲学立场上，生态唯物主义只停留于马克思在 19 世纪 40 年代的带有人道主义色彩的唯物主义，并未包含 19 世纪 60 年代《资本论》创作阶段的历史唯物主义，因而无法对资本主义社会展开生理学剖析。福斯特指出人与自然之间的新陈代谢关系是生态唯物主义的集中表达，"反映了马克思早期试图解释人类与自然之间复杂的相互依存关系的、更为直接的哲学尝试"②。这里指向了马克思在《1844 年经济学哲学手稿》中所使用的自然异化概念。异化是对"应该"状态的否定，自然的异化是指在雇佣劳动条件下，从自然界获得的劳动产品不再能确证劳动者的主体性。这就说明马克思

————————————

① 《马克思恩格斯文集》(第 1 卷)，人民出版社 2009 年版，第 218 页。
② ［美］福斯特:《生态革命:与地球和平相处》，刘仁胜、李晶、董慧译，人民出版社 2015 年版，第 157 页。

使用自然异化是以费尔巴哈的人道主义作为衡量标准,因为人道主义强调以人的主体性为核心的类本质属性。但人道主义只能批判"异化",却无法改变异化的现状,所以人道主义的唯物主义流于道德批判,而不能深入到资本主义社会运行的必然性规律中。马克思正是意识到这种理论缺陷,才深入地研究政治经济学,力图通过把握资本运行来实现对资本主义社会的生理学剖析,从中窥探资本主义社会的内在矛盾运动。这种历史唯物主义立场的确立,使得马克思发现了资本家对工人所创造的剩余价值的无偿占有,并指出由此引发的阶级矛盾决定着资本主义必然灭亡。可见,马克思展开资本主义批判的衡量标准发生了变化,从人道主义的人的主体性确证变为资本内生性矛盾引发的阶级对立。这反映了历史唯物主义和人道主义的唯物主义之区别。鉴于马克思的哲学立场在 19 世纪 40 年代和 60 年代发生的变化,福斯特将自然异化等同于物质变换裂缝是无法成立的。因为主导马克思《资本论》的是历史唯物主义,所以其中提及的人与土地之间的物质变换裂缝也是基于历史唯物主义立场的。那么,参照人道主义标准的自然异化,就不能同基于历史唯物主义的物质变换裂缝在概念上等同。福斯特假定二者概念等同而得出的新陈代谢断裂理论,在逻辑上并不成立。唯一能对福斯特生成新陈代谢断裂理论的合理解释就是,福斯特一直依据人道主义的唯物主义,因而其理论长于揭示资本主义所造成的新陈代谢断裂及对生态问题展开道德批判。所以,生态唯物主义将《1844 年经济学哲学手稿》中的唯物主义作为其哲学基础,无法达到历史唯物主义剖析资本主义生理学的理论深度。

生态唯物主义强调客观先在的自然规律以及人类在遵循自然规律的基础上发挥主体性,合理调控人与自然之间的新陈代谢关系。但是,生态唯物主义坚持将人类史还原为自然史从而缺失了历史的内在维度,强调马克思对黑格尔的决裂从而失却了辩证法的视角,将哲学基础停滞在人道主义的唯物主义从而无法对资本主义社会展开生理学剖析。生态唯物主义的这些理论局限,决定其不会考察资本主义社会的历史特殊性,不能从辩证运动的视角分析资本的运行规律,更无法洞悉决定资本主义必然灭亡的阶级矛盾。因此,生态唯物主义同历史唯物主义有根本性差别。

总之,福斯特的新陈代谢断裂理论是对资本主义反生态性的现象揭示,批判了资本主义生产方式在生态上的非正义,拓展了资本主义批判的广度,深化了对当下生态危机根源的认识,是生态马克思主义的重要理论基础。但是,福斯特新陈代谢断裂理论所依据的生态唯物主义,要求以自然科学为基础来理解人类社会的历史变化,将人类史还原为自然史,将资本主义社会运动归结为新陈代谢的断裂及其恢复。这种生态唯物主义没有考察资本主义社会中最核心的部分——资本运行,无法揭示资产阶级对无产阶级剩余价值的无偿占有,不能从资本主义社会的生理学剖析中看到阶级矛盾及其决定的资本主义必然灭亡。所以,福斯特的新陈代谢断裂理论虽然开拓了生态马克思主义的理论视域,但其依据的生态唯物主义并不是历史唯物主义,必将导致其理论面临历史唯物主义困境。

二、福斯特与摩尔关于新陈代谢断裂理论的论战

近年来,围绕马克思的新陈代谢断裂理论,以约翰·福斯特为代表的生态马克思主义和以杰森·摩尔为代表的反对派之间展开了激烈的论战,引起国际学界的普遍关注。新陈代谢断裂理论,是福斯特在《马克思的生态学》中建构的经典理论,旨在揭示资本主义生产方式必然导致人与自然之间的新陈代谢断裂,阐明造成自

然界的生态危机和资本积累危机的根源。但摩尔针对性地指出，福斯特所建构的新陈代谢断裂理论并不普适于资本主义国家的所有历史阶段，实际上资本主义国家通过殖民活动掠夺他国的自然资源，弥补了资本积累中所遇到的原材料供给不足的缺口，使新陈代谢并未发生断裂。为此，福斯特与摩尔展开了论战。鉴于这场论战不仅涉及马克思新陈代谢断裂理论的普适性问题，更涉及马克思生态思想的历史地位以及生态马克思主义的发展前景，具有重大的理论意义。因此，需要对二者的论战进行认真研究与反思。

（一）论战的焦点：新陈代谢断裂理论是否具有普适性

马克思在《资本论》中指出，城乡分化导致资本主义国家土壤养分的新陈代谢断裂。马克思在研究级差地租理论时发现，作为英国古典政治经济学集大成者的大卫·李嘉图，不加分析地认为土地肥力递减是不容置疑的自然规律。相反，马克思并不认为土壤肥力递减是自然规律，并从农业化学家李比希那里寻找到批判的科学依据，因而马克思评价"德国的新农业化学，特别是李比希和申拜因，对这件事情比所有经济学家加起来还要重要"[①]。李比希认为土壤肥力取决于化学元素的配比，由于农作物吸收这些化学元素，并随粮食收成而带离土地，所以土壤养分流失从而导致土壤肥力的下降。李比希进一步指出，人畜粪便的返田能够有效补偿土壤因粮食收获而损耗的养分，从而维持了土壤养分的新陈代谢。但是，问题就出在以粮食商品化为标志的"现代的农业是一种掠夺式的农业"[②]，一方面利润驱使农场主提高土地的产量而加速土壤肥力的流失，另一方面人口大量集中于城市无法实现排泄物

[①]　《马克思恩格斯文集》(第10卷)，人民出版社2009年版，第234页。

[②]　[德]李比希:《李比希文选》，刘更另、李三虎译，北京大学出版社2011版，第13页。

的返田,土壤肥力的损耗也无法及时得到补给。这样,土壤肥力只出不进就无法为继,势必造成土地养分的新陈代谢断裂。马克思据此指出,城乡分化作为资本主义生产方式的必然结果,造成"汇集在各大中心的城市人口越来越占优势",大量的人类排泄物,限于城乡之间遥远的空间距离,无法以厩肥的形式返还农田,"使人以衣食形式消费掉的土地的组成部分不能回到土地,从而破坏土地持久肥力的永恒的自然条件"①。可见,马克思从李比希的理论中得出,土壤养分的新陈代谢断裂是资本主义城乡分化和粮食商品化的结果,而不是李嘉图所说的固定不变的土地肥力递减规律。

福斯特认为,既然土壤养分的新陈代谢断裂威胁人类的生存,那么就可以将新陈代谢断裂理解为自然异化,从而得出资本主义新陈代谢断裂具有普适性的结论。福斯特指出,新陈代谢断裂"表达资本主义社会当中人类对构成其存在基础的自然条件的物质异化"②。而这种异化则对应马克思在《1844 年经济学哲学手稿》中所批判的自然异化。马克思强调,主体性是人的类本质属性,表现为劳动者在劳动中享有主动性。在这种主动性的劳动中,自然作为劳动对象,使劳动者"在他所创造的世界中直观自身"③,从而使自然界成为"人的无机的身体"④。但在雇佣劳动条件下,劳动成为被迫的活动。此时作为劳动对象的自然界,无法再确证劳动者的主体性,而只能是"变成维持人的肉体生存的手段"⑤,沦为一种被异化了的自然。福斯特正是从这种异化自然体现出人的主体性丧失出发,认为新陈代谢断裂所造成的生态危机也威胁着人类生存,

---

① 《马克思恩格斯文集》(第 5 卷),人民出版社 2009 年版,第 579 页。
② [美]约翰·贝拉米·福斯特:《生态革命:与地球和平相处》,刘仁胜、李晶、董慧译,人民出版社 2015 版,第 180 页。
③ 《1844 年经济学哲学手稿》,人民出版社 2014 年版,第 54 页。
④ 同上书,第 52 页。
⑤ 同上书,第 54 页。

从而做出自然异化等同于新陈代谢断裂的判断。由于自然异化是说明人的类存在状况,所以新陈代谢断裂就随之拥有了普遍意义,成为资本主义生产条件下人类生存的普遍状态。

但是,就福斯特所得出的新陈代谢断裂具有普适性这点,摩尔却极力反对。摩尔从资本主义全球扩张史出发,指出资本主义国家并未发生新陈代谢断裂,因而新陈代谢断裂并不具有普适性,从而拉开了二者论战的序幕。

摩尔根据资本主义国家在全球的生态掠夺模式变化,将资本主义农业发展划分为五个历史阶段,构成其批判福斯特新陈代谢断裂理论的史料基础:一是 14 世纪 50 年代到 16 世纪 80 年代,以封建势力的领土扩张为背景,在农奴制条件下,应用三圃轮作制和散养家畜相结合的方式,扩大了农业的经营范围;二是 16 世纪 90 年代到 18 世纪 50 年代,以种植园体系为基础,利用臭名昭著的"三角贸易",贩卖非洲黑奴和攫取美洲资源,迈开了资本积累的脚步;三是 18 世纪 60 年代到 19 世纪 70 年代,圈地运动的发展逐渐消灭了自给自足的封建农业,在交通不断便利的情况下,农业资本主义通过商业贸易推广到全球;四是 19 世纪 80 年代到 20 世纪 40 年代,随着世界反殖民运动的发展,在获得民族独立的地区,追加农业投资来提高本地农业产量,并解放了大量的农业劳动力;五是 20 世纪 50 年代至今,依赖农业技术革新提供的高产种子,利用转基因技术,资本主义全球化农业进入新阶段。① 摩尔认为,在马克思生活的年代,资本主义确实发生了新陈代谢断裂现象,但是,它后来通过不断的殖民侵略与全球扩张,解决了这一生态危机。福斯特则认为,资本主义经济发展造成的新陈代谢断裂现象并没有从

---

① Jason W. Moore, "Environmental Crises and the Metabolic Rift in World-Historical Perspective," *Organization & Environment*, Vol.13, No.2 (2000), pp.123 - 157.

根本上得到解决,只是以其他形式表现出来而已。资本主义发展造成的新陈代谢断裂危机具有多种表现形式,例如,通过耗尽作为优质肥料的秘鲁海鸟粪资源,资本主义宗主国国内的农业得到了维持,但新陈代谢断裂并不是就消失了,而是将发生地点转移到了资源被掠夺地。由于资本主义无限增殖的逻辑没有变化,新陈代谢断裂的表现形式也将出现更多的变化,马克思就指出了除农业外,"文明和产业的整个发展,对森林的破坏从来就起很大的作用,对比之下,它所起的相反的作用,即对森林的护养和生产所起的作用微乎其微"①。摩尔还认为福斯特所阐释的新陈代谢断裂理论具有明显的历史局限性,既没有看到生态因素是资本主义殖民扩张的内在动力,也没有揭示资本主义发展是全球生态塑形的主导因素,反而试图把被抽象掉具体历史内容的、概念化的自然范畴作为基础,从而忽视了资本主义发展的历史性与全球扩张,违背了马克思的唯物史观。

(二)论战的分歧:如何理解资本主义的新陈代谢断裂

关于资本主义新陈代谢断裂适用范围的争论。摩尔指出,资本主义国家的新陈代谢断裂并未实际发生。资本主义国家通过殖民霸权掠夺他国资源,规避了马克思所提出的城乡分化导致土壤养分的新陈代谢断裂。资本主义国家向他国攫取天然肥料,例如秘鲁海鸟粪资源,以及在全球范围内开辟资本主义国家的粮食供应地,以这些方式成功地避免了资本主义国家的土壤肥力循环断裂。针对福斯特指出的"全球层面上新陈代谢断裂的一个证据:所有的殖民地国家眼看着他们的领土、资源和土壤被掠夺,用于支持

---

① 《马克思恩格斯文集》(第 6 卷),人民出版社 2009 版,第 272 页。

殖民国家的工业化"①,摩尔尖锐地指出,既然资本主义国家能够通过掠夺殖民地的资源来维持本国的资本积累,那么就说明资本主义国家没有发生新陈代谢断裂。

在否定资本主义新陈代谢断裂实际发生之后,摩尔提出应合理地理解新陈代谢断裂的可能性。虽然新陈代谢断裂并未实际发生,但其发生的可能性却推动了资本主义发展方式的适应性调整。在福斯特看来,由于"资本主义的积累逻辑在社会和自然之间的新陈代谢过程中无情地产生了一种断裂,切断了自然再生产的基本过程"②,所以造成了原材料的供给困难。而"资本主义制度只有在最后一棵树被砍掉的时候——而不是之前——才能发现钱不能当饭吃"③,这种忽视使用价值、只关心交换价值的资本主义财富观,使福斯特认为资本主义制度对可能出现的新陈代谢断裂不可能采取有效措施,因而新陈代谢断裂在所难免。但摩尔指出,"资本积累不仅依赖大量的廉价资源,而且也会促使资本主义国家在全球市场中不断生产出大量的廉价资源"④,资本主义国家攫取他国资源以补充本国供不应求的原料,维持了本国的资本积累。正是这种可能发生的新陈代谢断裂危及资本积累,从而促使资本主义全球扩张,以确保资本主义世界既能够维持资本的扩大再生产,又可以使本国的新陈代谢不发生断裂。

为了给新陈代谢断裂理论辩护,福斯特同伊恩·安格斯(Ian Angus)围绕摩尔的指责,以对话的形式撰写了《为生态马克思主义

① [美]约翰·贝拉米·福斯特:《马克思的生态学》,刘仁胜、肖峰译,北京高等教育出版 2006 年版,第 182 页。
② 同上书,第 39 页。
③ 同上书,第 185 页。
④ Jason W. Moore, "Transcending the Metabolic Rift: A Theory of Crises in the Capitalist World-Ecology," *The Journal of Peasant Studies*, Vol. 38, No. 1 (2011), pp. 1 – 46.

辩护——约翰·福斯特对反驳的回应》一文,并发表在安格斯主持的《气候与资本主义》(Climate and Capitalism)上。[①]

第一,资本主义生产方式造成自然新陈代谢断裂是广为认可的事实,而资本主义的调整不能否定断裂已然发生的事实。福斯特指出,新陈代谢断裂在生态研究中崭露头角,从土地肥力衰竭,到全球气候剧变,再到海洋生态系统恶化等等,都证明资本主义生产方式引发自然新陈代谢的断裂是普遍存在的。这种自然新陈代谢的断裂就是生态危机,它既导致了资本积累缺乏原料供给,又破坏人类生存的必要条件。即使如摩尔所言,资本主义国家通过掠夺他国资源来维持本国的自然新陈代谢,但资本积累的无限性无法从根本上消除对自然资源的无尽索取,那么当全球资源罄尽之时,自然新陈代谢断裂就无法挽回,世界末日难以避免。所以,资本增殖逻辑决定资本主义新陈代谢断裂的普遍存在。摩尔的辩解,只能视为新陈代谢断裂的时空展开,须知只要在资本主义生产方式下,就注定无法避免自然新陈代谢断裂的出现。

第二,攫取他国廉价资源以维持资本主义国家的新陈代谢,掩盖了资本增殖逻辑的反生态性。摩尔指出,资本家通过世界市场获取大量原材料,来防止因原料不足而引发的资本增殖危机,以维持资本主义国家的新陈代谢。福斯特批判摩尔的观点,认为获取廉价原材料只是迎合了资本增殖的愿望,其代价是使更多地区被纳入到资本主义世界体系之中,成为资本增殖的原料供应地,但不能从根本上限制资本对自然界的无限索取。如果认可摩尔的观点,那么就意味着将资本主义生产方式视为永恒正确。资本主义在全球市场上的搜刮也会被视为合理,因为攫取来的廉价资源有

---

①   John Bellamy Foster, *In Defense of Ecological Marxism*: *John Bellamy Foster Responds to A Critic*, [EB/OL]. http://climateandcapitalism.com/2016/06/06/in-defense-of-ecological-marxism-john-bellamy-foster-responds-to-a-critic/, 2016-06-06.

利于缓解原料不足对资本增殖的威胁。这就完全无视生态危机的存在,漠视人类生存环境的恶化,只关心资本增殖顺畅与否。所以,福斯特批判摩尔试图用资本主义的殖民掠夺来掩盖资本增殖逻辑的反生态性,以至于摩尔俨然成为资本家利益的代言人。

关于资本主义条件下自然和社会关系的争论。摩尔批判福斯特将自然和社会因素从整体关联中抽离,孤立地看待自然和社会之关系。摩尔指出,福斯特力图推动环境社会学的发展,突出强调被古典社会学理论弱化了的自然因素。故而,为了建构环境社会学的理论,福斯特利用马克思"独特的双重身份,既作为古典社会学(不必提及他在某些方面以作为自然的敌人而闻名)内部的奠基者,又作为外部的批判者"①,从马克思人与自然之间的新陈代谢关系中,抽象出"自然和社会之间通过劳动而进行的实际的新陈代谢"和"资本主义条件下总是被异化地再生产出来的"但服务于资本运行的社会新陈代谢②,并强调后者导致前者发生断裂。

摩尔指出:"资本主义不仅仅造成了生态的变化,而且变化了的生态环境也推动资本主义的适应性发展。很遗憾,生态马克思主义者福斯特没有看到这一点。"③福斯特之所以只谈论社会新陈代谢破坏自然新陈代谢,却无视其中的反作用,就是因为他要突出社会因素对自然因素的破坏,为环境社会学做理论辩护。摩尔提出,通过固定资本的生产过剩和原材料的生产不足之辩证关系,从整体关联性中重审自然和社会之关系。摩尔依据马克思在《资本论》第三卷中提及的"由固定资本即机器等等组成的不变资本部分

---

① ［美］约翰·贝拉米·福斯特:《马克思的生态学》,刘仁胜、肖峰译,北京高等教育出版 2006 年版,第 146 页。

② 同上书,第 175 页。

③ Jason W. Moore, "Metabolic Rift or Metabolic Shift? Dialectics, Nature, and the World-Historical Method," *Theory and Society*, Vol.46 (2017), pp.285 - 318.

的生产和增加,可能会并且在发达的资本主义生产中甚至不可避免地会比它的供给增长得快"①,指出原材料供给不足是资本有机构成提高的必然结果。为缓解原材料供给不足的紧张局面,资本家完全可以在全球攫取廉价资源用以资本的扩大再生产。摩尔认为,凭借固定资本生产过剩与原材料生产不足的辩证关系,才能理解作为社会因素的资本增殖是如何影响新陈代谢的:一方面导致区域性的自然资源匮乏,另一方面促成资本主义国家从全球市场上攫取新的廉价自然资源。摩尔据此认为,福斯特所说的自然新陈代谢断裂并不准确。

面对摩尔的批判,福斯特在《国际思潮评论》(*International Critical Thought*)上刊文《被诠释为人类中心主义的马克思主义——论左派的辩证法缺失》②,其中就系统地揭示摩尔的理论错误,强调应重视自然因素的基础作用。

第一,谈论自然和社会之关系,并没有消解整体性关联。福斯特指出,区分自然新陈代谢和社会新陈代谢,是为了说明以资本增殖为核心的社会新陈代谢无视自然的极限,无限地索取自然资源造成自然新陈代谢的断裂,自然资源匮乏又会破坏社会新陈代谢。只要资本增殖逻辑不变,资本主义世界的全球扩张及其造成的生态危机,就仍处于整体性关联之中。至于摩尔提出的本国资源枯竭和攫取他国自然资源,福斯特指出这刚好证明了自然新陈代谢的断裂。本国资源枯竭是资本主义生产造成本国自然新陈代谢断裂的表现,而通过牺牲他国资源来延续自身发展,则会造成他国的自然资源枯竭。与其说是扭转自然新陈代谢断裂,倒不如说是自然新陈代谢的断裂状态在全球范围的扩展。只是在资本主义国家

---

① 《马克思恩格斯文集》(第 7 卷),人民出版社 2009 年版,第 134 页。
② John Bellamy Foster, "Marxism in the Anthropocene: Dialectical Rifts on the Left," *International Critical Thought*, Vol.6, No.3 (2016), pp.393 – 421.

以他国自然新陈代谢的断裂为代价,一定程度上延迟了本国新陈代谢断裂出现的时间,但也不可能根除。当全球范围内都无法提供廉价资源的时候,资本主义国家的自然新陈代谢断裂最终显现,随之而来的是以资本增殖为核心的社会新陈代谢也发生断裂。

第二,自然因素的基础性地位不能动摇。马克思十分重视自然因素在经济社会发展中的基础性地位,指出"人和自然之间的新陈代谢的一般条件,是人类生活的永恒的自然条件"[①]。摩尔所谓的生产过剩和生产不足之辩证关系,实质上是站在了资本增殖的立场上,没有看到资本增殖对自然的异化。一旦认可摩尔的观点,就会消解自然因素的基础性地位,使自然因素从属于资本增殖这个社会因素。事实上,马克思在对劳动的界定中就强调"是人和自然之间的物质变换即人类生活得以实现的永恒的自然必然性"[②],强调了人与自然之间的新陈代谢关系,社会因素和自然因素共同制约人类发展进程。自然的极限是客观存在的,不可能通过从他国转移自然资源,就可以无视这种资源上限的存在。而且,摩尔只关心资本主义国家能够获取多少廉价自然资源,说明他只看到资本增殖的危机,却没有认识生态环境自身的危机。须知自然资源的廉价与否,并不能取代自然资源本身的使用价值。也就是说,自然资源廉价只关涉资本增殖,但作为使用价值的自然资源却是人类生存的基础要件。

(三)论战的启示:科学理解新陈代谢断裂理论的普适性

科学评价新陈代谢理论的理论价值。从上述福斯特与摩尔的论战中可以看出,由福斯特等阐释的资本主义发展的新陈代谢断

---

① 《马克思恩格斯文集》(第 5 卷),人民出版社 2009 版,第 215 页。
② 同上书,第 56 页。

裂理论,无疑是有局限性的,不能完全代表马克思著作中丰富的生态哲学思想,需要就该理论的合理性及其理论价值进行科学评价,不能盲目夸大。

毋庸置疑,资本主义发展必然造成新陈代谢断裂,所以福斯特新陈代谢断裂理论是具有普适性的。而摩尔只是关注到新陈代谢断裂所呈现出的一部分表象,试图以此来否定新陈代谢断裂理论,显然过于狭隘。须知资本主义生态危机具有复杂多样性,就如同人体以及各种生物体,同时存在新陈代谢的断裂和修复。但之所以说资本主义新陈代谢是必然断裂的,就在于资本增殖无限性势必触及自然资源存量的上限。尽管资本主义社会作为一个有机体,在面临自然新陈代谢断裂的危机时不会坐以待毙,而是做出适应性的自我调整与自我反馈,以各种可能的方式克服面临的挑战与危机,以便进一步维持新陈代谢的延续。当自然极限的最终出场时,资本主义社会将无法做出调整,而葬送在自身的资本增殖逻辑上。所以,福斯特阐释的资本主义新陈代谢断裂理论,无疑是深刻揭示了资本主义的反生态性,也深刻揭示了马克思的资本主义批判理论中蕴含有丰富的生态批判内容。马克思的资本主义批判学说与社会主义建构学说具有生态哲学的理论根据,是我们在新的历史条件下进一步发展马克思主义的理论依据与出发点,对于国际学术界一度流行的有关"马克思主义的反生态性"论断是一个有力的反驳。

但是,福斯特的新陈代谢断裂理论也具有明显的局限性,即没有在理论层面考察自然新陈代谢断裂后对社会新陈代谢的反馈,从而使摩尔之流钻了理论空子。从人与自然之间新陈代谢关系的呈现形态看,新陈代谢断裂和新陈代谢修复都是存在的。如果不从理论上解释新陈代谢修复所包含的社会新陈代谢对自然新陈代谢的反馈,那么资本主义新陈代谢断裂理论就会成为对局部现象的理论考察,对理论的严密性造成损害。我们看到,资本主义国家针对可能出现的生态危机而进行的自我调适与自我反馈,其实是资本主义社会有机体的新陈代谢与自然有机体的新陈代谢之间的辩证运动关系之结果。只有在对二者之间的辩证运动考察的基础上,才能推断资本主义生态系统与社会系统的未来发展趋向,而这正是马克思的唯物史观,尤其是他的资本主义批判理论进一步揭示的内容。

因此,对于福斯特的新陈代谢断裂理论,我们没有必要夸大其合理性与理论价值。因为福斯特毕竟只是从马克思的政治经济学和唯物史观的思想片段中,抽出了社会新陈代谢对自然新陈代谢破坏的内容,而没有涉足自然新陈代谢的反作用。从马克思的有机论思想角度看,福斯特的理论和摩尔的反驳都只是各执一端,必然导致只见树木不见森林的理论局限。

*科学理解资本主义的新陈代谢理论的适用范围。*福斯特和摩尔围绕新陈代谢断裂理论的适用性之分歧,在于二者讨论对象的差异,即对"资本主义"一词的理解不同。福斯特在指出资本主义新陈代谢断裂理论的必然性时,围绕的是资本主义生产方式,尤其是资本无限增殖的逻辑。而摩尔提出资本主义新陈代谢未发生断裂,则是指在资本主义国家这个地域范围内,资本家们可以掠夺他国资源以自用,来推延局部地区发生新陈代谢断裂的时间。所以,既然二者围绕的"资本主义"这个研究对象不相同,那么出现不同的结论也属必然。

这样,问题就变成在新陈代谢断裂问题上,资本主义生产方式和资本主义国家是否具有本质上的同一性? 笔者认为二者具备同一性,但需要从普遍性和特殊性的关系角度来分析。只要资本增殖逻辑不变,资本主义生产方式对自然资源的索取就必然无度,迟早会出现新陈代谢断裂,因而资本主义生产方式内生的反生态性是必然的。也就是说,福斯特在生态问题上对资本主义的批判,抓住了必然性和普遍性。那么,该如何理解资本主义国家为应对新陈代谢断裂而进行的殖民掠夺呢? 笔者认为,可以从全球视角和历史的时间维度上,把握这种新陈代谢断裂的特殊性。放眼全球,资本主义国家新陈代谢断裂的维持,是以牺牲他国资源为代价的,也就是说,新陈代谢断裂在非资本主义国家中日益严重;从历史的时间维度说,当非资本主义国家或因政治和经济独立,或因资源枯竭,不能提供资本主义国家维持新陈代谢的资源时,资本主义国家依然要出现新陈代谢断裂,即新陈代谢断裂只是在时间上后延了而已。所以,资本主义国家通过掠夺他国资源来维持本国新陈代谢的方法,不仅无益于本国新陈代谢断裂的最终解决,反而造成了新陈代谢断裂在全球的蔓延。摩尔将新陈代谢未发生断裂,限制在一定地理区域范围和一定历史阶段中,无法体现新陈代谢的整体面貌,只能局部地体现新陈代谢的特殊状况。一旦资本主义国家无法获得廉价资源,新陈代谢断裂的普遍性就会显现出来,作为特殊性的、局部范围内的资本主义国家的新陈代谢维系也将消弭于断裂的必然性之中。

新陈代谢断裂的多样化呈现,同资本主义生产方式是具体、历史的统一。由于资本主义生产方式在具体历史和时空条件下有不同的表现形式,所以作为内生的反生态性也必然随之拥有不同的历史形态,其中就包括新陈代谢关系的断裂和修复。如果说福斯特是从理论上揭示出资本主义生产方式的反生态性,那么摩尔的反驳就在一定程度上表达了由资本主义生产方式的历史特殊性所决定的新陈代谢断裂的具体形态。在面对本国原材料供给不足的情况下,资本主义生产方式所呈现的历史形态就表现为殖民主义,利用殖民霸权攫取他国资源以满足资本积累的需要。新陈代谢关系也与之相对应,即资本增殖加速本国的新陈代谢断裂,而作为适应性措施,资本主义国家积极推行生态殖民策略,在延缓本国新陈代谢断裂的同时,加速了他国新陈代谢断裂的产生。这样,随着资本主义生产方式的历史形态之变化,新陈代谢断裂就从一国扩展到多国。

因此,新陈代谢断裂是资本主义生产方式的必然结果,体现为空间和时间维度上的普遍性,而资本主义国家为了延缓本国新陈代谢断裂出现的时间而掠夺他国资源,则是全球新陈代谢断裂局部的特殊性。整体普遍性同局部特殊性之间的同一性关系,理应使福斯特和摩尔在新陈代谢断裂问题上达成一致。但是,二者发生论战而各执一词,则表明他们都没有把握住资本主义新陈代谢断裂之中包含的辩证统一关系。摩尔从局部特殊性出发,就断言新陈代谢断裂理论失效,在逻辑上难以成立;福斯特从理论必然性出发,却不能容纳局部特殊性的新陈代谢维系,则反映了福斯特理论的逻辑缺陷。

辩证理解唯物史观与新陈代谢断裂理论的关系。对新陈代谢断裂理论中所包含的辩证统一关系之理解,事关马克思唯物史观的生态定位。摩尔指责福斯特阐释的新陈代谢断裂理论违背了马克思创立的唯物史观,因为福斯特过分强调自然新陈代谢的基础性以及社会新陈代谢对自然新陈代谢的破坏,但忽视了其中的反馈作用。在摩尔看来,资本主义的社会新陈代谢主导着自然新陈代谢的变化,表现为资本增殖逻辑要求掠夺全球资源,从而实现对全球生态的重塑。摩尔据此指责福斯特,认为忽视社会经济发展在历史发展中的决定性作用,违背了马克思的唯物史观。可见,对新陈代谢断裂理论的理解,关涉唯物史观的生态合法性,必须加以重视。笔者认为,摩尔的指责是难以成立的,因为唯物史观内含马克思的有机论思想,包含着自然新陈代谢和社会新陈代谢之间的辩证统一运动。但是,由于长期以来对马克思唯物史观的抽象化理解,加之马克思的有机论思想未被系统发掘,使得其本应包含的生态内容丢失。在这种背景下,我们确实应该重视摩尔的指责。

自然新陈代谢的基础性地位,是马克思唯物史观的题中之义。虽然马克思的唯物史观强调生产力与生产关系、经济基础与上层建筑的矛盾运动,但从未否定自然新陈代谢在社会主要矛盾运动中的重要性。相反,马克思多次强调社会发展的自然基础。早在《1844 年经济学哲学手稿》中,马克思就指出:"历史本身是自然史的一个现实部分,即自然界生成为人这一过程的一个现实部分。"[①]在《资本论》对劳动这个基础性概念的界定中,马克思也指出:"劳动首先是人和自然之间的过程,是人自身的活动来中介、调整和控制人和自然之间的物质变换的过程。"[②]在晚年写给俄国的查苏利奇的复信中,马克思还提到,"俄国土地的天然地势适合于大规模地使用机器"[③],优越的自然条件足以使俄国跨越资本主义制度的卡夫丁大峡谷。显然,在马克思的理论视域中,资本主义经济发展要受到自然新陈代谢的制约。

从方法论上看,摩尔的指责将自然新陈代谢和社会新陈代谢的辩证关系理解为二元论的关系,其实是一种理论倒退。从马克思的有机论立场看,社会新陈代谢存在于自然新陈代谢的大环境之中,受到自然新陈代谢过程的基础性影响。即便是如同摩尔所言,在技术更新和资源掠夺的背景下,资本主义社会新陈代谢也同样要受到自然新陈代谢的影响,变化了的只不过是制约资本主义发展的自然新陈代谢的范围,从欧洲扩展到美洲乃至辐射全球。所以,摩尔单方面地认为依靠资本主义的社会新陈代谢就可以突

---

① 《马克思恩格斯文集》(第 1 卷),人民出版社 2009 版,第 194 页。
② 《马克思恩格斯文集》(第 5 卷),人民出版社 2009 版,第 207—208 页。
③ 《马克思恩格斯文集》(第 19 卷),人民出版社 1963 版,第 435 页。

破自然新陈代谢的限制,实际上是一种天真的幻想,自然新陈代谢的限制将在资本主义全球扩张完毕之后必然显现。

当然,从摩尔的指责中引申出一个值得马克思主义理论界关注的问题,即如何看待自然有机体与社会有机体之间的辩证运动关系。在经典马克思主义理论研究中,由于关注点在资本主义的必然灭亡上,所以学者们通常关注社会有机体的矛盾运动,而相对地忽视了自然有机体的基础性影响。而随着生态问题日益突出,学者们开始关注自然有机体,并一改以往只是将其视为外部环境和经济发展的原料供给地的观念,逐渐关注到自然有机体和社会有机体的交互作用上。但喜中有忧的是,生态问题严峻化的时代背景,使得学者们的关注点偏向了另一个极端,即只关注自然有机体的决定性和根本性,而忽视社会有机体的自我调适。福斯特建构马克思的新陈代谢断裂理论,就刚好反映了这种学术理论的发展动向,既体现了对自然新陈代谢的重视,又忽视社会新陈代谢的反馈。这就为当代马克思主义在生态维度方面的研究提出了新要求,即通过系统发掘马克思的有机论,以研究自然有机体和社会有机体之间的辩证运动关系,来丰富马克思唯物史观的生态内容,推动生态文明建设背景下马克思主义理论的时代化。

三、马克思物质变换概念的来源之争及其生态启思

(一)马克思物质变换的概念释义

"物质变换"(Stoffwechsel)是马克思生态思想的核心概念。从学术渊源上看,生态概念可追溯至 1866 年德国学者海克尔(Ernst Haeckel)出版的《普通生物形态学》,书中率先提出"生态学"(Oecolo-gie)概念并指出"生态学是生物体与周围环境之间相

互作用的生理学"①,从而将人与自然之间的关系界定为生态学研究的基本内容。马克思在 1867 年出版的《资本论》德文第 1 卷第 1 版中定义"劳动过程首先是人和自然之间的过程,是人以自身的活动来中介、调整和控制人和自然之间的物质变换的过程"②。尽管马克思当时尚未阅读海克尔的专著,也没有使用"生态"这个表述,但以"物质变换"研究人与自然之间关系的社会历史变化,则在内容上呈现出鲜明的生态维度。借助"物质变换"概念,马克思继而批判了资本主义生产方式"在社会的以及由生活的自然规律所决定的物质变换的联系中造成一个无法弥补的裂缝"③,希冀在共产主义社会里通过"联合起来的生产者,将合理地调节他们和自然之间的物质变换,把它置于他们的共同控制之下"④,以实现人与自然和谐共生的生态可持续社会。由此可见,马克思的生态思想集中体现在物质变换概念上。

在西方马克思主义的研究历程中,马克思的"物质变换"概念一直被认为是其生态思想的重要内容。西方马克思主义创始人之一的卢卡奇就强调物质变换之于马克思自然本体论的重要性,在《历史与阶级意识》1967 年新版序言中就写道,"作为社会与自然之间物质变换的中介的'劳动'被遗忘了……作为这种物质变换基础的自然的本体论客观性必须消失"⑤。在新千年发展壮大的生态马克思主义学派,更是指出物质变换集中凸显马克思的生态思想,该学派的领军人物福斯特(J.B.Foster)在《马克思的生态学》一书中写

---

① Ernst Haeckel, *Gennerelle Morphologie der Organismen* (Berlin: De Gruyter, 1866), p.236.
② 《马克思恩格斯全集》(第 42 卷),人民出版社 2016 版,第 168 页。
③ 《马克思恩格斯文集》(第 7 卷),人民出版社 2009 版,第 919 页。
④ 同上书,第 928 页。
⑤ [匈]卢卡奇:《历史与阶级意识》,杜章智等译,商务印书馆 2017 年版,新版序言 (1967)第 10 页。

道，"德语中'Stoffwechsel'一词在它的基本含义中就直接地表达了'物质交换'这个观念——它构成'新陈代谢'一词所包含的生物生长和衰落的组织过程这种观念的基础"①，而这个"新陈代谢概念为马克思提供了一个表述自然异化（以及它与劳动异化的关系）概念的具体方式"②。在西方学界对马克思生态思想的探讨中，物质变换概念处于核心位置。

在国内学界对马克思生态思想的研究中，物质变换概念同样是意义非凡。早在 1983 年，许涤新教授就指出"马克思的关于劳动过程是人类同自然之间的物质变换，不言而喻地包含了生态体系的意义"。③ 中国人民大学张云飞教授在 1999 年撰文，认为"马克思用'物质变换'这个科学的术语指明了物质的有机发展同无机发展的内在关联，指明了社会发展同自然演化的辩证统一，表明了社会发展与自然生态系统之间的根本性特征"。④ 新千年以来，伴随国外生态马克思主义研究成果的大量引入，马克思"物质变换"概念的生态内容得到国内学界的进一步认可。

但就马克思物质变换概念的来源而言，国内外学界均未有定论。尤其是国外学界围绕马克思物质变换概念的来源，经历了半个多世纪的争辩，特别是近年来随着《马克思恩格斯全集》历史考证第 2 版（以下简称 MEGA2）的陆续刊出，在新材料的支撑下有了新的理论进展，这些都值得我们仔细关注。透过马克思物质变换概念来源的争辩，我们可以进一步廓清应从何种角度理解马克思

---

① ［美］J. B. 福斯特：《马克思的生态学：唯物主义与自然》，刘仁胜等译，高等教育出版社 2006 年版，第 174 页。
② 同上书，第 176 页。
③ 许涤新：《马克思与生态经济学——纪念马克思逝世一百周年》，载《社会科学战线》，1983 年第 3 期。
④ 张云飞：《社会发展生态向度的哲学展示——马克思恩格斯生态发展观初探》，载《中国人民大学学报》，1999 年第 2 期。

的物质变换概念,确定马克思生态思想的界域。对马克思物质变换概念来源之争的关注,不仅有着学术史的研究意义,而且在规范马克思生态思想研究的方向上也十分重要。

作为研究马克思物质变换概念来源的预备性知识,有必要先审视德文"物质变换"的演化及其英译。在德语辞典中,Stoffwechsel 意为生物体维持生命活动的所有化学变化,同生物学术语 Metabolismus 是同义词,中译为新陈代谢。[①] 事实上在 19 世纪上半叶的德国自然科学界里,与新陈代谢拥有相同词根 Meta-的 Metamorphose,同以 Stoff-为词根的 Stoffwechsel,作为同义词经历了交替式的发展。从词源学上看,Stoffwechsel 可追溯至 17 世纪法文的阳性名词 Stoff 和阴性名词 Stoffé,与其不同的是,Metamorphose 则可以追溯到希腊文 $\mu\varepsilon\tau\alpha\beta o\lambda'\%$。这两个词源不同的术语,是在 1815 年由德国图宾根大学化学教授希格瓦特(G.C.Sigwart)在引介瑞典皇家科学院院长贝采里乌斯院士(Jns Jacob Berzelius)的生物化学实验时所使用,由此将二者引入德国自然科学界。这两个术语在德国科学界被同时使用,直到 19 世纪 40 年代才基本确立 Stoffwechsel 为主要表达。这里,德国著名化学家李比希的作用显著。在他的两本代表作 1840 年第 1 版的《有机化学在农业和生理学上的应用》和 1842 年第 1 版的《有机化学在生理学和病理学上的应用》中,李比希对两个术语的使用偏好逐渐转向 Stoffwechsel。在1840 年的著作中,李比希使用 Metamorphose 高达 133 次而 Stoffwechsel 则仅有 3 次;而在 1842 年的著作中,李比希使用 Metamorphose 的次数下降到 22 次而 Stoffwechsel 则上涨到 80 次。李比希青睐的 Stoffwechsel 得到学界的普遍认同,在 1844 年德国出版的《医药科学百科全书》中将 Stoffwechsel 视为动物体新陈代谢

---

① 叶本度:《朗氏德汉双解大词典》,外语教学与研究出版社 2000 年版,第 1637 页。

的主要德语表达。而在 Stoffwechsel 的英译上，由于词根 Meta-在英语中也同样使用，作为同义词的 Metamorphose 在英语世界成为主角。在对李比希德文著作的英译过程中，但凡 Stoffwechsel 都按同义词 Metamorphose 直译为英文的 metamorphosis。直到学界泰斗、政界精英 Michael Foster 爵士于 1878 年出版经典教材《生理学读本》，出于方便词性变化的考虑，用 metabolism 取代 metamorphosis，新陈代谢的英文表达 metabolism 逐渐为英美学界所认可。在 1914 年美国出版的《药学简史》中指出，"李比希 1842 年出版的《有机化学在生理学和病理学上的应用》是第一部正式介绍 'metabolism'（Stoffwechsel）的文献"。这表明英美学界是从李比希德文代表作的译介为起点，确认英语 metabolism 等同于德文 Stoffwechsel。

围绕马克思使用的物质变换（Stoffwechsel）是否完全对应上述的自然科学术语，国外学界进行了长期的争辩，并据此追溯马克思物质变换概念的来源，形成了三种主要观点。第一种观点由法兰克福学派第二代领军人物施密特（A. Schmidt）提出，认为马克思使用的物质变换并不直接就是自然科学术语，而是经过自然科学唯物主义者摩莱肖特（J. Moleschott）改造后的哲学话语，因而摩莱肖特是马克思物质变换概念的来源。第二种观点由生态马克思主义著名代表福斯特提出，认为马克思使用的物质变换直接就是自然科学术语，兼之马克思曾仔细阅读李比希的作品，因而对应英美自然科学界奉李比希为肇始的看法，将李比希作为马克思物质变换概念的来源。第三种观点由 MEGA2 日籍编辑斋藤幸平提出，认为马克思使用的物质变换也不直接是自然科学术语，而是经过共产主义者同盟科伦支部领袖丹尼尔斯（R. Daniels）改造后的经济学用语，加上马克思首次使用物质变换的时间同阅读丹尼尔斯文本的时间吻合，故而将丹尼尔斯视为马克思物质变换概念的来源。

法兰克福学派第二代领军人物 A·施密特在其代表作《马克思的自然概念》中指出,马克思是在哲学界域中把握物质变换概念的,且"马克思在物质变换概念这点上追随摩莱肖特"①。第一,马克思熟稔摩莱肖特并在哲学立场上关注其所使用的物质变换概念。对于马克思的哲学思想发展,摩莱肖特在一定程度上扮演着费尔巴哈替代者的角色。马克思曾在 1843 年 10 月 3 日致信费尔巴哈,希望费尔巴哈能以唯物主义立场撰文批判谢林哲学中"真诚的青春思想",即"讲究理性的现实主义,而不是超验的唯心主义,讲究有血有肉的思想,而不是抽象的思想,讲究世界哲学,而不是行帮哲学",但实际上谢林哲学却是"除了想像以外没有任何能力,除了虚荣以外没有任何力量,除了鸦片以外没有任何刺激剂"的唯心主义哲学。② 但是费尔巴哈没有同意给马克思撰文,这就使马克思批判谢林哲学的任务一直耽搁下来,直到 19 世纪五六十年代《资本论》写作的准备阶段,在接触到摩莱肖特之后该任务才得以完成。摩莱肖特是 19 世纪中期德国自然科学唯物主义的代表人物,他将生理学的物质变换概念上升到唯物主义哲学本体论的高度,一改当时盛行的黑格尔学派尚空谈的陋习,在唯物主义发展史上有着特殊的作用。在施密特看来,摩莱肖特"最初是处于谢林的自然哲学和黑格尔主义的影响之下,尔后——特别是通过和费尔巴哈结识——成为自然科学家,成为具有社会倾向的生理学唯物主义者"③,同谢林哲学和费尔巴哈哲学都有交集的摩莱肖特,刚好可以替代费尔巴哈,成为谢林哲学的批判者。由此,马克思将摩莱

① ［联邦德国］A. 施密特:《马克思的自然概念》,欧力同等译,商务印书馆 1988 年版,第 89 页。
② 《马克思恩格斯全集》(第 47 卷),人民出版社 2004 年版,第 68—69 页。
③ ［联邦德国］A. 施密特:《马克思的自然概念》,欧力同等译,商务印书馆 1988 年版,第 88 页。

肖特视为费尔巴哈的替代者,关注到摩莱肖特学术作品中的物质变换概念。这在同时期马克思的私人信件中也能有所窥见。例如,在 1856 年 6 月 21 日给妻子燕妮的信中写道"爱情,不是对费尔巴哈的'人'的爱,不是对摩莱肖特的'物质的交换'的爱,不是对无产阶级的爱,而是对亲爱的即对你的爱"。[①] 这里,摩莱肖特紧跟着费尔巴哈出场,且将物质变换视为摩莱肖特的理论关键词,都表明马克思是从哲学界域关注并掌握了摩莱肖特的物质变换概念。第二,在摩莱肖特的物质变换概念影响下,马克思更新了对自然的哲学认知。在施密特看来,马克思对自然的哲学认知,先是受谢林的自然哲学影响只看到人对自然的单向作用,而后在摩莱肖特的物质变换概念影响下,才逐渐认知到人与自然之间相互作用的共生性。谢林认为,人类改造自然界的劳动给自然万物打上人类的烙印,是"物质的无限个体化"[②],个体化的自然将完全从属于人类社会的运转。这种以自然物"个体化"为表征的人类中心主义自然观,同样反映在马克思《1857—1858 年经济学手稿》之中,其中"个体化的东西不断分解为元素的东西是自然过程的要素,正如元素的东西不断个体化是自然过程的要素一样"[③]最为典型。之后,马克思受摩莱肖特物质变换概念的影响,对自然的人类中心主义认知发生转变。摩莱肖特在其代表作《生命的循环》中,先是描述了物质变换的生理学内容,"人的排泄物培育植物,植物使空气中的元素固化变成有机物,使自己成为动物的食物。肉食动物以草食动物为生,当肉食动物死后腐烂成为植物生长的肥料。这就是所

---

① 《马克思恩格斯全集》(第 29 卷),人民出版社 1972 年版,第 515 页。
② Friedrich Wilhelm Joseph Schelling, *Ideen zu einer Philosophie der Natur* (Altenmünster: Jazzybee Verlag, 2012), p.520.
③ 《马克思恩格斯全集》(第 30 卷),人民出版社 1955 年版,第 153 页。

谓的物质变换"①。而后将这种以物质变换为核心的生理学范畴上升到哲学高度,指出"物质变换的永恒性在于,它不因躯体朽烂而终止,不因岩石风化而中断,一种物质形式消亡的同时伴随着另一种物质形式而延续。物质变换从一个形式转变到另一个形式,从而决定了生命循环的永续性"②。马克思深刻地接受了人与自然共生的哲学认知,在《资本论》第 1 卷中,不仅也从哲学普遍性维度指出"人和自然之间的物质变换即人类生活得以实现的永恒的自然必然性"③,而且在其劳动定义中突出了人和自然之间的物质变换,并用于批判资本主义生产方式破坏自然对人的反作用。这样,马克思就从摩莱肖特的物质变换概念中,完成了对谢林自然哲学的批判,形成了人与自然共生互在的生态哲学认知。

但是,施密特从哲学界域将马克思物质变换概念溯源至摩莱肖特的观点,受到了生态马克思主义学派福斯特教授的质疑。其一,在马克思接触到的论及"物质变换"的自然科学家中,摩莱肖特并不是最早的一位。福斯特就指出过,施密特在《马克思的自然概念》中早已认识到,"不能不接受其观点影响的化学家李比希"④对马克思使用物质变换概念影响很大,并直接指向李比希在 1851 年出版的《化学通信》。从摩莱肖特《生命的循环》出版年份为 1857 年,远远晚于李比希成名作《有机化学在农业和生理学上的应用》第 1 版的出版时间 1840 年,也同样晚于施密特提及的《化学通信》的出版时间 1851 年,可以推断出李比希较摩莱肖特更早地使用过

---

① Jacob Moleschott, *Der Kreislauf des Lebens*, *Physiologische Antworten auf J. Liebig's Chemische Breife*(Mainz: V. von Zabern, 1852), p.31.

② Jacob Moleschott, *Der Kreislauf des Lebens*, *Physiologische Antworten auf J. Liebig's Chemische Breife*(Mainz: V. von Zabern, 1852), p.33.

③ 《马克思恩格斯文集》(第 5 卷),人民出版社 2009 年版,第 56 页。

④ [联邦德国]A. 施密特:《马克思的自然概念》,欧力同等译,商务印书馆 1988 年版,第 89 页。

"物质变换"。因此,将马克思的物质变换概念溯源至比李比希更晚的摩莱肖特,确实难以令人信服。其二,马克思对摩莱肖特的态度以否定为主,故而马克思不太可能接纳摩莱肖特的物质变换概念。例如,马克思在 1858 年 3 月 5 日与恩格斯的通信中写道,"摩莱肖特派,他们像经济学家那样,也是非常不重视骨骼更新周期的长短,而满足于人体的整个更新周期的平均数"①。虽然马克思阅读过摩莱肖特的作品,知晓摩莱肖特使用过"物质变换",但鉴于马克思对摩莱肖特的理论基本持否定态度,福斯特得出"马克思不可能发现他的分析与之志趣相投"②,故而在马克思物质变换概念的来源上也不可能是摩莱肖特。从对施密特观点的否定来看,福斯特并没有将马克思的物质变换概念视为哲学话语,而是将其直接看作是自然科学用语。因此,福斯特才会在纯粹的自然科学领域里进行追究,以先后顺序和论资排辈的方式追溯马克思物质变换概念的来源。

(二)马克思物质变换概念的生态启思

生态马克思主义学派杰出代表约翰·福斯特教授在其代表作《马克思的生态学》中指出,马克思是在自然科学界域中使用物质变换概念的,因而顺承科学史的主流观点将物质变换译为新陈代谢,并指出"马克思在这个领域中的分析主要来源于李比希"。③ 此外,对于马克思的物质变换概念就是自然科学中的新陈代谢,伊恩·安格斯(Ian Angus)教授还从《资本论》的英译史角度给予了佐证。由于"新陈代谢"在 20 世纪之前还属于自然科学领域的前

---

① 《马克思恩格斯全集》(第 29 卷),人民出版社 1972 年版,第 284 页。
② [美]约翰·贝拉米·福斯特:《马克思的生态学:唯物主义与自然》,刘仁胜、肖峰译,北京高等教育出版社 2006 年版,第 179 页。
③ 同上书,第 180 页。

沿知识,所以《资本论》1888 年版的英译者 Samu-el Moore 和
Edward Aveling 并不知晓其准确含义,故只能将其按字面意思直
译为"物质循环",直到 1976 年 Ben Fowkes 的译本中才将其准确
地译为"新陈代谢",从而恢复了马克思的"物质变换"就是自然科
学用语"新陈代谢"的本来面貌。[①]

第一,马克思褒奖李比希并在土壤科学的界域中吸纳其使用
的新陈代谢概念。在对地租的研究中,马克思遭遇到土壤肥力变
化趋势究竟如何的理论难题。马克思在《1861—1863 年经济学手
稿》中指出,"不论是从较好的土地向较坏的土地推移,还是从较坏
的土地向较好的土地推移,级差地租同样是可能的"[②],试图将这个
理论难题搁置起来。直到马克思阅读了德国农业化学家李比希的
自然科学经典著作《有机化学在农业和生理学上的应用》后,才对
该理论难题有了深入的理解,以至于在 1866 年 2 月 13 日给恩格斯
的去信中指出,"单是论述地租的倒数第二章……德国的新农业化
学,特别是李比希和申拜因,对这件事情比所有经济学家加起来还
要重要"。[③] 具体而言,李比希在从化学角度提出的土壤肥力补偿
定律中指出,土壤肥力是由土壤中按照一定配比的化学元素所决
定,而粮食收成将带走土壤中的部分化学元素,只有将粮食消费者
的排泄物以厩肥的形式返还农田,才能保持土壤中化学元素的总
量及其合理配比,从而维持土地肥力的新陈代谢。特别是,李比希
依据土壤肥力新陈代谢的自然科学原理,批判英国的现代农业,由
于"英国大部分城市实行抽水马桶,以致不能回收粪便……英国从
海外进口的大量肥料,大部分流失到江、河、海里……使农民不能

---

① 参见 https://climateandcapitalism.com/2018/05/01/marx-and-metabolism-lost-in-translation/.
② 《马克思恩格斯全集》(第 34 卷),人民出版社 2008 年版,第 266 页。
③ 《马克思恩格斯文集》(第 10 卷),人民出版社 2009 年版,第 234 页。

回收那些元素,以创造必要的恢复和保持土壤肥力的条件"①。马克思对此十分重视,在《资本论》中就褒奖"李比希的不朽功绩之一,是从自然科学的观点出发阐明了现代农业的消极方面"②,从而使马克思深刻领悟到土壤肥力不断下降的原因在于,资本主义生产方式的掠夺本性这种"人祸",而非土壤肥力天然地趋于衰退这种"天灾"。由此可见,马克思从李比希的自然科学知识中吸收了土壤肥力循环的新陈代谢概念。

第二,在李比希的新陈代谢概念影响下,马克思就人和土地之间的物质变换批判资本主义生产方式的反生态性。无论是《资本论》第 1 卷中指出的,资本主义城市人口的大量集聚"破坏着人和土地之间的物质变换,也就是使人以衣食形式消费掉的土地的组成部分不能回归土地,从而破坏土地持久肥力的永恒的自然条件"③,抑或《资本论》第 3 卷中的"在社会的以及由生活的自然规律所决定的物质变换的联系中造成了一个无法弥补的裂缝,于是就造成了地力的浪费,并且这种浪费通过商业而远及国外(李比希)"④,马克思都将这种人和土地之间的物质变换概念的来源指向李比希。从李比希《有机化学在农业和生理学上的应用》同马克思上述内容的对应中,也可以直观地看到马克思从李比希的自然科学专著中吸收了新陈代谢概念。以"衣食形式消费掉的土地的组成部分不能回到土地"为内容的物质变换破坏,直接对应李比希所指出的"许多粮食、畜产品,都运到城镇里去了。在这种情况下,其

---

① ［德］李比希:《化学在农业和生理学上的应用》,刘更另译,农业出版社 1983 年版,第 52 页。
② 《马克思恩格斯文集》(第 5 卷),人民出版社 2009 年版,第 580 页。
③ 同上书,第 579 页。
④ 同上书,第 919 页。

中所含的灰分元素根本无法归还给土壤"①。"通过商业而远及国外"的地力浪费，对应李比希批判英国大城市实行抽水马桶的弊端陈述。而对于国内的"地力的浪费"，马克思曾将其具体表述为"在伦敦，450 万人的粪便，就没有什么好的处理方法，只好花很多钱用来污染泰晤士河"②。这个内容则对应李比希更为具体的核算，即"在某一个有 450 万人口的国家中，所需的土壤力量，假如每年损失掉 1/4，为了养活这些人口，必须购买的粮食或别的等价食品，那么 100 年后，这笔损失就是 8 亿 6 千万公担粮食"③。可见，马克思吸收了李比希围绕土壤肥力循环的新陈代谢概念，将其以"物质变换裂缝"的方式用于揭示资本主义大农业对生态可持续发展的破坏。

但是，福斯特从自然科学界域将马克思物质变换概念溯源至李比希的观点，受到了 MEGA2 日籍编辑斋藤幸平的质疑。其一，在接触到李比希之前，马克思的文本中就有使用过"物质变换"。收录在《马克思恩格斯全集》中文第 2 版第 10 卷中的《反思》一文，是现有文本中马克思最早使用"物质变换"的篇章，成文时间是 1851 年 3 月。而查阅《马克思恩格斯全集》中文第 1 版的"卡·马克思和弗·恩格斯生平事业年表"可以发现，在第 8 卷的年表中首次提及马克思阅读李比希作品，即在 1851 年 8 月至 11 月"马克思还研究农艺学和农业化学问题，为此他阅读了李比希和约翰斯顿的著作"④。从马克思首次接触李比希作品的至少 5 个月之前就使用过"物质变换"来看，将马克思的物质变换概念溯源至李比希的

---

① ［德］李比希：《化学在农业和生理学上的应用》，刘更另译，农业出版社 1983 年版，第 7 页。

② 《马克思恩格斯文集》(第 7 卷)，人民出版社 2009 年版，第 115 页。

③ ［德］李比希：《化学在农业和生理学上的应用》，刘更另译，农业出版社 1983 年版，第 52 页。

④ 《马克思恩格斯全集》(第 8 卷)，人民出版社 1961 年版，第 711 页。

观点并不能成立。其二,马克思延续了当时对物质变换概念的经济学使用,因而马克思的物质变换是经济学术语而非自然科学用语。马克思所批判的德国政治经济学"历史学派"代表罗雪尔(Wilhelm Roscher)教授就有对物质变换概念的经济学使用。他在五卷本《国民经济学体系》的第 1 卷《国民经济学原理》中,曾写道"国家资本的保值、增殖以及消费,对应着其价值的保存、增加和消亡",并在该句的脚注中指明,"参见萨伊的《政治经济学原理》第 1 部分第 10 章。这就是生理学著名的'物质变换'原理之应用"①。即便是李比希,马克思对其物质变换概念的吸收同样是在经济学界域内的。因为李比希在《化学书信》中指出,"如同个体的身体循环一样,在由个体组成的国家里,物质变换无处不在,为个人和社会经济活动提供必要的消费品。金银对于社会组织体的功能,同血液之于人体组织的功能相同"②。由此可见,物质变换概念在当时已被普遍地视为经济学术语,鉴于马克思继承和批判以往理论成果基础上推进独创性的理论研究这条通常思路,故而他不太可能会开倒车,再回到物质变换概念的自然科学源头上去。

MEGA2 的日籍编辑斋藤幸平在其新作《马克思的生态社会主义》中指出,马克思是在经济学界域中理解物质变换概念的,他在同共产主义者同盟科伦支部领袖 R.丹尼尔斯的学术沟通中首次接触到已然用于经济学分析的"物质变换",且"马克思同丹尼尔斯有关物质变换的激烈讨论,推进了马克思在当月写作《反思》篇中使

---

①　William Roscher, *Principles of Political Economy* (Chicago: Callaghan and Company, 1878), p.154.

②　Justus von Liebig, *Familiar Letters on Chemistry, in its Relation to Physiology, Dietetics, Agriculture, Commerce and Political Economy* (London: Walton & Maberly, 1859), p.480.

用物质变换一词"①。

第一，马克思重视丹尼尔斯的手稿并在经济学界域内吸收其使用的物质变换概念。作为共产主义事业的亲密战友，丹尼尔斯同马克思保持着密切联系，这其中也包括学术上的沟通。最为典型的就是，丹尼尔斯在 1851 年 2 月 8 日将自己的《小宇宙：生理人类学概论》手稿寄给马克思，希望得到马克思"尖锐和诚挚的"批评。② 马克思在一个多月的时间内阅读完手稿，"在 3 月 20 日给丹尼尔斯的信（这封信没有保存下来）中谈了自己对手稿的意见"③。后来丹尼尔斯因科伦共产党人案被摧毁了健康而英年早逝，马克思在吊唁信中评价"他的早逝……对科学界以及受苦受难的广大群众来说也是一个不可挽回的损失。在科学界，人们对他抱有无限的希望"④，直接指向丹尼尔斯唯一遗留下的生理学手稿。可见，马克思对丹尼尔斯手稿的重视程度。在手稿中，丹尼尔斯探讨了生理学意义上的物质变换概念，试图将其应用于社会经济分析。例如，丹尼尔斯在手稿中写道，"人类的生理学物质变换类似于社会和自然之间的关系，所以进行社会变革实现公有制的核心基础在于实现这种顺畅的物质变换"。⑤ 而这个内容则体现在马克思《资本论》第 3 卷中，设想社会主义是"靠消耗最小的力量，在最无愧于和最适合于他们的人类本性的条件下来进行这种物质变换"。⑥ 由此可知，马克思在 1851 年 2 月底和 3 月初阅读完丹尼尔

---

① Kohei Saito, *Karl Marx's Ecosocialism：Capital，Nature and the Unfinished Critique of Political Economy*(New York：NYU Press, 2017), p.64.

② Karl Marx & Friedrich Engels, *Karl Marx/Friedrich Engels Gesamtausgabe：Briefwechsel，Januar bis Dezember* 1851 (Berlin：De Gruyter,1984), p.308.

③ 《马克思恩格斯全集》(第 49 卷)，人民出版社 2016 年版，第 812 页。

④ 同上书，第 680 页。

⑤ Roland Daniels, *Mikrokosmos：Entwurf Einer Physiologischen Anthropologie* (Frankfurt am Main：Peter Lang, 1988), p.119.

⑥ 《马克思恩格斯文集》(第 7 卷)，人民出版社 2009 年版，第 928—929 页。

斯的手稿后,就积极吸纳了其中在经济学界域中所使用的物质变换概念。而这也刚好说明,正是在丹尼尔斯手稿的影响下,马克思于 1851 年 3 月写作《反思》篇中首次使用的"物质变换"是经济学术语。

第二,通过对丹尼尔斯物质变换概念的扬弃,马克思在《反思》篇中从政治经济学界域首次使用"物质变换"。虽然马克思通过丹尼尔斯接受了物质变换概念是经济学术语,但这并不等于马克思赞成丹尼尔斯对"物质变换"的使用。相反,马克思反对丹尼尔斯脱离历史阶段性内容、抽象地谈论物质变换。具体而言,丹尼尔斯在手稿中指出"对于不同类型的生产方式,有着不同的物质生活需求"进而需要分析彼此间不同的物质变换,但在实际分析时他却只是探讨物质变换的循环而不顾不同生产方式所造成的差异。对此,马克思就指出这是"半合理的东西"①,恩格斯更是详细地批判道,"这个家伙坚持'概念'是人与人之间的媒介等等"②。显然,马克思要求从政治经济学界域中使用物质变换概念,必然不能脱离对资本主义历史特殊性内容的揭示。这种思路直接反应在《反思》篇里三次使用"物质变换"中。在等级森严的封建社会,"在等级的范围内,个人的享受,个人的物质变换,取决于个人所从属的一定的分工"③。而当资本主义社会取代封建社会等级制后,表面上"每个人都能够按照他的收入转化成的货币的数量来进行任何的物质变换。娼妓、科学、庇护权、勋章、仆人、阿谀者,一切都完全像咖啡、糖、鲱鱼一样成为交换物"④。但马克思独具慧眼地指出,"工人能够与社会发生的并且能够掌握的那种联系,是无比狭窄的,而进

① 《马克思恩格斯全集》(第 48 卷),人民出版社 2007 年版,第 238 页。
② 同上书,第 243 页。
③ 《马克思恩格斯全集》(第 10 卷),人民出版社 1998 年版,第 645 页。
④ 同上书,第 645 页。

行物质变换的社会组织及社会的物质生产和精神生产,从一开始被限制在一定方式和特殊内容上"①。可见,无论是封建社会,还是在资本主义社会,物质变换一直受到所处不同历史阶段的生产关系的制约。因此,马克思是从政治经济学界域中考察物质变换的,这点同丹尼尔斯手稿中的使用类似,但就马克思能够从历史唯物主义的立场剖析出封建社会和资本主义社会中物质变换的异同来看,马克思对物质变换概念的使用远远高于丹尼尔斯。

此外,斋藤幸平以马克思的经济学文本为支撑,勾勒出马克思在经济学界域内不断完善物质变换概念所包含的生态内容。首先,马克思将《反思》篇中所使用的"物质变换"归入"社会的物质变换"。马克思在《政治经济学批判》第一分册的手稿中指出,对于"在流通中发生的社会的物质变换"②,在资本主义社会中有特殊的表现,即"社会的物质变换本身通过货币表现为某种外在的东西,同它的所有者没有任何个人关系"③。这里,以货币为媒介的商品流通是资本主义条件下"社会的物质变换"的主要内容,社会因素成为物质变换的主导因。而马克思在《反思》篇中强调物质变换受到社会分工的制约,同样是强调社会因的主导地位,故而可在概念上将其归入新提出的"社会的物质变换"之中。其次,与"社会的物质变换"对应,马克思又提出"自然的物质变换"。所谓"自然的物质变换"是指"自然界的单纯物质变换作用"④,它以自然规律的客观运行为核心。诸如,马克思提及的"铁生锈,木头腐朽"。⑤ 最后,在理解"自然的物质变换"与"社会的物质变换"的关系上,马克思

---

① 《马克思恩格斯全集》(第 10 卷),人民出版社 1998 年版,第 646 页。
② 《马克思恩格斯全集》(第 31 卷),人民出版社 1998 年版,第 354 页。
③ 同上书,第 317 页。
④ 《马克思恩格斯全集》(第 30 卷),人民出版社 1995 年版,第 229 页。
⑤ 《马克思恩格斯全集》(第 31 卷),人民出版社 1998 年版,第 77 页。

强调前者的基础性。马克思在手稿中就指出过,劳动工具的使用使"原料无论是由于化学的物质变换还是由于机械的变化,它在变成产品时取得了比它原有的使用价值更高的使用价值"①,从而为商品生产和流通的"社会的物质变换"提供便利。以纺织业为例,作为原料的棉花会受"自然的物质变换"作用而发芽、生虫和霉变,从而丧失棉花作为纺织原料的使用价值。为了尽量避免这种损耗,人们通过使用轧棉机将棉花去籽以避免其发芽,将去籽后的原棉在纺织厂用化学手段避免其生虫霉变。趋利避害地利用"自然的物质变换"为"社会的物质变换"提供高质量的原料,这反映出马克思更注重作为基础的自然因素,从而使得其物质变换概念的生态意蕴更加突出。

马克思物质变换概念的来源之争,对于马克思生态思想的研究具有重要启发。其一,确证物质变换概念是经济学术语,有利于在经济学界域内研究马克思以物质变换为内容的生态思想。其二,立足物质变换概念在经济学界域中所蕴含的生态思想,合理定位马克思的生态哲学内容。其三,依据马克思使用物质变换概念剖析出的资本运行机理,准确把握马克思追踪自然科学的缘由。

第一,应在经济学界域中探究马克思物质变换概念所蕴含的生态思想。对马克思物质变换概念的溯源,无论是施密特从哲学角度得出的摩莱肖特,还是福斯特从自然科学角度归结的李比希,抑或斋藤幸平从经济学角度挖掘的丹尼尔斯,从他们的论据中可以发现,马克思实际上是在不同界域中使用了物质变换概念。那么,对于这些不同的界域,马克思是否有主次之分呢?事实上,马克思就做出过经济学界域为主流的判断。马克思在晚年写作的《评阿·瓦格纳的"政治经济学教科书"》中曾指出,"人与自然之间

_____

① 《马克思恩格斯全集》(第30卷),人民出版社1995年版,第270页。

的物质变换的那一段话,是从我这里抄袭去的",并特别强调具有独创性的物质变换概念是自己在《资本论》中用于分析"人与人的相互独立为物与物的全面依赖的体系"的资本主义经济。[①] 这种在经济学界域中使用的物质变换概念,顺延了马克思在《反思》篇中的使用,并且在内容上对应《1857—1858 年经济学手稿》中的"不是活的和活动的人同他们与自然界进行物质变换的自然无机条件之间的统一,以及他们因此对自然界的占有;而是人类存在的这些无机条件同这种活动的存在之间的分离,这种分离只是在雇佣劳动与资本的关系中才得到完全的发展"[②]。由此可见,马克思的物质变换概念自始至终的主要界域都是政治经济学。所以,在马克思物质变换概念的溯源上,斋藤幸平的观点最具说服力。此外,马克思在经济学界域中并不是单独地使用物质变换概念,而是同形式变换概念构成一对概念。在较早且普遍地使用物质变换概念的《1857—1858 年经济学手稿》中,马克思就指出资本流通这种"交换的体系,从使用价值来看,是物质变换,从价值本身来看,则是形式变换"[③]。在分析以"货币—商品—货币"为内容的资本流通时,旨在实现商品使用价值的物质变换和意在兑现货币价值的形式变换,是作为一对既相互区别又紧密联系的概念统一体使用的。基于此,马克思的物质变换概念就不能参考自然科学界域中的"新陈代谢"译法,否则无法同形式变换概念组对,这成为质疑福斯特观点和译法的重要依据。

第二,马克思的物质变换概念蕴含着基于历史唯物主义的生态哲学思想。在施密特的观点中,马克思的生态哲学思想体现为,对人与自然之间双向共生关系的认识上。但是,这种判断的依据

---

① 《马克思恩格斯全集》(第 19 卷),人民出版社 1963 年版,第 422 页。

② 《马克思恩格斯全集》(第 30 卷),人民出版社 1995 年版,第 481 页。

③ 《马克思恩格斯全集》(第 31 卷),人民出版社 1998 年版,第 26 页。

仅仅是作为思辨哲学话语的物质变换概念。一旦在经济学界域中审视马克思使用的物质变换和形式变换这对概念时，就可以发现马克思并不是探讨抽象的人和抽象的自然之间的关系问题，而是将二者置于资本主义经济运行的特殊历史背景下加以具体考察。马克思在《1857—1858 年经济学手稿》的导言中阐述自己的政治经济学方法时，就鲜明地指出过"哪怕是最抽象的范畴，虽然正是由于它们的抽象而适用于一切时代，但是就这个抽象的规定性本身来说，同样是历史条件的产物，而且只有对于这些条件并在这些条件之内才具有充分的适用性"①。按照这种经济哲学方法论的要求，马克思对物质变换概念的使用不可能像摩莱肖特那样，只看到普适于一切社会形态的人与自然之间的共生关系，而无视资本主义生产方式这一特殊"历史条件"。从内容上看，马克思在经济分析中同时使用的物质变换和形式变换概念，正是聚焦资本主义生产方式后的理论反映。因为只有在资本主义私有制的特殊历史背景下，以货币为媒介的商品流通才会出现，从而出现"商品—货币—商品"（W－G－W）以货币为媒介的物质变换和"货币—商品—货币"（G－W－G）以货币为目的的形式变换。所以马克思在《资本论》中写道，"劳动产品的物质变换借以完成的形式变换 W－G－W"②过程中，资本增殖作为原动力驱使货币作为"这一形式变换从物质变换的单纯中介变成了目的本身"③。由此可见，马克思使用的物质变换概念，绝不仅仅是人与自然之间的共生互动关系，而是通过物质变换从属于形式变换，揭示出资本主义生产方式对人与自然之间和谐共生关系的异化。基于此，马克思的生态哲学思想其实有着坚实的历史唯物主义基础。

---

① 《马克思恩格斯全集》（第 30 卷），人民出版社 1995 年版，第 46 页。
② 《马克思恩格斯文集》（第 5 卷），人民出版社 2009 年版，第 136 页。
③ 同上书，第 153 页。

第三,马克思追踪自然科学前沿,旨在具体呈现"社会的物质变换"对"自然的物质变换"的影响。对李比希在农业化学领域中提出的新陈代谢概念,马克思其实并不是全盘照搬。这在 1868 年 1 月 3 日马克思给恩格斯的去信中有明确阐述,马克思打算掌握"近来反对李比希的土壤贫瘠论的那些德国作者的情况",并指明"为了写地租这一章,我至少要对这个问题的最新资料有所熟悉"。① 从马克思关注李比希观点的反对者可知,他并不附和李比希,且马克思掌握相关自然科学知识的目的是进行政治经济学研究。倘若说物质变换同形式变换的对立统一存在于资本流通环节,那么马克思追踪的自然科学知识则体现在资本生产环节中。从马克思所关注的李比希及其反对者的内容来看,其主题都是如何借助技术手段使人们更高效地改造"自然的物质变换"以提高粮食产量,即马克思所说的"靠消耗最小的力量……进行这种物质变换"。② 当阅读到李比希所指出的城市粪便流失造成厩肥浪费的情况后,马克思十分关注并在《资本论》中单辟"生产排泄物的利用"一节,指明"人的自然排泄物和破衣碎布等等,是消费排泄物。消费排泄物对农业来说最为重要。在利用这种排泄物方面,资本主义经济浪费很大"。③ 可以看到,马克思吸收了相关的自然科学知识,用以说明资本主义经济造成"自然的物质变换"低效。但在"自然的物质变换"上出现的浪费仅仅是现象,马克思的批判没有停留于此。事实上,以资本增殖为核心的"社会的物质变换"要求无限供给生产原料,才导致"自然的物质变换"同时出现资源耗竭和资源浪费并存的状况。可见,马克思追踪自然科学知识,便于呈现资本主义生产在"自然的物质变换"上的生态低效,从而更为鲜明地揭示出资本增殖逻辑为主导的"社会的物质变换"才是根源所在。

---

① 《马克思恩格斯全集》(第 32 卷),人民出版社 1974 年版,第 6 页。
② 《马克思恩格斯文集》(第 7 卷),人民出版社 2009 年版,第 928—929 页。
③ 同上书,第 115 页。

第八章 齐泽克、生态恐惧与
绿色技术的价值重估

生态危机是当代人类面临的全球性发展难题,由于第四次工业革命的迅猛发展,许多人对于具有环境友好特征的绿色技术寄予了无限的希望。在许多人看来,绿色技术不仅是人类生态治理道路上降妖除魔的"神杖",也是寄托人类未来发展希望的"海上明灯"。可是,如果说对于局部性的环境污染,人类或许可以借助于绿色技术得以清除或者是遏制,那么对于全球性的生态危机,绿色技术是否具有彻底根治的"神功",学术界至今没有达成共识。按照当代著名哲学家齐泽克(Slavoj Zizek)的看法,从精神分析视角看,当前生态危机的爆发并非大自然对于人类试图征服大自然的狂妄行为的报复,大自然也并非是自然平衡与生态和谐的化身,大自然充满了混乱、无序与灾难,生态危机本身就是"一小片偶然的实在界"(some contingent piece of real)①,是大自然本真的偶然状态的裸露。对于齐泽克的自然观与生态危机思想,学术界许多人斥之为"荒谬",实际上齐泽克的质疑并非毫无根据。这就需要我们进一步检讨齐泽克的自然观的合理性与失足之处,进而重新反思绿色技术的生态价值及其未来前景问题。

---

① Astra Taylor, *Examined Life*: *Excursions with Contemporary Thinkers* (New York: New Press, 2009), p.182.

一、自然失衡、精神分析与实在界的本真状态

如前所述,绿色技术是许多人心中得以修复人与自然关系的梦想,也是绿色经济与生态文明得以发展的不竭动力。可是,按照著名学者齐泽克的看法,"人是'自然的伤口'(wound of nature),自然的平衡再也无法复原"①,因为技术发展与文明进化已经造就了第二自然,那个没有人类干预的大自然已经一去不复返了,许多人试图回到自然平衡,实际上是一种不切实际的幻想。

对于齐泽克的上述看法,许多学者不以为然,认为这是奇谈怪论,有人甚至斥之为"荒谬",因为按照目前流行的看法,自然平衡、或者说生态和谐是自然界应有的本真状态,生态危机是由于人类误置了人与自然的关系、招致自然界的报复而导致的结果,是人为的结果,不是自然界的应有状态。不过,笔者认为,齐泽克的看法虽然有些偏激,但也不是没有一点根据,当代德国著名生态马克思主义学者 R.格伦德曼(Reiner Grundmann)就曾经质疑:"大自然为什么要以'平衡的'方式运作呢? 或者说大自然为什么一直是美丽的? 难道不是人类将美的规律强加给大自然吗?"②否认和谐是生态系统的自然本性,否认平衡是大自然的根本特征,认为它是人类心理投射的产物。因此,对于齐泽克的这个貌似荒谬的观点,我们需要认真对待与辨析。

下面,我们就从本体论、认识论以及生存论视角探析齐泽克的自然观及其生态危机论。

---

① 斯拉沃热·齐泽克:《意识形态的崇高客体》,季广茂译,中央编译出版社 2001 年版,第 7 页。
② 瑞尼尔·格伦德曼:《马克思主义面临的生态挑战》,刘魁、张苏强译,载《南京林业大学学报(人文社会科学版)》,2015 年第 2 期。

在本体论上,正如巴特勒(Rex Butler)指出,齐泽克拒绝以自然为基础的生态学,提出了"自然不存在"等著名命题,强调在所谓自我平衡、循环运转的意义上大自然并不存在。[①]

齐泽克认为,大自然根本上处于一种疯狂的失控的混沌状态中,充斥着陨石撞击、火山爆发、海啸之类的灾难性事件。充满灾难性事件就是大自然的本来面目。当今工业发展所依赖的主要能源石油就是大规模生态灾难的产物,是大量动物、植物等大规模灭绝后留下的遗骸经过上万年沉积形成的产物。因此,生态灾难并非自然对人类行为的报复,大自然也不是人类的家园。所谓的自然平衡与生态和谐,都是大自然及其生态系统演化过程中短暂调节的产物,"自然本身已经是'第二天性'。它的平衡总是第二位的,这是一种尝试,试图通过协商形成的一种'习惯',在灾难性的中断之后恢复某种秩序"[②]。由此出发,齐泽克强调自然存在的混沌、无序与失衡的普适性,否定自然存在的和谐、有序与平衡的普适性。既然混沌、无序与失衡是自然存在的普适状态与根本,那么,学术界与社会各界流行与向往的自然平衡、生态和谐就是虚构的,是不能成立的。

在此意义上,齐泽克也否认达尔文的进化论思想,否认目前流行的生态治理思想。齐泽克认为,与进化论相反,大自然的每一次修复、每一次成功,都伴随着巨大的损失和灾难。科学研究也有充分的根据证明:90%的人类基因组是没有明确功能的。因此他认定,人类的存在是纯粹的偶然,其中不存在进化现象,失衡、危机乃至灾难都是自然史的一部分。对于当前的生态危机,许多人主张回归自然,敬畏自然,尊重自然,反对人为干预地球,对此齐泽克也

---

① Rex Butler, Slavoj Zizek, *The Žižek Dictionary* (London: Routledge, 2014).
② Slavov Zizek, "Nature and its Discontents," *SubStance*, Vol. 37, No. 3 (2008), p.38.

持反对态度。按照他的看法,地球已经适应了人类的干预,人类制造的污染物已经被纳入地球脆弱的平衡系统之中,停止人为干预反而会造成灾难性的不平衡。因此,我们应当通过科技大力干预自然,不应当盲目尊重自然。

在认识论上,齐泽克基于拉康的精神分析视角探讨了生态危机论的心理学根据与意蕴。

众所周知,齐泽克在学术界是以继承与发展拉康的精神分析理论而著称的。受拉康的影响,他把人类的心理结构划分为实在界、想象界与符号界三个层次。在他看来,人类虽然以自己的身体直接面对自然实在界,但是,人与动植物不同,人类通常是通过语言、文化符号而对外在的对象进行认知构造,形成一个理性的、有序的符号系统,换句话说,人类需要通过自己建构出来的具有民族性、区域性特征的文化符号的过滤而认知世界,这就使得我们对自然实在界的认知不知不觉戴上了有色眼镜。

在齐泽克看来,按照人类创造的符号系统,自然实在界是有序的、和谐的与平衡的,无序、混沌与不平衡是暂时的,否则人类就无法把握自然界,应对环境变化。可是,自然实在界毕竟是在想象界与符号界之外的客观存在。由于科学的发展与技术的巨大成功,人类往往用许多复杂的理论与模型诠释自然与社会世界的变化,以致忽略了自然界的混沌、矛盾与无序现象的存在。当代生态危机的爆发并不是工业文明失误的后果,而是生态危机、生态灾难穿透想象界与符号界而外泄的结果。一句话,生态危机是实在界超越符号界、想象界的结果,不是人类干预自然的结果。我们可以大胆干预自然界,利用各种技术手段建构适应人类生存的自然环境,而不是企图复归所谓的"自然平衡"。

在生存论上,齐泽克探讨了自然平衡观念的存在论意义及其对生态治理的负面影响。在齐泽克看来,人类对自然平衡和生态和谐的信仰,对心灵与现实之间的原始和谐的信仰,是唯心主义的最基本形式,是人们内心最深层的价值认同与心理需求,不容易识破。目前人类在生态治理上之所以遭遇种种困难,其中的认识论根源就在于这是唯心主义的生存心理投射,盲目信仰自然平衡与生态和谐。我们如果要摆脱这种困境,就必须借助拉康的精神分析理论,破除对大自然平衡与和谐的精神幻象。

总之,在齐泽克那里,生态失衡、生态危机乃至生态灾难才是自然的常态或者说本真态,生态平衡是自然的暂时状态,不是自然的常态,甚至不是自然的本真状态,而是出于人类生存需求投射自然的一种主观状态。从地球的自然史视角看,齐泽克的说法虽然有一定的根据,但是,他把自然平衡当成人类生存的一种主体心理投射,夸大了主体的心理作用,忽视了主体的这种心理作用也具有一定的客观性。从系统论的角度讲,系统的运动具有三种形态:稳定均衡状态、混沌(有条件的不稳定状态)状态和爆炸性不稳定状态,不可以混沌运动否定平衡运动的普适性。

从混沌理论角度讲,齐泽克借助于自然界的混沌现象来肯定非平衡的常态性,否定自然系统的平衡、和谐与进化,实际上是对当代混沌理论的曲解,因为混沌理论并不是只强调系统运动的随机性与无序性,而是要在混沌现象中寻找自相似性、有序性与规律性。按照混沌理论,混沌现象是一种无周期性的有序态,具有无穷层次的自相似结构,存在无标度区域。因此,学者李曙华总结道:"混沌既非常规之有序,亦非常规之无序,从单层次看无周期性,即无规律可循,但从多层次看,却有一种标度变换下的不变性,或对称性。因而混沌的规律不是单层次规律,而是跨层次规律。不是量的守恒律而是质的相似律。混沌是'确定性的非周期流'或'非周期的有序性'."[①]显然,齐泽克在此问题上矫枉过正,从一个极端

---

① 李曙华:《从系统论到混沌学》,广西师范大学出版社 2002 年版,第 270 页。

走向了另一个极端。如果说主流学术界过于夸大了平衡、和谐在自然系统演化的重要作用,忽视了无序、非平衡状态在系统演化中的重要作用,齐泽克则走向了反面,过于夸大了生态危机、生态灾难在自然演化过程的重要作用。在生态治理问题上,齐泽克强调人为干预,反对尊重第一自然,把自然与人为对立起来,也是值得商榷的。我们说尊重自然,是说尊重自然规律,反对盲目把人类的意志强加给自然界,并不反对干预自然灾难。当然,不可否认,在科学界也确实有一些人盲目信奉自然性,贬低人工性,也是值得反思的。

二、生态恐惧、资本主义与绿色技术的局限性

面对当今如此严峻的生态危机,我们应当如何治理呢?绿色技术在其中又能怎样的起作用呢?对于这个问题,目前学术界及社会各界流行的看法是,我们要节能减排,大力发展绿色技术与绿色经济,尊重自然,敬畏自然,修复生态失衡,根治环境污染与生态危机,把市场的全球扩张、资本积累控制在生态伦理约束框架下,走人与自然和谐共生的新型文明发展道路。也有人认为,当代生态危机的根源是资本主义,因为"资本主义的主要特征是,它是一个自我扩张的价值体系,经济剩余价值的积累由于根植于掠夺性的开发和竞争法则赋予的力量,必然要在越来越大的规模上进行"①,由此导致生产过剩、环境污染与生态危机。因此如果要彻底解决生态危机,就必须推翻资本主义制度,发展绿色技术与绿色经济,建立具有生态正义与社会正义特征的生态社会主义道路。

---

① [美]约翰·贝拉米·福斯特:《生态危机与资本主义》,耿建新、宋兴无译,上海译文出版社 2006 年版,第 29 页。

齐泽克认为,上述观点虽然具有一定的合理性,但是,不够全面,甚至存在一定的理论误区,其相应的生态治理对策未必能够奏效。

其一,在资本主义全球化的背景下,绿色技术与绿色经济发展有可能出现资本化现象。在现实社会中,资本主义可以通过市场调节以及资本的力量,把人们日常生活中的环保行为转变为新的投资机遇。例如目前生态运动中的简约生活、慢速发展、绿色消费、循环经济等理念已经为新自由主义所利用,其结果不仅没有节约能源与资源利用,反而导致加速资源开采与能源利用,推动绿色资本主义的发展,催生新型的生态危机。

其二,在生态危机问题上,学术界以及社会各界实际上是陷入了一个认识上的误区,以为生态危机是资本主义的工业文明错误对待自然界的恶果与报应,归根到底资本主义是造成生态危机的唯一根源。他认为,这种看法是不全面的,因为生态危机不是我们可以避免的错误与恶果,而是我们原本就一直生存在生态危机中。自有地球以来,生态危机就一直存在,这是地球存在的本真方式。不过,自从人类诞生在地球上以来,随着文明的演化,地球的生态危机不过体现出不同的时代特征。

其三,出于对生态危机的恐惧,当今世界采取了一些激进措施,以致影响到人类文明的发展。这种对灾难的恐惧导致了生态悲观主义的立场,以致生态学取代宗教成为一种新的精神鸦片。实际上,生态危机对于人类而言,有利有弊,需要辩证对待。面对当前严峻的生态危机,齐泽克主张应当采取如下的应对方式与策略:

第一,对于当前地球面临的生态危机,我们不要盲目恐惧,一方面要积极干预,一方面要警惕人类干预的不良后果。面对生态危机,齐泽克反对逃避,主张采取直视态度,要大胆采取行动:“当我们面对一场灾难(比如生态灾难)时,我们应该接受灾难是不可避免的,然后采取行动,逆转已经'写在星星上'的命运,而不是说'未来仍然不确定,我们仍有时间采取行动,防止最坏的情况发生'。"①

第二,在开展节能减排、新能源开发之类的生态运动时,既要防止生态运动的资本化,也要防止国家治理的"私有化"。对于当代资本主义的生态危机乃至其总体危机,也有不少人设想通过国家和国家所有权的直接干预来限制市场和私有财产,但是,齐泽克认为,这仍然是国家自身领域的"私有化"处理方式,是康德所谓"理性的私人使用"。由于资本主义的危机是公共领域的危机,是资本主义的私有理性造成的公共领域的危机,因此,在资本主义的国家范围内来直接干预是解决不了问题的。当然,绿色经济的市场化也是存在风险的,会导致生态运动的资本化,毕竟资本主义的市场经济是造成当代生态危机的主要根源。

第三,人类要从根本上缓解当代人类面临的生态危机及由此造成的生存危机,就要认真对待马克思主义,走全球性的左翼联盟的革命道路。在此基础上,齐泽克提出了激进的社会主义革命方案。

齐泽克认为,生态危机是当代资本主义内部无法调和的对抗形式之一,生态运动必须走向生态政治革命,必须注意资本主义社会中"被纳入者"与"被排除者"的分立与对峙,确定"被排除者"作为未来生态政治革命的主力军。在齐泽克看来,所谓的革命主力军除了传统的产业工人、难民,以及所谓新近出现、同样是无家可归的象征阶级(如经理、记者和公关人员、学者、艺术家等),主要还是指贫民窟聚居者,他们处于国家秩序之外,是全球资本主义秩序的"活死人"②,其地位决定了他们的使命就在于将矛头直指资本主

---

① Slavov Zizek, "Nature and its Discontents," *SubStance*, Vol. 37, No. 3 (2008), pp. 57 - 58.

② 斯拉沃热·齐泽克:《资本主义的界限》,孙乐强译;张一兵:《社会批判理论纪事:第3辑》,江苏人民出版社 2009 年版,第 29 页。

义制度,推翻资本主义的剥削,从而成为解决生态危机的革命主力。不过,在全球化的今天,民族国家的力量有限,要推翻资本主义,还必须建立一个新的左派联盟。

不可否认,齐泽克的生态治理思想与绿色政治批判思想不乏激进而傲慢之处,但其中仍然有许多合理的观点,值得我们认真琢磨与反思。在生态治理问题上,齐泽克的生态平衡投射论、生态危机直视论批判值得关注,尤其是他敏锐地关注到绿色经济、绿色技术发展的资本化问题,关注到绿色运动在新自由主义理念下为资本主义提供合理化证明的问题,值得我们高度警惕。

不过,齐泽克的生态治理主张也有明显的不足之处:他强调人类有史以来一直处在生态危机之中,有点夸大其词了。在历史上,虽然也曾经发生多次的生态危机,但多数是局部性的生态危机,全球性生态危机毕竟是屈指可数。如果说过去的生态危机主要是由周期性的天文因素造成的,当代生态危机的恶化在很大程度上则与人类的工业行为密切相关,不可混为一谈。面对当前严峻的气候变化引发的生态危机,我们在全球化、工业化与现代化的过程中,包括在生态政治革命过程中,也需要充分重视绿色技术的作用。即使绿色技术有被资本化利用的现象,我们也不可歧视,毕竟生态危机首先是一种自然的物质现象,最终还是需要通过绿色的、物质的技术手段去解决或者是缓解。

三、绿色技术的未来及其生态价值重估

前面我们探讨了齐泽克的自然观及其生态治理思想的局限性,现在,我们可以进一步探讨绿色技术的生态价值与发展前景问题。换句话说,如果生态危机既然连同生态和谐、生态灾难都是大自然持续的本真运动状态,并不完全是现代工业文明发展的恶果,

那么,绿色技术的发展还具有怎样的生态功能与发展前景呢?

对于绿色技术,人们通常在环境保护、经济发展和生态文明建设三个层面来理解,这里综合概括界定为"能减少环境污染、降低能源消耗、保障人类身体健康、促进经济与社会发展、实现人类与自然万物持续生存与发展的技术体系"。从现实的角度说,绿色技术之所以盛行,乃是由于建立在石油、煤炭、天然气等黑色能源大规模基础之上的现代工业造成了严重的环境污染、气候变暖、臭氧层空洞、生物多样性减少、森林锐减等全球性问题,严重威胁人类乃至地球各种生物的持续生存与发展。绿色意味着生命,意味着对黑色的石化能源的替代,所以绿色技术意味着开发新能源,减少环境污染,降低石化能源与资源消耗,意味着修复地球的生态系统,为人类经济、社会、政治与文化的可持续发展奠定坚实的技术体系。按照这个逻辑推导,绿色技术发展的历史使命与生态功能就是开发新能源,发展新技术体系,减缓乃至消灭环境污染,修复失衡的地球生态系统,为人类的可持续发展开辟新的光明前景。可是,如果生态危机连同生态和谐、生态灾难是地球生态系统演变的一个重要组成部分,是地球生态系统从平衡—失衡—崩溃—再平衡这样一个历史循环过程的组成部分,那么我们又当如何应对当前的环境污染、气候变化与生态危机呢?我们又当如何看待绿色技术呢?对于这些问题,我们可以从两个层次看。

首先,从当前人类面临生态危机的内在因素来看,除了功利主义、享乐主义、个人主义以及消费经济等因素以外,建立在资本主义的全球化、殖民化与价值观物化基础上的西方工业文明也是其中非常重要的一个因素。

对于当前生态危机的根源,正如法国著名思想家、社会科学院研究员埃德加·莫兰(Edgar Morin)指出:"西方文明的福祉正好包藏了它的祸根:它的个人主义包含了自我中心的闭锁与孤独;

它的盲目的经济发展给人类带来了道德和心理的迟钝,造成各领域的隔绝,限制了人们的智慧能力,使人们在复杂问题面前束手无策,对根本的和全局的问题视而不见;科学技术促进了社会进步,同时也带来了对环境、文化的破坏,造成了新的不平等,以新式奴役取代了老式奴役,特别是城市的污染和科学的盲目,给人们带来了紧张与危害,将人们引向核灭亡与生态死亡。"①换句话说,西方文明是一个非常重要的诱因,其中建立在资本主义的全球化、殖民化与价值观物化基础上的西方工业文明是一个直接因素,导致目前全球性的环境污染、资源短缺与生态危机。为了人类乃至地球生态系统的可持续发展,我们有必要大力发展绿色技术,以便开发新能源、新材料、新产品乃至新的技术体系。

从绿色技术的生态功能角度讲,对于当前人类面临的严峻的环境污染、能源危机与生态危机,绿色技术可以得到一定程度的遏制与修复作用。以物联网、大数据、人工智能等为代表的第四次工业革命更使我们看到了绿色技术发展的光明前景。人类目前在绿色技术发展方面所面临的主要困难不在于绿色技术发展本身,而是在资本全球化背景下的绿色技术发展受到了制度体系的制约。所以,对于绿色技术的发展,我们应给予大力的支持,只不过在建构相关的绿色技术体系时,我们必须慎重考虑绿色技术发展的潜在危害,尤其是要防范绿色技术在开发与使用过程中的不当应用,以免给人类及地区生态系统发展造成不必要的伤害。

其次,从地球演变的历史层次看,人类目前面临的全球性的生态危机只是地球生态系统历史长河中的一个短暂的片段,绿色技术及其相关社会体系的发展只可以在历史的片段中可以有助于缓

---

① 埃德加·莫兰:《超越全球化与发展:社会世界还是帝国世界:第1册》,上海文化出版社2006年版,第202页。

解当前人类面临的环境与生态危机,但是,生态危机的出现具有重复性与多维性,不是绿色技术可以一揽子解决的。

从历史的角度看,地球自诞生以来已经经历各种类型的生态危机,全球性的生态危机至少已经经历了五次,地球上的大多数生物都是在经历过多次的生态劫难以后而演化出来的。绿色技术的发展固然可以局部解决或者从根本上缓解当前人类面临的生态危机,但是,由于绿色技术以及人类工业文明体系的局限,它在发展过程中也会造成某种新的环境污染与生态危机,地球气候变化的周期性演变也会造成新的全球性生态危机。绿色技术毕竟只是人类针对当前的危机开发的新型手段,不仅作用的范围、类型与力量有限,而且其作用的发挥受到不同层次的主体与组织机构的利益、伦理道德与法律的制约。对此,我们应当保持警惕。

换句话说,如果生态危机具有反复性、普适性、多维性与多因性,绿色技术并不能从根本上一揽子解决问题,那么,绿色技术的未来或许就不在于回归自然平衡,根治生态危机,而在于转换思维,与生态危机共存。就像人类面对癌症一样,如果没有特效药,我们无须恐惧,我们需要的是冷静对待,与癌症共生存,提高生存质量。在生态危机问题上,我们需要在绿色技术与生态文明、后工业文明的发展中追求与生态危机共生、共舞,在共生、共舞之中谋求生生不息。不可否认,随着第四次工业革命的推进,随着地球外层空间的开发以及对核能、风能、水能等新能源的看法,当代人类面临的能源危机与生态危机可以得到一定的缓解。但是,随着人口的膨胀、消费经济的扩展以及人类物欲的激发,由于能源危机、资源危机引发的生态危机是难以从根本上彻底解决的,只能是局部性的、短暂性的缓解。在此意义上,伴随着生态危机的延续与转型,绿色技术仍然具有强大的生命力。

问题在于人类如何才能够利用绿色技术实现生态治理进程中

的生生不息呢? 对此,美国著名学者约翰·H.霍兰(John H. Holland)的复杂适应性系统理论、中国古代周易的顺天应人思想以及目前流行的负责任创新理论,也许可以给我们有益的启示。第一,按照霍兰的看法,自然界的生态系统不断变化着,呈现出绚丽多彩的相互作用与后果,"只有我们真正认识了这些复杂的、不断变换的相互作用,在生态系统所能承受的限度内开发利用其资源,我们所做的维持生态系统平衡的努力才能更好地保护自然"①。换句话说,人类的未来取决于能否通过绿色技术发展实现环境保护与生态修复,以便在动态的过程中适应自身在新环境中的生态位,而非回归原始的自然平衡与生态位。第二,《周易·乾卦》云:"夫大人者,与天地合其德,与日月合其明,与四时合其序。"②按照周易的思想,宇宙各种生物,包括人类,都是顺应四季变换的时序、气候变化与生物节律而生存的,人类的聪慧与独特性在于它能够"顺天应人",一方面积极、主动地顺应变化的节律与周期性,此所谓"顺天";另一方面是满足人与万物的"生生之道",实现人与各种生命在地球上永续生存与发展。③ 即使在今天,面对气候变化、工业发展以及资本主义等因素引发的生态危机,面对当前号称颠覆性技术革新的第四次工业革命,我们仍然可以利用各种因素顺天应人,一方面节能减排,降低能源与资源消耗,在一定程度上减缓、迟滞生态危机对于人类生存的威胁;一方面通过人工智能等技术获取更多的自然运动信息,了解地球运动的各种参数、运动的模式与变化的节律,参与自然调节与修复。第三,在绿色技术的创新过程中,我们要注意从负责任创新视角关注创新主体、技术与创新产品

---

① [美]约翰·H·霍兰:《隐秩序》,周晓牧、韩晖译,世纪出版集团 2011 年版,第 4 页。
② 金景芳,吕绍纲《周易讲座》,吉林大学出版社 1987 年版,第 7 页。
③ 刘魁,吕卫丽. 气候治理:从现代性反思走向"顺天应人"[J]. 南京工业大学学报(社会科学版),2017,(3).

的互动过程。在此问题上,我们不仅"要重视技术对人和社会的规范性影响,同时也要关注人和社会对技术的规范性影响"①,考虑更广泛的社会、伦理和环境因素,"以便更好地预测问题并创造出一个富有弹性的系统,去处理某些意想不到的社会后果的新思路"②,实现全球的智慧性发展、可持续发展和包容性发展。

---

① 王小伟,姚禹. 负责任地反思负责任创新[J]. 自然辩证法通讯,2017,(6):37 - 43.
② Hilary Sutcliffe, "A Report on Responsible Research & Innovation," *DG Research and Innovation of the European Commission*. http://ec. europa. eu/research/science-society/document_library/pdf_06/rri-reporthilarysutcliffe_en. pdf, 2011.

第九章 福柯的新自由主义
批判及其当代意义

　　学术界总是流传着各式各样的神话。一个晚近的神话是：福柯在其生命的最后时刻出现了思想右转。这一论断之所以出现，主要是因为福柯1978—1979年度在法兰西学院讲授的课程（《生命政治的诞生》就是以讲授的内容为基础整理出版的），尤其是该课程关于新自由主义的论断。据说，福柯在该系列课程中评论新自由主义时采取了一种非批判性的论调，这与其对马克思主义、社会主义的严厉措辞形成了鲜明对比。人们由此得出一个结论："他的沉默正是表示了他的暗中赞同。"[①]社会学家丹尼尔·萨莫拉认为，尽管福柯并非赞同新自由主义，但是他试图寻求对新自由主义的一种"聪明的使用"[②]。法国左翼哲学家雅克·比岱尽管明了福柯对新自由主义的内在批判态度，但他也承认，"福柯对自由主义持一定的赞赏态度"[③]。我们不禁要问，福柯晚年真的"向右转"了吗？事实上，所谓福柯的新自由主义转向是一个巨大的误判，恰恰

---

① ［法］拉加斯纳里：《福柯的最后一课》，潘培庆译，重庆大学出版社2016年版，第9—10页。
② ［法］丹尼尔·萨莫拉、［法］米切尔·迪恩：《福柯是怎么把新自由主义理解得如此错误的？》，李丹译，"澎湃新闻·思想市场"2019年9月22日，参见 https://www.thepaper.cn/newsDetail_forward_4390056.
③ ［法］雅克·比岱：《福柯和自由主义：理性，革命和反抗》，载《求是学刊》2007年第6期。

相反,福柯从治理范式出发对新自由主义作出的批判独特而深刻,即便在 40 多年后的今天依然有着十分重要的理论和现实意义。

一、福柯关于新自由主义的立场是如何被误认的

长期以来,抛开那些"不明真相的群众"和少数别有用心的人不说,少有学者将福柯看成新自由主义的支持者或同路人。然而,近年来伴随着法国学者拉加斯纳里以及社会学家丹尼尔·萨莫拉对于福柯的公开批评①,有关福柯和新自由主义关系的争论被推上了风口浪尖。拉加斯纳里认为,批判新自由主义确有必要,但是批判的前提是真正地、内在地理解新自由主义,福柯在《生命政治的诞生》一书中"既不是赞美新自由主义,也不是对其进行谴责",而是把新自由主义看作是"一个富有想象力的场所",一种能够提供思想灵感的理论资源,这一做法对于今天"重新发明一种左派的激进自由主义传统"②有借鉴意义。萨莫拉同样认为福柯和新自由主义之间具有亲缘性:福柯的旨趣是尽力减少社会机制中的规范性因素,而寻找到能够给边缘群体提供"一个较少规范、较少强制和更宽容的空间"③的实践机制,特别是福柯基于对官僚制和国家权力的批判视角而反对福利国家和公共卫生系统,这些都使他和哈耶克、弗里德曼等新自由主义者站到了相近的立场上。④ 萨莫拉对此持批评态度,并主张当前左翼必须走出对于福柯这一类激进左

①③ [法]丹尼尔·萨莫拉、[法]米切尔·迪恩:《福柯是怎么把新自由主义理解得如此错误的?》,李丹译,"澎湃新闻·思想市场"2019 年 9 月 22 日,参见 https://www.thepaper.cn/news Detail_forward_4390056.

② [法]拉加斯纳里:《福柯的最后一课》,潘培庆译,重庆大学出版社 2016 年版,第 144—145 页。

④ David Hancock, "Foucault and Neo-Liberalism," *Contemporary Political Theory*, Vol.16, No.2 (2017), p.300.

翼哲学家的迷恋，恢复对全球化、剥削、社会保障等更加本质性的议题的探讨，以便重建那种既激进又大众的左翼力量。虽然一褒一贬，但这两位学者却一致地得出了一个颇令人惊讶的结论：福柯虽然未必是新自由主义的支持者，但他却是以某种积极的态度看待新自由主义的，而且他的理论和新自由主义之间存在某种亲缘关系或"家族相似性"。那么，学者们到底是从何得出这样的结论的呢？为什么这是一种误认呢？

一是认为两者在理论目标和旨趣上具有相似性。拉加斯纳里认为，福柯和新自由主义一样，都主张社会主义和资本主义之间的传统划分已然失效，并且无论左派还是右派都无法给出有力的现实方案，因此有必要走出传统政治学简单粗暴的左右分野，探求理解当代政治的新方式。萨莫拉也认为："福柯看到法国新自由主义的发展与季斯卡政府一起打破了经典的'左右'之分。"①的确，新自由主义认为，福利政策、市场调节政策等新的现实因素都不能再被归入传统的资本主义范畴，真正的对立已经不在传统的左右之间，而在自由派和反自由派之间。按照拉加斯纳里的看法，许多左派也正是因为囿于社会主义与资本主义的传统划分，才将反共产主义的新自由主义简单化地看成是一种以博学面目包装出来的新右派意识形态。而福柯本人也的确反对那种仍用传统理论框架来解读新自由主义的刻舟求剑的做法，他说："亚当·斯密、马克思、索尔仁尼琴，放任自由、商品社会和景观社会，集中营和古拉格世界：大体上这就是通常人们分析和批评新自由主义问题的三个模板，

---

① ［法］丹尼尔·萨莫拉、［法］米切尔·迪恩：《福柯是怎么把新自由主义理解得如此错误的？》，李丹译，"澎湃新闻·思想市场"2019 年 9 月 22 日，参见 https://www.thepaper.cn/news Detail_forward_4390056.

它们因而使得新自由主义问题被轻视。"①然而,仅仅以此为凭据,并不能得出福柯与新自由主义理论旨趣相近乃致要从新自由主义中寻找理论灵感的结论。众所周知,福柯是从对生命政治的分析批判进入对自由主义以及新自由主义的探讨的,这从 1978—1979 年课程的名称"生命政治的诞生"就可以看得出来。而"生命政治学"显然是福柯对当代社会权力形式的一个批判性指认,这就从侧面证明福柯对于新自由主义的批判态度。实际上,也正是通过对新自由主义的探讨,福柯得以将其对权力形式的探讨自然地延伸到了他所处的时代。这可以说是福柯不凡的理论生涯中最为接近现实的一段旅程。显然,思想敏感锐利的福柯已经意识到,新自由主义正在成为这个时代占据主导地位的权力形式(治理技艺)。此外,也没有任何证据表明福柯此时在理论的批判性以及对带有显著批判性的谱系学方法的使用上有什么突然的变化。因此,虽然福柯的确注意到了新自由主义的不同寻常,但其旨趣绝非从中寻找灵感,而是继续扮演一名精湛的理论外科大夫的角色,用他的一贯锐利的手术刀将新自由主义这一最新的治理术剖析给世人看。

二是认为两者都反对社会的总体性。拉加斯纳里认为,福柯和新自由主义一样,都反对总体性的"社会"概念,特别是反对现代以来的国家权力。外在地看,这一判断基本是成立的。但是福柯的反对逻辑和新自由主义的反对逻辑有着本质的差别,不能混为一谈。新自由主义的确反对近代启蒙理性传统中的总体性,主张承认"思想的局限",但是新自由主义同时又相信社会事务有一个"自发的秩序",并相信"该秩序使人有可能在更加广阔的范围内利

① [法]福柯:《生命政治的诞生》,莫伟民、赵伟译,上海人民出版社 2011 年版,第 116 页。

用社会所有成员的认识和才能,胜过中央领导创造的任何秩序"①。这里其实存在着一种内在矛盾,即新自由主义一方面为了反对总体性而强调思想本身具有局限性,认为人们认识总体真理是不可能的,但另一方面却对一种从思想中构建出来的自发秩序怀有"特殊的相信"。福柯同样反对既定的总体性,但他是从他的唯名论立场以及谱系学方法出发的,认为任何"总体"都只是一种历史的具体存在物,是特定时期在"实践系列与真理体制②的结合"中形成的占据真理和权力中心位置的"知识—权力装置"③。就此而言,新自由主义正是这样一种"暂时"占据总体位置的知识—权力装置,因而是福柯研究和批判的对象。

三是认为两者都质疑传统的管制、调节和干预形式的合法性。拉加斯纳里认为,对传统国家形式及其相关的传统政治—法律"神话"的批判是福柯产生"对自由主义和新自由主义的兴趣"的最重要的背景。他说,"'市场''经济理性''经济人'等概念在福柯眼里被视为具有强大威力的批判工具,能够贬低大写法律、契约、公共意志等模式",成为一种走出"国家话语"的新话语。④ 萨莫拉也提出:"对于戈尔兹和福柯来说,并非新自由主义代表了解决方案,但

---

① ［法］拉加斯纳里:《福柯的最后一课》,潘培庆译,重庆大学出版社 2016 年版,第91—92 页。

② 这里的"真理体制"并非指科学意义上的规律或事实背后的真相,而是指在特定的治理时期产生的一种占据主导地位的话语和实践形式的集合体。这些话语和实践历史性地占据了人们政治或治理活动的真理位置,成为人们行动的一般性准则。参见［法］福柯《生命政治的诞生》,莫伟民、赵伟译,上海人民出版社 2011 年版,第15—16 页。

③ 福柯明确指认,"知识—权力装置"是秩序自由主义者(即包括哈耶克等人在内的德国新自由主义的代表人物)所规划的,"现在已经成为大多数资本主义国家治理程序的治理技艺"。参见［法］福柯《生命政治的诞生》,莫伟民、赵伟译,上海人民出版社 2011 年版,第 131 页。

④ ［法］拉加斯纳里:《福柯的最后一课》,潘培庆译,重庆大学出版社 2016 年版,第119—120 页。

它使他们睁开眼睛看到某种前景:占领从国家手中解放出来的空间并用其他类型的经验填补。"①新自由主义对国家以及集中性的权力的恐惧是众所周知的,福柯将这一现象冠名为"国家恐惧症"②。但是,根本无法从这里得出福柯和新自由主义思想相近的结论。一方面,无论新自由主义还是传统国家都是福柯谱系学研究和批判的对象,如果说新自由主义有什么特殊之处,那么它不过是更加晚近地占据主导地位的权力或治理形式而已。另一方面,福柯本人也并不赞同新自由主义对国家的夸张批评和污名化。他指出,新自由主义的理论策略是把纳粹看成是国家权力过度扩张的结果,从而达到其宣扬市场的目标,但实际上人们常说的极权国家的"特征远不是国家机制内生的强化和扩张"或"国家的狂热",相反,现实问题是"国家的弱化"。③ 更重要的是,福柯明确指认,新自由主义政府的干预一点都不比其他体系下的政府来得少,这也就驳斥了那种认为新自由主义主张对经济和社会尽量不予干预的错误见解。

四是认为两者追求的解放路径有异曲同工之妙。拉加斯纳里认为,新自由主义令福柯感到"兴奋",激发福柯在其中找到一条可能的解放道路,特别是找到一条反对国家、秩序、专制等一切限制性因素,从而使多样性、异质性的存在更少乃至"不被治理"的解放道路。④ 萨莫拉也说:"福柯的问题是他隐然接受了他们对市场的

① ［法］丹尼尔·萨莫拉、［法］米切尔·迪恩:《福柯是怎么把新自由主义理解得如此错误的?》,李丹译,"澎湃新闻·思想市场"2019 年 9 月 22 日,参见 https://www.thepaper.cn/newsDetail_forward_4390056.
② 从某种意义上说,西方发达国家在此次新冠病毒肺炎疫情防控上的"失守"在很大程度上与他们的新自由主义治理术相关,与他们对国家和政府权力本能的不信任和恐惧相关。
③ ［法］福柯:《生命政治的诞生》,莫伟民、赵伟译,上海人民出版社 2011 年版,第 169—170 页。
④ ［法］拉加斯纳里:《福柯的最后一课》,潘培庆译,重庆大学出版社 2016 年版,第 146 页。

看法:比起服从多数决定原则的福利国家,对于少数派的实验来说,市场是一个较少规范、较少强制、更为宽容的空间。"①客观地讲,福柯理论中的确包含着对多样性和异质性存在的肯定。但是问题仍然在于,这并不能证明福柯和新自由主义之间的契合性。在《生命政治的诞生》中福柯认为,美国式的新自由主义社会"完全不是构想或规划一个彻底的惩戒性社会",与此相反,"在该社会中,各种差异系统要处于最优状态;在该社会中,要给予震荡过程以自由空间;在该社会中,要容忍那些少数个体和少数实践活动"。② 如果不理解福柯在叙述过程中惯常采用的中立性的陈述言说方式,就会很容易将此段论述误认为是对新自由主义的赞赏。事实上,在该书的另外一个地方,福柯就通过引入对美国新自由主义的基础模型——经济人的讨论来证明新自由主义的内在矛盾性。福柯说,这里存在着一个理论和实践的"悖论",从理论上说,经济人"是不应该被触碰的","我们对其放任自由",但是在实践中,经济人"却正是可被操控之人",是"极其可被治理者"。③ 应当说,这段论述十分清晰地表明了福柯对新自由主义的批判态度。

二、福柯对新自由主义治理术的"政治批判"

笔者并不否认学者们对福柯相关批判的合理性,但对于将福柯看成是新自由主义的亲近者甚至同路人这种观点,却绝不能认同。事实上恰恰相反,福柯乃是最早对新自由主义理论与实践展

---

① ［法］丹尼尔·萨莫拉、［法］米切尔·迪恩:《福柯是怎么把新自由主义理解得如此错误的?》,李丹译,"澎湃新闻·思想市场"2019 年 9 月 22 日,参见 https://www.thepaper.cn/newsDetail_forward_4390056。本文引用时对译文作了适当改动。

② ［法］福柯:《生命政治的诞生》,莫伟民、赵伟译,上海人民出版社 2011 年版,第230 页。

③ 同上书,第240 页。

开全面系统批判的左翼学者之一,而且这一批判十分深刻。因此,尽管福柯的思想和马克思主义存在相当的距离,但是面对新自由主义这一十分重要且棘手的"对手",福柯思想理应被纳入"反"新自由主义的理论阵营,而非相反。换句话说,当代马克思主义在批判新自由主义时应当吸收借鉴福柯相关思想的合理因素。而要实现这一点,需要我们深入福柯文本,弄清楚福柯到底是如何看待并批判新自由主义的。福柯自陈,他的目标是运用权力或者治理范式对历史中的知识和真理作出一种"政治批判",具体来说,就是确认与权力相关的知识、真理以及技术"在哪些条件下"得以确立"并且会产生哪些后果"。① 在这个意义上说,福柯对新自由主义的批判意味着去考察新自由主义是何以成为一种"真理"的,它运用、操弄着哪些治理技术,它又将产生什么样的政治后果。在具体的分析过程中,福柯与马克思一样都采取了经济和政治相结合的研究角度,而且其谱系学的方法和历史唯物主义也有颇多内在共通之处②,至少两者都旗帜鲜明地反对抽象的理念和价值悬设,而主张"现实历史—社会实践优先",历史地、具体地、实践性地考察特定时代的社会关系与社会结构。③ 也正因为这样,福柯的相关理论对于马克思主义展开对新自由主义的当代批判有着重要的借鉴意义。

---

① [法]福柯:《生命政治的诞生》,莫伟民、赵伟译,上海人民出版社 2011 年版,第 30—31 页。

② 有学者认为,福柯和马克思在方法论上存在很大的共性,两人"都可以称作历史唯物主义者",尽管同一个名称在两者那里所指向的内涵有许多差别。参见 Mark Olssen, "Foucault and Marxism: Rewriting the Theory of Historical Materialism," *Policy Futures in Education*, Vol. 2, No. 3 - 4 (2004), p.474.

③ 与认为福柯晚年转向新自由主义的观点针锋相对,张一兵教授认为晚期福柯出现了"重新回到马克思"的转变,采取了一种"没有马克思的马克思的思考逻辑"。参见张一兵《回到福柯》,上海人民出版社 2016 年版,第 502—504 页。

（一）是"普世真理"还是一种治理技艺

从《安全、领土与人口》开始，福柯逐步发现了一个全新的概念或者说范式——治理。有学者将治理范式看成是福柯对其前期知识—权力范式的"一种根本性的修正和深化"[1]，而福柯对自由主义和新自由主义的研究正应当置于这一全新的"治理"范式中予以探讨。在福柯看来，自由主义、新自由主义绝非某些意识形态家眼中的"普遍真理"，也不只是一种简单的意识形态或观念体系，而是一种治理术，一种新的治理理性和治理技艺。这的确开辟了一个全新的研究视角，也在很大程度上突破了传统左派和右派的认知模式。

福柯通过历史研究认为，在自由主义出现之前，西方社会主导性的治理框架是国家。国家的治理范式大约是从 16 世纪中期起逐渐建立起来并日益占据主导地位的，它在经济上主要表现为重商主义，主张国家应该通过货币积累、人口增长等方式追求富强；在内部管理上，要实行管治，即"对国家地区进行无限制的规章管理"；对外则要"构造一架永久的外交—军事机器"[2]。在对国家治理范式的反思与突破中，自由主义于 18 世纪诞生。与主张扩张的国家治理相比，自由主义是一种新型的主张"节制"的治理技艺。自由主义治理技艺的第一个重要特点是，认为市场拥有一些自发的、自然的机制，能够形成某种合理的价格，"表达出生产成本和需求范围之间的恰当关系"，因此对于经济无须过多干预。在这个意义上，福柯说自由主义更应该被称之为"自然主义"。第二个关键

---

[1] Vanessa Lemm & Miguel Vatter, et al, *The Government of Life：Foucault, Biopolitics and Neoliberalism*(New York：Fordham University Press, 2014), p.2.
[2] ［法］福柯：《生命政治的诞生》，莫伟民、赵伟译，上海人民出版社 2011 年版，第 3—4 页。

特点就是治理的"效用"成为评判治理合理性的重要依据。基于市场的交换原则和作为评判依据的效用标准合在一起就是"利益"。福柯说,自由主义是"一种依据利益来运行"的治理术。从此,利益成为"治理理由唯一可操控的东西"。①

　　既然利益才是自由主义的隐秘内核,那听上去处于核心位置的"自由"对于自由主义又意味着什么呢? 事实上,自由绝非某种崇高的绝对价值律令,而只是维系这一新的治理术所需要的"元素"。"以适当形式存在的个体自由,在此只是理性治理的技术条件,而不是某种乌托邦梦想的组织化的价值。"②自由主义治理术无时无刻不在"制造自由、激起自由并生产自由",乃是因为它需要和依赖自由才能运转,但是在自由的根底处还是利益。但是自由(利益)随时可能遭受各种风险,这就又涉及"安全"问题。福柯说,自由主义治理技艺一方面需要大量的自由,另一方面又需要大量的干预措施以规避风险、确保安全。由此带来的后果就是控制和干预手段的惊人扩张,而这些手段又在很大程度上抵消了所谓的"自由"。由此,自由和干预的内在矛盾构成了自由主义治理术的危机所在。福柯强调,这种危机当然和资本主义经济危机有一定关系,但两者并不能完全等同,这是一种治理术总体配置的危机,凯恩斯主义、纳粹主义、罗斯福新政等都是这一危机的体现。正是这种危机催迫自由主义内部产生出了一种更新的治理术,这就是新自由主义。

　　那么,这种新自由主义治理术相对于过去的自由主义治理术

---

① [法]福柯:《生命政治的诞生》,莫伟民、赵伟译,上海人民出版社 2011 年版,第 27、37—39 页。

② Andrew Barry & Thomas Osborne & Nikolas Rose, et al, *Foucault and Political Reason：Liberalism，Neo-Liberalism，and Rationalities of Government*(Chicago：University of Chicago Press, 1996), p.24.

到底发生了什么变化呢？福柯说，从表面上看，新自由主义和自由主义之间是很相似的，都主张自由竞争和市场经济，但是仔细分析就会发现两者存在着很大的差别。传统的自由主义是以一种"自然主义的天真"态度来看待自由竞争和市场经济的，它把市场看成是真理的场所，认为只要政府少干预市场，对市场采取放任自由的态度，那么市场自然会发挥好调节的作用。但是新自由主义反对这种天真的态度，它将自由竞争看成是一种形式化的原则，是一种胡塞尔现象学意义上的"本质"。因此，纯粹竞争就不是天然应当存在的事物，而应该是治理技艺所要达及的"目标"。重要的是"对作为形式机制的这种竞争进行分析"，找到让其发挥"最佳作用"的方式。① 也因此，国家和市场的关系发生了深刻翻转。如果说传统自由主义追求的是对什么可以干预和什么不能干预作出区分，从而在经济领域限制国家权力，并要求国家监管、看护市场自由竞争，那么新自由主义则"为政府的行动主义规定了积极的任务"，它试图"建立某种法律、体制和文化条件以使企业家行为的人为竞争游戏发挥最佳效果"。② 换句话说，新自由主义不是减少干预以恢复市场的"自然"作用，而是积极干预以便达及市场竞争的"形式"存在。

（二）市场原则的普遍化与企业社会批判

按照福柯的分析，新自由主义称得上是自由主义的积极版本。市场、竞争、利益诸原则在这种治理技艺中被抬到了无以复加的高

---

① ［法］福柯：《生命政治的诞生》，莫伟民、赵伟译，上海人民出版社 2011 年版，第 102—103 页。
② Andrew Barry & Thomas Osborne & Nikolas Rose, et al, *Foucault and Political Reason: Liberalism, Neo-Liberalism, and Rationalities of Government* (Chicago: University of Chicago Press, 1996), p.27.

度,以致被推广到社会生活的方方面面。市场竞争原则的普遍化使得整个社会以及社会中的一切组织、个人都像是企业,现代社会成了"企业社会"。福柯敏锐地意识到,这是一种"不依赖于规范的宣传或对差异的病态化来运行的",即区别于传统法律权力或规训权力的"新的权力形式"。① 企业社会批判构成了福柯新自由主义批判的一个重要方面。

福柯发现,新自由主义始终以维护自由市场的名义维持着一种"过度干预"。使作为"形式"的自由竞争普遍化,实现"市场经济原则"对政治权力运作的总体调控,乃是新自由主义治理术的最高目标。只要服务于这一目标,一切干预都是合法的。福柯说,"在所有新自由主义的文本中都能找到同样的观点,即自由主义体制下的政府是一个积极的政府、警觉的政府和进行干预的政府",这是"一种积极的、多样的、警觉的、无所不在的社会干预主义"。② 当然,这种干预和计划经济中的干预是有显著区别的。新自由主义区分了"好的干预"与"坏的干预"。所谓坏的干预是去干预价格、产业部门等等和经济直接相关的因素,而好的干预则是去"影响框架"和"环境",比如对人口、技术、培训教育、法律制度、土地的可使用率乃至气候等进行干预,其目的是消除那些反竞争、反市场的因素和机制。因此,无论是德国、法国还是美国新自由主义的一个共同特点,就是"市场游戏的普遍化"。规定就是否定。新自由主义维持一个纯粹市场竞争环境的行为,颇像在建设一个无菌的生物实验室,或者一个对温度、湿度、灰尘都要严格控制的高科技厂房。

---

① Vanessa Lemm & Miguel Vatter, et al, *The Government of Life: Foucault, Biopolitics and Neoliberalism*(New York: Fordham University Press, 2014), pp.42 - 43.
② [法]福柯:《生命政治的诞生》,莫伟民、赵伟译,上海人民出版社 2011 年版,第 118、142 页。

　　为了实现作为纯粹形式的市场机制，新自由主义不仅要对市场之外的各类社会因素进行大量干预，而且它往前又迈出了一步：市场或者说自由竞争法则干脆成了社会一切领域的普遍准则。换句话说，新自由主义追求的不只是通过调节社会环境来构建纯粹市场，还进一步追求"社会的市场化"。这可以说是市场原则对社会的一种更深的"殖民化"。用福柯的话说，现在新自由主义的目标已经不是像传统自由主义那样追求一种以交换价值为一般尺度和准则的社会，用卢卡奇的话说就是去构建一个万物商品化的社会，构建"一个服从于竞争型动态活动的社会"，这甚至已经"不是一个超级市场社会，而是一个企业社会。它所要构建的 homo oeconomicus（经济人）不是交换之人，也不是消费之人，而是企业之人和生产之人"。[①] 应当说，福柯的企业社会概念不但在很大程度上走出了马克思主义的经典逻辑，而且也不同于包括阿多诺在内的批判理论家们关于当代社会是"充斥着消费和景观的均一化的大众社会"的见解[②]，而是以自己独特的视角揭示了晚近资本主义最新的物化现实。在新自由主义治理术的"统治"下，整个社会以及基层的单元、家庭、个人，都将以企业形式存在。"'企业'形式在社会机体内部的这种繁殖就是新自由主义政策的关键之处。重要的是要把市场、竞争以及随之而来的企业当成我们所称的社会塑形力量。"[③]这里的企业不是指一个机构，而是经济领域中的某种行动方式，即为了更好地完成竞争而制定各种目标、计划、规划、策略并努力实施的行动方式。法律和制度的目标也正是为了给各种

---

① ［法］福柯：《生命政治的诞生》，莫伟民、赵伟译，上海人民出版社 2011 年版，第129 页。

② Deborah Cook, *Adorno, Foucault and the Critique of the West* (London and New York: Verso, 2018), p.53.

③ ［法］福柯：《生命政治的诞生》，莫伟民、赵伟译，上海人民出版社 2011 年版，第130—131 页。

"企业"设定一个更好的参与游戏的规则和方式。整个社会成了一个企业竞争与发展的游戏场。以自由竞争的名义,社会诸主体在新的治理术下沦为同质化的"企业之人"。

(三)新自由主义背后的"生命政治学"

在福柯那里,新自由主义研究是和他的生命政治学紧密联系在一起的。生命政治学确证了福柯对新自由主义的批判态度,而解码福柯生命政治理论的关键,也正在于对自由主义特别是新自由主义治理术的批判,因为自由主义和新自由主义就是一种"对生命的治理"[①]。伴随着新自由主义的"干预"达到前所未有的程度,生命政治这一权力形式的发展也达到了一种极致。

新自由主义生命政治的一个重要体现是其独特的社会政策。在有些新自由主义者那里,社会政策也被称为生命政策。新自由主义的生命政策不像过去那样"以提高工作和减少劳动时间为导向","而是注意全体劳动者的生命情况",关注他们"物质上的和道德上的健康,所有权感和社会归属感"[②]。然而,尽管打着人道主义的名号,其实质却是为了更好地维系企业竞争和市场游戏的规则。新自由主义还反对过多的福利政策,反对经济活动的过度社会化而只允许私有化,反对帮助就业特别是反对平等,因为所有这些举措都会被看成是对市场竞争规则的妨碍,相反应当放任不平等,"只要人们认同经济游戏以及它所包含的不平等结果是对社会的一种总体调节,每个人应该对其顺从和屈服"[③]。与福利政策主张

---

① Vanessa Lemm & Miguel Vatter, et al, *The Government of Life: Foucault, Biopolitics and Neoliberalism* (New York: Fordham University Press, 2014), p.2.
② [法]福柯:《生命政治的诞生》,莫伟民、赵伟译,上海人民出版社 2011 年版,第 141 页。
③ 同上书,第126页。

缓和贫富差距、解决相对贫困问题不同，新自由主义只愿意去解决
"绝对贫困"，补助只能维持在一个较低的水平，"它应该使得人们
不会把这笔额外的补助金当作生活的手段而使得他们逃避去寻找
工作，逃避重新进入经济游戏中"。自由竞争的经济游戏是绝对律
令！福柯看到，在新自由主义那里存在着与马克思"过剩人口"概
念相似的"起始人口"概念，有必要维持"一种起始人口，对一种已
放弃充分就业目标的经济来说，这种起始人口构成人力资源的永
久储备，如果需要的话，可以取出它们，但如果同样需要的话，也可
以重新将其退回到接受救济的地位中去"①。区别于马克思认为过
剩人口是资本主义生产方式的必然结果，福柯认为新自由主义精
心设计了一种全新的、富有弹性的包容与排他机制，刻意维持剩余
人口的存在，以保证在尽可能"不排除任何游戏者"的前提下玩好
那唯一正确的经济游戏。

　　新自由主义生命政治学的另一个集中体现是美国新自由主
义的"人力资本"概念。这一概念起源于对传统经济学中劳动概
念的更新。古典政治经济学将劳动看成是财富生产的重要因素，
到李嘉图这里，商品的价值被看成是由生产所耗费的劳动决定
的，且劳动已经被化约到时间因素上。即便到了凯恩斯那里，劳
动也还只是被看成一种生产要素，它只能在投资率非常高的生产
环境下获得效用。新自由主义则认为，古典经济学对劳动的讨论
过于抽象化、被动化了。事实上，马克思也指认了劳动的抽象化
和被动化现象，但马克思认为这是资本逻辑带来的"过错"。新自
由主义者反其道而行之，认为是古典经济学家的思维方式犯了错
误，他们"向来认为经济学的对象只是资本过程、投资过程、机器

---

① 　参见［法］福柯《生命政治的诞生》，莫伟民、赵伟译，上海人民出版社2011年版，第
　　180、183页。

过程、产品过程,等等",因而"以如此抽象的方式来看待劳动"。新自由主义主张,经济学应该关注具体的劳动,而不是抽象的劳动,甚至经济学的任务不是去分析资本、投资、生产等因素或者过程之间的关系与机制,而是要去分析"人类行为以及这种人类行为的内在合理性"①。可见,新自由主义不像马克思那样去追问资本和劳动的矛盾关系,而是实证主义式地将劳动当作一种有目的性、策略性的经济行为来研究。新自由主义的理论逻辑很简单:工作是为了工资,工资是一种收益,而收益按照费雪的陈旧定义是资本的产出或回报率,因此,人力或者说劳动者就应当被看成是一种资本,而劳动技能则是"将会产生收益流的一台机器"。有意思的是,新自由主义完全是在正面意义上来论述这一点的:提升自己劳动技能的行为被看成是一种合理的投资,而每一个劳动者,现在都"表现为一个企业"②,都活得像一个精打细算、积极进取的企业家。18 世纪法国唯物主义关于"人是机器"的观点在高呼自由的新自由主义这里得到了漫画式的再现。生命丧失了温度,时刻进行着一种以获取收益和增值为目的的计算和自我提升活动。正如奈格里所说,福柯的生命政治概念打开了关于"生命形式的生产"③的理论视野,而新自由主义正是一种以"自我治理"为特征的生命政治形式。

三、福柯新自由主义批判理论的当代意义

尽管质疑之声不断,但新自由主义仍然是当今西方社会的一种主流意识形态,在我国也有一定的影响。对这种思潮,我们必须

---

① [法]福柯:《生命政治的诞生》,莫伟民、赵伟译,上海人民出版社 2011 年版,第 196—197 页。
② 同上书,第 198—199 页。
③ Antonio Negri, *Marx and Foucault* (New York: John Wiley & Sons, 2017), p.11.

站在马克思主义的立场上予以科学辨析、有力批驳。福柯的新自由主义批判显然有其不足之处①,但并不能因此否定福柯批判的深刻和锐利。事实上,福柯的相关思想对于补充发展当代马克思主义的新自由主义批判学说有着十分重要的借鉴意义。

首先,提醒我们放弃对西方自由主义政治体制和意识形态的迷恋。自启蒙运动以来,以自由为核心的自由主义思想及其变种占据了西方政治体制和意识形态的主流位置。伴随着西方国家的崛起和扩张,自由主义也顺理成章地在世界范围内产生了决定性的影响。虽然本质上自由主义是西方文明传统内生出来的一种思想形态,但它却常常以普世真理自居,成为西方向非西方世界输送政治制度和价值观念的主要理论工具,受到许多非西方世界人士的追捧。然而,福柯运用谱系学方法从治理范式出发开展的研究表明,自由主义和新自由主义绝非什么普世真理,而是西方特定历史阶段发展出来的一种治理理性和技艺。它只是一种历史性的存在,根本不具有天然的合法性。这与马克思主义把自由主义看成是现代资产阶级社会发展的伴生物颇为相近。对于被自由主义、新自由主义视为核心价值观念的"自由""市场"等,福柯更是十分犀利地剥去了其"伪自然性"的外衣,深刻地指出:自由的奥秘不在政治领域,更不在思想领域,而是在市场和经济领域之中。根本没有什么超历史的"原初权利",自由也不具有本体论或者存在论的优先性,自由的正当性所以被提高到前所未有的高度,乃是出于一种新的治理术的实践要求,这就打碎了以往笼罩在自由主义和新自由主义身上的神圣光环。因此,我们没有必要过度迷恋西方的

---

① 比如他的唯名论态度使他客观上否定了马克思主义关于资本逻辑及其内在矛盾的一般科学论断,比如他侧重于关注知识、权力技艺的微观权力批判视角,使其很难从更宏阔的世界历史视域出发透视新自由主义的实质和弊病,因而他也始终无法找出一条摆脱新自由主义的现实道路。

自由主义和新自由主义,而是要走出一条适合中国国情、植根中国大地的治理与发展道路。

其次,坚决抵制把社会一切领域都市场化的倾向。为了维护作为所谓终极价值的自由,新自由主义设想了一个完全以市场化模式来运行的经济体系和社会秩序。与这种绝对的市场经济秩序相伴相生的是私有制以及完全服务于市场的政府。新自由主义认为,私有制"将生产工具的控制分散给许多独立行动的人",这样就没有人"拥有完整的权力凌驾我们"①,自由便能得到保障和捍卫。而由无数独立个人自由竞争形成的自发秩序,又会最大限度地推动经济发展。与此同时,应当严格限制政府的权力,只允许政府行使维持社会运行基本需要的服务性功能,而严禁政府行使额外的强制性权力,以防触犯自由和市场原则。新自由主义对政府权力的担忧很大程度上来自于对计划的恐惧,它认为计划将会"剥夺我们的选择权"和"经济自由",削弱竞争,导致"独裁"与"法治的破坏"②。可见,新自由主义无论在理论上还是实践上都是与中国现实直接对立的。如果真的采取新自由主义方案,那么中国就会完全走上另一条道路。福柯关于新自由主义治理术的批判性分析,深入阐明了私有制、限制国家和政府权力等理念服务于市场竞争的现实机理,深刻揭露了新自由主义所带来的物化生存状态和生命政治后果,告诉我们新自由主义绝非许多人想象的那般美好。市场和政府的辩证关系、双轨制等,恰恰是极具中国特色的制度安排,我们对此应当拥有清醒的认识和制度自信,绝不能被新自由主义引到邪路上去。

最后,有必要进一步发展完善社会主义治理技艺。在《生命政

① 何信全:《哈耶克自由理论研究》,北京大学出版社 2004 年版,第 134 页。
② [英]哈耶克:《通往奴役之路》,王明毅等译,中国社会科学出版社 1997 年版,第 71、79、98 页。

治的诞生》中,福柯说要以"面向未来的方式来提问","适合社会主义的治理术可能会是什么?""什么样的治理术可能成为严格的、内在的、自主的社会主义治理术?"或许能够在某种程度上表明福柯心迹的是,福柯在提问完之后意味深长地说:"我们不能从社会主义及其文本中推导出这种治理术。我们应该把这种治理术创造出来。"①在此,福柯深刻地认识到纯粹书本上的社会主义是没有前途的,重要的是社会主义的实践,而社会主义不可能凭空存在,它必须依托于特定的社会存在,特别是需要"嫁接在一个治理术之上"。在福柯眼中,此前的社会主义尽管存在着经济、行政、卫生等各种各样的干预技术,但是尚不存在社会主义的治理合理性和"自主的社会主义治理术"。因此,它才有待被创造出来。尽管福柯的治理范式不能直接挪用到今天中国国家治理的语境中来,但是福柯提出的问题是有预见性和启发性的,社会主义治理术必须在实践中优化发展的思路和主张也是可取的。当前,我国正致力于坚持和完善中国特色社会主义制度、推进国家治理体系和治理能力现代化,发展出一套自主的、成熟的社会主义治理术成了新时代中国特色社会主义的历史使命,也是我们一定要实现且必定会实现的宏伟目标。

---

① 〔法〕福柯:《生命政治的诞生》,莫伟民、赵伟译,上海人民出版社 2011 年版,第78 页。

第十章　马克思的有机自然观
及其当代价值

　　工业革命与现代化给人类带来了丰厚的物质财富,令人类欢呼雀跃。但随之而来的是以环境污染、人口爆炸、能源短缺、物种灭绝等为特征的生态危机,如同一把"达摩克利斯之剑"悬在人类头顶。面对病毒般侵略的生态危机,人类需要反省对待自然的态度、观念和行为,重新树立人与自然和谐共处的正确准则。马克思重新诠释了人与自然之间的合理关系,反对近代以来将自然视为机器和实体的机械自然观,给我们留下了宝贵的精神财富。马克思既承认自然自身作为生命有机体的一面,又强调人类的主体性,将自然作为人类肢体延伸而同人类化作有机整体。因此,有必要系统地阐明马克思的有机自然观,包括其基本内涵及时代价值,为缓解甚至解决生态危机,清除人与自然之间的对立关系,构建人与自然生命共同体提供重要的理论基础。

一、马克思有机自然观的理论渊源

　　马克思在借鉴和批判伊壁鸠鲁朴素能动自然观、黑格尔唯心主义有机自然观和费尔巴哈唯物主义抽象自然观的基础上,将各种理论精髓和自身思想火花、实践经验科学地结合在一起,创造性地以唯物主义和有机论的视角看待人与自然的关系,形成独特的有机自然观。

（一）以伊壁鸠鲁为代表的朴素能动自然观

马克思比较分析了伊壁鸠鲁与德谟克利特自然哲学之间的差异，肯定伊壁鸠鲁对宗教目的论的批判，获得关于自然界深刻的唯物主义认识，进而论证人类自由的必然性和可能性，描绘出一个自由和自我决定的世界，在这个世界中渐渐厘清人类与周围环境之间的互动关系。

伊壁鸠鲁超越了德谟克利特原子论的机械性和决定性，认识到偶然性和自由的可能性，人类的思想不再归结为自然面前被动的感觉。"原子脱离直线而偏斜却把伊壁鸠鲁同德谟克利特区别开来了。"[①]原子偏离直线的运动在德谟克利特那里是不存在的，但是只有第二种运动才能较好地解释偶然性。只有原子的偏斜，相互碰撞和冲击，才能产生自然界各式各样、丰富多彩的事物。因此伊壁鸠鲁的自然哲学是一种能动的、偶然性的理论，马克思明确指出，"因此，从历史上看有一个事实是确实无疑的：德谟克利特使用必然性，伊壁鸠鲁使用偶然性，并且每个人都以论战的激烈语调驳斥相反"[②]。正是这种偶然性、原子偏斜打破了"命运的束缚"。人类的能动性得到了极大的张扬，这说明人类对自然的认识从来就不是一成不变的。

但是，伊壁鸠鲁将自由归结为单纯存在于自我意识中的自由，面对外界现实不做合理的抗争，而是追求精神和自由的独立。马克思认为伊壁鸠鲁"抽象的个别性是脱离定在的自由，而不是在定在中的自由。它不能在定在之光中发亮"。定在的自由不能离开

---

① 《马克思恩格斯文集》（第1卷），人民出版社2009年版，第30页。
② 同上书，第27页。

自我意识外化产生的物质性存在,定在的自由就是现实的自由,只有丢掉抽象的个别性而使其成为物质才能到达自由彼岸。自由的实现绝不仅仅是自我意识和观念中的自怜自艾。马克思指出,"由于有了质,原子就获得同它的概念相矛盾的存在,就被设定为外在化了的、同它自己的本质不同的定在"。①

而定在中的自由并不绝对,需要进一步需要人类克服自身的制约,达到自在自为的状态。人类具有外在自然和内在自然两种束缚,即人类内在野蛮的、非理性的欲望冲突,还有外界的物质环境。人的自由问题如同原子之间的排斥离开现实的排斥仅仅停留在自我意识之中,定在中的自由和自在自为的自由都无法实现。人与人之间只有建立起社会关系,在人与人之间相互作用的关系之中,人类才能摆脱定在的纯粹自然状态和孤立个体的野性状态。

马克思认为,自由的问题不能抽象地理解,实现自由绝不能将人与周围环境割裂开来,把二者对立起来的方法也是不可取的。人类不能被看作是抽象的个别性,要将人类与周围环境的相互联系和作用综合起来考察,才能够解决自由问题。这个时候马克思已经看到人与自然的相互作用和紧密联系,人不能脱离自然存在,必须将其放在周围环境中对待。人与环境是密切联系和相互作用的,否则只会陷入孤立无援的状态,只有在环境中人的自由问题才能得到解决。

(二)以黑格尔为代表的唯心主义有机自然观

众所周知,黑格尔是德国古典哲学的集大成者,他的伟大之处在于建立起全面的、百科全书式的唯心主义体系,覆盖美学、伦理学、法学等诸多领域,并极大发展了辩证法。黑格尔从既是实体又

---

① 《马克思恩格斯全集》(第 1 卷),人民出版社 1955 年版,第 39 页。

是主体的唯心规定即绝对精神出发,描述绝对精神自我发展的历史,揭示了其发展的阶段和内在必然联系。黑格尔在绝对精神自我发展的第二阶段——自然哲学中,主要论述了他的唯心论有机自然观。总体上来看,黑格尔将自然界视作一个理念透视下辩证发展、相互作用的有机系统,虽然从根基和过程中贯彻着绝对精神。

首先,在黑格尔那里,自然的存在是理念自身发展到一定阶段的产物,是自我异化和外化的结果。黑格尔宣称,"自然是作为他在形式中的理念产生出来的……外在性就构成自然的规定,在这种规定中自然才作为自然而存在"。"自然是自我异化的精神。"①黑格尔这里对自然的阐述是清晰的,在他的哲学建构中,自然是理念的否定性存在,是理念自身内在矛盾扩散开的结果。同时外在性构成自然的规定,这就是自然的起因和本性。这里的外在性是相对理念内在而言的,不是指自然界相对人类在内的外在优先性,理念的自我异化使得自然获得自身规定性而得以自我显现。

其次,黑格尔认为自然界是一个由众多阶段构成的活生生的、统一的整体。黑格尔指出,"自然必须看作是一种由各个阶段组成的体系,其中一个阶段是从另一个阶段必然产生的"②。自然不是自然科学上所凝固的孤立的静态物,而是运动发展着的有机的整体。自然整体在内在本性决定着自身由一个阶段不断发展转化为另一个高级阶段。

最后,自然是一个活生生的整体,自由贯穿着自然发展的整个过程。有机统一体可以自己产生、创造自己,维持自身的可持续发展。这是一种内在目的性的自我复归的循环过程。"概念按照发

---

①　[德]黑格尔:《自然哲学》,梁志学译,商务印书馆1980年版,第20页。
②　同上书,第28页。

展的使命,进行合乎目标的发展,或者如果人们愿意的话,也可以说是进行合乎目的的发展。"①"真正的目的论考察在于把自然看作在其特有的生命活动内是自由的,这种考察是最高的。"②自由恰恰是自然发展的内在合目的性,也正是自然的这种内在目的使得自然是由各个阶段组成的体系,呈现出由低级向高级的发展,自然是一个统一的理想的有机整体或生命。

黑格尔自然观中的唯心的部分虽不可取,但是自然观中有机、整体思想有其合理之处,不应遮蔽。黑格尔关于自然界中无机领域向有机生命领域的发展,以及将自然界作为一个活生生的有机整体来看的观点,对以后现代科学中控制论和系统论等科学理论产生了很大影响,尤其对马克思有机自然观的建立产生了深刻的影响。马克思很好地吸收了其中关于有机体思想的合理之处,并指出精神外壳下的自然的谬误,"对他说来整个自然界不过是在感性的、外在的形式下重复逻辑的抽象而已"③。正是在这样的基础上,马克思建立其深刻的关于自然实在的有机自然观。

(三)以费尔巴哈为代表的唯物主义抽象自然观

费尔巴哈是德国古典哲学的唯物主义代表,马克思在批判费尔巴哈唯物主义抽象自然观基础上深入了解到自然的生成属性,破除了黑格尔绝对精神的迷障,认识到有机生物与环境之间存在一种特殊的有机关系,在实践的基础上将人与自然联系起来,给有机自然观的建立打下良好基础。

费尔巴哈认为自己的哲学是"新哲学",以区别过去传统的唯心主义哲学,他经常讲自己的哲学的基本内容就是两个:自然界和

---

① [德]黑格尔:《自然哲学》,梁志学译,商务印书馆1980年版,第34页。
② 同上书,第8页。
③ 《马克思恩格斯全集》(第42卷),人民出版社1979年版,第179页。

人。他认为,自然界是一个客观的存在,是一个现实的、感性的无限的、永恒实体。自然界在时间和空间上是无限的,是无意识的,不是上帝或者某种绝对精神、纯粹逻辑派生出来的,自然界由于自身的原因而始终存在和变化。这是与黑格尔的哲学理念针锋相对的。费尔巴哈指出,"我所说的自然界,就是人拿来当作非人性的东西而从自己分别出去的一切感性的力量、事物和本质之总和"①。人类应当按照自然界或者客观世界的本来面貌认识各种事物和现象,自然界不依赖于人的精神,是在任何精神状态之外存在的。

费尔巴哈在物质本身找到了自然的基础。自然界涵盖了我们所知的一切事物,如果我们的感官觉察不到他们,那么这些事物根本不存在,不存在任何不可感知的"自在之物"。费尔巴哈强调物质世界是客观的、丰富多样的,而且这种多样性在起初就是这样,并不是由于背后某种精神实体的作用而派生出来的。

费尔巴哈可以说是坚定的唯物主义者,但另一方面他的自然观又是抽象自然观,认为自然界是直观的、纯粹的。自然是人类生存的物质本真基础,是人们感性活动的对象性存在。自然界在外部保持着优先地位,人类在自然界中获取生活资料,依赖自然界,但是我们居住和生活的世界并不是始终如一的世界,而是人化后的自然界。对此,马克思深刻地指出,"这种先于人类历史而存在的自然界,不是费尔巴哈在其中生活的那个自然界,也不是那个除去在澳洲新出现的一些珊瑚岛以外今天在任何地方都不再存在的、因而对于费尔巴哈说来也是不存在的自然界"②。

---

① 费尔巴哈:《费尔巴哈哲学著作选集》(下卷),商务印书馆 1984 年版,第 591 页。
② 《马克思恩格斯全集》(第 3 卷),人民出版社 1960 年版,第 50 页。

二、马克思有机自然观的基本内涵

马克思的有机自然观是马克思借鉴近代自然科学发展,运用有机论的视角和方法来看待人与自然、社会与自然之间相互作用而形成的思想理论,是相对过去割裂人与自然关系、将自然当作抽象实体而言的一种有机论的自然观。马克思既承认自然是一种先天性的客观存在,是一个原生的自我发展着的生命有机体,又看到自然在历史过程中成为人类派生的无机身体存在,人类将自然纳入自身机体生长共同进化。在综合分析之后,马克思用"新陈代谢"来形容和表述劳动中人与自然的关系。

(一)自然是原生的生命有机体

马克思将自然看作内部相互依存、持续运动的有机生命体。马克思指出,"但是同时应当要求我们的作者对自然界作更深入的研究,把自己对各种元素的初步感性知觉提高到对自然界有机生命的理性知觉。在他面前出现的将不是混沌的统一体这个幽灵,而是有生命的统一体这个精灵"①。自然不再是机械式冷冰冰的静态实体,而是动态化的内含人类在内的整体生成物。

"世界表现为一个统一的体系,即一个有联系的整体,这是显而易见的……"②"我们所面对着的整个自然界形成一个体系,即各种物体相互联系的总体,而我们在这里所说的物体,是指所有的物质存在,从星球到原子,甚至直到以太粒子,如果我们承认以太粒子存在的话。这些物体是互相联系的,这就是说,它们是相互作用

---

① 《马克思恩格斯全集》(第1卷),人民出版社1995年版,第332页。
② 《马克思恩格斯全集》(第20卷),人民出版社1971年版,第663页。

着的,并且正是这种相互作用构成了运动。"①这种自然有机体包括
时间和空间上的各种存在物,大至宇宙星系,小至行星地球,是包
括充满劳动分工的人类社会甚至其他智慧文明在内的大系统。

自然界是生命的统一体的精灵,其内部之间各种元素总是保
持着相互联系、相互作用的状态,统一于自然生命共同体之中。自
然界的各种事物部分服从于整体,从生命整体角度而不是先天个
体差异本身出发,做着不同职能的活生生的运动,经历着从繁荣昌
盛到衰落死亡的过程。"它们在不断地相互转化,单单这种转化就
形成了地球的物理生命的第一阶段,即气象学过程,而在有生命的
有机体中,各种元素作为元素本身的任何痕迹全都消失。"②

当然,在哺育出人类之后,自然界虽然保持着优先地位,但是
情况已经大大不同。

(二) 自然是人派生的无机身体

马克思指出,"被抽象地孤立地理解的、被固定为与人分离的
自然界,对人说来也是无"③。与人毫无关联、时空上远古久远的、
处于未经勘探的原生自然,固然有其自在价值,但是如果永远不能
与人类发生物质交换,满足人类审美、道德和心灵的价值需要,那
也是虚无缥缈、毫无意义的。

那么自然的意义和价值何在? 马克思给出了答案。马克思指
出,"从理论领域说来,植物、动物、石头、空气、光等等,一方面作为
自然科学的对象,一方面作为艺术的对象,都是人的意识的一部
分,是人的精神的无机界,是人必须事先进行加工以便享用和消化

---

① 《马克思恩格斯全集》(第 20 卷),人民出版社 1971 年版,第 409 页。
② 《马克思恩格斯全集》(第 42 卷),人民出版社 1979 年版,第 178 页。
③ 同上书,第 95 页。

的精神食粮"①。正是自然界丰富多样的各种草木鱼虫、飞禽走兽的存在,才使得人类自然科学中各种数据、各种公式能够得出,让人们拥有可靠的对象得以研究,为人类的艺术创作提供素材,人文社会科学中各种形象、理论才能够出现和拥有存在的价值。因此,自然界是人的必须事先加以认识和消化的现成的精神食粮。"实践上,人的普遍性正表现在把整个自然界——首先作为人的直接的生活资料,其次作为人的生命活动的材料、对象和工具——变成人的无机的身体。自然界,就它本身不是人的身体而言,是人的无机的身体。"②因此,人类从自然界获得直接的生活材料和间接的实践工具,通过劳动和工具延长自身的肢体,使得自然成为自身的无机身体从而与有机身体合二为一,不断地维持自身的生存、繁衍和发展。

在马克思看来,人类将外部自然纳入自身机体,也就是在进行物质生产活动,再生产整个自然界。人类在使得自然化作与人一体的无机身体之时,同样在改造整个无机界,"动物只生产自身,人再生产整个自然界"③。人类生产出自然界从未有过且不可能生产的产品。因此,人类是属人的具有自我意识的类存在,能够依照自身目的去改造自然界。

马克思指出,"整个所谓世界历史不外是人通过人的劳动而诞生的过程,是自然界对人说来的生成过程,所以,关于他通过自身而诞生、关于他的产生过程,他有直观的、无可辩驳的证明"。世界历史就是在人与人结成的社会关系中通过实践劳动创造出来的。实践劳动是一所架在人与自然之间的桥梁。

---

① 《马克思恩格斯全集》(第 42 卷),人民出版社 1979 年版,第 95 页。
② 同上书,第 97 页。
③ 同上书,第 131 页。

因此，自然是作为人类肢体的延伸即无机身体通过劳动与人类一体化。人类通过劳动将外部自然（直接或间接的生产工具、生产资料等）纳入自身机体生存系统，既保证自身机体的生存与发展，又延伸自然演化下的肢体。"人类在实践活动中已与外部自然相耦合而形成一个新的生命有机体，外部自然作为人的身体的扩张，构成'人的无机的身体'，而人则借助于把自然物本身变成他的活动的器官，去支配和控制这一生命有机体。"[①]

（三）人与自然之间的新陈代谢

新陈代谢一词最早是 1815 年由一位德国生理学家提出的生理学现象，30 年代和 40 年代被大部分德国生理学家所采用，表示人的身体内部"身体内与呼吸有关的物质变换"。1842 年，德国农业化学家李比希在《动物化学》一书中，扩充了这个概念的内涵，使之具有农业化学和生理学的含义，得到更加广泛的使用。生态马克思主义者福斯特认为，"新陈代谢"概念的生理有机体的使用，至今仍然是研究有机体与周围环境之间相互作用的系统方法论的关键范畴。生物体复杂的新陈代谢交换使整个机体（或特定的细胞）从自身所处的自然环境中汲取物质、能量，并且通过各种形式的新陈代谢生物化学反应将它们转化为机体发育所需的营养组织成分。此外，新陈代谢概念过去经常用来表示有机体与其生长环境之间的调节过程，控制着二者之间复杂的物质交换。自然界充斥着这样的新陈代谢，这在当时已经成为众所周知的事实。

马克思没有停留在李比希等人对"新陈代谢"的使用，而是以"新陈代谢"来描述劳动中人与自然之间的关系。马克思在两种意义上使用新陈代谢这个概念。其一，人类通过劳动在自然与社会

----

① 《马克思恩格斯文集》(第 5 卷)，人民出版社 2009 年版，第 207 页。

之间引起的新陈代谢相互作用。这里的自然和社会是指在两个开放互动的相对系统之间进行能量、信息和物质的传递、转换等。其二，马克思在社会层面上使用新陈代谢概念，即在资本主义社会中劳动异化产生出的复杂的、交叉性的动态关系，以及引起的人类非自由问题。如果说第一种的新陈代谢概念对于社会与自然之间互动关系具有特定的生态意义，那么第二种则具有十分广泛的社会意义，尤其是对于资本主义社会引起人与自然之间新陈代谢断裂的批判。福斯特认为，新陈代谢概念，以及包含着的物质交换和调节活动的观念，使得马克思对于来源于人类劳动的人类和自然之间复杂的、动态的相互交换给予更加完整而科学的描述。

"劳动首先是人和自然之间的过程，是人以自身的活动来中介、调整和控制人和自然之间的物质变换的过程……当他通过这种运动作用于他身外的自然并改变自然时，也就同时改变他自身的自然。"[1]马克思以新陈代谢诠释出自然和劳动是人类生存的一般条件，劳动是人类生活得以实现的永恒的自然必然性，人类利用劳动调节自身生命活动及维持与自然物质的交换平衡。同样的，新陈代谢断裂还具有社会批判的意蕴。新陈代谢断裂指出了资本主义社会使得土地费力下降，日益贫瘠和酿成城市中不断增长的普遍污染现象。在资本主义社会，由于资本主义中大工业和农业的发展增加了对土地的剥削，食物和服装纤维源源不断从农村进入城市，使得土地营养成分流失，变成一个"不可修复的断裂"问题。

马克思的"新陈代谢"概念"抓住了同时作为自然和肉体存在的人类生存的基本特征，这些特征包括了发生在人类和他们的自然环境之间的能量和物质交换"。[2]

---

[1]　John Bellamy Foster, *Marx's Ecology：Materialism and Nature*（New York：NYU press, 2000）, p.159.

[2]　《马克思恩格斯全集》(第 20 卷)，人民出版社 1971 年版，第 519 页。

三、马克思有机自然观的当代价值

马克思有机自然观在当今时代发展仍然具有不可估量的作用和价值，其有利于深化国内外学者对马克思自然观的进一步认识，利于反思当前人与自然的冲突关系，树立人与自然整体协调发展的意识，促进社会上良性循环经济的发展，推动构建人与自然生命共同体。

（一）树立人与自然整体协调发展意识

自然并不是游离在自然界之外，而是身处在自然界之内，是自然界的一部分。人类站在自然面前是一种受动性存在，作为自然界的一分子，即使人类灭亡，那么自然仍然可以演化和培育出新物种。那么保持对于自然的崇敬和尊重是必要的，遵循自然界的规律行事。但是自人类掌握各种科学知识、技术工具以来，其主动性大大增强，以自身的角度去揣测和分析自然的属性，自然的本质不再能够自如地展现在人类面前，这样就造成人与自然之间的分离。人类以外在对象的异在来使用自然材料，以打量器物的态度来扫描事物，从事生产活动，使其成为头脑中工具化的抽象，这样造成人类与自然之间深刻的裂缝。人类自认为对于自然界的奥秘和规律了然于胸，可以按照自身的任意意愿去改造自然。可实际上，"我们不要过分陶醉于我们对自然界的胜利。对于每一次这样的胜利，自然界都报复了我们"①。

人类必须站在自然界之内，作为自然界的一分子，将人与自然作为一个有机整体来与自然共处。在人与自然进行物质、能量和

---

① 《马克思恩格斯文集》(第7卷)，人民出版社2009年版，第116页。

信息的交换中,各自敞开心胸,真诚相待,实现你中有我、我中有你的和谐发展。人类需要认识到,人类是由自然和劳动创造出来的。人类应该在自然和自身创造过程中,在创造的世世代代的物质资源和精神资源中,将自然的发展与人类社会发展统一起来。由此看来,马克思有机自然观有利于人类认识到世界与人命运同体、休戚与共,树立人与自然整体协调发展的意识。

(二)推动社会发展良性的循环经济

循环经济是一种强调资源节约和循环利用的经济发展模式,将经济发展活动中物质和能源合理和循环持久利用,形成资源—产品—再生资源的正反馈流程,尽可能减小经济活动对自然环境的影响。马克思有机自然观认为,人与自然之间的新陈代谢关系是通过劳动来控制和调节的,人类必须团结起来作为社会化的人合理调节人与自然之间的物质变换,以实现人与自然的可持续发展。资本主义社会的生产方式破坏人与自然之间的物质循环断裂。马克思认为应当通过一系列改革措施恢复物质、能力的流通与交换,这些具体措施有废料再利用、节约利用原材料、提高资源利用率等,与循环经济的"减量化、再使用、再循环"原则基本符合,或可称之为马克思的循环经济思想,这些为中国发展良性的循环经济提供了思想支撑和实践借鉴,有利于刺激与应用在循环经济的发展上。

所谓的废料,几乎在每一种产业中都起着重要的作用。每一种废料都不是绝对的无用物,需要人类对其构成元素和性质加以分析,选择其中可以再次使用的要素投入到再生产之中。循环再利用同时就是一种节约,而机器改良也会减少废弃物的排放,这又是一种节约。废料的减少和循环利用离不开科学技术的进步、工业机器的改良。

可见,马克思有机自然观蕴含着丰富的循环经济思想,有利于环境与发展的协调,实现从末端治理到源头控制,从利用废物到减少废物的质的飞跃,在现实和实践上推进新时代中国循环经济的良性发展。

(三)促进构建人与自然生命共同体

马克思有机自然观有助于在实践和行动上给予生命共同体构建指导,推进新时代人与自然生命共同体的构建。在共产主义社会中,在克服劳动异化之后,劳动实践得到升华,社会化的人通过合理调节人与自然之间的物质变换,人与自然的矛盾彻底得到解决。只有在共产主义社会中,人与自然的物质变换才能置于共同控制之下,人与自然之间的生命脐带重新恢复。人类不再受自然的统治和物的压迫,私有制被消灭,人类能够得到全面自由的发展。而人类对自然不再抱有敌意,而是当作肢体的一部分和延伸,爱护人类的无机身体,在脑力劳动和体力劳动的统一过程中让自然展现出自身的本质。自然不再作为人类的外在物和对立物,而是作为维持自身与其他生命形式的整体环境,人类也不再游离在自然界之外,而是身处自然界之中,与其他物种族群一同生存和生活在生命共同体之中。

我国在吸收和继承马克思生命共同体思想的基础上,进一步提出构建人与自然生命共同体的理念和思想。习近平在党的十九大报告中强调,"人与自然是生命共同体,人类必须尊重自然、顺应自然、保护自然"。[①] 自然是包括山、水、林、田、湖、草等的有机整体,是各部分要素相互依存而不断发生新陈代谢运动的生命有机

---

① 习近平:《决胜全面建成小康社会 夺取新时代中国特色社会主义伟大胜利》,载《人民日报》2017 年第 10 期。

体。人因自然而生,人与自然是一种和谐共生关系。人类必须统筹治理好山水林田湖草系统,从政策和制度上加强生态环境管理和保护,加深自然中气候变化周期、生物循环原理等规律的认识,尊重自然、顺应自然、保护自然,坚持人与自然的和谐共生。今天的智慧城市就是一个非常好的典范,将人类、技术、自然有机融合在一起。智慧城市中的经济发展遵循了联系和发展的原则,这样的经济模式考虑了城市环境的可承受能力,不仅努力发展高新技术产业,同时也尽可能保护环境。[①] 构建人与自然生命共同体是马克思有机自然观的继承和发展,有机自然观为构建人与自然生命共同体提供了基本理念和实践指导,有利于推进人与自然生命共同体的构建。

马克思的有机自然观,在发生学的意义上重新诠释了原生自然机体和次生人工机体,并且深度探讨了历史发展中人与自然之间通过劳动进行的新陈代谢相互作用,蕴含着丰富的内涵。马克思的有机自然观为构建人与自然生命共同体提供了基本理念和实践指导,对于破除人与自然之间的二元对立具有重要的方法论意义。

---

① 潘可礼:《以人为核心的新型城镇化研究》,中央编译出版社 2020 年版,第 136 页。

第三编
21世纪全球危机及其未来展望

第十一章　人与自然和谐共生的
　　　　　理论前沿探索

　　"建设人与自然和谐共生的现代化"这一理念是中国应对全球生态危机风险的顶层方案,也是当代社会主义生态文明观的鲜明体现。它既有马克思主义生态理论作为根基溯源,又有对国内外生态治理经验的充分借鉴,是契合新时代生态文明社会需求的。它彰显出我们既要金山银山,更要绿水青山的初心,其中的责任担当意义非凡。中国共产党人深刻认识到,当前履行生态责任所面临的机遇与挑战不容忽视。机遇表现在改革开放带来综合国力的巨大提升和公民生态意识的日益觉醒,挑战则体现为市场增值效应和人口压力以及国际生态治理环境日益趋紧。为此,我们亟待辨明生态责任的意涵,普及生态意识,确保社会生产与自然物质变换的良性循环,实现当代政治的生态转向,并坚持从生态环境是最普惠的民生福祉等原则出发,积极推广绿色发展方式、推动绿色技术革命以及培育绿色文化和开展环境外交方面提出解决对策,从而达成人与自然和谐共生的中国式现代化建设。

一、唐娜·哈拉维论自然与文化的"伴生关系"

自然是什么?对于这个问题的回答,向来有两种对立的立场:实在论与社会建构论。实在论虽有形形色色的各种形式,但在自然的问题上他们的基本立场相似。实在论认为存在着一个自然世界,且能够独立于人的感知行为而存在,自然独立于心灵、文化、语言,是感知的实在;而我们关于自然的理论或陈述的真理性取决于自然世界本身,我们获得理论和陈述的实践本身不会影响到这个理论或陈述所表征的自然实在。简言之,自然是独立于人类的实在,自然实在决定着人类所建立的理论的真理性。社会建构论则与实在论相反:我们对自然的认识是基于社会文化的建构,特别是出于利益的建构;对自然认识的真理性取决于社会协商,真理是相对的,因此,社会建构论也常常与相对主义画上等号。实在论与社会建构论的争论在自然问题上呈现出自然与文化的对立:站在实在论的立场,自然是本体论上的实在;而站在社会建构论的立场,社会或文化才是本体论上的存在,自然则是后天建构的。从实在论和建构论的两极看,我们关于自然的理论要么还原为自然实在,要么被解释为社会文化的建构。换言之,对于实在论而言,文化外在于自然,自然可以影响社会文化,但社会文化与自然无关;而对于社会建构论而言,社会文化单方面决定着自然。然而,无论是实在论还是社会建构论,都预先假设了自然与文化是截然不同的两个系统、两个世界,自然与文化是相分离的存在。

女性主义学者唐娜·哈拉维(D. J. Haraway)提出伴生关系,

重新梳理自然与文化、人类与非人类的关系,为化解二元论找到一条新的路径。

（一）自然/文化二分的根源：人类中心化与自然他者化

二元论产生的根本原因在于一方根据差异将另一方边缘化,而将自身中心化,明确地说,二元论产生于人类的中心化,自然的他者化。以灵长类动物学为例,有人认为灵长类动物学是对猴子、猩猩等类人猿动物的揭示与发现。与"发现"的观点相反的是,哈拉维认为灵长类动物学是建构的产物,自然世界是人类工作的一项特殊成就。在考察了二战前后的灵长类动物学后,哈拉维指出,灵长类动物是什么,如何被描述,与彼时的社会历史有着千丝万缕的联系,灵长类动物学是特定"秩序"（order）建构的产物。这种秩序是在对差异边界的划分协商中建立的,更为明确地说,灵长类动物学是在东方与西方、性与性别、自然与文化的差异基础之上所建立的二元论秩序下建构的产物。受萨义德东方主义的影响,哈拉维将灵长类动物学称之为"类人猿东方主义"①。

我们对灵长类动物的理解观念是由特定的认知和描述实践所建立的,这些认知和描述实践总是浸润着人类特定的文化和象征意义。

首先,"类人猿东方主义"是指灵长类动物学是将猴子、猩猩等类人猿的他者化。哈拉维指出,我们所认为的"自然"实际上是一种人类的建构,这种建构的核心是将自然建构为"他者"。

其次,"类人猿东方主义"揭示了他者化的最终结果是,使类人猿彻底沦落为客体、资源。哈拉维反对这样一种自然观:将自然客

---

① Donna Jeanne Haraway, *Primate Visions: Gender, Race, and Nature in the World of Modern Science* (London: Routledge, 1989), p.10.

体化和资源化,即把自然当作是可供人类利用的资源,可开采的对象。在哈拉维看来,自然不是一个有待人类涉猎的场所,不是人类守卫或储藏的宝藏;自然不是隐蔽的,等待人类揭示或发现的存在;自然也不是供人类阅读的,以数学或生物医学编码的文本。然而,我们却发现,在特定的文化特权下,自然必然会沦为客体和资源,成为完全消极、被动之物。

最后,当自然降格为客体,却可以反过来建构、巩固特定文化权威,成为特定文化权威的基础。例如,二战前的灵长类动物学将雄性铭写为一个群体的支配者,雌性铭写为一个群体的从属者。雄性支配者及雌性从属者的确立是依照父权制文化而对自然铭写的结果,然而这一结果却被当成是自然本身,即被文化铭写的自然变成真正的自然,被铭写、被父权制文化建构的过程悄然隐退,自然反过来起到巩固和捍卫父权制文化的作用。雄性——支配者、雌性——从属者,这一被文化铭写建构的自然现象,演变为生物共同体的本质,成了人类社会异性恋和父权制的自然起源和本质基础。"类人猿东方主义"就是指,灵长类动物学的建立是一个基于等级秩序的建构过程,既是一个他者的建构过程,也是一个自我的建构过程。"类人猿东方主义,就是以他者为原材料,建构出自我的过程;是在对自然的挪用中,生产文化的过程;是从动物的泥潭中,生长出人类的过程;是从默默无闻的有色人种中,澄清白(人)的过程;是从女人的身体中,分离出男人的过程;是从性(sex)为原料精心制作出性别(gender)的过程;是通过激活身体,而凸显心灵的过程。"①

当自然成为消极被动的资源时,自然与文化之间此消彼长的

---

① Donna Jeanne Haraway, *Primate Visions: Gender, Race, and Nature in the World of Modern Science*(London: Routledge, 1989), p.11.

张力以及互相建构的关系却隐而不现了;在资本主义父权制、殖民主义、种族主义等文化的绝对权威树立起来之后,被遮蔽不见的还有与其他文化形式相联系的自然,比如东方的自然、有色人种的自然、女性的自然等。我们所熟知的自然只是与单一文化特权彼此深刻建构的自然,虽然这个自然充斥着西方中心主义、种族中心主义、性别(男性)中心主义等令人不满的烙印,但是,在历史长河中,这个自然又是我们离不开和无法摆脱的自然。

(二)自然与文化的伴生关系及其哲学基础

哈拉维对于自然,持有建构论的立场,但她又不同于社会建构论,在她看来,自然与文化、自然与社会是同一个建构过程的结果。而社会建构论将社会或文化置于本体论的高度,将自然看成是社会或文化的建构,这是哈拉维所反对的。哈拉维认为自然是实践建构的产物,自然是在与社会或文化的相互关系中彼此形成的,关键性的问题在于能否建立一种与自然的非客体化的关系?

等级关系的建立,是基于自我的中心化,基于对自我的提升,从自我的视角观看他者,认识他者,他者成了被观察者,成了认识的消极对象。2003 年,哈拉维出版了《伴生物种宣言:狗,人,及其重要的他者》一书,以"狗-人"关系为例,哈拉维描述了各种人与狗之间的故事,刻画了人类与非人类之间的多种多样的互动形式,这些丰富的互动形式提供一种对待非人类的既非拟人化也非客体化的方式,这是一种将非人类还原为行动者(actor)的方式。在人和犬类结成的伴生关系中,人类与犬类是在共同栖息的基础上,共同进化、互为构造的,在人与宠物相处的日常中,陪伴和嬉戏的背后是深刻的、对物种间不可还原的差异的尊重,以及在此基础上进行的交流和理解;对澳大利亚牧羊犬、比利牛斯犬等这些犬类的历史追溯,揭示了"纯种"狗只是一个浪漫传说,品种是建构的,是人类与犬类共同建构的产物,历史也是如此,重要的是"为了塑造更有活力的多物种未来,而学会如何继承艰难的历史往昔"①。2008 年哈拉维出版了《与物种相遇》一书,深化了伴生关系思想,人类与非人类、文化与自然之间是一种"伴随生成"(becoming with)的关系,"主体与客体在相遇之舞中塑造而成"②。

伴生关系的核心在于:第一,关系是最小的分析单位。在主体与客体、人类与非人类的问题上,它将人是什么的问题,转变成了人在与其他物种的关系中生成了什么、变成了谁。狗是人之为人的重要他者,并不是说理解人类的最好方法就是去考察人类与犬类之间的关系,哈拉维以毫不起眼的"人—狗"关系为例,想要说明"人是什么"是在与他者的相互关系中浮现出来的。人与狗,只是无数伴生关系中的一种,所有的伴生关系都是真实而具体的存在。所有的他者都是重要的,因为离开了他者与我们之间的关系,离开了人类与非人类之间的关系,人类是什么便无从谈起。对于实在论或社会建构论来说,关于自然的知识,是人类对自然的表征或社会的建构,自然本身要么是独立的、与人类或主体相分离的存在,要么是被建构的毫无主动性的客体;对于实在论来说,关系是外在性的,对于社会建构论来说,关系是被动的或等级化的。

第二,伴生关系的双方存在着不可还原的差异。按照亚里士多德的传统,对事物定义的一般形式就是"种+属差"。genus 表示种,希腊文 generic 表示属,等同于英文的 species,"物种"(species)在亚里士多德哲学的意义上就是事物的属,按照亚里士多德传统,种表示普遍的,而属表示的是差异,因此,物种是对事物差异的划

---

① Donna Jeanne Haraway, *The Companion Species Manifesto*: *Dogs*, *People*, *and Significant Otherness*(Chicago: Prickly Paradigm Press, 2003), p.6.

② Donna Jeanne Haraway, *When Species Meet* (Minneapolis: University of Minnesota, 2008), p.4.

分,隐含的含义是当我们提到伴生物种时,意味着互为伴生物种的双方不是同类,是不同的两个或多个物种。哈拉维强调理解伴生关系的前提,就是承认互为伴生关系的双方不可还原的差异。物种是多样而具体的,可以包涵人工物、有机物、技术和人类等。哈拉维曾因《赛博格宣言》(A Cyborg Manifesto)[①]一文名震一时,赛博格和"狗—人",实际上是两种平行的人与他者的关系。赛博格代表的是"人—技术"的关系,"狗—人"则是指确确实实的狗与人的关系,赛博格和"狗—人"都以各自不同的方式展现了人类与非人类、自然与文化。

拉图尔曾说"我们从未现代过"[②],而哈拉维则直指现代性的心脏,指出"我们从未成为人类"[③],在这里,哈拉维将人类与非人类之间的关系看作更为基本的存在,主体和客体并非先验的存在、主体性和客体性也不是永恒不变的,而是动态变化的,永远处于未完成的状态之中。在形成伴生关系的认识中,怀特海的过程哲学为哈拉维将伴生关系视为本体意义的存在,奠定了理论基础。

怀特海哲学始于对康德哲学的反思。众所周知,康德哲学的主要贡献是"哥白尼式的革命",正如哥白尼将"地心说"转变为"日心说"掀起了科学领域内的一场巨变,康德也发起了一场形而上学的整体革命。在康德之前,形而上学遭遇了合法性危机,其普遍性和必然性遭到了质疑,康德哲学的目标之一就是拯救形而上学的危机。为奠定形而上学的普遍性与必然性,康德在"自在之物"与"现象"之间作出了严格区分,"自在之物"超越了人的认识能力,是

①　Donna Jeanne Haraway, *Simians, Cyborgs, and Women: The Reinvention of Nature* (London: Routledge, 1991), pp.149 – 181.
②　[法]布鲁诺·拉图尔:《我们从未现代过》,刘鹏译,苏州大学出版社 2010 年版,序言第 1—6 页。
③　Donna Jeanne Haraway, *When Species Meet* (Minneapolis: University of Minnesota, 2008), p.4.

不可知的,人只能认识纳入人先天直观形式的"现象"。如此一来,世界是什么的问题就转变为我们能够经验到什么,而形而上学是否具有普遍必然性也就转变为我们的感性直观和知性范畴能否提供普遍必然性的基础。最终,通过一系列精妙的论证,康德将形而上学的普遍必然性植根于人主体自身的认知机制之中,"人为自然立法"就是他"哥白尼式的革命"所达到的一个重要结论。实际上,"人为自然立法"标志着一个从人的主体性进展到客体的过程,虽然康德自诩为"哥白尼式的革命",但是,当哥白尼的"日心说"戳破了人类是宇宙中心的幻想之后,康德又重新将人置于自然的中心。拉图尔曾批评以布鲁尔为代表的社会建构论是康德式的,社会建构论没有把知识的普遍必然性基础置于主体的认知机制之中,而是把知识的有效性置于社会之中,利益关系、社会结构成为了知识的基础,虽然其方法不是康德式的先验分析,而是形而下的经验描述,但是其解释知识的形式仍然是康德式的以主体进展到客体的过程。如同康德"人为自然立法"一样,社会建构论用主体的社会文化建构了自然,不仅以社会为自然立法,更进一步的是,康德的自在之物在社会建构论那里彻底消失了,自然只是被建构的消极被动客体。而怀特海过程哲学则是对康德哲学"哥白尼式的革命"的又一次翻转。

康德的形而上学是一种主体的认知迈向客体的机制,怀特海则颠覆了这一机制,他将康德式的问题"我们如何规整世界"转变为了"世界如何规整自身"[①]。康德哲学的先验分析是认识论意义上的,而怀特海哲学取向是本体论的,也就是说,康德要回答的问题是认知主体如何通达客体,而怀特海要回答的问题是事物的一

---

① [美]菲利浦·罗斯:《最伟大的思想家:怀特海》,李超杰译,中华书局 2014 年版,第7 页。

般本体论结构是什么以及如何形成的。康德以及康德式的社会建构论,都恪守着自笛卡尔以来的主体和客体、文化与自然之间的界限,而怀特海则认为主体与客体、实体与属性的划分,从实用主义的角度看是有益的,从本体论的角度看却是不恰当的。怀特海以一种非二元论的方式再一次重整了形而上学。

怀特海拒绝机械论世界观的实体观念,"实体"的观念在西方哲学中源远流长,经由笛卡尔精神和物质的二元划分,逐渐成为机械论世界观的重要组成部分。按照笛卡尔的观点,所谓实体就是"除了它自己,不需要任何东西便可存在"①,换言之,实体是独立而永恒不变的。笛卡尔又将实体分为两类,精神的和物质的,既然实体是独立而永恒不变的,那么就意味着存在着独立的物质实体和精神实体,而整个形而上学的体系便是处理这独立且不变的实体问题,最终造成了难解的身/心二分等一系列二元论的难题,整个形而上学体系也变得裹足不前。在怀特海看来,除笛卡尔的实体之外,休谟的"印象"、康德的"综合"等都是如此,这些概念导致了形而上学局限在这些不可分析的终极之中,停滞不前。为了解决这一困境,怀特海以"实际实有"(actualentity)取代实体,"实际实有——亦称实际事态(actualoccasion)——是构成世界的终极实在事物"②。究竟何为"实际实有"呢? 这里有两点需要澄清:首先,以"实际实有"为基础的形而上体系不同于康德式的以主体认知机制建构客体世界的方式,怀特海把"实际实有"规定为一个自我构成或自我决定的框架,因此,他的形而上学研究的是"世界如何规整自身";其次,"实际实有"不同于笛卡尔式的实体,在笛卡尔那里,实体是预先给定,永恒不变的,而怀特海的"实际实有"并不是预定

---

① 〔英〕阿尔弗雷德·诺斯·怀特海:《过程与实在》,周邦宪译,北京联合出版社 2014年版,第 10 页。
② 同上书,第 27 页。

实体,也没有预定的结构。

"实际实有"能够取代实体成为形而上学的核心,根据在于怀特海将实在理解为"过程"(process),怀特海认为笛卡尔式的实体是不存在的,过程就是实在,实在就是过程。过程是指"实际实有"生成的过程,而任何一个现实实有都是由与其他"实际实有"相互关联而成的,一个包含着另一个,整个世界就是由各种实际事态、各种"实际实有"相互关联、相互包涵而形成的有机系统。因此,怀特海的哲学也被称为过程哲学。哲学所要回答的,"实际实有""是什么"的问题就变成了"实际实有"是"如何生成(becoming)"的问题,"存在(being)是由它的生成(becoming)构成的,这便是过程原理"①。"实际实有"总是相互包裹,互相摄入(prehesion)的,"摄入,来表达一个实际实有借以造成它自身对他物凝聚的那种活动"②。一个"实际实有"以它的主观形式、主观目标对前一个"实际实有"的摄入,就创造了新的"实际实有",过程也就是创造性的、向未来开放的过程。因此,"实际实有"的生成是一种关联性的创新的生成。对"实际实有"的哲学追问也就变成对其生成的关联性的哲学追问。也就是说,实在的个体事实上虽然是具体的、特殊的,但是,我们并不能够对这个实在的具体性、特殊性进行哲学解释,哲学所能解释的是构成这个实在的"实际实有"、摄入和联系。实体思维在一定程度上是有效的,比如我们要了解或描述特定的实在——如金属或岩石,但这不是哲学形而上工作所要解答的。以"实际实有"代替实体作为其哲学的核心观念,所体现的是怀特海对"关联"(nexus)的推崇,怀特海的过程哲学本质上是一种关系哲学,它所强调的是:事物都是相互联系、相互作用、相互影响的。事物生成

---

① [英]阿尔弗雷德·诺斯·怀特海:《过程与实在》,周邦宪译,北京联合出版社 2014 年版,第 34 页。
② 同上书,第 84 页。

的基础就是关系,事物的性质也是在关系中生成的,因此,与性质相较,关系具有优先性。

（三）伴生关系对人类中心主义的消解

对于哈拉维而言,怀特海的"实际实有"、摄入、关联,为她建立技科学的关系本体论,提供了哲学上的地基。

怀特海对实体的拒绝,不仅批评了以实体为核心的哲学传统,实际上也起到了对科学知识社会建构论的社会实体观念的质疑作用。社会建构论预设了社会实体的独立存在,并以此为其科学知识建构的解释基础,而怀特海则利用实在生成的过程说明了不可能存在独立的实体,社会实体也是在关联中通过摄入而生成的。生成性也表明,"实际实有"不是永恒不变的,它是随着对其他"实际实有"的摄入而不断流变的,那么,社会实在也是如此。也就是说,"实际实有"表明,主体与客体都不是预构实体(preform identities),它们都是生成而流变的。站在怀特海过程哲学的基础上,哈拉维认为生物决定论或者社会建构论,都犯了怀特海所说的"误置具体的谬误(fallacy of misplaced concreteness)"①。所谓具体性误置指的是一种把抽象误认为是具体的错误。"实际实有"因摄入和关联,是一个动态的过程,但是,人们常常忽视了动态的过程,抽象出某些范畴,然后就认为这些范畴就是具体的实在。因此,生物决定论或社会建构论的错误就在于:一来是把"自然"和"社会"这样的临时性、局部性的抽象范畴错当作具体而真实的世界;二来是误把后果视为预先存在的原因或基础,所谓生物或社会都是生成的,生物和社会都是在相互关联中双向建构的。

---

① ［英］阿尔弗雷德·诺斯·怀特海:《科学与近代世界》,何钦译,北京商务印书馆1959年版,第47页。

哈拉维伴生关系的核心指向——"伴随生成",受怀特海的影响颇深,正如怀特海过程哲学所表达的,存在(being)不会先于它们之间的关系而存在,实在是一个动态的过程。通过伴生关系,哈拉维揭示出主体和客体是在关系之中生成的,预先并不存在,也没有单一的资源、统一的行动者或最终的结果。伴生关系,体现的是"跨越物种之间的、人类与非人类的本体论的编舞"①。

哈拉维通过伴生关系,从根本上消解了主体与客体的划分。以主客二分为标志的二元论,成了一个伪问题,二元论并没有本体论上的基础。

首先,他者、非人类不是客体与资源。他者或非人类是能够引发德里达(Jacques Derrida)所谓的"伦理中断"(ethical interruption)②,以非客体化也非拟人化的面貌出场。德里达对动物的思考给予了哈拉维很大的启发。德里达在他的《动物故我在》(*The Animal That There for I am*)一文中,从他与动物(猫)的相遇所引发的一系列情感体验出发,探讨了动物作为他者,以及人对动物所负有的伦理责任问题。德里达认为,与动物(猫)相遇时本能的"羞耻"感引发了伦理中断,即这只猫的出现使人陷入思考,中断了日常的活动,伦理中断被认为是决定一个存在是否是伦理上的他者的决定性因素。哈拉维指出,主客体的划分,是由等级关系所造成的错觉。以自我、人类为中心,从自我、人类的视角去观看和认识他者、非人类时,他者或非人类就被边缘化,被贬抑为被动消极的客体或资源,这种认识方式,是基于自我与他者、人类与非人类的等级关系,而等级关系的建立实际上就是忽略了他者所引发的"伦

① Donna Jeanne Haraway, *The Haraway Reader* (London: Routledge, 2003), p.317.

② Jacques Derrida & David Wills, "The Animal that Therefore I Am (More to Follow)" *Critical Inquiry*, Vol.28, No.2 (2002), pp.369 - 418.

理中断",误将行动者认作客体。

其次,哈拉维认为伴生关系建立的基础是,对不可还原的差异的尊重,而尊重体现在与非人类或他者的交流上,行动者之间的交流并不只依靠语言,更重要的是,在与他者的互动中了解、认识他者,而不是"观看"他者。换言之,认识的产生是异质性行动者相互作用的结果。

再次,主体与客体在伴生关系中生成。在伴生关系基础上的异质性实践不仅制造了知识,也制造了主体和客体,也就是说主体与客体是建构生成的,而非给定的。哈拉维将主体与客体看作生成流变的存在,而非先验固定的。主体是什么的问题变成了主体如何生成、变成了谁的问题;客体是什么的问题也变成了生成了什么物的问题。

最后,伴生关系强调了主客体生成的相关性。通过伴生关系,哈拉维强调了主客体的伴随生成的关系:主体如何生成以及变成了谁,是伴随着非人类行动者而言的,主体的生成流变是由客体影响的;同理,客体如何生成以及变成了什么,也与人类行动者密切相关。换言之,伴生关系强调的是主体与客体是双向建构的。主体与客体是生成的,也就意味着事实与价值都内化于知识客体之中。伴随生成的客体不再是一个中性的、独立于主体的客体,而是承载着价值与意义,深陷于多重意义网络中的客体。

通过对伴生物种和伴生关系的阐释,哈拉维提出了一种代替自我中心化、他者边缘化的处理人类与非人类之间关系的新方式。在自我与他者、人类与非人类、文化与自然之间找到了一种既非相对主义,又非实在论的处理方式,为朝向一个去人类中心后的世界奠定了本体论基础。既然人总是与他者共同生活在这个世界上,那么是时候该反思和重建与这些重要他者的伦理政治模式了。2016 年,哈拉维出版了《与麻烦共在》一书,延续了她伴生关系的思想,在该书中哈拉维提出用神话小说中的"克苏鲁纪"(Chthulucene)代替"人类世"或"资本世"来描述人类的处境,"克鲁苏纪由持续发生的多物种之间伴随生成的故事和实践构成……与人类世和资本世话语的主流叙事不同,在克苏鲁纪,人类不再是唯一重要的行动者,其他所有存在都会在这个世代作出相应的行动。秩序被重构:人类与大地共在,生物与非生物是大地的主流故事"①。

通过对伴生关系的阐释,哈拉维指明了自然与文化、人类与非人类、自然与人工物之间双向建构的关系,实现了认识论和本体论意义上真正的对称性。

与其说哈拉维是一位后人类主义者,不如说哈拉维是一位反人类中心主义者。后人类主义思潮论域极为宽泛,物质女性主义(material feminism)、新物质主义(new materialism)、超人类主义等都可囊括在"后人类"这一标签之下。后人类主义的兴起与当代以生命科学、信息科学为代表的高科技社会息息相关。确实,"人-技术"的关系是当代最具决定性力量的伴生关系,早在《赛博格宣言》中,哈拉维就宣告赛博格时代的来临。但是,她的赛博格并不是指向一个人被彻底技术化、机器化后的人类新形态。在一些后人类主义者眼中,赛博格甚至可以是离身性的(disembodiment),这种观点强调身体是生命的附加物,生命最终能够以信息的方式存在和延续。哈拉维坚决反对将她的赛博格与这种离身性的后人类主义划上等号。笔者认为,在伴生关系的意义上,才能更好地理解哈拉维赛博格的含义。按照她对伴生关系的理解,一方面,伴生关系建立的基础是"不可还原的差异",差异的鸿沟永远存在于人和技术之间,技术不能完全同化人,人也无法完全同化技术,但彼

---

① Donna Jeanne Haraway, *Staying with the Trouble: Making Kin in the Chthulucene* (London: Duke University Press, 2016), p.55.

此的影响可能会朝着越来越深入的方向发展。另一方面,哈拉维认为,人是具身性的存在,在讨论二元划分对女性身份政治的界定带来的影响时,她就强调了身体和性别对于建立女性主体的重要性。存在于伴生关系中的人类主体是一种肉身存在(flesh being)。也就是说,她将身体也放在伴生关系之中,这一观念打破了身体是一个纯粹物质实体的观念,将身体理解为物质性与符号性的身体,是关系性的身体。伴生关系、伴随生成有力地解构身体实体化的观念,身体成为了物质—符号关系的节点。在人与技术的关系上,人不能离开具身性的实践活动去理解技术,也就是说,在人—技术的关系中,技术深刻地影响人、改变人,但永远不可能取代人,人的主体性受技术影响、在与技术的关系中生成流变,但技术永远不会取代人。

　　从《赛博格宣言》到《伴生物种宣言》再到"克苏鲁纪",都延续了哈拉维对特权的拒绝和批判。与其说她描述了后人类的新世界,不如说她一直致力于批判一个由人类中心、男性中心、西方中心所造就的不平等的旧世界。哈拉维的对人类与非人类关系的反思、伴生关系本体的提出是对客体化自然、资源化自然的反思与批判。然而,伴随着资本与科技的结盟愈演愈烈,现实情况是自然越发被异化为资本主义市场的商品,不断沦为人类的客体和资源,被视为服务于人类的奴仆,来自他者的反抗更多地是依赖于人类行动者的支持,例如出现在科技公司实验室的致癌鼠,引发了人们的同情,激发了人们抵制基因修改技术运动。对非人类行动者的尊重与交流如何真正体现在当代的科技活动之中,而不仅仅是一种美好的想象,汲取哈拉维这一学术资源,改变现有的对待他者的方式任重道远。

　　除此之外,伴生物种的范围涵盖了机器、生物、人工制品等。伴生关系本体虽然为他者作为行动者的出场奠定了基础,但问题是,当哈拉维将物种的概念泛化之后,我们怎么理解诸如机器、工具等作为人类的他者呢？换言之，机器、工具、人工物等与人之间的伴生关系是否有着与生物、动物不同的展开形式呢？对于这一点，哈拉维并没有作进一步的研究与分析。她对伴生物种的定义太过宽泛，而在不同"物种"之间没有进一步进行区分，这一点也弱化了她的伴生关系本体论的理论意义。

二、福斯特对人与自然关系的生态唯物主义建构

目前，学术界关于马克思生态思想的研究不断深入。可以说，马克思是否关注生态已经不是一个问题，问题在于他是否提出过资本主义生态危机发生的关键起点以及人类与自然之间的"相处之道"。但西方有的评论者武断地认为，马克思没有给生态学的发展和进步作出任何贡献，甚至没有从"普罗米修斯主义"中解放出来，而且他们还以马克思没有使用过"生态学"这一概念为借口，否定马克思对于生态学思想发展所做出的巨大贡献。难能可贵的是，美国当代著名生态学家约翰·贝拉米·福斯特在深入研究了马克思的思想及其著作之后，得出了截然不同的观点。他认为马克思受到德国著名农业化学家李比希的影响，研究并形成了以"新陈代谢断裂"理论为核心的极其深刻的生态学思想及其理论体系。

（一）马克思"新陈代谢断裂"理论的内涵

1. "新陈代谢"概念内涵的演变历程

"'新陈代谢'一词最早是一个生理学现象，表示人的身体内部在酶的作用下通过化学反应而进行的物质循环。"[1]1842 年，德国

---

① 苏百义、林美卿：《马克思的新陈代谢断裂理论——人与自然关系的反思》，载《教学与研究》2017 年第 6 期。

农业化学家李比希提出"新陈代谢"概念,可以解释自然界中的无机物质与有机生命物质之间的现象和联系。到 1862 年,"新陈代谢"已发展成为有机体与他们所处环境之间相互作用的系统方法中的关键范畴。

马克思在李比希的基础上,将"新陈代谢"概念应用于人与自然、人与人的社会之中,从而使"新陈代谢"一词的内涵更加丰富。"到了 19 世纪 60 年代,马克思为解释人类劳动与自然环境之间的关系而广泛使用'新陈代谢'概念,在《资本论》中,马克思将'新陈代谢'理论纳入自己的政治经济学研究中,并首次将它运用于社会生态关系中,丰富和拓展了'新陈代谢'概念的含义,特别是他将'新陈代谢'与劳动的概念有机地结合在一起,深刻地批判了资本主义大工业和大农业对人类自然力的破坏。这极大地深化了马克思早期关于人与自然关系的思想和异化理论,丰富和拓展了马克思'新陈代谢断裂'理论的内涵。"[1]

2. 土地内部"新陈代谢"的断裂

李比希提出:"英国的集约方式的农业,甚至增施肥料的耕作方法,属于一种掠夺制度,与'理性农业'相对立,他们迫使食物和纤维经过长途运输而到达城市,没有考虑诸如氮、磷、钾等社会性营养成分的再循环,这些营养最终以人类和动物排泄物的形式形成了城市废弃物,并对城市环境造成污染,整个农村土壤中的营养成分都以这种方式被掠夺,而这只是大英帝国掠夺其他国家土地资源的一部分。"[2]李比希认为,英国等资本主义国家进口其他国家的产品,其实在不同程度上以贸易的形式掠夺了其他国家的土壤

---

① 徐水华、陈璇:《论马克思的"新陈代谢"理论及其当代启示——读福斯特的〈马克思的生态学:唯物主义与自然〉》,载《延边大学学报(社会科学版)》2013 年第 5 期。

② 福斯特:《生态革命:与地球和平相处》,刘仁胜、李晶、董慧译,人民出版社 2015 年版。

养分和土地肥力,这种掠夺不仅是英国人保持健康的骨骼和较高的身高的原因,也是资本主义农业不断从其他国家进口海鸟粪以保持土壤肥力的原因。

马克思通过李比希对工业化资本主义农业的这种批判了解到,在自然赋予的这个永久性生产条件下,资本主义通过大规模的工业化农业和远程贸易使得人类与自然之间的联系产生无法修复的"断裂"。因为按照理性农业的"返还原则",从土地中获得的矿物质等营养成分必须重新返还于土壤,而大量农产品向城市的输出导致存在于城市污染物和人类排泄物中的土壤养分流失甚至浪费而无法返还于土壤,从而使土地内部营养成分的循环产生一种无法修复的断裂,这种"新陈代谢"的断裂导致土壤养分逐渐下降而使土地不断贫瘠。

在资本主义社会,农业资本家向土地所有者租地并雇佣农场主耕种,在这个过程中,农场主不会主动采取一些改善土壤肥力的措施,因为改善土壤肥力是一个缓慢的、长期的过程,而改善土壤的成本不可能在他与资本家的合同期内全部收回,这也就为理性农业的发展造成了一定的障碍。本来,通过合理地利用动物和人类的排泄物来保持土壤的永久肥力,这是有可能实现的。但在伦敦,几百万人的排泄物被倒进了泰晤士河,不仅极大地污染了河流,破坏了城市环境,而且也使得土壤因缺乏肥力而不断衰减,最终导致土地内部的"新陈代谢"产生断裂。

(二)资本主义农业发展不可持续的原因

1. 资本主义农业内部的"新陈代谢"断裂

马克思认为,资本主义农业是不可持续的,因为资本主义农业的进步建立在掠夺土地肥力的基础之上。"资本主义生产发展了社会生产过程的技术和结合,只是由于它同时破坏了一切财富的源泉——土地和工人。"①资本主义社会所固有的盲目的掠夺欲不仅使土地肥力衰减,同时也掠夺那些拥有丰富海鸟粪的岛屿,资本主义社会的这种掠夺欲就是资本主义社会不可持续发展的原因之一。同样,资本主义农业常常通过掠夺外部的一些生产条件来发展自身,而不是自给自足,这就不可避免地造成了资本主义农业内部"新陈代谢"的断裂。

随着两次农业革命的发展,人们对"土地衰竭"之类的问题逐渐关注了起来,因此对土地肥料的需求也随之增加。在当时,美国农业内部的矛盾非常强烈,因为英国对秘鲁海鸟粪供应的垄断阻挡了美国获得方便且经济的海鸟粪的途径。因此,美国联邦政府对任何拥有这种自然肥料的岛屿进行了吞并和掠夺,但这些被掠夺的海鸟粪岛屿并没有完全解决美国所需的天然肥料。资本主义国家农业发展的这种现状让马克思预料到资本主义农业发展的不可持续性。马克思认为,在资本主义大工业的生产方式下,资本家剥削和滥用工人的劳动力,破坏了人类的自然力,而资本主义农业则滥用和破坏土地的自然力,资本主义工业的发展使得资本家掠夺土地肥力的手段和方式更加疯狂。同时,商业的发展也加速了工业和农业对土地的掠夺,这就是当时土地肥力不断衰减、土壤逐渐贫瘠的原因。

面对土地肥力不断衰减、土壤逐渐贫瘠的现象,资本主义工业和商业会通过诸如"增施肥料"等方法来维持土地的生产力,但这也只是为了向土地索取更多的农产品。环境的污染和破坏其实是由大规模工业和大规模机械化农业所导致的,这也使得城乡之间形成了一种对立的关系。而要解除这种对立,就需要"理性农业",

---

① 《马克思恩格斯全集》(第23卷),人民出版社1972年版,第553页。

即让独立的小农业主或者联合起来的生产者独立自主地进行生产,然而这在资本主义制度下几乎是不可能的。所以,对待这样的情况,只能通过超越资本主义制度的变革,通过建立生产者联合起来的共产主义社会来调节人类和土地之间的"新陈代谢"关系。

2. 资本主义农业发展的不可持续性

马克思通过运用"新陈代谢"这一概念,分析了资本主义农业生产下人类与土地之间的物质交换关系,并论证了这种物质循环和物质交换关系中断的原因。马克思认为,资本主义农业并没有像理性农业那样,将从土地中输出的产品的养分最终回归于土壤,导致土地肥力的衰减,因此,只能将它引入到一个可持续发展的领域。但是通过分析资本主义社会的运作方式,马克思认定这种理性发展农业的做法在资本主义社会是不大可能实现的,因为资本主义社会以追求眼前的直接现实的利益为目标,而可持续发展的理性农业则是一个长期的、缓慢发展的过程,并且农产品的价格受市场价格波动的影响也比较大。因此,资本主义社会不可能经营这样一种可持续发展的理性农业。

人存在于自然界之中,通过"劳动"来实现人与自然之间的物质交换,劳动使人类与自然之间发生"新陈代谢"关系。而土地是人类生活永恒的自然条件,土地内部"新陈代谢"的断裂会破坏人类生活的这个永恒的自然条件。土地资源属于人民世代所拥有的共同财产,这也是整个人类社会世代延续下去的必备条件,因此需要人们自觉合理的经营,而这种自觉、合理的经营只有在一个生产者联合起来的社会才能够实现。所以,马克思的"新陈代谢断裂"理论通过批判资本主义制度对人类自然资源的盲目开采,进而揭示和批判资本主义制度的种种弊端,致力于建立一个生产者联合起来的、共同调节人类社会与自然之间关系的、可持续发展的共产主义社会。

(三)"新陈代谢"断裂的根源在于生产关系和生产方式

马克思在《1844 年经济学哲学手稿》中指出:"自然界是人为了不致死亡而必须与之不断交往的、人的身体。"从中可以看出,马克思高度重视自然界与人类之间的关系,并借助"新陈代谢"这一概念将自然界和人类社会联系在一起,同时,"新陈代谢"理论也为马克思提供了一个表述自然异化与劳动异化概念的具体方式。

1. 通过调节生产关系促进社会发展

有的批评者认为马克思忽略了资本主义社会的生态环境问题,依赖于对未来共产主义社会物质生产资料极大丰富的假设,认为"生产问题"在资本主义条件下已经解决等。而实际上,马克思并没有认为自然资源是"取之不尽,用之不竭"的。相反,他在《资本论》中提到对生产排泄物的"循环再利用"等,以及他关于农业可持续发展的种种观点表明,马克思深切关注生态问题以及人类可持续发展问题。而且,马克思的著作中没有任何言语能够表明他认为人类社会与自然之间的关系问题会随着经济社会的发展而逐渐消失或者解决。而恰恰相反,他提出要通过人类有计划地影响和干预人类社会与自然之间的"新陈代谢"关系才能实现可持续的发展。比如他提到通过人口的更加分散来缓解城乡差距和城乡对立问题,并试图通过恢复土壤的"新陈代谢"关系来改善土壤肥力等措施,这些问题的解决实际上都需要通过变革生产关系来改变人类与自然之间的关系。

人类与自然之间的"新陈代谢"关系并不是一成不变的,而是会随着技术进步、时间推移等不断发生变化的,所以每个时代所掌握的技术发展程度不同,自然界与人类社会之间"新陈代谢"的进程及其方式也会不同。比起自然界的需要,马克思确实更多地关注人类的需要,他的思想和著作也多是分析人类社会的矛盾,但这并不能将马克思定义为"普罗米修斯主义者",或者认为马克思是"人类中心主义"。因为无论是"普罗米修斯主义"还是"人类中心主义",都无疑是将人类社会与自然对立起来,这显然与马克思的"新陈代谢断裂"理论是背道而驰的。马克思把人类社会与自然看做是"新陈代谢"这个矛盾统一体内部的两个方面,这两个方面相互促进,共同发展。因此,马克思极度重视资本主义农业土地养分的"新陈代谢"问题,以及与此相关的诸多人类社会的可持续发展问题。

2. 通过调节生产方式促进社会发展

还有一些人片面地将马克思的"劳动价值论"理解为所有的价值都来源于劳动,认为在马克思的眼中,自然资源没有任何内在价值。通过研究马克思的相关著作,我们发现,马克思在关于资本主义价值规律学说中,将土地归为生产要素的一部分,土地的价值与由劳动量所决定的小麦价值的生产是无关的。马克思并不认为劳动是财富的唯一源泉,而恰恰强调在未来社会中为人类社会进步发展奠定基础的物质性生产资料的使用价值。也不像那些主张通过征服自然来促进人类社会发展的人那样,马克思主张尊重自然,顺从自然,与自然和谐共生。恩格斯也提出:"将一个社会建立在完全征服外部自然的妄想的基础之上是绝对愚蠢的。"

其实马克思和恩格斯既重视自然资源对人类社会发展的重要性,也强调人的主观能动性对自然界与人类社会之间"新陈代谢"关系的反作用。前面已经提到,马克思认为资本主义农业是不可持续的,因为资本主义农业一方面促进了农业技术的发展,另一方面也形成了与"可持续发展的农业"或者"理性农业"不相容的社会关系,进而导致资本主义农业不可持续的根源就在于资本主义生产关系和生产方式所固有的弊端。对待人类与自然的关系,我们应秉持马克思的观点,决不能把人类与自然对立或者割裂开来,而要将人类与自然放在一个矛盾统一体之中去看待,把人类与自然界统一起来,把人类看成是自然界的一部分,这样才能正确地运用自然规律以适应人类的需要。

(四)马克思的"新陈代谢断裂"理论及其当代价值

1."新陈代谢"在生态和社会层面的运用

"新陈代谢"在哲学上其实就是指发展,即新事物的产生和旧事物的灭亡,同时,"新陈代谢"也是事物能够得以延续并不断向前发展的原因。马克思对"新陈代谢"这个概念的使用可以从两个方面来理解,一是指以人类劳动为中介的自然和人类社会之间的"新陈代谢"相互作用;"二是用来描述一系列已经形成的,但在资本主义条件下总是被异化地再生产出来的复杂的、动态的相互依赖的关系,以及由此而引起的人类自由问题"①。

我们可以把这两个意义上的"新陈代谢"理解为通过人类的劳动方式表现出来的人类与自然之间的关系,只不过一个是生态意义上的,一个是社会意义上的。生态意义上是指人作为身体生物参与人类与自然环境之间的物质交换,社会意义上是指人作为一种社会性的存在对劳动、分工和财富分配等方面的影响和调节。通过这两个层面上对"新陈代谢"概念的理解,我们也就会理解为什么马克思将"新陈代谢"引入关于生产者联合起来的未来社会的构想。马克思认为,要合理地调节人类与自然之间的关系,就必须

---

① [美]约翰·贝拉米·福斯特:《马克思的生态学:唯物主义与自然》,刘仁胜、肖锋译,高等教育出版社 2006 年版,第 175—176 页。

让生产者联合起来,只有社会中所有社会化的人都联合起来,整个人类才能作为一个整体去处理和调节人类与自然之间的"新陈代谢"关系,靠消耗最小的力量,在最无愧于和最适合于他们的人类本性的条件下控制和调节这种"新陈代谢"关系。对马克思而言,这种调节和控制只能通过人类劳动及其在社会历史的发展中才能实现。

2. 马克思的"新陈代谢断裂"理论对于我国治理环境问题的启示

在马克思所处的那个时代,环境问题可能没有像今天这么突出,但马克思当时就已经预料到资本的逐利本质是对自然环境进行掠夺的原始冲动。马克思提出要消灭资本主义制度,并不是因为把人类与自然之间的矛盾看成是资本主义社会特有的矛盾,而是把它作为人类社会发展的一个普遍存在的矛盾。因为从整个人类社会发展的进程来看,无论是原始社会、奴隶社会、封建社会、资本主义社会、社会主义社会还是将来的共产主义社会,人类都是通过劳动的方式获取基本的生活资料,人类的发展历史其实就是人类与自然发生"新陈代谢"关系的历史。这种"新陈代谢"关系总是以人类的劳动为中介,而劳动的存在导致了人类与自然的矛盾的存在。在科学技术与社会化程度还不发达的时候,人类活动对自然环境的破坏程度较小。随着科学技术的不断进步和发展,人类对待自然的态度也发生了明显的变化,从以前认为人类是大自然的奴仆转化为人类是世界的主宰、人类要征服自然等,技术的进步也使得人类在对待与自然的关系时盲目自大,对自然环境的破坏程度也随之加深,这样的变化使得人类与自然之间的矛盾更加深化。

马克思站在人类与自然和解的高度上提出,要想解决人类与自然之间的矛盾,就必须消灭资本主义制度对私人利益的追求,消除资本主义私有制与社会化大生产之间的矛盾所导致的人类社会与自然之间以及社会内部不同阶级之间的"新陈代谢"关系的断裂,从而致力于建设一个人与自然和谐相处的公有制基础上的社会。自然界对人类的作用是至关重要的,人类的任何生产活动都有可能破坏大自然这一平稳运行的生态系统。马克思的"新陈代谢断裂"理论启示我们,人类是自然界的一部分,人类与自然界不可分割,人类活动如果导致自然界的"新陈代谢"受到威胁,那么人类自身也注定无法生存。所以我们必须消灭资本主义制度,在尊重自然、保护自然的基础上合理地开发和利用自然资源以促进社会发展。当前,地球生态环境问题越来越突出,如果不加重视,注定会威胁人类的生存。人类只有一个地球。诸如大气污染、物种灭绝、生物多样性减少、臭氧层破坏等问题不是自然本身存在的,而是人类不合理的开采导致的。马克思通过深刻分析资本主义社会内部的"新陈代谢断裂"现象,指出这种断裂的根源在于资本主义社会内部的生产方式所固有的弊端,进而得出"两个必然"和"两个绝不会"的伟大论断,为人类与自然之间的和谐相处提供了科学的理论和指导方法,也对我国生态文明建设和生态环境问题的解决具有重要启示。然而不幸的是,当今世界上仍然有人还未认识到环境对人类生存的重要作用,还在肆意地破坏和掠夺大自然。有的大国打着"自我优先"旗号,与世界环境保护的潮流背道而驰。

马克思的"新陈代谢断裂"理论还启示我们,社会主义初级阶段仍然是一个相当长的历史进程,必须在发展生产、创造财富、促进社会物质文明进步的同时,学会爱护自然,保护自然,呵护生态环境,守护绿水青山和蓝天白云。中国正式将生态文明建设作为国家战略,显示出负责任大国远见卓识的担当。

（五）结语

马克思和恩格斯等思想家生活在封建主义向资本主义的过渡时期,他们那个时代与我们当代社会所面临的生态环境问题有很大区别,除土地内部"新陈代谢"断裂之外,还有包括资本主义社会内部的各种生态环境问题等都会影响到人类社会的永续发展。因此,为了人类社会可持续性的发展,我们必须重视包括维持土壤肥力在内的一系列可持续性问题,在生态与社会协调发展的前提下促进经济社会的发展。在当前形势下,生态唯物主义对马克思"新陈代谢断裂"理论的建构虽然具有一定的局限性,但其对于我国当前生态文明建设具有重要的价值和意义。自党的十八大以来,以习近平总书记为核心的党中央将生态文明建设提高到关系人民福祉、关乎民族未来的历史高度,把生态文明建设融入经济建设、政治建设、文化建设、社会建设"五位一体"的国家战略之中,有利于动员全社会共同建设美丽中国,实现中华民族永续发展!

三、生态境遇中现代生存意识的共生转向

生态环境的恶化已经是不争的事实,资源紧缺、气候异常、自然灾难加剧、生物多样性减少等众多生态问题,尤其是全球新冠肺炎疫情对人类生命的威胁,不仅促使人类追问环境恶化的根源,更倒逼人类回应人应该如何生存,如何面对自然,如何与自然相处。党的十九大报告提出:"人与自然是生命共同体,人类必须尊重自然、顺应自然、保护自然。"[①]生存危机倒逼人类反思生存环境的变

---

① 习近平:《决胜全面建成小康社会 夺取新时代中国特色社会主义伟大胜利》,人民出版社 2017 年版,第 50 页。

化和生存意识的转向。

（一）人的生存意识由对自然的崇拜、征服到共生的演进

在自然界中生活的人类，其生存方式的选择既与人对自然的认知水平有关，也与人类对待自然的态度直接相关。

人的生存意识由对自然的原始崇拜到征服利用的转变。一是人类生存中对自然的顺从意识与崇拜意识的初级共生。近代社会以前，人类对自然的认识停留在依赖性的物质层面，古代人意识到自然的神秘性，其态度更多是依赖、顺应、崇拜。古希腊学者有时也用"神"替代"自然"，人对自然的意识也以被动接受为主，月亮星辰、岩石河流在人们的头脑中是永恒不变的，地球是世界的中心，自我围绕自身生存需求的万物在打转。此时，人们身处其中而悠然自得地享受天然，有过"采菊东篱下，悠然见南山"的亲近、平和、恬淡，也有"云无心以出岫，鸟倦飞而知还"的洒脱、率性、本真，并以"自然而然，然也"为最高境界追求，更以回归自然、回归本性、回归内心为最高价值取向和追求。可以说，工业社会以前基本是以低级别的"生态中心主义"为主导的人的生存意识，人类依赖自然界而生存，人类基本上是在被动服从自然的意义上来应对自然变化，此时，人的生存意义基本上就是如何更好依赖自然，形成了人与自然相资为用的初级共生伙伴关系。

二是人类生存中对自然的征服和利用。希腊晚期哲学逐渐将人的能动性显现出来，普罗泰戈拉提出"人是万物的尺度"，人与自然被人为地区分开来，逐渐用人的标准来评价自然的意义。中世纪宗教统治万物，人的位置虽然低于上帝，但人受上帝的委托来管理自然。随着近代科学的发展，人们试图摆脱自然的限制和束缚，不断突破自然"界"的约束。一方面，人类深入自然的腹地，揭示自然的奥秘，将自然视为不断征服的对象；另一方面，人类利用自

材料制造各种自然界无法直接提供的人造物,来满足人类的更多欲望。从此,人类主宰世界、"人为自然立法",人的生存意识转变为对自然的占有和征服,并以占有的多少和征服的程度来体现人的价值。

构建新型共生意识的现实需求。面对人与自然关系日趋紧张的现实,生态整体主义、自然主义和有机论哲学都提出了共生的尝试。生态整体主义强调,人与自然是一个整体,人只是自然中的一个因素或环节,人与其他物种相比不应该有优越感;强调人作为大地共同体的一部分而参与到生态系统当中,并由此构成人与自然的整体关系①;认为人是唯一的有意识的存在,能意识到危机的也只有人类,人类有义务去呵护自然,呵护自身生存的基础条件。

自然主义主张构建人与自然的对立统一的整体关系。人与自然的统一首先表现为人意识到自身与自然的生死相依,自然世界的空气、水、食物都是人生存的物质前提,当然若没有人的存在,自然世界的存在便很难有意义呈现。"在人与自然对立统一关系中,人具有唯一性,离开了人,人与自然的对立统一关系便会随之消亡。"②同时,人与自然又是对立和竞争性的存在,自然成为人类获取生存必需品的场所,人必然与自然形成一种占有的对立关系。人受自然条件的限制和影响,而自然也处于被人所影响的时空里。在马克思眼中,完成了的自然主义就等于人道主义,人在彻底自然化的同时,自然也实现了人化。

构建人与自然多元共生关系的可能探索。无论是从人还是从物的视角出发来界定人的生存意义,都难免会出现"人类中心主义"或"生态中心主义"的偏颇,其根源是主客二元思维模式。无论

---

① 曹孟勤等:《环境哲学:理论与实践》,南京师范大学出版社 2010 年版,第 37—38 页。

② 曹孟勤等:《环境哲学:理论与实践》,南京师范大学出版社 2010 年版,第 45 页。

是马尔库塞对"工具理性"的批判,还是哈贝马斯对"交往理性"的重建,乃至怀特海对"有机哲学"、过程哲学的推崇,无一不是对一元独占的反思和对多元共生的追求和体现。构建人与自然共栖共生的关系,确立共生意识是一种互主体的尝试,在现实中也是互依互存关系的体现。

（二）现代生存意识的共生转向

对人类生存意识的深刻反思,根源于现实的生态困境的倒逼,要实现人类的永续发展,既要转变人类自身的生存理念及生存方式,也要转变人类对生存环境的态度。

对人类生存状态的现实关切诞生了生态哲学。生态哲学的诞生,是人类对环境问题反思的结果,也是人类生存意识转变的结果。环境保护是从以环境保护组织为依托开展爱护家园、爱护生命行动,平等对待弱势生命开始,逐渐上升为社会呼声,呼吁通过立法来实现。"绿色和平运动"于 1976 年提出的《相互依赖宣言》,就指出"地球是我们'身体'的一部分,我们必须学会像尊重我们自己一样地尊重它"。人类意识到那个冷冰冰的自然不再是任人改变的对象性存在,它会给人类的继续发展带来阻力,也会与人为敌。自然结构和人类创造的社会结构一样,在某种程度上影响着人类未来的发展方向。美国哲学家大卫·雷·格里芬在《空前的生态危机》中,列举了如"极端天气""风暴""淡水短缺"等十种"史无前例的威胁",提出"气候失调"对人类文明,甚至对人类生存构成威胁。生态哲学不再只关注自然,也并非简单的生物科学,更重要的是关注人的地位和作用,乃至人的生存意义。生态哲学就是从倡导环境保护、生态运动、资源有限开始引起人们的关注的。

生态哲学的共生追求。生态哲学,或生态学世界观,是运用生态学的基本观点和方法观察现实事物和理解现实世界的理论。[①]
生态哲学不仅将价值、意义的理念推广到万物,更将共生的追求推
广到环境的、社会的历史视野中,将自然和人类历史结合起来理解
人的生存意义,实现自然观与历史观的统一。生态哲学针对的是
人与自然的关系性质和定位问题,是一种后现代意味的哲学,是对
现代人生存意识的生态关切,是一种对人自身生存状态的反思,就
是尝试确立人如何生存的生存意识。"生态哲学起源于当代生态
运动,根源于人们对生态危机的哲学反思。"[②]生态哲学一方面承续
对神秘自然的追问和探究,支持开展深海、外太空的科学探秘;另
一方面,又回应哲学对人的生命及生存状态的关注,生态哲学既是
对现代人面临的环境问题的回应,也是人类拓宽自身生存方式的
必经之路。"生态问题引发生态运动,生态运动又极大地推动生态
学的发展"[③],其为生态哲学的共生追求奠定了前提基础。

　　对生存危机的反思强化了生存意识的共生转向。生存条件的
恶化质问生态危机根源。人类面临地球资源的全面紧缺,各种异
常气候在考验着人类的应对能力。我们意识到环境问题的产生与
我们的现代生活方式密切相关,与现代人的生存理念相关。特别
是二元论、机械决定论和人类中心主义的价值取向,是造成环境问
题的主要思想观念根源。现代大工业的生产方式是重要的生产根
源,现代工业大规模的发展,对人类赖以生存的大自然造成了严重
的破坏。当然还有通过资本体现出来的过度消费、"越多越好"的占
有理念,更有马尔库塞、德勒兹、拉康等揭示的人的独占欲望生存危
机的心理根源,展示了因生态危机而引发的生存危机的多重根源。

　　生存危机强烈要求生存意识的现实转变。我们身处在高歌猛

---

① 　余谋昌:《生态哲学》,陕西人民教育出版社 2000 年版,第 33 页。
② 　同上书,第 14 页。
③ 　同上书,第 28—29 页。

进的现代化征途上,有超越古代、摆脱近代的突破情结,在思想中存在着新与旧、前与后、现代与古代的纠缠与割裂,选择怎样的生产、生活乃至生存方式才能使人类走出生存困境、实现可持续发展,现实地摆在人类面前。当空气、蔬菜、水源等人类生存的基本条件成为思考的对象时,我们感觉到了现代化的危机或生存危机意识的显现。意识到危机就在身边,已经浸入我们的生活之中,人们就要反思其产生的条件和我们应对的方式方法。生态危机的产生与人类现代的生存方式相关,生态危机的实质是人的生存危机。从对环境污染的关注,到生态运动的兴起,直到绿色政治、绿色运动、绿党的崛起,不仅对政府决策产生了重大影响,更推动着物质生产方式和生活方式的改变,对环境问题的反思和追问催生了生态哲学对生存意识的反思与改变。

平衡尊重自然规律与尊重人的生存权利,是人类能否持续发展的关键所在。人与自然是共生的平等存在,应该确立人与自然的平等关系。一方面,人类要在充分尊重自然规律的基础上对自然进行开采利用来保障人的生存;另一方面,人类也要适当控制欲望,避免只为了物质上的占有和过度消费而对大自然过度开发和制造过多不可降解再利用的"第二自然",给人类持续发展带来障碍。人类应该深刻理解恩格斯强调的"自然的报复",树立人的生存离不开自然、人与自然共生的理念。人类只有树立与自然共生的生存意识,将自然真正看作"人的无机身体",将共生意识融入生产、生活的各个领域,树立"像对待生命一样对待生态环境"的共生理念,让技术创新在新能源开发利用、保持环境中发挥更大作用,才能走出一条人类永续发展的文明之路。

（三）生存意识共生转向的特征分析

生存意识的共生转向,不但与空气、水源、食物等人的日常生活用品直接相关,也与山川河流、天体星球、动物植物等生存环境间接相关,对于不同的生存要素,人类应采取不同的共生态度。

生命共同体意义上的共存共生。一是物质依赖意义上的相依为命、互补共生。人与自然为了各自的存在意义,必须相依为命,在相互依赖中获得生存的条件和意义。离开了人,自然存在的意义无法彰显。同样,人离不开自然,人时刻生存在自然之中,自然是人生命中不可或缺的一部分,人与自然必须相依为命。肖显静教授认为,自然既是自为的存在又是为人的存在和人为的存在,人类既是自主的存在又是为人的存在和为自然的存在。人与自然片刻不能分离,人与自然是相依为命的生命共同体。生命共同体在自生的基础上是一种互生、互补状态的共生。

二是荣辱与共的共在共生。人在自然中展示生命意义的同时,从根本上说也是展示自然的生命意义。人是自然的一部分,人是自然的精灵,人代表着自然发展的高级存在,人的愿望的实现也是自然目标的实现,人与自然是荣辱与共的共在。自然是人意识到了的自然存在,人是生活在自然中的人,是自然限度内生存的人。人的生存的意义也是自然意义的实现,人的每一次胜利是与自然共在的胜利,是对人自身的胜利和超越,人永远无法逃离自然的包围,人与自然是共存共生。

生生不息意义上的万物并生。生生不息展现出"生"的未来取向。共生的重点还在生生不息的动词性理解,《说文解字注》认为,"生,进也。象林木生出土上。下象土,上象出"①。生是一个从无到有、从小到大的生成过程,也是由母体生出新生命的创生过程,是"创生万物,与万物并生"的生动活泼、生命茂盛的局面,不再是为了某个"目标"的共生,而是一种互动的、并行的共生。"生态"首

---

① 许慎撰、段玉裁:《说文解字注》,上海古籍出版社1981年版,第274页。

先是一个"生"的状态,是生命有机体的"生"不断促生个体生命的"生","我们尊崇生态系统,这既是对生态系统的敬畏,又是对人的生命存在的呵护"①。盖光将"生生"理解为"生态存在的最为基本的状态",并对"生生"的内涵进行了系统的阐述,既是一种生产出新"生"的生,也是"生"自身的再生及延续。拉伍洛克提出的"盖娅假说"在注重自然勃勃生机的同时,更加强调自然星球的"体内平衡"。可以看出,任何生命在地球"体内"并生化育,在展示自身生命的同时,也为其他生命的绽放提供能量互通、信息交换,形成一艘同舟共济的生命之舟。

互生互构意义上的和谐共生。互生互构是人与自然价值的双重体现。在相依相伴相争的生物链条上,充满着竞争共生和互为食物的残酷,物竞天择、适者生存的进化逻辑充斥整个生态系统,生物时刻身处主动生存与被动宰割的矛盾中。人类在不断进化中充分利用自己的智慧延伸躯体、构筑群落、适应生存,在提升人生存能力的同时,对自然物种的利用和征服也达到了极致,人成为生物"金字塔"最顶尖的消费者和主导者,好像可以"占有"一切,似乎万物都是为我而生,破坏了和谐的局面。在自然逻辑中每个物种都是生物链条上的一个环节,人类应该承担责任,主动在互构的意义上不断放弃非功能性占有的欲望,在对外物的需求上学会取舍,人在实现自身价值的同时,也要让自然的价值得以呈现,这样既是为万物和谐共生提供条件,也是人类自身持续生存的必然要求。

---

① 盖光:《生态境域中人的生存问题》,北京人民出版社2013年版,第12页。

第十二章　承认政治与人类命运
　　　　　　共同体的展望

　　党的十九大报告明确指出,"世界正处于大发展大变革大调整时期",与此同时,"世界面临的不稳定性不确定性突出","人类面临许多共同挑战"①,尤其是在全球化已成为共识的今天,"逆全球化"浪潮的频繁涌现正不断刷新着人类共识的底线,而科技的发达和文明的进步对于这场人类内部矛盾的加剧显然无力提供可靠的解决方案。一时之间,如何应对这种"逆全球化"的挑战、人类的命运又将何去何从成为东西方共同关注的焦点。对此,习近平在治国理政的实践探索中提出的"人类命运共同体"的原创性理论,全方位超越并扬弃了西方的承认政治学说,为当前人类化解全球性的共同生存与多元发展难题贡献了杰出的中国智慧。

一、人类命运的追问与承认政治的兴起

　　21 世纪初,随着恐怖主义策划的"911"事件震惊了全世界,一股以原教旨主义和自杀式恐怖袭击为特征的"逆全球化"力量在全球肆虐;15 年后,随着英国"脱欧"公投的通过和美国总统特朗普的

---

① 习近平:《决胜全面建成小康社会,夺取新时代中国特色社会主义伟大胜利》,北京人民出版社 2017 年版,第 58 页。

上台,一股以强硬的地方主义和广泛的贸易壁垒为特征的"逆全球化"势力逐渐抬头,比如加泰罗尼亚的单方独立、美国制造的多种贸易战等,世界局势也随之变得愈发复杂。正如阿兰·图海纳(Alain Touraine)曾经发出的疑问那样:"我们所面对的是这样一个谜:人们是否能够使自由主义和社群、市场和文化认同相结合?我们能够既彼此平等又互有差异地共同生存呢?"①对此,西方思想界兴起的承认政治思潮恰恰是对图海纳关于人类命运之问作出的一种回应与解答。从查尔斯·泰勒(Charles Taylor)的"承认政治"命题开始,到阿克塞尔·霍耐特(Axel Honneth)提出"为承认而斗争",一个肇始于黑格尔哲学的古老命题被再次发掘,来反思和应对全球化时代下的共存困境。

所谓承认,在黑格尔那里,是构成自我意识的一个关键环节,也反映了人与人之间社会性的本质,这是由于自我意识的生成与存在依赖于另一个自我意识(他者)的承认,双方在相互承认的状态下,才能实现真正意义上的自由。黑格尔曾在著名的"主奴辩证法"中阐释了这种相互承认的重要性。到了泰勒那里,他从黑格尔的承认范畴出发,通过思想史脉络逐步厘清了承认的发展历程,即从古代等级制下"荣誉"观念的崩溃,到现代"本真性"(authenticity)理想下平等尊严的兴起,并进一步展现出承认背后的政治学意蕴:(1)政治性:承认的歪曲与伤害本质上是一种压迫与侵犯的行为,因此争取承认的斗争直接反映了追求公正与反抗霸权的政治命题;(2)公共性:承认并非只发生在自我与他者之间的私人交往领域,而且广泛地存在于公共社会领域。泰勒指出:"在社会层面上,认同的形成只能通过公开的对话,而不是预先制定的社会条款,这

---

① ［法］阿兰·图海纳:《我们能否共同生存?》,狄玉明、李平沤译,北京商务印书馆2003年版,第65页。

种认识使平等承认的政治变得日益核心和重要。事实上，它已经把问题提到前所未有的高度。"①泰勒正是通过承认政治的重新诠释，介入到全球化时代关乎每个民族国家与公民命运的现实之中。在他看来，加拿大魁北克发生分离主义运动的根源在于魁北克人无法获取应得的承认或承认受到歪曲。同理，"911"事件以来的"逆全球化"运动恰恰反映了落后世界的国家、民族和个体对于来自发达国家不公正承认的反抗，也即黑格尔意义上"奴隶"的承认斗争。这同样也解释了英美所引领的新一轮"逆全球化"运动其实是另一个层面上"主人"式的承认斗争。那么，如何解决上述困境呢？泰勒的对策是贯彻平等尊严的理念，视所有的文化、民族具有同等的价值，来解决这场命运攸关的承认之争。

哈贝马斯则在泰勒的基础上，更加强调承认政治的先决条件在于公共交往或协商对话。霍耐特虽然作为哈贝马斯的亲炙弟子，却并不满足于其师和泰勒的方案，他认为解决问题的关键在于透析现代社会冲突背后的道德语法。换言之，承认的歪曲究竟是如何发生的？只有找到承认的歪曲机制，才能从社会病理学的角度真正解决问题。在黑格尔和泰勒那里，承认的落脚点始终是形而上的主体间关系。对此，霍耐特坦言："他（黑格尔）的思想仍然受到形而上学传统的制约，因为他没有把主体间关系看作是社会世界中的经验事件，而是把主体间关系纳入了单一心智之间的构成过程。"②因此，霍耐特的做法是引入米德（George H. Mead）的社会心理学来重构黑格尔的原始命题。他从黑格尔的"家庭—社会—国家"出发，阐发出一种三元承认的架构，即"爱—权利—团

① Charles Taylor, *Multiculturalism and "the Politics of Recognition"* (Princeton, NJ: Princeton University Press, 1992), p.36.

② ［德］霍耐特：《为承认而斗争》，胡继华译，上海世纪出版集团 2005 年版，第 184—185 页。

结"。成功的主体交往会形成三种对应的实践自我关系——"自信、自尊、自重"。这三种承认模式共同型构了人的完整性,也提供了观测社会现实中承认伤害和社会对抗的理论工具。在此基础上,霍耐特提出强暴、剥夺权利和侮辱构成了现实中蔑视经验产生的来源。具体而言,首先,肉体的强暴和虐待摧毁了一个人的基本自信;其次,结构上的排斥和权利的剥夺削弱了一个人的道德自尊;第三,尊严的侮辱和评价的贬黜彻底击垮了自重的实现。由此,霍耐特得出结论,必须从经验取向的研究出发,建立一种承认的政治伦理。而三种承认模式中有两种具有进一步规范化的潜能,这就是权利所代表的法律关系和团结所代表的价值共同体,它们都指向平等性和特殊性的增长。但是,霍耐特指出:"个体要想自我实现,就必须认识到他们因特殊能力和特性而得到承认,所以,他们就需要一种只有以集体共同的目标为基础才可获得的社会尊重。"于是,承认的达成和现实中"好生活"的实现,"始于个人完整性主体间条件的努力,最终也必须包罗相关于社会团结的承认模式,而团结只能从集体共同的目标中产生出来"[1]。可见,只有第三种承认模式——团结为特征的价值共同体模式,开辟了充分开放和多样的伦理价值境域,并且它与另外两种承认模式相兼容,代表了霍耐特心目中承认政治的理想模式。由此看来,霍耐特的解决思路可以大致分为两步:一是在经验层面上找到并消除"逆全球化"过程中蔑视(或歪曲承认)的产生基础,二是继续在泰勒意义上的平等主义中构建一种以团结为特征的政治伦理共同体。

---

[1]　[德]霍耐特:《为承认而斗争》,胡继华译,上海世纪出版集团 2005 年版,第 184—185 页。

二、承认政治的立场与共同体主义的超越

从黑格尔到泰勒再到霍耐特,承认政治在回应人类命运的现实挑战时,主要基于主体间的交往关系,在理论上侧重从形而上的古典现象学走向经验的社会病理学,在实践上趋于从私人领域转向公共领域,在目标指向上选择了共同体来实现人(或类)的完整性。就共同体的选择而言,承认政治似乎在走向一种共同体主义(Communitarianism,又译社群主义)的立场。

众所周知,共同体是共同体主义的核心范畴。相对于社会而言,共同体其实是一个起源于古希腊城邦时代的古老范畴。在滕尼斯(Ferdinand Tonnies)看来,“共同体的理论出发点是人的意志完善的统一体,并把它作为一种原始的或者天然的状态”。传统共同体在根源上是“与生俱有的无意识的生命的相互关系”①。共同体主义虽然将共同体从传统语境中置换到现代社会,但依然保留了传统语境下的三个核心特征:第一,共同体的成员之间存在情感的联系;第二,共同体的成员之间具有共享的信念;第三,共同体对于其成员是构成性的。② 桑德尔(Michael Sandel)就指出:“共同体描述的,不只是他们作为公民拥有什么,而且还有他们是什么;不是他们所选择的一种关系,而是他们发现的依附;不只是一种属性,而且是他们身份的构成成分。”③

20 世纪 80 年代,自由主义与共同体主义之争曾构成了政治哲学的核心议题。双方的最大分歧就在个体与共同体的优先性上。

---

① [德]滕尼斯:《共同体与社会》,林荣远译,北京大学出版社 2010 年版,第 48 页。
② 姚大志:《什么是社群主义》,载《江海学刊》2017 年第 5 期,第 15—23 页。
③ [美]桑德尔:《自由主义与正义的局限》,万俊人等译,译林出版社 2001 年版,第 209 页。

共同体主义批评自由主义过分强调个体的优先性,他们认为正义的决定性因素是个体所处的具体的共同体。之所以反对自由主义的个体本位,是由于共同体主义认为罗尔斯代表的自由主义所确立的契约主义是一种理性普遍主义,他所诉诸的自我是抽象的、无差异的"原子式"个体,因此他的契约论辩护在根本立场上就无视了历史性。"当公平正义把自我的界限视之为优先的,并将之一劳永逸地固定下来时,它也就把我们的共同性降格为善的一个方面,进而又把善降格为纯粹的偶然性。"①换言之,这是将个体善凌驾于共同善之上。在共同体主义看来,这显然颠倒了个体与共同体的地位,没有共同善,个体善就无从谈起。相对于自由主义对普遍抽象的个体理性的强调,共同体主义始终坚持共同体不是普遍的、超历史的,而是具体的、地方的。可见,共同体主义的立场在本质上是坚持特殊主义而反对普遍主义的,这种立场无疑与承认政治是内在契合的。

21 世纪的今天,无论是本·拉登的恐怖主义袭击还是极端组织"伊斯兰国"(ISIS)的出现,不管是英国脱欧运动抑或是特朗普掀起的贸易战,之所以会产生亨廷顿(Samuel Huntington)意义上的"文明的冲突",其根源就在于自由主义意识形态的普遍性统治。当福山(Francis Fukuyama)宣布历史终结于资本社会的自由主义之后,他极力主张科耶夫(Alexandre Kojève)对"主奴辩证法"的解读,力图在柏林墙倒塌后的全球化时代建立一种相互承认的"普遍均质国家"。在这里,貌似普遍性与特殊性在其理论构想中达成了和解,但特殊性在现实实践中完全得不到真正的承认,地方共同体被彻底遗忘,自由主义的普遍性却成为永远的主人,全球化的通行

---

① [美]桑德尔:《自由主义与正义的局限》,万俊人等译,南京译林出版社 2001 年版,第 209 页。

法则完全以同一性的个人本位为准,最终社会冲突的频繁出现就
会成为必然。

由此看来,不论是站在承认政治还是共同体主义的立场上,解
决"逆全球化"冲突的当务之急都是回归共同体的构建。值得注意
的是,共同体主义所主张的共同体,与承认政治却有着很大的区
别。尽管泰勒本人是共同体主义阵营的重要一员,但是其共同体
主张却迥异于麦金太尔(Alasdair MacIntyre)、沃尔泽(Michael
Walser)、桑德尔等人。麦金太尔等人的理想更多地选择传统共同
体,也就是小共同体,而非大共同体,尤其是拒绝把国家视为共同
体。在他们看来,现代国家人口众多,人际之间很难产生直接的情
感联系和共同的信念,成员很难对国家产生身份认同和实质性的
依附关系,因而国家对于成员而言是一种外在约束而非构成性的
实体。同时,现代国家内部存在着各种利益集团,国家是利益博弈
的场所而非共同体情感交流的纽带。因此,国家既不具有共同体
主义所标榜的共同生活、共同参与的实践形式,也不具备其主张的
道德层面的共同善。可见,这种共同体主义取向明显带有古希腊
城邦的烙印,散发着强烈的复古意味。

与其他共同体主义者不同,泰勒对共同体的理解源自黑格尔。
在黑格尔那里,"共同体被看做是一个生活或主体性的场所,诸个
体是那个共同体的片段。共同体是精神的体现,是比个体更充分、
更实质性的体现"①。因此,这种共同体不再是传统社会的共同体,
而是现代社会中的实体。在泰勒看来,黑格尔在使用诸如"实体"
"本质""终极目的""自我目的"等术语时,其背后往往隐含着用伦
理共同体来统一普遍性和特殊性的复杂思想:充分理性的国家将

---

① [加拿大]查尔斯·泰勒:《黑格尔》,张国清等译,南京译林出版社 2002 年,第
579 页。

在它的实践和制度中充分表现其公民所认同的观念和规则，而公民通过参与其中，实现与观念和规则的统一，从而达到自我意识。在这一过程中，国家将恢复公共生活中的最高规则——黑格尔的"伦理"（Sittlichkeit）。因此，泰勒的高明之处，是通过黑格尔的国家范畴指明了只有通过现代公共性的政治共同体，而非传统情感性的共同体，才能破解现实的难题。

霍耐特则试图在泰勒的基础上提出"后传统共同体"（post-traditional communities）的理念来超越自由主义和共同体主义。在霍耐特看来，共同体主义所提倡的共同体始终是站在一种保守的立场上，因而成为自由主义反戈一击的把柄。他的后传统共同体不同于共同体主义的地方就在于"超越了仅仅对他者的容忍，而是激起团结作为积极支持新型主体在多元文化社会中对多元价值和规划的表达"[1]，进而促使传统共同体的消极忍受转向后传统语境中的积极共享。换言之，"共同体价值的共享及团结关系的维系与保证个体自由及自我实现是一体两面、辩证统一的。所以在自由的人群中将个体实现与共同体共享价值相联系成为其重建共同体的最大特色"[2]。按照霍耐特的观点，如果共同体展现出了自由的价值，就具有了所谓的"后传统"属性。在其新著《社会主义的理念》中，霍耐特更是站在后传统共同体的基础上明确提出一种不同于自由主义的社会自由概念，即主体"参与共同体的社会生活，在共同体中，为了彼此的利益，成员之间相互同情，相互支持，以实现彼此的正当需求"[3]。

---

[1]　Christopher Martin, "Disrespect: The Normative Foundations of Critical Theory by Axel Honneth" *Journal of Philosophy of Education*, Vol. 41, No. 3（2007），p.487.

[2]　陈良斌：《后传统背景下的共同体重建》，载《学海》2009 年第 3 期，第 93—97 页。

[3]　Axel Honneth, *The Idea of Socialism: Towards a Renewal*（New York: John Wiley & Sons, 2016），p.24.

三、承认政治的扬弃与人类命运共同体的构建

诚然,承认政治的兴起,代表了一种西方思想界面向现实的理论努力,它基于黑格尔的思想资源,一方面,将承认视为现代尊严的衍生,坚持一种平等主义的原则,从而实现对抹杀特殊性的自由主义的超越;另一方面,"把不同文化具有平等价值作为一个假设或逻辑起点,而不是实质性的判断,实际上是强调承认的政治必须是在公共交往的前提下进行的。没有这一交往的前提而对不同文化做出实质性的价值判断只能导致屈尊俯就,而屈尊俯就本身是和现代尊严政治的基本原则相冲突……达成实质性判断的先决条件是人们的完全的没有拘束的相互交流"①。换言之,承认政治试图在同一性与差异性之间建立起一种平衡,在自由主义和共同体主义之间尝试走出第三条道路。

需要强调的是,承认政治所展开的希冀固然美好,但是其对现实的回应同样存在严重的缺陷。当特朗普无视世界贸易组织的规则,通过贸易壁垒来展现一种黑格尔意义上的"主人"式承认斗争,其背后反映的是美国根深蒂固的个体本位的自由主义意识形态,是无视差异的同一性霸权思维。但是,本·拉登的恐怖主义矛头瞄准的是美国这一超级强国,这种所谓"奴隶"式为承认而斗争的背后,隐藏的是同样可憎的同一性霸权思维。究其实质,恐怖主义没有真正认识到自身不受承认的"奴隶"地位是如何历史形成的,它不是通过斗争来获得"主人"的真正承认,而是通过斗争来获得"主人"的地位。换言之,它的承认欲望是受"主人"背后的权力驱

---

① 汪晖:《承认的政治、万民法与自由主义的困境》//汪晖、陈燕谷:《文化与公共性》,北京:生活·读书·新知三联书店 1998 年版,第 19 页。

使,这就注定了它必然会陷入一种"恶的无限循环"之中。这也就解释了本·拉登抑或 ISIS 组织将世人划为信仰(伊斯兰)者和不信仰(伊斯兰)者,要用圣战消灭不信仰者而建立一个升级版的、同一性的伊斯兰帝国逻辑。进一步而言,除恐怖主义之外,承认政治学说广泛影响了民族主义、种族主义、女权主义乃至整个多元文化主义,细究起来,其内在的承认逻辑何尝不是同一性思维的翻版,按照黑格尔的观点,这种承认的追求只会导致片面的、虚假的承认。所以,不打破同一性的霸权思维,承认政治的介入只会导致更为严峻的困局。

过去的 20 世纪,人类已经为这种话语本质相同的同一性意识形态付出了惨痛的代价。因此,我们需要的既不是麦金太尔式传统共同体伦理意义的恢复,也不是泰勒与霍耐特式承认政治的同一性重建,而是一种更开阔流动的承认辩证法和丰富多样的政治共同体的实践追求。在此意义上,我们就会发现,在中国共产党人半个多世纪的社会主义探索中,已经自觉地采用中国特色社会主义的理论与实践来破解承认政治的危局,尤其是习近平自党的十八大以来所提出的"人类命运共同体"理论,以一种中国智慧的方式将西方人无法解决的全球性难题真正地化解。

"人类命运共同体"理念最早是习近平 2013 年 3 月在莫斯科国际关系学院发表演讲时向世界提出的。此后,习近平在凝结一系列治国理政和外交实践的基础上,经过多次阐发、整理和完善,"人类命运共同体"理论日渐成熟,形成了一整套系统理论体系,越来越受到全世界各国人民的瞩目。值得注意的是,这种全新的"人类命运共同体"理论在理念和实践上已经全面扬弃了承认政治的理论主张,不仅将承认的观念书写为一种新型交往关系的政治话语,而且把共同体的有机团结上升到一个前所未有的高度,从而成为新时代国际交往的标杆和典范。这具体表现在:

第一,"人类命运共同体"的目标在于构建一种最广泛意义上的"类"文明共同体。它的范围之大,涵盖全球所有的文明、文化和民族国家,它完全突破了以往血缘、地缘、业缘乃至民族国家的想象,真正将群体划分的依据置于"类"之上,力图将全体人类凝结为一个宏大的类实体,来实现最大多数的共生共赢。

第二,它以全体成员的共同命运作为有机团结的凝聚点。这种超级共同体仍然保有共同体的核心特质,即以休戚相关的共同命运作为凝聚共同体的向心力。因此,它的构建目标十分明确,就是"建设持久和平、普遍安全、共同繁荣、开放包容、清洁美丽的世界"①,借此来关注人类的共同命运。

第三,它坚持相互承认的平等观。"坚持国家不分大小、强弱、贫富一律平等",主张共同体的成员各国之间相互尊重、相互信任、相互承认。具体而言:在政治上,"秉持共商共建共享的全球治理观,倡导国际关系民主化";在经济上,"促进贸易和投资自由化便利化,推动经济全球化朝着更加开放、包容、普惠、平衡、共赢的方向发展";在文化上,"尊重世界文明多样性";在生态上,"坚持环境友好,合作应对气候变化,保护好人类赖以生存的地球家园"②。

第四,它注重公共领域的交往与协商。用对话式的合作沟通替代独白式的相互孤立,将承认的主体从私域导向公域,主张"相互尊重、平等协商","尊重各国人民自主选择发展道路的权利,维护国际公平正义",坚持"以对话解决争端、以协商化解分歧"的方式,"走对话而不对抗、结伴而不结盟的国与国交往新路"③,真正建构一种主体间公共性的政治共同体,而非承认政治或共同体主义

---

① 习近平:《决胜全面建成小康社会,夺取新时代中国特色社会主义伟大胜利》,北京人民出版社 2017 年版,第 58 页。
② 同上书,第 60 页。
③ 同上书,第 59 页。

意义上的伦理共同体。

第五,它坚持多样性、差异性和特殊性的立场,从而真正打破了历史形成的黑格尔式"主人—奴隶"的承认困境。首先,在理念上树立文明多样性的他者思维,以包容、承认的态度来对待他者,进而"以文明交流超越文明隔阂、文明互鉴超越文明冲突、文明共存超越文明优越"①;其次,打破同一性的霸权思维,己所不欲,勿施于人,"坚决摒弃冷战思维和强权政治","反对把自己的意志强加于人,反对干涉别国内政,反对以强凌弱";再次,以和平共处的类文明思维终结一切极端方式的"恶的循环",即通过"统筹应对传统和非传统安全威胁,反对一切形式的恐怖主义"②。

---

① 习近平:《决胜全面建成小康社会,夺取新时代中国特色社会主义伟大胜利》,北京人民出版社 2017 年版,第 59 页。
② 同上书,第 59 页。

第十三章　全球危机与生命共同体建设的中国探索

生态危机使人类直面自身如何生存的问题,为了突破生态困境,人与自然的关系被不断地重新思考。自然界的需要、生态圈的诉求被纳入人们的视野,人与自然不再是分离的、征服与被征服的状态,将人与自然视为有机整体的生态思想应运而生。习近平总书记强调"人与自然是生命共同体",是在继承马克思主义生态思想的基础上,结合中国特色生态治理的经验,在"美丽中国"的建设实践中重新审视人与自然关系,强调人与自然命脉相连,坚持人与自然和谐共生的行动方向,为21世纪的生态治理和人类发展贡献了中国智慧。

一、生命共同体建设的理论渊源

"生命共同体"理念强调人与自然的整体性和系统性,具有深厚的理论渊源,是对马克思主义物质变换理论的继承发展、对中国传统文化中"生生不息"之生存智慧的创造性转化、对西方生态思想有益成果的积极借鉴,并在此基础上进一步创新发展,代表了当前人类对人与自然关系理解的新水平。

社会与自然之间的新陈代谢:对马克思主义物质变换理论的继承发展。生命共同体理念关于人与自然有机统一的阐释,继承了马克思的自然观以及物质变换理论。马克思一方面强调自然的先在性和重要性，"人靠自然界生活。这就是说，自然界是人为了不致死亡而必须与之处于持续不断的交互作用过程的、人的身体"①。另一方面，他认为，人作为自然的一部分，人的行为也在促使自然成为人化的自然，人与自然界相联系等于自然界同自身相联系，因为人是自然界的组成部分。可见，人与自然之间有一个关键环节，人与自然处于"持续不断的交互作用过程"，即"物质变换"的过程。物质变换也被译为"新陈代谢"，因为受李比希等人的影响，马克思在使用"新陈代谢"时，既保留了"新陈代谢"概念的生理学意义，同时也赋予它以生态意义、社会意义，以此来分析社会与自然之间的系统关系。其中，劳动直接关涉人与自然之间的物质变换，物质变换的过程也是生态系统自我恢复的过程。对于马克思来说，劳动和生产过程被定义为自然和社会的新陈代谢。在这个概念中，社会新陈代谢是实际的生产活动，构成了人类通过劳动与整个自然的积极交流。可是在资本逻辑驱动下，资本主义生产造成了人和土地、人和自然之间的新陈代谢断裂。

生生不息：对中国传统文化中生存智慧的创造转化。生命共同体理念植根于中华优秀传统文化之中，实现了对传统自然观的当代转化与发展。中国传统文化是在农耕基础之上产生的，注重人与自然之间的协调发展，保障万物的生生不息，是一种生存智慧。面对生态危机，有必要从中国传统文化中探查"人与自然的逻辑"。"天人合一"思想中蕴藏着生态观，展现了中国传统文化对人与自然关系的表达。"仁者浑然与万物同体"②，因循自然，与天地万物融为一体，朝向人与自然的和谐共生。虽然，这种质朴的生态

---

① 《马克思恩格斯文集》(第1卷)，人民出版社2009年版，第161页。
② ［北宋］程颢、程颐：《二程集》，北京中华书局2004年版，第9页。

观是基于对神秘自然的敬畏,但也正是这种"敬畏"促使人们对自然规律的发掘、遵循,对植物、动物的自觉保护,这在客观上保证了人与自然之间的新陈代谢循环,以及生态系统的正常运转。中国传统生态思想强调因地制宜、因时制宜,遵循生态循环规律,注重生态系统的自组织、自恢复,以得天时、地利与人和,如此才能"夫天下何患乎不足也"(《管子·富国》)。简而言之,维护万物的"生生不息",也就是维护人类的"生生不息"。

自然生态系统的价值:对西方生态思想有益成果的借鉴吸收。对于人与自然之间系统关系的关注,西方生态思想比较典型地体现在土地共同体、自然价值论、盖娅假说等理论表达之中。虽然中国特色社会主义关于"人与自然是生命共同体"的思想不直接来源于西方生态思想,但这些思想理论中的有益成分仍有借鉴价值。利奥波德对人与自然关系的理解在坚持生态整体主义的基础上,以"土地共同体"对生态系统进行概括,与人类身体器官相互协作配合,以及偶尔的不协调一样,共同体各个部分之间也是如此运作。罗尔斯顿指出自然的价值独立于人的诉求,仅仅内在于自然之中独立存在。"大地伦理""自然价值"引导人们对生态系统整体的探究与重视。依托于"地球生理学"、生物学的盖娅假说,强调地球的生命属性,作为一个科学假说,它为人们理解自然提供了新的思路。与土地伦理的思考相比,盖娅假说的理论视野更加宏大,它从行星运行的角度去分析如何维护地球的健康。盖娅假说的意义在于,尽最大可能尊重生态系统的自我运行,维持自然规律调节下适合生存的家园。

二、中国生命共同体建设的发展逻辑

生命共同体建设的发展逻辑在促进社会与自然之间新陈代谢

循环、维护人与自然的系统关系方面发挥着重要的引导作用,一方面,保护自然资源在生态系统中的持续保存,维护生态系统的自组织、自恢复;另一方面,在考虑生态环境承载力的前提下,满足人的发展需要。基于此,我国生命共同体建设遵循着以扬弃资本逻辑为出发点、以发展生态生产力为核心、以保障生态民生为归宿的发展逻辑。

对资本逻辑的扬弃。资本逻辑追求利益的最大化,资本主义社会完全遵循资本逻辑的运行规律,忽视了自然界中树木、水、矿产资源等的有限性。对自然资源无节制的取用,不可避免地造成人与自然之间的新陈代谢断裂,人类社会发展与自然生态系统运转之间的矛盾。资本主义国家在资本逻辑指引下的生态治理也仅仅是一种污染转移,变相地对全球自然资源进行掠夺。不可否认的是,在资本逻辑驱动下,生产力得到迅猛发展,经济全球化也给世界各国带来了更多的联系以及发展机会,中国的经济、科技等也正是在此背景下得到长足发展。如何对待资本,我国继承了马克思关于资本逻辑两面性的分析。处在社会主义初级阶段的中国利用资本的积极作用,对资本逻辑进行纠偏和引导,对其负面效应进行合理规避。我国明确市场在资源配置中起决定性作用,在优化资源配置上发挥资本的优势,使包括自然资源在内的各类资源能够得到合理配置,同时,避免资本逐利性带来的金融困境,加强金融监管的力度。推动经济结构的调整,推进节能环保产业的发展,市场监管同步进行,使政府作用更恰当地呈现,规范资本运行,在发挥和限制资本逻辑之间实现社会发展与生态保护的平衡。

对生态生产力的发展。对资本逻辑的扬弃,使社会主义中国的生产方式超越了资本主义生产的经济合理性导向,"生态生产力"揭示生产发展与生态良好之间的密切关联。异于资本主义生产方式对生态环境的忽视,我国现代化建设是通往生产发展、生态良好、生活幸福的道路。我国作为发展中国家,发展生产力仍是重中之重,如何处理社会发展与生态保护之间的关系,"生态生产力"作出了最好的回答。生命共同体建设本身蕴含着实现人与自然的共存与共进,重视生态生产力,就是重视人与自然的共生共存。习近平总书记继承了马克思对"自然生产力"的阐发,指出"生态就是资源,生态就是生产力",强调"保护生态环境就是保护生产力,改善生态环境就是发展生产力"①,这是社会主义生产力理论在当代的发展与创新,阐明了人类社会进步与自然环境的关系。首先,发展"生态生产力"是协调人们的利益诉求和自然环境保护之间关系的重要前提,以生态生产力为基础,"绿水青山就是金山银山"更加清楚地说明了生态环境与经济发展的关系,"宁要绿水青山,不要金山银山"肯定了保障经济发展的根本在于良好的自然生态。其次,以生态补偿机制弥合环保工作中造成的利益分歧。特别是对由于生态保护事业而受损的利益,应有相关补偿,如此在对自然生态有深刻认识的基础上,提升人们保护生态环境的行动力,在维护生态系统良好运转的同时避免贫困状况,以更好地实现生态环境保护的目标。

对生态民生的保障。"人与自然和谐共生的现代化"是中国现代化道路的生态表达,在不否认人们对物质财富的追求、对精神财富的创造的同时,认识到良好的生态产品、美好的自然生态同样是人民的向往。财富、精神都以自然为基础,生态之于民生是不可或缺的,对推进民生建设至关重要。生命共同体建设坚持"以人民为中心","以人民为中心"很重要的一个方面就是不能破坏人们的生存环境。将生态环境保护纳入民生优先领域,以满足人民对优美

---

① 中共中央文献研究室:《习近平关于社会主义生态文明建设论述摘编》,中央文献出版社 2017 年版,第 4 页。

生态环境的需要,是对民生最真切的反映,"良好生态环境是最普惠的民生福祉"。健康食品、清新空气、优美景色等都是构成人们美好生活的一部分,人与自然构成的良好生态不仅是满足人们物质需要的基础,更是满足人们更高层次的精神需求的前提。保障生态民生的建设,提高人们的环保意识,促进人与自然之间的系统循环,使人民的美好生活与良好生态互促共生。

对生命共同体的揭示。马克思从未否认生态学意义上人与自然的整体关联,但马克思从物质生产活动出发,更深刻地揭示出人与自然有机统一的现实性。一方面,自然既外在又内在于人,是作为人的无机身体的存在。"自然界先于人类而存在",在实践中,自然界"作为人的直接的生活资料,其次作为人的生命活动的对象(材料)和工具——变成人的无机的身体。"①自然界提供了支撑人类生命的重要部分,人体与之持续交互的过程,是人体必不可少的组成,是"人的身体"。人的肉体存在以及人的生产活动都依赖于自然。总之,人的身体的组成部分包括自然,自然是其身体的重要构成,人无法离开自然而独自存在。另一方面,人是自然的一部分,自然是人化的自然。人类出现之前,自在自然的纯粹状态是存在的,但这并不是自然的现实价值所在,也不是人与自然关系的意义所在。因为,自人类出现之日起,人便是自然的一部分,自然切不断与人的联系,人与自然处于不断交互状态,人类的所有行为都会影响和作用于自然,人类为了生存对自然进行改造,人类的活动痕迹留存于自然之上,自然不可避免地成为"人化自然"。如此,当下人们所探讨的自然并不是脱离实践的抽象的纯粹自然,而是人化的自然。人与自然是合二为一的共生整体,人"同自然界相联

---

① 《马克思恩格斯文集》(第1卷),人民出版社2009年版,第161页。

系,不外是说自然界同自身相联系,因为人是自然界的一部分"①。
习近平总书记承继了这种生态整体性思维,指出"人与自然是生命
共同体,人类必须尊重自然、顺应自然、保护自然","人类对大自然
的伤害最终会伤及人类自身"②。人与自然共生共存是人类生存和
发展的前提,人类必须将"共同体"思维贯穿生态保护以及生态治
理的全过程。另一方面,还应当看到自然系统各个要素之间同样
是生命共同体。"如果种树的只管种树,治水的只管治水,护田的
单纯护田,很容易顾此失彼,最终造成生态的系统性破坏。"③因此,
为了保护生命共同体的良好运转,保障生态系统的自然恢复机制,
必须坚持护田、治水、植树、种草之间相互联系,对自然生态各个要
素的统一保护才能促进生态系统的良好运转。人与自然系统的各
个要素之间更是牵一发而动全身,人与自然之间"命脉"相连,"人
的命脉在田,田的命脉在水,水的命脉在山,山的命脉在土,土的命
脉在树与草"。坚持整体性、系统性是把握人与自然关系的首要前
提,在此基础上才能真正理解人与自然的共生一体。

对人的主体性的确认。与生态中心主义完全融入"荒野"中的
人不同,"我们的出发点是从事实际活动的人"④。人与自然的联系
统一于实践活动中,实践即"人能动地改造物质世界的对象性活
动",实践是人类存在的基本方式。在这个自觉自为的对象性活动
中,人是能动的、有意识的主体性存在。马克思明确指出:"主体是

---

① 《马克思恩格斯文集》(第 1 卷),人民出版社 2009 年版,第 161 页。
② 习近平:《决胜全面建成小康社会,夺取新时代中国特色社会主义伟大胜利——在
中国共产党第十九次全国代表大会上的报告》,北京人民出版社 2017 年版,第
50 页。
③ 中共中央文献研究室:《习近平关于社会主义生态文明建设论述摘编》,中央文献出
版社 2017 年版,第 47 页。
④ 《马克思恩格斯文集》(第 1 卷),北京人民出版社 2009 年版,第 525 页。

人,客体是自然。"①处在实践中的现实的人,以其目的性无时无刻不在能动地改造着自然生态。自然提供了众多的资源和能源,但并未直接、主动地支撑人类的生存。耕种是人类在未知的土地上谋得生存,放牧是人类在无际的草原上释放生命,捕鱼是人类在翻涌的河流里寻找可能,人类对自然积极地认识、利用、改造都以保障自身生存、满足自身需要为目的,是人类主体性的充分发挥。"一切动物的一切有计划的行动,都不能在地球上打下自己的意志的印记,这一点只有人才能做到。"②作为实践主体,人们在生产实践过程中充分发挥的能动性、自主性以及自为性就是人的主体性的表达。然而,人的主体性不是只有一个方面,马克思也指出人类同时承载着能动性与受动性,"人直接地是自然存在物。一方面是具有自然力、生命力,是能动的自然存在物,另一方面是受动的、受制约的和受限制的存在物"③。人类不能逃脱自然规律的限制,也不能回避因为对对象的认识不充分,以及对自然规律的忽视所造成的灾难性后果对人类的惩罚。因此,必须正视人的能动性和受动性,在实践活动中,朝向合目的性和合规律性统一的方向前进。也正是在经历了种种"被动性"之后,"我们一天天地学会更正确地理解自然规律,学会认识我们对自然界习常过程的干预所造成的较近或较远的后果。而这种事情发生得越多,人们就越是不仅再次地感觉到,而且也认识到自身和自然界的一体性"④。以实践为基础的人的主体性的发挥必须接受受动性的限制,才能越发深刻理解人与自然的共生一体。面对生态危机,只有确证人的主体地位,正视人是能动与受动的统一体,才能明确人类的责任和义务,

---

① 《马克思恩格斯文集》(第8卷),北京人民出版社2009年版,第9页。
② 《马克思恩格斯文集》(第9卷),北京人民出版社2009年版,第559页。
③ 《马克思恩格斯文集》(第1卷),北京人民出版社2009年版,第209页。
④ 《马克思恩格斯文集》(第9卷),北京人民出版社2009年版,第560页。

才能使人与自然之间的道德关系更加完整,在共生共存的平等地位的基础上,重建实践主体的生态责任,在人与自然之间构建良好的互动关系。正是在这种生态思想的指引下,在对过往人类生产方式的反思中,我们认识到,我国的现代化建设不仅是对物质财富的追求,还应包括对美好生活以及优美生态环境的满足。以此为基础,习近平总书记在明确人是实践主体的前提下,强调人类应尽的责任,强调对自然的尊重、顺应与保护。人的能动性发挥、人的优势就在于在改造自然的实践活动中能够认识并正确运用自然规律。确立主体责任、遵循自然规律是维护人与自然生命共同体的首要前提。人对自身责任的分辨、对自身行为的判断尤其重要。借助科技的手段不断揭示出生态系统的运行方式,人类需要做的是遵循自然规律、顺应生态系统的循环,将人的生产、生活方式与不断被认识的自然规律统一起来。

对"美的规律"的明晰。在实践过程中,自然不仅提供了自然科学研究的对象,而且自然也是人类艺术创作的灵感来源,人类的精神生活同样与自然紧密相连。与生态中心主义对纯粹自然的"荒野"之美的赞赏有所不同,在马克思看来,动听的音乐、曼妙的轮廓,这都是美,而这种美结合了人的创造与感悟,是"人化的自然界"的产出;是人的耳朵和眼睛对美的捕捉,它们是"对象的存在"。动听的旋律也好,美丽的风景也好,需要人的价值判断和主观欣赏。同时,"艺术对象创造出懂得艺术和具有审美能力的大众,——任何其他产品也都是这样。因此,生产不仅为主体生产对象,而且也为对象生产主体"[1]。于是,审美的对象以及主体,就在人与自然的互动中,在"人化的自然""自然的人化"过程中诞生了。人们对美的程度的掌握,与实践活动中人与自然的互动是分不开

---

[1] 《马克思恩格斯文集》(第8卷),人民出版社2009年版,第16页。

的,或者说直接取决于人与自然在实践活动中的相互影响。马克思进一步指出人与自然之间的"美的规律","动物只是按照它所属的那个种的尺度和需要来构造,而人却懂得按照任何一个种的尺度来进行生产,并且懂得处处都把固有的尺度运用于对象",所以,人在实践活动中也"按照美的规律来构造"①。这里所指的美,不仅仅是认识论上的审美,"美的规律"是实践基础上人对自然规律的把握与其目的性发挥的统一。人在与自然的长期互动中形成了对美的享受,追求主体尺度与客体尺度的最大契合,人的发展与自然之美同在。只有在主观能动性和客观规律性达到统一的前提下,"美"才可以得以最大程度地被发掘和创造。因此,人与自然的融洽共存才能视为"美",实现了人与自然的和谐共生才是对"美的规律"的真正把握,在"美"中体悟人与自然的共生一体。"生命共同体"理念体现了对"美"的追求,强调在人与自然和谐共生的基础上才能构建"美丽中国"。美以"生态美"为基础,对"美"的探求,特别是对"生态美"的反思和追求,一方面体现出对当下人与自然紧张关系的深刻认识,另一方面是为如何实现人与自然的共生共荣提供了方向,即永续之美、和谐之美是人与自然之间应有的共处状态。习近平总书记曾以"眼睛""生命"与生态环境相类比,以人们的生命感受和切身利益去感悟生态环境的价值。眼睛之于人对外界感知的重要性、生命之于人的存在的重要性,正如生态环境之于人类延续的重要性。"人与自然是生命共同体"需要内化为人们的意识和行动,树立生态意识、展开绿色行动,树立起由内而外的生态保护屏障,如此,才能实现人们对美好家园的憧憬,享受与自然共生的美的愉悦。

总之,"生命共同体"理念承继了马克思的实践自然观,以人的

---

① 《马克思恩格斯文集》(第 1 卷),人民出版社 2009 年版,第 163 页。

实践活动为基础,揭示人和自然的共生同体、相互依赖;在坚持人与自然是有机整体的前提下,使人们认清其能动性必须以其受动性为限,遵循自然规律,做到合目的性和合规律性的统一;在人与自然的互动中,掌握美的规律,创造美的状态,人与自然和谐美好共生。以此为指导,中国特色社会主义生态文明建设要坚持人与自然的同存共荣,朝向和谐、美丽中国大踏步前进。

三、中国生命共同体建设的实践路径

"生命共同体"的本质是实现人与自然的和谐共生,是"人化的自然"与"自然化的人"的辩证统一,避免了对自然"只是从客体的或者直观的形式去理解",而是把自然"当作感性的人的活动"的要素、当作人的实践活动的内在部分去理解。"生命共同体"理念既是对马克思主义生态哲学的继承发展,又是对中国传统生态思想的创造性转化,更是对当代生态文明成果的借鉴性吸收,包含了丰富的文化资源和深厚的哲学内涵,在中国特色社会主义生态治理的实践中,形成了以生态方法论、生态治理论、生态价值论为主要内容的完整逻辑体系,对建设美丽中国提供了理论指南,为全球生态治理贡献了中国智慧。

(一)生态方法论:坚持整体性和系统性的生态治理

坚持整体性和系统性是生命共同体建设的方法论要求。人与自然生命共同体意味着人与自然之间构成了相互性的有机整体,"形成了一种共生、共存、共控、共荣的关系,从而使人与自然成为一个不可分割的具有内在关联的有机生命躯体"①。这就要求,在

---

① 张云飞:《"生命共同体":社会主义生态文明的本体论奠基》,载《马克思主义与现实》2019 年第 2 期,第 30—38 页。

生态治理的实践中必须坚持整体性和系统性的方法论,既不能将人的生存发展与自然保护相互对立,也不能将自然的各要素割裂来看,而是要将人与自然的共生关系贯彻到社会发展的全过程,践行绿水青山就是金山银山的发展理念,发展生态生产力,同时将自然的整体性和系统性贯彻到生态治理的各方面,统筹山水林田湖草一体化的系统治理,实现生态和谐。

首先,践行"绿水青山就是金山银山"理念,发展生态生产力。人与自然是统一的有机整体,共生共荣,对自然环境的污染就是对人的生存处境的自我荼毒,对生态系统的破坏就是对人的生存条件的自我戕害。因此,必须正视人与自然的共生关系,重新树立人们的自然观念。这意味着,一方面绿水青山的良好生态是符合人自身需要的更高的价值追求。绿水青山不仅等价于金山银山——甚至更高于金山银山。在高度工业化的今天,优美的环境、良好的生态随着人们物质生活水平的提高变得更加可贵。人类的发展经验表明,以牺牲生态环境为代价换得的经济增长很难长久。因此,人的全面发展和经济的长期繁荣,需要绿水青山的生态环境。另一方面,绿水青山的良好生态可以为发展提供更高质量的生产力。以往的观念认为绿水青山与金山银山相互抵牾,似乎要经济发展必然会破坏生态,要保护环境就必然牺牲经济发展,"两山论"的提出彻底打破了这种虚假悖论。如何处理社会发展与生态保护之间的关系,"生态生产力"作出了最好的回答。习近平总书记指出"保护生态环境就是保护生产力,改善生态环境就是发展生产力"[①],正是社会主义生产力理论的当代发展与创新,阐明了人类未来生产力的发展方向。不同于生态中心主义对"纯粹自然""荒野"的保护

---

① 中共中央文献研究室:《习近平关于社会主义生态文明建设论述摘编》,中央文献出版社 2017 年版,第 4 页。

与回归,人与自然生命共同体所蕴含的生态生产力思想,实现了生态保护与生产发展的辩证统一,体现了人与自然共荣共进的有机统一。

其次,统筹山水林田湖草系统治理,促进生态和谐。作为生态治理的对象,自然的属性决定了生态治理的基本方法,即自然作为有诸多要素构成的统一整体,要求生态治理过程中必须坚持整体性和系统性。习近平总书记强调"山水林田湖草是生命共同体,要统筹兼顾、整体施策、多措并举,全方位、全地域、全过程开展生态文明建设",用系统工程看待环境治理,掌握系统论的方法看问题。一则,要把握自然的系统性和整体性,把自然作为系统的整体进行生态治理,认清水同山、水与林、水和田的关系,对山水林田湖草采取统筹治理,使构成生态系统的各个要素能够相互促进、协调生长,修复生态系统的自然恢复能力,健全人与自然的共同家园。二则,协调区域、地区之间的生态治理,"由一个部门行使所有国土空间用途管制职责,对山水林田湖进行统一保护、统一修复是十分必要的"①,从生态系统整体性考虑,加强地区间的生态交流与合作,形成跨区域的生态保护系统,通过系统修复、综合整治,实现山水林田湖草生态系统的良好运转。山水林田湖草系统治理是对草原生态系统、森林生态系统、农田生态系统等各个子系统的协调与系统治理,是对包括人类社会在内的复杂生态系统的治理。保持山水林田湖草的生态平衡是人与自然共存共生的基础,其首要前提是遵循自然规律,山水林田湖草是生命共同体,共同参与自然生态系统运转,田养人、水培田、山护水、土保山、树固土,必须把握各个系统要素之间的作用规律。其次,正视人对生命共同体的利用、干

---

① 中共中央文献研究室:《习近平关于社会主义生态文明建设论述摘编》,中央文献出版社 2017 年版,第 47 页。

预和治理,合理发挥人的主观能动性。对于功能稳定、结构合理、波动规律的生命共同体,应减少人为干预,注重自然恢复;而对于破坏严重,功能失调的生命共同体,要加大人工修复力度,恢复其系统结构。为了对山水林田湖草进行统一的保护和修复,基于对生态要素的综合考量、对国土空间用途的管制,我国成立了自然资源部、国家公园管理局等部门、机构。加强地区之间的生态合作,对本地区的自然资源和生态系统进行管理的同时,考虑到与周边地区的关系。不以行政区域作为生态保护的界限,通过系统修复、综合整治,形成跨区域的生态系统保护。

国家公园建设:生命共同体的集中性恢复。建立"以国家公园为主体的自然保护地体系"对生命共同体进行集中性恢复。虽然我国开展以国家公园为主体的自然保护地体系建设的起步较晚,但在国家公园建设方面有着自身优势,能够"统一、规范、高效"地推动国家公园建设,正视我国自然生态环境的特点及开发建设程度,有针对性地学习西方国家的国家公园建设的经验。我国已有的国家公园体制试点包括三江源国家公园、大熊猫国家公园、浙江钱江源国家公园等,在国家公园建立后,其他自然保护地类型在该区域不再保留。自然资源部、国家公园管理局的成立,为自然保护的统一规划提供了保障,形成对自然生态系统最大限度的保护。与此同时,关注生态保护与消除社区贫困之间的关系,发挥自然保护地的生态优势,保障经济效益,走向脱贫致富,以实现"绿水青山就是金山银山"。当然,目前,国家公园体制还处于发展阶段,相关法律法规、标准规范、空间规划等还需完善,但可以看出,通过以国家公园为主体的自然保护地体系的建设,可以最大限度地集中恢复自然生态系统的循环,保持生物多样性,还原自然生态系统的自运转。

城乡生态环境建设:生命共同体的全面性维护。在以人为主导群体的城市和农村生态系统中开展的生态环保建设,更应是"全方位、全地域、全过程"地维护城乡生态环境的系统性、完整性、稳定性以及多样性。我国坚持"生态文明的价值取向"去进行城乡建设,以"集约高效的生产空间、山清水秀的生态空间、宜居适度的生活空间"作为标准,将生产、生活、生态进行一个合理的空间结构布局。具体来看,在城市规划建设中,强调城市建设注重生态系统的自循环、自恢复。我国在进一步做好城市生态的规划布局,提升城市生态环境承载力,维护城市生态系统的调节和恢复能力。在乡村建设中,恢复由于过度使用化肥、农药等被破坏的土壤循环,退耕还林还草,提升水土保持能力,确保自然生态系统的自我调控能力。重要的是,建立城乡之间生态系统的良好连接,实现城乡生态建设之间的互补。总而言之,人与自然并不是单方面的索取,生命共同体建设的意义就在于人与自然的共生共荣,保障自然生态系统的完整性与可持续性,才能实现人类社会的永续发展。

(二)生态治理论:落实主体责任的德法共治

在探求人与自然和谐共生的道路上,习近平总书记充分继承和发展了马克思关于人的主体性思想,着重强调人的主体责任,并指出,在生产力低下的情况下,为了求生存,人们不得不毁林开荒、毁草种田、填湖造地,正是这种粗放的生产方式使得生态环境问题不断凸显。然而,随着生产力水平的提升和对自然探索的深入,人们逐渐意识到"保护生态环境就应该而且必须成为发展的题中应有之义"[1]。如何把握人与自然的共生共荣,"关键在人,关键在思路"[2],通过德法共治的途径将人的主体责任落实在生态治理的过

---

[1] 习近平:《习近平谈治国理政》(第2卷),外文出版社2017年版,第392页。
[2] 中共中央文献研究室:《习近平关于社会主义生态文明建设论述摘编》,中央文献出版社2017年版,第23页。

程之中。

首先,以制度、法规框定生态治理主体的行为底线。制度、法律为生态治理实践提供外在的、强制的刚性约束,对落实生态治理主体的责任进行明确规范。通过严格的制度、严密的法治框定生态治理主体的行为底线,不断完善生态治理体系,提升生态治理能力,实现生态治理现代化。通过建立最严格的制度,主要包括"基于环境正义的自然资源的使用权、补偿制度、考评体制以及自然资源管理体制的变革"①,实现生态治理的制度化。依靠自然资源的使用和管理制度实现对自然资源的科学分配和合理使用;通过考评和追责制度明确各地区各级领导干部在生态治理过程中的主体责任;以生态补偿制度弥合环保工作中造成的利益分歧。除了严格的制度体系,在《环境保护法》《生态文明体制改革的总体方案》《全面加强生态环境保护,坚决打好污染防治攻坚战的意见》等一系列法律法规的保障下,生态治理实现了对生态保护红线的严格把守,深入实施了重大生态修复工程,努力恢复扩大湿地面积,做好退耕还林还草等各项生态工程。总之,制度和法律是保护生态环境的重要倚仗,制度机制的健全和法律法规的完备为落实和提高生态治理能力提供了保障。

其次,以道德、文化赋予生态治理主体的行为自觉。强制的、约束下的生态保护行动只有内化为人们的自觉行为,才能实现人与自然和谐共生的长久图景。生态文化以及生态价值观对人们的行为产生的是内在的、柔性的长期影响,因此,生态道德、生态价值观的塑造和生态文化的培育尤其重要。"生命共同体"理念根植于中国优秀传统文化之中,实现了对传统自然观的创造性转化与创

---

① 王雨辰:《习近平"生命共同体"概念的生态哲学阐释》,载《社会科学战线》2018年第2期,第1—7页。

新性发展,融会了"天人合一"等传统文化资源,在潜移默化中对人们的道德意识和价值观进行重塑,使其内化为人们的自觉意识。在生态治理过程中,注重生态文化的形成与传播,使"人与自然是生命共同体"成为人们的心理认同和道德自觉,并落实为生态保护的具体行动,"形成节约适度、绿色低碳、文明健康的生活方式和消费模式"①。通过生态文化和生态道德的培养与践行,人们主动担负起保护生态环境的主体责任,并将这种责任渗透进研发、生产、流通、消费等各个环节,以达到绿色循环、绿色发展、绿色生活的目标。

(三)生态价值论:从美丽中国到实现人类永续发展

生态价值论是判断一种生态文明理论价值关怀和价值取向的基本标尺,揭示了隐藏在理论话语背后的价值立场和利益诉求,本质上代了理论表达者和倡导者对生态文明发展"为了谁"的深刻回答。每一种理论表达都代表着一定的价值立场,"生命共同体"理念始终秉持以人民为中心的价值旨归,生态治理的目标在于不断满足人民日益增长的生态需要,不断加强生态民生保障,最终实现环境正义,建成美丽中国。"从整个人类生存所依赖的环境而言,'以人民为中心'还将人类生存空间延伸至绿色生态体系之中,从本质上而言,就是要实现人与自然之间的和谐共生。"②人类命运共同体是生命共同体的逻辑延伸,其价值诉求是实现人类整体的永续发展,既是对人类命运与自然关系的深刻解答,又是对解决世界生态治理难题提供的中国方案。

首先,"美丽中国"是"以人民为中心"的绿色发展。生态需要

---

① 习近平:《习近平谈治国理政》(第2卷),外文出版社2017年版,第396页。
② 郭广银:《历史视域中的人民旨归——改革开放坚持的价值导向》,载《求索》2019年第1期,第181页。

是实现人的自由全面发展的基本内容,是实现社会永续发展的应有之义。要满足人们日益增长的生态需要,必须始终坚持"以人民为中心"的价值立场,不断提高生态民生保障,不断加强环境正义建设,建立公平正义的生态资源分配制度和环境管理制度,促进生态资源在不同地区、不同人群之间的合理分配和使用,以生产发展、生态良好和生活富裕的理想状态迈向幸福生活,建成人与自然和谐共荣的"美丽中国"。全心全意为人民服务是党的基本宗旨,在生态治理中要始终坚持以人民为中心的发展思想,贯彻"创新、协调、绿色、开放、共享"的新发展理念,实现全民共享的生态发展局面,不断促进人的全面发展和共同富裕。生态之于民生是不可或缺的,"美丽中国"的建设离不开生态民生的保障。习近平总书记指出:"良好的生态环境是最公平的公共产品,是最普惠的民生福祉。"①随着社会主要矛盾的变化,人民日益增长的优美生态环境需要成为更普遍、更急迫的民生需求。这就要求生态治理要提供更多、更优质的生态产品,不断满足人民对优美自然生态的需求,不断提高人民对"美的规律"的把握与实践,建设天蓝、地绿、水清的美丽中国。

其次,"美丽世界"是人与自然的和谐未来。面对全球性的生态危机,生态中心主义将人与自然直接对立起来,而现代人类中心主义对自然的保护仍以追求资本增殖的逻辑为根本。在实际的生态治理过程中,一些西方国家甚至通过污染转移以改善本国的恶劣环境,变相地对全球自然资源进行掠夺。然而,生态环境作为一个系统性的存在,自然灾害以及生态困境会波及每一个国家,整个世界荣辱与共。"人与自然是生命共同体"是我国生态文明建设的实践总结,不仅面向中国,更具有世界意义。人类命运共同体是生

---

① 习近平:《习近平谈治国理政》,外文出版社 2014 年版,第 210 页。

命共同体的逻辑延伸,解答了人类命运与自然的关系,为人类共同应对生态危机提供了理论依据。"对人类社会进行了全方面的价值观重构,实现了人类价值观与自然价值观的和谐统一,进而通过绿色发展实现了人与自然的双重价值"①,为世界环境问题的解决贡献了中国智慧。2016 年 5 月,联合国环境规划署专门发布《绿水青山就是金山银山:中国生态文明战略与行动》报告,进一步肯定了我国在生态文明建设中所走出的道路和取得的成效,中国的生态文明理念和生态治理经验走向世界。在应对气候变化、自然灾害等生态问题的考验时,我国作为社会主义大国,肩负起了自己应负的责任,"通过'一带一路'建设等多边合作机制,互助合作开展造林绿化,共同改善环境,积极应对气候变化等全球性生态挑战,为维护全球生态安全作出应有贡献"②。在参与国际环境治理合作过程中,我国正视发展中国家与发达国家之间的现实差距,积极倡导"共同但有区别的责任"原则,努力搭建互助合作平台,为全球生态治理打开新的局面。在践行"人与自然是生命共同体"的道路上,中国将向世界展示"美丽景色",并和世界各国一起共建美丽家园,实现人类的永续发展。

---

① 赵建军、杨博:《"绿水青山就是金山银山"的哲学意蕴与时代价值》,载《自然辩证法研究》2015 年第 12 期,第 104—109 页。
② 中共中央文献研究室:《习近平关于社会主义生态文明建设论述摘编》,中央文献出版社 2017 年版,第 138 页。

第十四章 天地之大德与中国本色的
生态文明建设

　　按照鲍勃·沃森爵士（Sir Bob Watson）等蓝色星球奖得主的看法，当代人类文明目前正面临"绝对史无前例的紧急状况"，因为全球变暖正在"毁灭我们所赖以健康生存的生态"。① 可是，令人遗憾的是，这一问题并没有引起足够的重视，"世界上的许多国家都在大财阀精英阶层的控制之下，他们似乎除了保持和增长个人财富之外对其他一切都不感兴趣"。② 为此，美国著名过程哲学家、建设性后现代主义的领军人物大卫·格里芬（David R. Griffin）尖锐而明确地指出，面临严峻的工业文明危机，生态文明是拯救人类文明的必由之路；中国在生态文明建设中起着举足轻重的作用，"中国的生态学马克思主义的目标是实现生态文明，中国只要遵循生态学马克思主义的处方，就能够有助于在总体上有力地挽救自然世界，特别是挽救人类文明"③。大卫·格里芬对于生态文明的期许，已成为许多有识之士的共识，至于他对中国在生态文明建设中所扮演的"挽救者"的角色的期望，许多人，尤其是中国的许多学者

---

① http://www.Guardian.co.uk/environment/2012/feb/20/climate-change-over con-sumption.

② ［美］大卫·格里芬：《建设性后现代主义与生态思维》，载《唐都学刊》2013 年第 5 期，第 44—47 页。

③ ［美］大卫·格里芬：《生态文明：拯救人类文明的必由之路》，载《深圳大学学报（人文社会科学版）》2013 年第 6 期，第 27—35 页。

感到诧异与怀疑。不管他对中国的期望是否过高,也不管人们是否愿意,中国作为一个政治与经济大国在全球生态文明建设中的"主力军"的地位、作用及其"全球责任",是毋庸置疑的,也是不容推卸的。现在的问题是,对于生态文明建设,学术界至今有"人类中心主义"与"生态中心主义"之争,在建设路径上,又有技术创新、循环经济、服务业等之争,莫衷一是。在这些问题上,中国特色的生态学马克思主义之"特色"又在何处呢?其民族文化的根基又何在呢?本章从"天地之大德"角度谈谈自己的看法,进而倡导具有"中国本色"的盛德价值观与生态文明建设,以便为人类最终突破工业文明的危机、走向光明的生态文明进行理论探索。

一、"天地之大德"与中国古代的盛德价值观

对于中国古代的价值观,学术界已经从儒、道、释等不同角度进行了深入的分析,结论各异,我们认为,这些说法都有一定的道理,因为中国古代的文化原本就具有多元性,但是,相对于当今人类所面临的生态危机,还有一种价值观是更值得我们重视的,这就是隐含在中国古代《周易·易传》中的"盛德价值观"。

所谓盛德价值观,是指奉宇宙万物的生生不息、生灵昌盛、生命永续为最高价值与最高道德的一种宇宙观与价值观,是对《周易》强调宇宙万物"生生不息"、"万物化生"、生命永续的一种概括。所谓盛德,即生命昌盛之德,来自《周易·系辞上》:"富有之谓大业,日新之谓盛德。"[1]需要说明的是,《周易·系辞》中"日新之谓盛德"的"盛德"是"大德"之意,这里所倡导的"盛德"取双关意,既指

---

① [唐]孔颖达:《周易正义(卷七)·十三经注疏》,上海古籍出版社 1997 年版,第78 页。

"生命昌盛之德""常生之德",也指"大德"。按照《周易》的看法,天地之间真正的大业是像大地一样富有万物、包容万物而不排异(即所谓"坤道"是也),天地之间最大的道德是像上苍一样日新月异,是万物的化生,是各种生命的不断更新、创生与转化(所谓"乾道"是也)。在这里,所谓"日新之",主要指的是宇宙间各种生命现象的生生不息,就像天上的星辰一样斗转星移、日新月异,这也就是《周易》所谓的"易",故《周易·系辞上》云:"生生之谓易。"[①]

在《周易》中,所谓"盛德",就是天地之间的"生生大德"。《周易·系辞下》云:"天地之大德曰生。"[②]也就是说,天地之间最大、最高的道德就是生命的不断创造与永续,也可称"常生",故汉儒孔颖达诠释道"言天地之盛德,在乎常生,故言曰生。若不常生,则德之不大。以其常生万物,故云大德也"[③]。鉴于《周易》,尤其是《周易·易传》对生生不息、生命昌盛这一"天地之大德"价值推重与道德推崇,故这里称之为"盛德价值观"。

《周易》当中隐含的这种重视生命"生生不息"的盛德价值观思想,既是《周易》的道德观、价值观、人生观与宇宙观的核心,也是中国传统文化的一个根本特色。张岱年先生曾将中国古代哲学的基本精神概括为四点:(1)天道生生;(2)天人合一;(3)人格价值;(4)以和为贵。其中第一点就是"天道生生",并明确指出:"中国古代哲学关于天道有一个基本观念曰'生'。"[④]蒙培元先生也认为:"生的问题是中国哲学的核心问题,体现了中国哲学的根本精神。无论道家还是儒家,都没有例外。我们完全可以说,中国哲学就是

---

① ［唐］孔颖达:《周易正义(卷七)·十三经注疏》,上海古籍出版社1997年版,第78页。
② 同上书,第86页。
③ 张岱年:《宇宙与人生》,上海文艺出版社1997年版,第43页。
④ 同上书,第43页。

'生'的哲学。"①

由于"生"在中国古代文化中具有如此重要的地位,所以,我们有必要考察"生"字在古代含义的演变。从语源学角度说,"生"在古代的甲骨文与金文中就已经大量出现,其上部为一个象征草木的形状,下部从一,象征土地之形,意为草木生长于土地之上,故汉代语言大师许慎在《说文解字》中指出:"生,进也。像草木生出土上。"②"生"的本义为草木生长,后引申、泛指为生育、生长、产生、生存、生化等等。在《周易》中,"生"字不仅表示阴阳之间的一种关系,如阴生阳、阳生阴,也是天、地、人三才变化的一种"常道"、一种生命力,即"生生"。

流行的说法认为,《周易》研究宇宙万物变化的模式与规则,实际上,这种说法是不准确的。《周易》所研究的"变易""变化",主要并非事物一般意义上从无到有、从有到无或由此及彼的变化,而是指宇宙各种生命生生不息的"生化",故唐儒孔颖达诠释道:"阴阳变转,后生次于前生,是万物恒生,谓之易也。"③在《周易》看来,天地万物与人类的存在是由一种内在的力量主导的,即由"生生不息"或"生生不已"的内在力量主导的,这是宇宙之"仁"与"大爱",人类行为之"善"就在于顺应自然时序、顺应生命的节奏以实现这种"生生不息",否则,即为恶。儒家孔子所谓的"钓而不纲,弋不射宿"④,道家老子所谓"长生久视"思想⑤,民间文化的重生轻死、强调

① 蒙培元:《人与自然》,人民出版社 2004 年版,第 4 页。
② [汉]许慎:《说文解字》,中华书局 1963 年版,第 127 页。
③ [唐]孔颖达:《周易正义(卷七)·十三经注疏》,上海古籍出版社 1997 年版,第 78 页。
④ [魏]何晏等:《论语注疏·十三经注疏》(下),上海古籍出版社 1997 年版,第 2483 页。
⑤ [春秋]老子:《道德经(五十九章)》,张震点校:《老子·庄子·列子》,岳麓书社 1994 年版,第 16 页。

家族香火的延续,在相当程度上都是这种"盛德"思想的一种体现与转化。

　　由于"生生"思想在中国古代具有如此重要的地位,所以历史上有不少思想家对"生生"的思想进行了深入研究。北宋思想家张载云:"生生,犹言进进也。"①认为所谓"生生",指的是自然生命的不断增生长进。理学大师程颢云:"道的内容即是生生,生生之易为道体,为天理。"又云,"生生之谓易,是天之所以为道也。天只是以生为道,继此生理者只是善也"②,主张所谓天道、天理、善的实质内容就是"生生之易"。易学大师周敦颐云,"二气交感,化生万物,万物生生,而变化无穷焉"③,强调阴阳二气的交感是万物化生、生生不已的根源。清代儒学大师李塨指出:"《易》曰:'天地之大德曰生。'生生即仁也,即爱也,即不忍也,即性即情也。"④强调"生生之德"就是天地间最大的"仁"、最大的"爱"、最大的"不忍"与性与情。清著名思想家戴震云:"生生者,化之原;生生而条理者,化之流。"⑤认为宇宙间一切的现象都可以归结到"生","生生"是运动变化的源泉和自然规律的本质。

　　对于中国古代这种"生生不息"的自然观,英国近代著名中国科技思想史专家李约瑟(Joseph Needham)先生深有体会地指出,"对中国人来说,自然界并不是某种应该被意志和暴力所征服的具有敌意和邪恶的东西,而更像一切生命中最伟大的物体"⑥,为此,他把中国古代的自然观称之为"有机的自然主义"。

① ［宋］张载:《横渠易说·系辞上》,载《张载集》,中华书局 1978 年版,第 190 页。
② ［宋］程颢,程颐:《二程集》,中华书局 1981 年版,第 29 页。
③ ［宋］周敦颐:《周濂溪集》,商务印书馆 1936 年版,第 2 页。
④ 王粤:《中国文化精华全集——哲学卷(三)》,中国国际广播出版社 1992 年版,第 690 页。
⑤ ［清］戴震:《孟子字义疏证·原善》(上卷),中华书局 1961 年版,第 61 页。
⑥ ［英］李约瑟:《李约瑟文集》,辽宁科学技术出版社 1986 年版,第 338 页。

对于博大精深的儒家文化,费孝通先生曾经这样总结道:"刻写在山东孔庙大成殿上的'中和位育'四个字,可以说代表了儒家文化的精髓。"①从思想史角度看,儒家这种"中和位育"的思想实际上就来源于周易的"盛德"思想。在《周易》那里,天地有位,天在上,覆护苍生,地在下,承载万物,万物的阴阳属性之间相互渗透、相互节制,并存而不害,在天地之间繁育绵延,随阴阳时序变化而不断自然循环。在这里,天地生育万物而不张扬,也不求回报,不像人类强调"德福之报",故谓"盛德"。孔子曰"天何言哉?四时行焉,百物生焉,天何言哉"②?说的就是这个意思。

最后值得一提的是,强调"天地之大德"的"盛德价值观"不仅在儒家孔子的思想发展中具有非常重要的地位,在中国古代文化中也具有非常重要的地位。如果说孔子早年的仁爱思想具有道德论、人性论的特征,强调"慎终追远"的必要性,并试图通过自己的从政实践来落实与推广,那么他在晚年研习《周易》、作《易传》以后,就脱离了家国的精神束缚、从"大化流行"的形而上学视角来思考天、地与人生的变化,从一个道德家、政论家成为一个真正的思想家,他从宇宙论、本体论视角论证"仁爱"的普遍性,并通过修史删诗以及礼乐教学思来传承与推广,以致影响了后世儒家乃至整个中国文化,使得中国文化具有了与西方宗教追求"救世主"不同的世俗理性特征。从某种意义上可以说,正是"盛德价值观"这种追求天地之间"生生不息"的世俗理性特征,奠定了中国文化的本土特色,它既不追求神秘主义的来世幸福或天堂福祉,也不追求世俗的荣华富贵、资本增值或道德荣耀,而是突破民族、家族与人生的精神束缚而直追"天地境界",把本体论、存在论与价值论统一起

---

① 费孝通:《"三级两跳"中的文化思考》,载《读书》2001 年第 4 期,第 39 页。
② [魏]何晏等:《论语注疏·十三经注疏》(下),上海古籍出版社 1997 年版,第 2526 页。

来,值得我们高度重视。

二、盛德价值观的思想特征及其当代价值

我们之所以关注、进而提倡"盛德价值观",主要还是鉴于当代人类的生态危机,鉴于功利主义思想重视人类的经济利益、世俗利益、忽视宇宙各种生命延续的价值,希望借助《周易》的"盛德"思想起到借鉴作用。从总体上看,《周易》的盛德价值观思想除了具有上述的"世俗理性"特征,还具有如下特征:

一是过程主义:在《周易》看来,宇宙万物的演变是一个永无止境的变化的过程,一方面它是一个变动不居的变化过程,故《系辞下》云:"易之为书也不可远,为道也屡迁,变动不居,周流六虚,上下无常,刚柔相易,不可为典要,唯变所适。"①另一方面,就人类居住的地球环境而言,它在天地之间的变化一般经历昼夜更替、节气变换和四季循环的过程,人的行为也需要顺应这种自然过程,故《易传·乾·文言》曰:"夫'大人'者,与天地合其德,与日月合其明,与四时合其序。"②这里强调与四时合序,既有顺时养生之意,也有顺应时序变化之过程意义。

二是重生主义:《周易》具有比较浓厚的重生思想,主要表现有二。其一是重生轻死,重视生存的价值,很少谈到"死",经常提到的是"生""生生""资生""化生",即使是"死"也理解为"化生";其二是重视生命的化育、延续在宇宙中的价值,强调万物"生生不息"的存在论价值,劝人行善,故唐孔颖达诠释道:"生生,不绝之辞。阴阳变转,后生次于前生,是万物恒生,谓之易也。前后之生,变化改

---

① ［唐］孔颖达:《周易正义(卷七)·十三经注疏》,上海古籍出版社 1997 年版,第 89—90 页。
② 同上书,第 17 页。

易。生必有死,易主劝诫,奖人为善,故云生不云死。"①

三是自然主义:《周易》的盛德价值观思想是建立在自然主义基础上的,它认为世间万物都是自然而然的存在,一切都是由阴阳和合而成,顺应时序变化,没有任何神秘性,故《易经·系辞下传》曰,"天下何思何虑?日往则月来,月往则日来,日月相推而明生焉。寒往则暑来,暑往则寒来,寒暑相推而岁成焉。往者屈也,来者信也,屈信相感而利生焉"②,完全是一种自然主义的景象。

四是道德主义:在周易那里,"生生不息"既是一种宇宙观与本体论,也是一种价值观与道德论,在生生不息的过程中,有两种道德尤其受到推崇,第一种是乾道,主张"天行健,君子以自强不息"③,因为"物不可以终穷,穷则变,变则通"④,"否极泰来"是基本的法则,因此主张自强、自主与自信,不惧危局与险境,对未来充满信心;第二种是坤道,"地势坤,君子以厚德载物"⑤,强调万物要有包容之德,要有宽厚的胸怀,包容天下,包容万物。《易传·坤·象》云:"至哉'坤元',万物资生,乃顺承天。坤厚载物,德合无疆"⑥,强调大地的美德在于万物得以滋生、顺承天道。《礼记·中庸》所说的"万物并育而不相害,道并行而不相悖"⑦,《论语·子路》所说的"君子和而不同,小人同而不和"⑧,《国语》说的"和实生物,

---

① 张岱年:《宇宙与人生》,上海文艺出版社 1999 年版,第 43 页。
② [唐]孔颖达:《周易正义(卷七)·十三经注疏》,上海古籍出版社 1997 年版,第 87 页。
③ 同上书,第 78 页。
④ 同上书,第 78 页。
⑤ 同上书,第 78 页。
⑥ 同上书,第 18 页。
⑦ 李学勤主编:《十三经注疏(标点本)·礼记正义》,北京大学出版社 1999 年版,第 1460 页。
⑧ [魏]何晏等:《论语注疏·十三经注疏》(下),上海古籍出版社 1997 年版,第 2508 页。

同则不继"①等思想都是由此而来。

下面我们再来谈谈盛德价值观的当代价值问题。在当代生态文明建设过程中，人类所遇到的一个巨大烦恼与困惑就是，人类的行为准则究竟是"人类中心主义"还是"生态中心主义"的问题，目前学术界的争论仍然异常激烈，莫衷一是。从盛德价值观来看，人类在生态文明建设过程中，既不能盲目强调"人类中心主义"，不能为了人类的利益而牺牲其他动物乃至生物的福祉，"万物并育而不害"，日月山川、动物、植物与人类共同构成一个完整的生态系统，这是一个不可或缺的命运共同体，也不能盲目强调"生态中心主义"，不能为了保护地球的生态平衡就盲目反对科技创新，忽视科技创新对人类发展的巨大支撑作用，而是主张尊重宇宙各种生命的尊严与权利，保护生态，保护人类，把维护万物包括人类在内的"生生不息"作为最高准则。现代军事技术包括工业技术的创新固然会做出有损人类生存的事情，如原子武器、生化武器的研发创新会危及人类乃至地球的存在，有违"生生不息"之"盛德"，但这些并不是我们反对科技创新的根据，而是有限度地进行科技创新的根据。

在生态危机严重到威胁人类的生存以后，许多人往往认为生态平衡是最重要的，人类的利益得失等而次之，提倡所谓的"生态平衡主义"。实际上，生态系统的平衡永远是暂时的，不存在静止、绝对的生态平衡，不要说人类行为的干预，即使是自然界的变化，如火山爆发、自然干旱、洪涝灾害、日月星辰的异动也会不自觉地打破平衡，否则历史上就不会发生"恐龙灭绝"等生态灾难。何况随着人口的膨胀、消费欲望的膨胀以及科技开发水平的提高，各种生物资源与矿产资源已遭遇史无前例的大规模开发利用，造成严

① 徐元诰：《国语集解》，中华书局 2002 年版，第 470 页。

重的能源危机、资源危机与环境污染,生态系统的平衡早已被破坏,气候变暖就是一个典型的例证。换句话说,生态系统总是处在从不平衡到平衡再到不平衡的不断循环的过程中,不必机械、盲目地保持生态平衡,一切行为以"生生不息"为最高行为准则就行了。

从生态学马克思主义角度看,生态中心主义也有明显的不足之处,即过分看重个人主义价值观所起的负面作用,忽视了资本主义制度因素在其中所起的破坏作用,其实"价值观的变化包括人类对自然看法的变化取决于一定的经济基础和社会生产方式"①。在生态学马克思主义看来,"应该责备的不仅仅是个性'贪婪'的垄断者或消费者,而且还有这种生产方式本身:处在生产力金字塔之上的构成资本主义的生产关系"②。当代生态学马克思主义大师福斯特明确指出:"资本主义社会的本质从一开始就建筑在城市与农村、人类与地球之间物质交换裂痕的基础上,目前裂痕的深度已超出它的想象。世界范围的资本主义社会已存在着一种不可逆转的环境危机。但是,暂且不谈资本主义制度,人类与地球建立一种可持续性关系并非不可企及。要做到这一点,我们必须改变社会关系。"③我们认为,制度因素固然重要,但制度因素不会是唯一根源,还有其他因素,需要综合分析与应对,我们不能把希望完全寄托在资本主义生产关系的改造上。其实问题的关键既不在于机械地保持生态平衡,也不在于盲目限制科技的发展或改造资本主义的生产关系,而在于如何以"盛德价值观"为最高准则在动态中重建平衡,重新确定人与人、人与社会、人与自然之间的关系,辩证处理不

---

① 王雨辰:《生态问题对历史唯物主义意味着什么——兼论生态学马克思主义理论的价值》,载《学习与探索》2011 年第 6 期,第 27—33 页。

② [英]佩珀:《生态社会主义:从深生态学到社会正义》,刘颖译.山东大学出版社 2005 年版,第 133 页。

③ [美]福斯特:《生态危机与资本主义》,耿建新译,上海译文出版社 2006 年版,第 96 页。

同利益、不同价值观之间的关系。

从认识论角度看,当代生态危机的主要根源并不在于近代以来过分关注人类的利益为本、忽视了生态系统的作用,而是在于自近代以来受资本主义现代性的影响,一方面追求个体经济利益的最大化,另一方面又以民族国家为单位来保障个体的经济利益,不惜损耗其他民族、其他国家的利益。自近代以来,人类一方面为了生活便利与生产发展的需要研发了火车、电灯、电话、打印机、电脑等先进工具与器具,一方面为了民族国家的利益也研发了原子弹、氢弹、生化武器等毁灭人类、毁灭地球的武器,以至于人类的生存总是处于重重危机之中,两次世界大战的爆发就是深刻的教训。这就在警告我们,相对于人类的"生生之道"来说,个体的利益、自由以及国家的主权都是次要的,不能主次不分、本末倒置,如果忘记了"天地之大德"、忘记了"生生之道",人类无异于自取灭亡。

从《周易》的盛德价值观来看,当代人类要摆脱生态危机,建立健康的生态文明,并不是在于空洞、盲目地主张保护生态环境、维护生态平衡,而是要端正人在自然中的地位,明确人类行为的最高价值与行为准则:

第一,无论科学技术如何发达,人永远是自然存在的一部分,不可能成为自然界的主宰。人的能力固然随着科技的发展而发展,但是人类在自然界面前永远不是主体,人是自然界的一部分,自然界是人类的母亲,不能把自然界当成任意掠夺的资源,而是当成人类生命共同体的一部分。

第二,"生生不息"既是自然规律,也是人类行为的最高准则与最高价值,我们发展科学技术、发展经济必须是为了人类的繁衍与永续,否则就是自取灭亡。

第三,人类既是自然的存在物,也是能动的存在物,需要辩证处理人类利益与生态平衡之间的关系。人与生态系统的平衡关系是暂时的,是一个过程,我们不能为了生态平衡而损害人类的生存权,要辩证处理人类利益与生态平衡之间的关系。

第四,人与自然万物的存在是一个共生关系,"万物并育而不害",所以它们的生存权是平等的,不能厚此而薄彼,一旦不同生命的存在发生冲突,需要在"生生不息"这一"天地之大德"的价值观背景下进行权衡取舍。

一句话,我们既不主张"人类中心主义",也不主张"生态中心主义",而是主张"生生不息主义",即主张盛德价值观,宇宙万物的生命存在、繁衍与永续才是人类行为的最高价值。面对严峻的生存危机,面临多元化的国家利益、个体利益,我们既要"自强不息",积极主动地发展科技,以便解决问题,也要包容万物,在发展、共生中解决问题。

三、盛德价值观与"中国特色"的生态学马克思主义

最后,我们拟结合盛德价值观、中国生态文明建设的"全球责任"简要谈谈"中国本色"的生态文明以及"中国特色"的生态学马克思主义的建设问题。

所谓中国生态文明建设的"全球责任"是相对于其"民族国家责任"而言的。对于当代生态危机,中国学术界知道中国的生态文明建设所具有的全球意义与全球价值,也承认具有一定的全球责任,但是,由于受近代西方列强侵略与蹂躏的影响,国人关注更多的是"国强民富、民族复兴",雪耻是其主要的民族主义心理动机,至于生态文明建设的全球责任在其次。由此造成当代中国的建设更多关注的是经济的发展、民众的富裕、国力的提升以及国际地位的提高,对于生态危机、环境污染及其全球责任问题重视不够,直到雾霾问题成为一个全球关注的国际问题后,才引起足够的关注。

实际上,中国生态文明的建设不仅具有"民族责任"与"时代责任"(指生态文明时代责任),还具有"全球责任",主要表现如下:其一,中国是一个全球性的人口大国、领土大国与经济大国。中国的人口世界第一,中国的国土面积也排在世界前列,中国的GDP也已仅次美国居世界第二,世界银行最近甚至根据购买力评价预测中国的GDP在今年将超越美国排在世界第一,所以它的经济建设的水平、质量及其资源消耗、能源消耗的影响将对全球生态文明的建设具有举足轻重的影响,具有不可忽视的全球责任。

其二,中国是一个社会主义的大国,走的是与资本主义不同的社会主义生态文明建设道路,正如大卫·格里芬等人所分析的,资本主义制度对当代人类的生态危机具有不可推卸的责任,资本主义追逐利润的本性决定了资本主义国家无法承担挽救人类文明、建设生态文明的责任,这个担子只能落在社会主义国家身上。① 中国是一个社会主义大国,这就决定了中国必须承担拯救人类文明、建设生态文明的"领头羊"的"全球责任",其他社会主义国家不是大国,不具有与全球资本主义抗衡的力量,无法承担这样的重任。

其三,中国是一个历史悠久的发展中大国,具有深邃的农业文明智慧与丰富的历史文化资源,建设具有中国本土特色(简称"中国本色")的生态文明,既是中国传统文化传承、创新与发展的需要,也是生态文明建设本土化的需要,对世界生态文明建设来说既是一种需要,也是一种全球责任。

既然建设具有"中国本色"的生态文明具有全球意义与全球责任,那么,我们就有必要谈谈其建设途径。对于生态文明的建设路径,学术界以及社会各界流行的看法主要有:一是加强技术创新,

① [美]大卫·格里芬:《生态文明:拯救人类文明的必由之路》,载《深圳大学学报(人文社会科学版)》2013年第6期,第27—35页。

尤其是加强环保技术的发展,在提高生产力水平的同时解决人类面临的生态危机问题;二是控制经济增长,大力推进循环经济,促进科学—技术—经济—社会的循环发展与可持续发展。出于地球上人口爆炸和能源与资源有限性的紧张关系,可以采取"稳态增长模式"或采取"零增长模式";三是大力发展金融、法律咨询、物流、电信技术等服务业,降低工业产值在国民生产总值中的比重,提高服务业在国民生产总值中的比重,促进从工业社会向生态社会转型,以便从根本上解决工业文明的危机问题;四是加强生态价值观的宣传,提高人们的生态意识与环保意识,促进生态文明的建设。

从总体上看,这些看法各自都有一定的道理,但是也存在一些问题:一是技术创新在解决生态危机、发展经济的同时,由于人类知识的有限性以及从技术开发到技术实施的多环节性,往往也会造成新的生态问题。例如,美国现在大力发展的页岩气技术开发就是典型的案例,它一方面在一定程度上缓解了美国能源短缺问题,另一方面页岩气在美国也引发了一系列潜在的问题,"首先是开采页岩气所使用的水力压裂技术需要消耗大量水资源且不可回收。据介绍,灌溉 640 英亩(约合 2.6 平方公里)干旱土地需要 4.07 亿加仑(约合 15.4 亿升)水,可收获价值 20 万美元的玉米。等量的水,如果用于水力压裂技术钻井,可获得价值 25 亿美元的石油。由于钻井所使用的水要注入比地下蓄水层要深得多的页岩层,大量水主要被岩石吸收,而不能再回收利用"[1],遭到当地许多民众及相关部门的反对。二是生产力的发展、医疗水平的提高、市场经济的扩张导致人口数量的爆炸、消费需求的剧增,最终导致经济与社会的可持续发展面临严峻的挑战,"稳态发展模式"或"零增长模式"根本就无法满足消费经济的需求,不具有实施的可行性;循环

---

[1]　孙永祥:《梦想照不进现实 欧洲页岩气开发降温》,载《中国经济导报》2012 年第 4 期。

经济到目前为止只能在局部实现,由于民族国家利益以及技术发展与循环经济发展本身局限性的影响,要在全球范围实现困难重重。三是过分重视服务业(尤其金融业)、轻视制造业,会造成严重的经济泡沫与经济危机,美国20世纪90年代房地产业的发展引发的全球金融危机,就是一个典型的案例。四是生态文明的建设固然离不开生态意识与环保意识的宣传与提高,但生态文明的建设根本还在于"超越民族国家利益"、具有全球视野,否则,生态文明建设就根本得不到落实。例如美国是世界头号经济大国,也是积极宣传生态文明建设的国家,但美国为了本国的经济利益反对《京都议定书》、阻挠碳排放协议的签订,在世界上产生了很不好的影响,影响了世界生态治理,也是典型的案例。一句话,问题的关键在于确立"生生不息"的盛德价值观,才能处理好其间的复杂关系,否则就会舍本逐末,自取灭亡。

鉴于盛德价值观在中国传统文化中的核心地位及其与生态文明的价值吻合性,我们主张以"盛德价值观"为核心建设"中国本色"的生态文明,倡导盛德价值观,反对人类中心主义、生态中心主义以及狭隘的民族主义,以盛德价值观统一、协调人类的多元伦理、多方利益,为拯救人类文明做出应有的贡献。当然,古老的盛德价值观毕竟具有时代局限性,它在当时还没有涉及生态危机问题,也没有涉及社会主义的价值观建设问题,可是,当代中国的生态文明建设涉及这些问题。因此,我们认为,在当代中国的生态文明建设中,以中国传统的盛德价值观、社会主义核心价值观以及当代生态价值观思想共同引领当代中国的生态文明建设,以便解决目前的生态危机与社会主义核心价值观落实问题,使得中国的生态文明建设从"民族情怀"走向"全球境界",为人类生态文明的建设做出应有的贡献。如果说"国强民富、民族复兴"是我们中华民族自近代鸦片战争民族受屈以来的"民族梦",那么,随着中国国力的增强、随着中国梦的逐步实现,建设全球性的生态文明强国就是我们的"时代梦",才是民族崛起的时代标志。

换句话说,我们要建立中国特色的生态学马克思主义,其"特色"就在于把生态学马克思主义建立在"中国传统的盛德价值观、社会主义核心价值观以及生态价值观"这"三位一体"的价值观基础上,社会主义核心价值观是其核心价值观,追求社会正义、为民众谋福祉的社会主义政治制度是其制度保障,生态经济发展是其经济基础,其民族文化根基就是追求"生生不息"这一"天地之大德"的民族文化传统。

第十五章　西方现代性危机与中国式现代化超越

现代性深刻影响着人们的生存方式,世界之变、时代之变、历史之变正以前所未有的叠加态势布展,"中国向何处去""世界向何处去""人类向何处去"的时代之问日益紧迫,如何应对西方现代性痼疾,消解现代性危机,探寻超越西方现代化的生存方式,成为人们亟须回答的时代课题。党的二十大是在全面建成小康社会、迈上全面建设社会主义现代化国家新征程的关键时刻召开的一次大会,会议系统阐述了中国式现代化的中国特色和本质要求,确立了"以中国式现代化全面推进中华民族伟大复兴"的中心任务。相较于西方建基于人本主义立场和思辨哲学方法论原则的现代性批判传统,中国式现代化坚持马克思主义方向,坚持社会主义性质,致力于新时代现代性方案的中国实践,为化解西方现代性危机打开了新的窗口,也为人类实现现代化提供了新的选择。

一、现实困境:西方现代性危机群像描摹

作为人类文明演进中特定的实践活动和文化景观,现代性成为现代化历史进程的逻辑概括。在理论上,现代性是一个历史范畴,英国当代思想家吉登斯曾将现代性界定为一种"社会生活或组织模式,大约 17 世纪出现在欧洲,并且在后来的岁月里,程度不同

地在世界范围内产生着影响"①,表征从传统农业社会向现代工业社会转型的社会发展过程。具体而言,"现代"意味着现在和过去的时间断裂,内含一种新的时间意识。"现代化"指称一种同中世纪决裂的多层次历史进程,"现代化"的结果造就了现代世界。在此基础上,"现代性"作为表征现代化历史进程中现代社会所呈现出的基本特征的术语,成为现代化历史进程的逻辑概括。根据《启蒙辩证法》的精神内核,西方现代性的核心价值在于现代理性与资本逻辑,力求以征服与支配自然为出发点,彰显个体的主体力量,实现古典和文艺复兴时期人们所渴望的理性社会和政治秩序。然而,伴随工业文明的进程,人们在感受世界份额增加、生存空间拓展的同时,却又陷入了深刻的现代性危机之中,现代理性的泛滥压抑了现代主体自由自觉的劳动创造;社会的"去同步化"趋向在社会结构层面引发了社会整体秩序的失序,产生了 21 世纪最紧迫而又令人担忧的生态危机、金融危机(知识财产的私有化)、民主危机(新"柏林墙"以及贫民窟的新形式)和全球倦怠危机;新异化的诞生在社会文化层面也虚无了人类生存的意义与价值。在世界历史背景下剖析西方现代性的缘起与危机表征,是探讨现代性批判,揭示中国式现代化多维超越的逻辑起点。

(一) 现代理性的泛滥:人类生存危机的不断加剧

自笛卡尔设想在几何学基础上构筑永不动摇的哲学大厦后,斯宾诺莎将这一理想付诸实践并用以考察人类的行为和欲望,理性作为一种实践能力,逐渐成为形构现代人生存的核心观念。毋庸置疑,标志着"新时期的降生"②的理性精神是对中世纪宗教礼法

---

① [英]安东尼·吉登斯:《现代性的后果》,田禾译,译林出版社 2011 年版,第 1 页。
② [德]黑格尔:《精神现象学》(上卷),贺麟、王玖兴译,商务印书馆 2019 年版,第 7 页。

权威性的反抗和对自然世界客观规律神秘性的祛魅。在认知层面，理性驱逐了宗教神学"魅"之迷雾，"祛魅"的世界确证了人独立于自然和上帝的主体性意识，重构了人与自然、人与社会、人与世界关系的认知图景。在价值层面，理性的主体性原则确立了现代文化形态与生存环境，建基于理性精神的现代社会促使人们实现自治和本真性的自我决定。然而，人类文明进程所伴生的现代性问题同样源于理性，一方面，工具理性渗透到社会结构和社会生活的各个方面，试图支配与掌控社会的全部进程，人成为物化理性凝结中的异己的存在；另一方面，现代理性屈从于资本逻辑，主体意识的张扬通过利己主义而得以实现，精致的利己主义致使伦理共同体成为外在的、抽象的、强制的压迫性力量。

从社会现象层面看，工具理性的扩张与社会生活的量化原则成为现代社会主体生存的基本遵循。现代性的"普罗米修斯"原则以征服世界为目的推进西方现代化进程，压抑与排挤了在世存有的其他可能性。比如，现代科学关涉的是扩大已知的范围，现代科学知识从传统的人与世界共生关系的知识（Wissen-knowledge）转变为一种抽象化的、去生命体验的、可供分类的知识学（Wissen-schaft-knowledge）；现代理性中，经济发展遵循资本驱动的增长模式，"货币-商品-包含剩余价值的货币"成为衡量经济增长和个人幸福指数提升的基本指标；在社会管理中，法律规章和政治管理部门的根本任务通过"技术官僚权力"维护本国所占据的世界份额，然而这一过程往往以牺牲别国或其他民族的利益为代价；同样，在自我管理中，对血压、心率、步数、摄入卡路里等"量化自我"的欲求致使人与自我之间相互聆听与回应的身心关系，转变为一种通过技术或药物进行支配与计算的身体关系。现代理性所带来的纪律、标准化、符号化等量化原则已然规训和控制了人们的日常生活，人逐渐成为物化理性凝结中异己的存在。

从主体意识层面看,现代理性在催生主体性解放和主体意识张扬的同时,却也"摒弃了一种将人类作为一种特定的生活目标而创造的观念"①。具体而言,相对于启蒙以来现代性对于个体"幸福"与"自治"的承诺而言,理性主体在自我关涉中却常常表现为与"他者"的分离,正如胡塞尔在《欧洲科学的危机与超越论的现象学》中的分析,自我与非我的分离,感性与知性、理论理性与实践理性的分裂等致使形而上的"'最高的和终极的问题'统统丢弃了"。②现代人的公共生活逐渐被原子化个体的利己主义所侵蚀。"个体是第一位的,社会是第二位的"③,个体利益优先于任何道德规范和社会关系。这一以实体化的个人目的论来削弱伦理自觉性的方案,无法解决个体利益与共同体利益之间的矛盾与冲突,无疑使得西方社会所结成的伦理共同体成为一种压迫性力量,没有情感的张力终将导致社会结构的分化和共同体意义的虚无。

(二)社会的"去同步化"趋向:社会结构危机的系统呈现

西方现代性昭示着生活的整体性消失殆尽,整个世界陷入分裂状态,社会系统、总体生态系统和个人身心系统之间以及各系统内部产生"去同步化"趋向,社会融合与稳定愈发脆弱,进一步危害和削弱了自我与社会再生产的能力。一般而言,西方现代化进程中的"去同步化"趋向包含三个层面:一是社会系统与总体生态系统发展速度之间的"去同步化";二是社会系统内部不同领域的速度模式之间的"去同步化";三是社会系统与主体身心系统之间的

---

① Hartumut Rosa, *Resonance: A Sociology of the Relationship to the World* (New York: John Wiley & Sons, 2019).

② [德]胡塞尔:《欧洲科学的危机与超越论的现象学》,王炳文译,商务印书馆 2001 年版,第 23 页。

③ [美]阿拉斯戴尔·麦金太尔:《追寻美德:道德理论研究》,宋继杰译,刘东主编,译林出版社 2011 年版,第 328 页。

"去同步化"。

其一,社会系统与总体生态系统的"去同步化"。自培根以来,"知识就是力量"的宣言进一步推动了人们掌控自然的实践。在认识自然的基础上支配自然,进而实现人类福祉成为科学的目的。然而,基于人类中心主义视角对自然穷兵黩武的暴掠行经一旦超越了自然所能承载的极限,自然便不会作为沉默的他者继续保持忍耐与缄默,而是作为"极端的不受掌控"的怪物①,以更加无法预测和无法控制的形式,向人类发起反击。正如福斯特在《生态危机与资本主义》中所阐释:"资本主义生态危机表现在方方面面,不胜枚举。"②而这些危机几乎在所有方面都可以被重新解释为"去同步化"问题,即社会速度的提升让我们周遭的自然时间框架超载了:全球变暖与极端天气的频发源于人们消耗物质能量以驱动物质激增的过程与地球大气再循环的去同步化;物种灭绝、生物多样性锐减、公共卫生领域疾病的发生与蔓延源于人类生产生活废弃物排放的速度高于自然处置、吸纳与转化它们的能力;生态危机的集中爆发与全球蔓延昭示着人类攫取、支配和破坏自然的行为已经触及了自然所能承载的极限,僭越了人与自然的和谐共生的关系。

同时,伴随着"加速主义与数字资本主义"的嵌入,生产过程需要消耗和追加更多的生产资料和消费资料,才能维持资本主义再生产的顺利进行。正如法兰克福学派第四代社会批判理论家哈特穆特·罗萨在《新异化的诞生》中指出,资本主义"在以持续增加的

---

① 拉图尔在《我们从未现代过》一书中提出了关于现代精神诞生出怪物的想法。参见[法]布鲁诺·拉图尔《我们从未现代过:对称性人类学论文集》,刘鹏、安涅思译,苏州大学出版社 2010 年版,第 46—50 页。

② [美]约翰·贝拉米·福斯特:《生态危机与资本主义》,耿建新、宋兴无译,上海译文出版社 2006 年版,第 4 页。

速率发生改变"。① 在此过程中,不仅消耗了大量不可再生的自然资源,导致碳排放量的大幅上涨,同时也造成了过度的文化消费。

其二,社会系统内部不同领域的速度模式之间的"去同步化"。从现代社会系统的诸领域看,社会经济生活的速度不仅对于我们的自然环境来说太高了,而且也给社会自身较慢领域的可持续发展带来了问题。比如,西方社会金融危机和民主政治危机均可理解为市场经济与政治决策之间的"去同步化",尤其是随着经济生活速率和技术革新速率的提升,西方民主政治进程愈发呈显放缓的趋势,政治与市场的去同步化趋势更加影响了民众的"政治自我效能感",降低了民众对政府的信任。

此外,从世界历史进程看,如果说传统西方以殖民、掠夺与剥削的方式实现资本积累与增殖,当代则转向以虚拟空间的数字占有和"元宇宙"等新空间的生产来实现价值的增殖和危机的转移,这一现代化过程引发了一系列深刻而广泛的副效应,如经济领域滋生了知识财产的私有化,贫富差距进一步扩大;政治领域引发了新"柏林墙"、贫民窟的新形式以及监视资本主义景观的蔓延;文化领域借助网络信息技术渗透西方文明优越论,造成文化意识形态的市场化假象,加剧了西方社会的文化霸权。

其三,社会系统与主体身心系统之间的"去同步化"。当研究视角从"生态—社会"领域移至微观身心系统,人们还将体验到社会系统与主体身心系统之间的"去同步化",几乎每一个生活在晚期现代的个体都切身感受到这种生活的畸变。现代理性与资本逻辑侵蚀着人们的日常生活,社会世界外衣遮掩下的机器世界标志着静态的冗余沉积,否定了与人类生命机理间的真实联系,人们不

---

① [德]哈特穆特·罗萨:《新异化的诞生:社会加速批判理论大纲》,郑作彧译,上海人民出版社 2018 年版,第 16 页。

再被资本主义生产体制看成是主体性的存在,而被视为"纯粹的量的相互关系"①,或一个个由绩效指标衡量的"赤裸生命"。全球倦怠危机昭示着资本主义"体制的显著特征像一个巨大的松鼠笼子"②,个人成为脚踏板上的一部分,无法逃脱而只能无限循环。人们无法在变动不居中寻求诗意栖居之所,而只能走向孤独、倦怠与冷漠。正如罗萨在《不受掌控》一书中论述:"就像仓鼠在滚轮中跑动一样,虽然我们可能会有越来越多的可能性和选项……但我们却越来越不知道自己到底要跑到哪里去、为什么要一直跑。我们感觉处在内卷的情境(急速的静止)中。"③这一机械论怪圈被资本逻辑进一步固化,囿于消费主义的拜物情结遮蔽了共同体内部的真实联系。

(三) 新异化的诞生:日常生活危机的全面凸显

如果对社会的"去同步化"趋向的分析是从结构功能层面对西方现代性危机的揭示,那么,"新异化的诞生"则是从伦理规范层面对西方现代性危机的深刻描摹。"异化"是马克思主义理论的核心范畴之一,在《1844年经济学哲学手稿》中,马克思从资本主义生产关系的视角探讨了异化劳动的四个层面:劳动者的劳动与劳动产品的异化,劳动自身的异化,劳动者与人的类本质的异化以及人与人相异化。在对现代社会主体日常生活进行深入剖析的基础上,当代社会批判理论家罗萨等对"异化"概念进行了当代重构,指出,当社会加速跨越了一些临界值后,与人类相异化的就不只是他们

---

① [匈]卢卡奇:《历史与阶级意识》,杜章智、任立、燕宏远译,商务印书馆1999年版,第252页。

② [美]约翰·贝拉米·福斯特:《生态危机与资本主义》,耿建新、宋兴无译,上海译文出版社2006年版,第37页。

③ [德]哈特穆特·罗萨:《不受掌控》,郑作彧、马欣译,上海人民出版社2022年版,第3页。

的劳动或劳动产品,而且还包含人们在世存有的整个时间与空间。正是异化形式的多元化和技术管控下对普遍异化的遮蔽导致西方社会关于美好生活的承诺转变为虚幻的泡影。

随着加速社会的发展,当代社会批判理论家敏锐地捕捉了人们日常生活的当代困境,科技加速、社会变迁加速和生活节奏加速并未解决工业文明进程中一系列矛盾与危机,反而引发了"新异化的诞生"。具体而言,新的异化形式包含"空间异化""物界(Dingwelt)异化""行动异化""时间异化"和"自我异化与社会异化"五个层面。其中,空间异化强调,随着科学技术的发展和社会变迁的加快,社会亲近性与物理邻近性之间愈发脱节;物界异化是指在消费社会中,人们无法通过生产和消费的物来形塑个体的身份认同;行动异化表征现代社会倾向于"遗忘"真实的自我,在资本逻辑和消费社会所营造的碎片化时空中,人们"所做的事(即便是我们自愿做的事)并不是我们真的想做的事的状态"①。时间异化寓意现代社会中主观时间(形成生命经验的时间)和客观时间(日常体验的时间)之间不可消弭的隔阂逐渐加剧;自我异化意指人们无法将时空、行动、体验等整合进自己的经验与行动,进而出现抑郁、倦怠以及最终主体价值的耗尽,这也是全球倦怠危机的个体根源之所在。

当代社会批判理论对于资本主义社会陷入全面异化状态的诊断直指现代性危机的加速循环,其核心要义在于揭示西方现代化进程中,理性主义与资本逻辑已经渗透社会生活的每个角落,异化形式已嵌入文明肌理,并透过数字资本主义和消费主义裹挟着人们的生活,致使人们越在快感与享乐中沉溺,越受磨难与痛苦的

---

① [德]哈特穆特·罗萨:《新异化的诞生:社会加速批判理论大纲》,郑作彧译,上海人民出版社 2018 年版,第 127 页。

煎熬。

从技术管控对普遍异化遮蔽的视角看,伴随量子通信技术、元宇宙、云计算等科学技术的发展,异化更是披上了科学的外衣,隐匿于数字符号和编程之中。加速的技术迭代一旦为资本所掌控,势必制造出虚假信息和虚假需求,进一步加深异化的程度,致使人与自然、人与社会、人与自身关系中的自由成为异化潜隐下自欺欺人的虚妄。正如鲍德里亚在《符号政治经济学批判》中所说:"为了象征交换的诞生,所有价值的形式(物、商品或符号)都必须被否定。"①数字技术通过符码算法将社会关系和社会存在数字符号化,在技术合理化的空间中掩盖了异化危机,更掩盖了劳动异化中凸显出的阶级对立,致使社会的普遍异化潜隐于技术规制下的资本文化系统中。身处异化中的人们甚至难以辨别自身是否处于异化状态,致使资本剥削更加隐蔽而又具有实效。

二、诊疗与反思:西方现代性的叙事逻辑及超越的局限

面对西方现代性危机,西方左翼学界涌现出一股现代性批判思潮,期望通过对社会结构功能的分析和文化策略的考察,剖析社会病症并提出消解危机的文化方案。其理论意义在于,通过对资本主义社会"动态稳定"的结构逻辑、"占有与掌控世界"的文化逻辑以及"东方从属西方"的殖民逻辑的诊疗,进一步确证马克思关于资本逻辑的理论论述的科学性,丰富对现代性基本逻辑的理论认知。然而,其局限性在于没有用历史的、实践的观点深入人类社会生产生活领域解剖西方现代性的历史性特点,故而无法超脱西

---

① [法]让·鲍德里亚:《符号政治经济学批判》,夏莹译,南京大学出版社2015年版,第160页。

方现代性的逻辑桎梏,无法为破解现代性困局提出科学有效的路径。

(一)西方现代性危机的诊疗:西方现代性的叙事逻辑

从世界历史的总体进程看,西方现代性的生成在社会结构上依托"动态稳定"的结构逻辑,在社会文化上发端于"占有与掌控"的文化逻辑和"东方从属西方"的殖民逻辑。换言之,西方现代性本身"对内"是通过资本主义"占有与掌控"的文化逻辑而发展的,"对外"是通过殖民主义和帝国主义的方式而拓展的,这是其基本发展路径。

其一,资本主义社会"动态稳定"的结构逻辑。在对西方现代性的反思过程中,社会批判理论提出"现代社会的一个典型特征是'动态稳定'"[1],即现代社会只有通过经济增长、技术增强和文化的高效率创新来进行自身结构的再生产,维持社会经济和政治稳定。在这一意义上,人们被裹挟式的卷入以"增长、加速和创新"为核心的竞争之中。在"动态稳定"结构逻辑所构架的现代社会中,人们就像生活在"滑动的斜坡"上,世界不仅是动态的,而且在某种程度上每时每刻都在将斜坡上的人们往下推。因此,为了保持现有的状态或者位置,人们必须更快地向上奔跑,不断地更新和改进自身的硬件、软件、知识、技能和社交方式,否则便会逐渐失去价值或落后于时代。

其实,在对西方现代性批判中,马克思是最先认识到西方现代化进程中存在这种"动态稳定"的社会结构特质的。他指出,资本的本质在于对剩余价值的不懈追求:"生产剩余价值或赚钱,是这

---

[1] Hartmut Rosa, "Dynamic Stabilization, the Triple A. Approach to the Good Life, and the Resonance Conception," *Questions de Communication*, No. 31 (2017), p.437.

个生产方式的绝对规律。"①资本主义社会无法"适应性稳定"的持存,从工业革命开始,资本主义的生产方式、交往方式和技术革新都是基于"动态稳定"的结构逻辑。与此同时,社会学家韦伯和卢曼等也探讨了这种"动态稳定"的结构模式如何从经济领域进一步渗透到社会生活和政治生活领域,正如卢曼所言,"就连赢得选举的基础,都是政治集团对增长的承诺"。伴随着数字资本主义、人工智能技术的革新与发展,当代批判理论进一步强调,在"动态稳定"的结构逻辑下引发的现代性危机更加呈现为"人类与世界关系的整体性危机",并蔓延至人们日常生活的方方面面,从根本上动摇着资本主义社会形态再生产的制度模式。②

其二,"占有与掌控"的文化逻辑。现代社会只能动态地稳定自己,通过升级,在结构和制度上迫使越来越多的世界在人们触手可及的范围内得到控制,这一结构模式在"文化感受中……越来越从一种期待变成了一种胁迫"③。于是,人们通过经济、文化、社会和身体资本等无休止的积累来实现"增长、加速和创新"。在这一背景下,让世界变得越来越"可认知""可抵达""可管控"和"可利用"成为现代主体行动与"在世之在"的基本方式,并且这四个维度在形塑现代社会的基础架构中根深蒂固。这里,"可认知"意味着拓展已有的认知范围,比如,通过望远镜能够观测更加遥远的外层空间,通过显微镜能够观测最小的物质单元,通过电灯的应用"掌控黑夜",促使黑夜宛如白昼;"可抵达"意味着通过物质手段跨越时空的局限,以物质的方式掌控世界,如通过历史考古"到达"过去

---

① 《马克思恩格斯文集》(第5卷),人民出版社2009年版,第714页。
② Hartumut Rosa, *Resonance: A Sociology of the Relationship to the World* (New York: John Wiley & Sons, 2019), p.425.
③ [德]哈特穆特·罗萨:《不受掌控》,郑作彧、马欣译,上海人民出版社2022年版,第21页。

的沉默世界,通过潜艇到达深海,通过卫星到达深太空等;"可管控"寓意是通过科学分析方法和笛卡尔、斯宾诺莎式的因果作用机制的渗透达到知识的生产,技术的管控和政治——军事监控的升级;"可利用"意味着我们不仅仅希望将世界处于人们的控制之下,而是使它成为我们自身目的的工具。"占有与掌控"的文化逻辑总是伴随着现代理性和资本逻辑,深入到人们日常生活的方方面面,侵蚀着人们的生产方式、生活方式和思维方式。

具体而言,这一"占有与掌控世界"的文化逻辑至少导致了两方面的基本问题:一方面,掌控与征服世界的欲求致使人们并非被迫而似乎以一种自愿的姿态投入到一个不断自我排除的世界中。通过占有和掌控世界来动态地稳固自己的位置和状态,致使世界在客观面向上不断排除主体,现代主体在主观面向上也越来越脱离本真的自我。另一方面,"占有与掌控世界"的文化逻辑最终将产生一个在所有相关方面都完全"无法掌控"的世界,人们将失去世界的声音和它的意义。当人们将"可认知""可抵达""可管控"和"可利用"以及对资源的积累作为日常生活的目的本身,必然造就一个异化而疏离的世界。

其三,"东方从属西方"的殖民逻辑。现代社会充斥着人们掌控和支配世界的权力维度的旨趣,这种"支配—从属"关系将原先时空界限内的、地域性的历史纳入世界历史的整体范畴,试图将一切民族和国家都裹挟进现代资本主义文明之中。在"支配—从属"的殖民关系中,"正像它使农村从属于城市一样,它使未开化和半开化的国家从属于文明的国家,使农民的民族从属于资产阶级的民族,使东方从属于西方"[①]。马克思在《资本论》中论述资本的原始积累过程时说:"资本来到世间,从头到脚,每个毛孔都滴着血和

---

① 《马克思恩格斯文集》(第 2 卷),人民出版社 2009 年版,第 36 页。

肮脏的东西。"①资本的原始积累,就是用暴力手段和国家政权,使资本迅速向少数人集中的过程。此外,工业革命在促进资本主义生产方式实现的同时,也进一步巩固了资本主义基本制度,为"东方从属西方"的殖民扩张提供了物质前提和制度基础。

随着工业文明的发展,这一"东方从属西方"的殖民逻辑更加成为一种普遍性的命运,西方逐渐成为世界的主导力量,西方成为世界的话语。东方世界与西方世界之间从殖民主义、帝国主义,到二战以后的新殖民主义,其间不平等的"支配—从属"关系从贸易、经济领域一直蔓延到政治和文化领域。传统世界中关于自由与平等之间的张力问题,随着西方现代性的深入也产生了许多新的问题形式,如生态帝国主义危机、全球气候危机、"新柏林墙"与贫民窟的新形式等。

（二）西方现代性批判的反思:西方现代性批判的内在张力

西方现代性批判通过对资本主义社会危机的揭示,进一步确证了马克思关于现代资本主义批判的科学性与真理性,丰富了关于现代性基本逻辑的理论认知。然而,西方学界关于如何超越现代性的自救方案仍未超脱西方现代性的逻辑窠臼,即使能够在部分方面改良社会消极影响,却无法为破解现代性困局提出科学有效的革命路径。

一是社会历史主体意识的削弱致使"后无产阶级"沦为虚假的政治共同体。面对现代性危机,西方学界展开了多元且异质的现代性批判,期望重构人类现代性生存方式和生存境遇。浪漫主义试图在以"非理性因素"为核心的艺术审美中进行现代性的救赎,冲破工具理性和技术知识对于人们的桎梏与统治;法兰克福学派

① 《马克思恩格斯文集》(第5卷),人民出版社2009年版,第871页。

试图通过交叉学科的方式对现存秩序进行有意识的批判和反抗，变革人类的生存方式；空间批判理论希望借鉴人文地理学的方法对马克思主义的历史唯物主义进行"历史—地理唯物主义"的改造；生态马克思主义试图以政治生态学探究西方现代性危机问题；后现代批判思潮试图在解构历史唯物主义的"元叙事"中寻求"革命"的话语。可见，西方学界破解现代性困境，超越现代性危机的方案虽然能够部分揭示现代社会病症和人类生存困境，但是由于"他们更多的是站在政治身份差异、文化价值观差异等方面认识无产阶级新的构成要素与组织形式"①，就这一点而言，无疑背离了马克思主义关于"历史之谜"的"两个划分"和"两个归结"的分析，指向了"后无产阶级"的自我意识和主体性。

比如，当代新左翼将无产阶级的概念改造为"无实体的主体"，这一"被排除者"的集合包括"贫民""移民"和"难民"，正如朗西埃笔下的"无分者之分（unepartdessans-part）"②，阿甘本的"神圣人"和"赤裸生命"③，齐泽克关于"新无产阶级"④的设想等。西方左翼学者认为，这些"后无产阶级"没有社会身份和政治身份的区别，具有共同的价值认同，因而具有充分的共同体意识。

"后无产阶级"的表述，一方面体现了西方学界从西方现代化进程中试图找寻促使变革的新生力量的努力；但是，另一方面，以多元主体取代无产阶级，以政治共同体取代马克思"自由人联合体"的设想在实质上是"以群际关系置换阶级关系"，指向"后无产

---

① 韩秋红：《当代西方左翼学者资本主义现代性批判的三重维度》，载《马克思主义研究》2022 年第 3 期。

② ［法］雅克·朗西埃：《歧义：政治与哲学》，刘纪蕙、林淑芬、陈克伦、薛熙平译，西北大学出版社 2015 年版，第 159 页。

③ ［意］吉奥乔·阿甘本：《神圣人：至高权力与赤裸生命》，吴冠军译，中央编译出版社 2016 年版，第 142 页。

④ ［斯诺文尼亚］斯拉沃热·齐泽克：《敏感的主体：政治本体论的缺席中心》，应奇等译，江苏人民出版社 2006 年版，第 157 页。

阶级"的虚假政治共同体。是故,当代表述各异的"后无产阶级"只是对理论合理性的形而上争论,无法成为社会历史的变革力量实现对西方现代性的超越。

二是囿于伦理规范的文化方案偏离了历史唯物主义的实践立场,无法为社会变革和人的解放提供真实可能的革命手段。从理论特质上看,西方现代性批判无法破解现代性困局的又一重要原因在于,其批判模式回归人本主义立场和思辨哲学的方法论原则,偏离了科学的政治经济学和历史唯物主义的立场、观点和方法,未能深入到资本主义私有制和雇佣劳动关系的本质。故而,无法解决现代性的矛盾与冲突,无法构想超越资本主义的社会生活形态。

比如,卢卡奇揭示了资本主义现代社会结构中的物化现象和物化意识问题,却希望通过提升"无产阶级意识"来进行无产阶级革命;法兰克福学派在社会批判理论中嵌入了文化意识形态批判的内核,期望通过艺术、审美、文化领导权等形式冲破工具理性的藩篱,促进个体自由和共同体的实现;西方左翼学者通过结构主义、解构主义或后现代主义等视角批判新自由主义和资本主义制度模式,提出以"团结、正义、激进平等"为特征的"新共产主义"作为应对现代性危机的基本方案,将变革的力量依托于"后无产阶级"的价值理念,一定程度上背离了马克思主义关于历史唯物主义的科学认知,无法为其所标榜的社会变革和人的全面解放提供真实有效的革命手段,无疑将陷入乌托邦式的理论思辨。

相较而言,马克思在对人类社会发展规律的认识过程中,始终将现实的实践活动作为批判现代性,切入整体理论分析的核心与基础。在马克思主义理论体系中,相较于经院哲学对于彼岸世界的形而上争论,更为重要的是找寻到推动社会历史发展和人类文明进步的"基本矛盾"和"根本动力",在对资本主义的总体性批判中,将对资本主义社会危机的功能批判,私有制条件下剥削关系的道德批判,以及异化劳动的伦理批判等相统一,坚持依靠人民群众的主体力量,在赓续奋斗的革命实践中,推动社会形态的更迭和自由人联合体的共产主义理想的实现。

总体上看,西方现代性批判中,无论是关于主体间性的建构、多元共识的形成还是对个体生命意义的回溯无疑蕴含着深刻的人本主义价值批判传统,但是其依托人本主义原则的实践哲学批判,恰恰缺乏了科学与革命的政治经济学和科学社会主义的实践,最终难以达成理论共识和实践合力,背离了马克思主义的价值旨归。

三、历史出路:中国式现代化对西方现代性的超越

中国式现代化正是在对西方现代性危机及其叙事逻辑进行反思的基础上生成的,在根本上有别于西方现代化的道路体系。党的二十大报告明确指出,新时代新征程党的中心任务是"以中国式现代化全面推进中华民族伟大复兴"①,并进一步阐释了中国式现代化的中国特色和本质要求。作为在现代性语境中展开的中国式现代化,一方面拥有世界各国现代化的共性特质,表征工业革命以降整个世界变革的过程;另一方面立足中国实际,彰显中国风格,形塑中国价值。中国式现代化坚持社会主义方向,超越以"资本"为中心的西方现代化模式,反思现代理性"占有与掌控"的文化逻辑,超越"东方从属西方"的殖民逻辑,扬弃"囿于伦理规范"的文化方案,在发展道路、发展战略、世界意义和未来前景等方面实现了对西方现代性的扬弃与超越,为人类实现现代化提供了新的选择。

---

① 习近平:《高举中国特色社会主义伟大旗帜,为全面建设社会主义现代化国家而团结奋斗——在中国共产党第二十次全国代表大会上的报告》,人民出版社 2022 年版,第 21 页。

（一）超越以"资本"为中心的西方现代化模式，致力于全体人民共同富裕

西方现代化从制度设计上属于商业集团或官僚集团等精英阶层主导的资本主义现代化，坚持以"资本"为中心，遵循自由主义原则，产生了强烈的维护权力和不平等特权的偏见。[①] 党的二十大明确指出，中国式现代化是中国共产党领导的社会主义现代化，以实现"全体人民共同富裕"为基本价值遵循，在发展道路上实现了对西方现代性的本质超越。

中国式现代化是中国共产党领导的社会主义现代化，内在规定了中国式现代化的主导力量不是西方资本主义式的利益集团，也不是西方"后无产阶级"的伦理主体，而是中国共产党和中国共产党领导的广大人民群众。从主导现代性的政治力量看，西方现代性充斥着"社会达尔文主义"的竞争与对抗，在推进物质文明繁荣发展的同时，客观上也导致了社会层面两极分化的日益加剧。中国共产党的领导是"中国式"的根本特征，内在规定了中国式现代化的主导力量是中国共产党和中国共产党领导的广大人民群众。实践证明，新中国成立以来，中国共产党坚持人民至上，带领中国人民创造了世所罕见的成就：经济快速发展，社会长期稳定，"用几十年时间走完了发达国家几百年走过的工业化进程"[②]，推动了历史发展，改变了现代化的世界版图。

中国式现代化以全体人民共同富裕为价值旨归。西方现代化是在现代理性和资本逻辑裹挟下以"资本"为中心的现代化历程，中国式现代化以"全体人民共同富裕"为价值旨归，彰显了以"人

---

① Erik Olin Wright, *How to be an Anticapitalist in the Twenty-First Century* (London and New York: Verso, 2019), p.201.

② 习近平：《习近平谈治国理政》（第3卷），外文出版社2020年版，第124页。

民"为中心对以"资本"为中心的超越。从中国的发展看,共同富裕是中国特色社会主义的本质要求,体现了社会主义现代化的政治要求和系统原则。在经济发展过程中,难免出现矛盾与冲突,党的二十大指出,中国式现代化坚持以全体人民共同富裕为价值旨归,通过协调相关利益关系,处理与解决各类矛盾与冲突,"完善个人所得税制度,规范收入分配秩序,规范财富积累机制"①,进一步提升人民群众的幸福感、获得感和安全感,从而避免陷入"后无产阶级"的虚假政治共同体的逻辑困境,真正实现对西方现代性的内在超越。

（二）反思"占有与掌控"的文化逻辑,促进社会结构和社会文化的协调统一

西方现代性是在现代理性影响下生成的,现代理性内在规定着资本主义动态稳定的社会结构和"占有与掌控"的文化逻辑。中国式现代化是在社会主义文明观、中华文明观和世界文明观有机融合中创生的,彰显了人民至上、协调发展的价值理念,遵循了和谐共生、文明融合的文明特质,在推进社会结构和社会文化协调统一的战略规划中实现着对西方现代性的内在超越。

党的二十大报告强调,中国式现代化超越工具理性下的"掌控逻辑",推进人与自然和谐共生。西方现代化进程呈现为技术控制下对资源的占有与掌控过程,伴随着全球化进程,西方社会的生态补救方案更是本着"经济理性"的发展战略,基于掠夺发展中国家的物质资源,向发展中国家倾倒废弃物,以及向发展中国家转移具有生态破坏和环境污染的项目等方式换取自身的生态平衡。如此

---

① 习近平:《高举中国特色社会主义伟大旗帜,为全面建设社会主义现代化国家而团结奋斗——在中国共产党第二十次全国代表大会上的报告》,人民出版社 2022 年版,第 47 页。

单向度的现代化势必造成人与人、人与自然、人与世界关系的失衡。马克思在《1844 年经济学哲学手稿》中就曾提出："人靠自然界生活。这就是说,自然界是人为了不致死亡而必须与之不断交往的、人的身体。"[①]面对工具理性下的"掌控逻辑",中国积极探索新的现代化模式,建构科学的"生态理性"以规范和应对"经济理性",促进人与人、人与自然、人与世界的良性互动。党的十八大以来,中国共产党致力于人与自然和谐共生的理念,创新了"绿水青山就是金山银山""良好生态环境是最普惠的民生福祉""山水林田湖草沙生命共同体""用最严格制度最严密法治保护生态环境"以及"共谋全球生态文明建设"等一系列关于生态文明建设的方针政策,在实践中推动人与自然和谐共生,实现对西方现代性"掌控逻辑"的现实超越。

党的二十大报告强调,中国式现代化超越现代文明对"增长"的崇拜,推动物质文明和精神文明相协调的高质量发展。资本主义动态稳定的结构逻辑体现为对"增长、加速和创新"的依赖,以追求物质财富的增长为发展目标,导致了社会和人的全面异化。中国式现代化将物质文明和精神文明视为文明发展的"两翼",一方面,通过建立健全社会主义市场经济,构建现代化的产业体系,促进区域协调发展,推进乡村振兴,加快构建以国内大循环为主体、国内国际双循环相互促进的新发展格局等途径,不断厚植现代化的物质基础,夯实人民美好生活的物质条件;另一方面,大力推进社会主义先进文化建设,巩固社会主义意识形态,践行社会主义核心价值观,繁荣发展文化事业和文化产业,在人民群众物质生活日益丰富的基础上,进一步满足群众的精神需求,真正实现物的全面丰富和人的全面发展。

---

① 《马克思恩格斯文集》(第 1 卷),人民出版社 2009 年版,第 161 页。

（三）超越"东方从属西方"的殖民逻辑，推动构建人类命运共同体

自资本主义开辟了世界市场，现代性获得了绝对的权力，然而，这一权力自诞生之日起便蕴含一种"东方从属西方"的殖民逻辑。中国式现代化始终坚持走和平发展道路，弘扬全人类共同价值，在超越"东方从属西方"殖民逻辑的基础上，推动构建人类命运共同体，彰显出非凡的世界历史意义。

党的二十大报告蕴含着中国共产党独特的大历史观和时代观，明确指出中国式现代化超越"支配—从属"的殖民关系，坚持走和平发展道路。回溯历史，自新航路开辟以来，西方现代化便建立在对亚非拉民族和地区的殖民与掠夺之上。西方史学家习惯将15世纪中叶到18世纪中叶的历史称为"扩张的历史"。正如马克思曾指出的："资产阶级，由于一切生产工具的迅速改进，由于交通的极其便利，把一切民族甚至最野蛮的民族都卷到文明中来了。"①技术革新和工业发展产生了强烈的示范效应，致使任何一个国家民族都很难拒绝这一现代文明。然而，残酷的剥削和野蛮的侵略是这一文明的本真面貌，任何基于伦理规范的改良方案都是在资本主义扩张与殖民的逻辑框架内对社会公平、正义、民主和自由问题所做的调整与努力，难免沦为乌托邦的幻景。与之相对，和平发展思想是中华文化的内在基因，鸦片战争以来的外敌入侵和内部战乱使得中国人民深刻感受和平的宝贵。中国式现代化自诞生之日起便倡导和平发展，摒弃西方对外扩张掠夺的现代化老路，通过奉行独立自主的和平外交政策，坚持和平共处五项基本原则，积极参与全球治理，破解了发展中国家面临的"追求现代化"与"让渡独立性"之间的悖论与难题，拓展了人类社会走向现代化的路径。

---

① 《马克思恩格斯文集》（第2卷），人民出版社2009年版，第35页。

中国式现代化弘扬全人类共同价值,倡导构建人类命运共同体。受现代理性和资本逻辑的影响,西方世界普遍以资本积累为价值目标,遮掩了人类生存的本真意义,而使得人成了"物"的目的和手段。中国式现代化以社会主义制度创新和价值理念变革来超越西方现代性的发展价值观,坚持弘扬全人类共同价值,提倡"以文明交流超越文明隔阂、文明互鉴超越文明冲突、文化共存超越文明优越"①,推动构建人类命运共同体,通过"对话协商""合作共赢"和"绿色低碳"的发展策略,建立更加平等均衡的新型全球发展伙伴关系,超越了西方社会"狭隘的个体意识"和"虚假的政治共同体",消除了阻碍人类繁荣的剥削事实,推进并实践着人的全面解放和人类的美好生活。

(四)扬弃"囿于伦理规范"的文化方案,在实践中开创和发展人类文明新形态

虽然现代化和现代文明发端于西方,肇始于资本主义,但是西方资本主义并不是现代文明的唯一形式,更不是理想形态。党的二十大报告蕴含深刻的实践伟力、战略思维和世界眼光,揭示出中国式现代化扬弃西方拯救现代性的文化替代方案,坚持革命与建设协同并进,在社会主义革命、建设和改革的伟大实践中开创和发展人类文明新形态。

中国式现代化坚持社会主义革命与建设的协同并进,实现了对西方拯救现代性的文化替代方案的扬弃。面对现代性危机,西方社会不断尝试回归人本主义立场,运用思辨哲学方法论原则解构现代性的叙事逻辑。这些拯救现代性的文化方案虽然有利于推

---

① 习近平:《高举中国特色社会主义伟大旗帜,为全面建设社会主义现代化国家而团结奋斗——在中国共产党第二十次全国代表大会上的报告》,人民出版社 2022 年版,第 63 页。

动全球视野和跨学科研究的发展,但也瓦解了马克思主义基本立场、观点和方法,难达理论共识,生成实践合力。相较而言,中国式现代化是中国共产党坚持马克思主义,结合中国实际,借鉴优秀传统文化,在革命和建设的实践中不断探索和总结的智慧结晶。无论从历史事实还是指导理论来看,革命无疑是实现现代化的前提,社会主义建设和改革是真正现代化的开始。早在新民主主义革命时期,毛主席就曾反复强调革命与建设的关系问题,指出政治改革的目标在于推翻束缚社会生产力的政治制度和经济制度,新民主主义革命时期的各项事业保障了实现现代化的物质前提和未来发展的政治方向。随着新中国的成立和改革开放以来的伟大进程,中国共产党成功推进和拓展了中国式现代化,实现了民族独立和国家繁荣富强。党的二十大更是立足于新发展阶段的世情、国情和党情,明确了 2035 年基本实现社会主义现代化的总体目标以及未来五年在经济发展、民主政治建设、国防外交建设、人民精神文化水平提升等方面的具体任务目标,进一步推进中国式现代化由理想蓝图转变为现实图景。

中国式现代化倡导"五大文明"协调发展和"文明互鉴",在中国特色社会主义伟大实践中丰富和发展人类文明新形态。习近平总书记在建党 100 周年大会上指出,中国共产党团结带领中国人民"坚持和发展中国特色社会主义,推动物质文明、政治文明、精神文明、社会文明、生态文明协调发展,创造了中国式现代化新道路,创造了人类文明新形态"[①]。在党的二十大报告中,进一步揭示出中国式现代化的未来前景是人类文明新形态,这是站在"为世界人民谋大同"的视野中,对"人类文明向何处去"的科学探索。在人类

---

① 习近平:《在庆祝中国共产党成立 100 周年大会上的讲话》,人民出版社 2021 年版,第 14 页。

文明历史长河中,现代化发挥了积极作用,但也不可避免地带来了许多矛盾与冲突,如人与自然、人与社会、人与人之间的异化关系,严重影响和制约了人类文明的可持续发展。中国共产党以马克思主义为指导,在对现代性危机的本质性化解中探索中国式现代化,创生人类文明新形态,将自然界、人类社会和人自身都纳入整体的发展架构之中,通过对制约生产力发展的经济、政治以及文化体制等方面进行深层次和全方位的变革,进一步推进新时代中国特色社会主义发展,创造性地破解了人类文明演进的危机与困境。同时,中国共产党以和平、发展、合作、共赢原则引领世界文明,倡导人类命运共同体,应对全球性危机与挑战,以系统和谐思维坚持和而不同,尊重文明多样性,更新文明智慧、厚植人类情怀,努力推动人类社会实现由"必然王国"向"自由王国"的飞跃。

现代性是一项未竟的事业,现代文明以现代性为本质,开启资本主义的历史性批判需立足于对其现代性的反思与扬弃。党的二十大系统阐述了中国式现代化的中国特色和本质要求,中国式现代化的探索深刻把握了现代化进程中"共相"与"殊相"的关系,坚持社会主义性质,变革"资本—现代"文明观,超越现代性的基本逻辑,重塑与创新对人类文明形态和未来发展前景的理解与认知,从发展道路、发展战略、世界意义和未来前景等方面实现了对西方现代性的多维超越,为化解西方现代性危机提供了中国智慧和中国方案,在中华民族发展史、社会主义建设史和人类社会发展史中都将具有重要里程碑意义。

后　记

　　三年疫情终于过去了，窗外鸟语花香，阳光洒满大地，书稿撰写与修改工作也终于接近尾声，可以告一段落了。

　　回首书稿的写作与组稿历程，其中影响最大的当属新冠疫情的影响。该书研究的主题是 21 世纪的全球危机问题，写作与组稿期间恰恰经历了震惊全球的三年新冠疫情。全球新冠疫情来势汹汹，走得也是莫名所踪。5 月 5 日，世卫组织公开宣布，2023 年新冠全球紧急状态结束。尽管新冠疫情还有余波，但是全球性的新冠大流行毕竟已经划上了句号，人类的政治、经济、文化、社会等交往又逐渐恢复了常态。就像历史上的其他重大疫情一样，科学界至今对于全球新冠疫情的起源、传染机制及其消退原因也给不出一个合理的解释。正是由于疫情的严峻性及其复杂性，我们作为亲身经历的一代人，自然感慨万千。对于气候变暖之类的其他各种全球性危机，学术界虽然研究热烈，著述甚丰，但是，就像这次疫情一样，对于其流行机制的了解仍然十分有限。通过这次疫情以及近年的气候变暖危机，我们深深感受到，无论对于作为大地之母的"盖娅"，还是对于地球上的各种生命存在，包括各种不可琢磨的病毒，我们都要把它们作为生命共同体去认真对待，不可轻视，不可虐待。我们人类自诩为"万物之灵"，也许这是上天留给我们最后的"天真之处"，是上天为我们在宇宙的存在留下一点最后的尊严。人类与自然万物，并非只有人类才是主体，各种生命存在都是自然演化的产物，都是过程中的存在，所谓的"万物之灵"也只能是过程中的虚幻显现，万物都是主体，只是主体的能力、感受、表现的方式有差异。人类作为主体的力量虽然貌似比其他生物的力量强，但是，各种生物在宇宙中的生存各有其绝招与奥秘。在苍茫浩渺的大自然面前，我们人类只是其中一颗行星上的一种历史性的偶然而且渺小的存在，不可自以为是。人、各种生物、各种无机物乃至天空中的各种星辰与存在物，都只是宇宙生命存在链条的一个环节，甚至是食物链的一个环节。宇宙作为一个巨型的演变主体，对于人类来说，也许只是一个深不见底的"黑洞"，新冠病毒、气候变暖、火山爆发、人口爆炸、智能机器人等等，都只是这个"黑洞"中偶尔泄露出的粒子或者射线。所以，对于当前的各种全球危机以及相关的各种全球危机思潮，我们都可以作为过程的产物去看待。即使对于全球危机的各种生态政治冲突与争论，我们也可以作为宇宙精神游戏的产物去观赏。也许这是上天给本书的主题研究与写作有意提供了罕见的历史性体会良机。

本著作的出版，首先要感谢东南大学，特别是我所在的马克思主义学院的大力支持。自 2012 年末，我调入东南大学马克思主义学院，至今已十余年。回首这十余年，从项目经费立项到书稿出版，其间经历了许多事件与环节。在这里，尤其要感谢学校与学院的宽容，经费立项已有很长的时间，但是研究方向随着工作单位的调整也在慢慢地摸索过程中。所以本著作的出版，在相当程度上是这些年跨界探索研究的结晶。如果没有学校与学院的宽容，本书是难以成形和出版的。

本著作的大部分内容来自国家社科基金项目"21 世纪马克思主义的生态政治理论发展趋向研究"（项目编号：19BKS077）阶段性结果，我身边勤奋钻研的研究生才俊付出了各自的努力。我的博士研究生王常冉、李安君、吕卫丽、孟天昊、张涛等同学在本书的课题写作与研讨过程中贡献颇多,他们的研究成果都体现在该书相关章节中。

全书由本人策划,前言、后记以及大部分章节由笔者和笔者的研究生完成,多数曾经刊发在相关学术核心期刊,收入本著作时,根据主题需要对题目作了微调。也有一些是博士研究生的前沿研究成果,没有来得及发表。作者情况如下:第一章为刘魁,原载东南大学学报(哲学社会科学版)2022 年第 2 期;第二章为张晨曲、刘魁,原载《世界哲学》2021 年第 5 期;第三章为刘魁、孟天昊;第四章为吕卫丽等,原载东南大学学报(哲学社会科学版)2022 年第 4 期;第五章为杨士喜;第六章为刘魁、罗民杰;第七章为王常冉、刘魁,原载《南京林业大学》(人文社会科学版)2019 年第 3 期;第八章为刘魁,原载《江苏行政学院学报》2020 年第 3 期;第十章为张赛、刘魁,原载《佳木斯大学社会科学学报》2021 年第 6 期;第十三章为李安君,原载《人民论坛・学术前沿》2020 年第 12 期;第十四章为刘魁,原载《南京航天航空大学学报》(社会科学版),2014 年第 4 期;第十五章为刘魁、张晨曲,原载东南大学学报(哲学社会科学版)2023 年第 2 期。孟天昊、张涛、张慕瑶、陈萍萍等同学参与了稿件编辑与校对工作,在此也特表感谢。

策划本著作的目的一是支持学校及学院的研究项目;二是跟踪国外马克思主义的学术前沿,展示相关研究成果;三是展示我院国外马克思主义的近年研究精品。这些工作都离不开学院国外马克思主义团队的大力支持。在著作主题策划与内容选辑过程中,得到了陈硕、陈良斌、李芳芳等老师的大力支持,在此深表谢意!本著作第九章的作者是国外马克思主义团队的中坚力量、马克思主义学院副教授陈硕博士,原载《山东社会科学》2021 年第 9 期,选入时论文标题与内容略有变动。第十一章作者是国外马克思主义团队成员李芳芳博士,原载东北大学学报(社会科学版)2022 年第

6期,原文题为"唐娜·哈拉维伴生关系思想研究",选入时标题略有调整。第十二章的作者是国外马克思主义团队核心成员陈良斌教授,原文题为"承认政治与人类命运共同体的构建",原载《湖南师范大学学报社会科学版》2018年第5期,选入时标题略有调整。对于这些团队成员的支持,在此深表谢意! 我们的国外马克思主义团队人数不多,但活力非凡,年轻人知识面广,功底扎实,具有从事学术研究的沉静之心,这在崇尚权力、颜值与铅字的喧哗世界,尤其难得。

本著作的出版,尤其需要感谢的是江苏人民出版社的张惠玲老师,她的认真、耐心与宽容也促成该书的出版。由于各种原因,该书从主题、大纲到书名,曾经数易其稿,在一切都讲究效率的时代,完全仰仗出版社以及张老师的耐心,在此再次深致谢意。

刘 魁

2023.05.10

参考文献

一、经典著作类

[1]《马克思恩格斯全集》(第1卷),人民出版社1995年版。

[2]《马克思恩格斯全集》(第3卷),人民出版社1960年版。

[3]《马克思恩格斯文集》(第5卷),人民出版社2009年版。

[4]《马克思恩格斯全集》(第8卷),人民出版社1961年版。

[5]《马克思恩格斯全集》(第10卷),人民出版社1998年版。

[6]《马克思恩格斯全集》(第19卷),人民出版社1963年版。

[7]《马克思恩格斯全集》(第20卷),人民出版社1971年版。

[8]《马克思恩格斯全集》(第23卷),人民出版社1972年版。

[9]《马克思恩格斯全集》(第29卷),人民出版社1972年版。

[10]《马克思恩格斯全集》(第30卷),人民出版社1974年版。

[11]《马克思恩格斯全集》(第30卷),人民出版社1995年版。

[12]《马克思恩格斯全集》(第31卷),人民出版社1998年版。

[13]《马克思恩格斯全集》(第32卷),人民出版社1974年版。

[14]《马克思恩格斯全集》(第34卷),人民出版社2008年版。

[15]《马克思恩格斯全集》(第42卷),人民出版社2016年版。

[16]《马克思恩格斯全集》(第44卷),人民出版社2001年版。

[17]《马克思恩格斯全集》(第47卷),人民出版社2004年版。

[18]《马克思恩格斯全集》(第48卷),人民出版社2007年版。

[19]《马克思恩格斯全集》(第49卷),人民出版社2016年版。

[20]《马克思恩格斯文集》(第1卷),人民出版社2009年版。

[21]《马克思恩格斯文集》(第2卷),人民出版社2009年版。

[22]《马克思恩格斯文集》(第4卷),人民出版社2009年版。

[23]《马克思恩格斯文集》(第5卷),人民出版社2009年版。

[24]《马克思恩格斯文集》(第6卷),人民出版社2009年版。

[25]《马克思恩格斯文集》(第7卷),人民出版社2009年版。

[26]《马克思恩格斯文集》(第8卷),人民出版社2009年版。

[27]《马克思恩格斯文集》(第9卷),人民出版社2009年版。

[28]《马克思恩格斯文集》(第10卷),人民出版社2009年版。

[29]《马克思恩格斯文集》(第19卷),人民出版社1963年版。

[30]《马克思恩格斯选集》(第2卷),人民出版社2012年版。

[31] K. Marx & F. Engels, Karl Marx/Friedrich Engels Gesamtausgabe: Brief wechsel, Januarbis Dezember 1851(1984).

[32]《1844年经济学哲学手稿》,人民出版社2014年版。

[33]《列宁全集》(32卷),人民出版社1992年版。

[34]习近平:《高举中国特色社会主义伟大旗帜,为全面建设社会主义现代化国家而团结奋斗——在中国共产党第二十次全国代表大会上的报告》,人民出版社2022年版。

[35]习近平:《在庆祝中国共产党成立100周年大会上的讲话》,人民出版社2021年版。

[36]习近平:《决胜全面建成小康社会 夺取新时代中国特色社会主义伟大胜利》,人民出版社2017年版。

[37]中共中央文献研究室:《习近平关于社会主义生态文明建设论述摘编》,中央文献出版社2017年版。

[38]习近平:《习近平谈治国理政》(第2卷),外文出版社2017年版。

[39]习近平:《习近平谈治国理政》(第3卷),外文出版社2020年版。

二、中文著作、古籍类

[1] [北宋]程颢,程颐:《二程集》,中华书局 1981 年版。

[2] [北宋]程颢、程颐:《二程集》,中华书局 2004 年版。

[3] [唐]孔颖达:《周易正义(卷七)·十三经注疏》,上海古籍出版社 1997 年版。

[4] [汉]许慎:《说文解字》,中华书局 1963 年版。

[5] [魏]何晏等:《论语注疏·十三经注疏》(下),上海古籍出版社 1997 年版。

[6] [春秋]老子:《道德经(五十九章)》,张震点校:《老子·庄子·列子》,岳麓书社 1994 年版。

[7] [宋]张载:《横渠易说·系辞上》,载《张载集》,中华书局 1978 年版。

[8] [宋]周敦颐:《周濂溪集》,商务印书馆 1936 年版。

[9] 王粤:《中国文化精华全集——哲学卷(三)》,中国国际广播出版社 1992 年版。

[10] [清]戴震:《孟子字义疏证·原善》(上卷),中华书局 1961 年版。

[11] 李学勤主编:《十三经注疏(标点本)·礼记正义》,北京大学出版社 1999 年版。

[12] 徐元诰:《国语集解》,中华书局 2002 年版。

[13] 张岱年:《宇宙与人生》,上海文艺出版社 1997 年版。

[14] 蒙培元:《人与自然》,人民出版社 2004 年版。

[15] 叶本度:《朗氏德汉双解大词典》,外语教学与研究出版社 2000 年版。

[16] 李曙华:《从系统论到混沌学》,广西师范大学出版社 2002 年版。

[17] 张一兵:《社会批判理论纪事:第 3 辑》,江苏人民出版社 2009 年版。

[18] 金景芳,吕绍纲:《周易讲座》,吉林大学出版社 1987 年版。

[19] 何信全:《哈耶克自由理论研究》,北京大学出版社 2004 年版。

［20］潘可礼：《以人为核心的新型城镇化研究》，中央编译出版社 2020
年版。

［21］曹孟勤等：《环境哲学：理论与实践》，南京师范大学出版社 2010
年版。

［22］余谋昌：《生态哲学》，陕西人民教育出版社 2000 年版。

［23］许慎撰、段玉裁：《说文解字注》，上海古籍出版社 1981 年版。

［24］盖光：《生态境域中人的生存问题》，北京人民出版社 2013 年版。

［25］汪晖：《承认的政治、万民法与自由主义的困境》//汪晖、陈燕谷：《文
化与公共性》，北京：生活·读书·新知三联书店 1998 年版。

三、中文期刊、论文类

［1］习近平：《决胜全面建成小康社会 夺取新时代中国特色社会主义伟
大胜利》，载《人民日报》2017 年第 10 期。

［2］费孝通：《"三级两跳"中的文化思考》，载《读书》2001 年第 4 期。

［3］王雨辰：《论西方绿色思潮的生态文明观》，载《北京大学学报》（哲学
社会科学版）2016 年第 4 期。

［4］王雨辰：《生态问题对历史唯物主义意味着什么——兼论生态学马克
思主义理论的价值》，载《学习与探索》2011 年第 6 期。

［5］王雨辰：《习近平"生命共同体"概念的生态哲学阐释》，载《社会科学
战线》2018 年第 2 期。

［6］王瑜：《"人类世"来了》，载《中国自然资源报》2019 年 6 月 17 日。

［7］包茂红：《"人类世"与环境史研究——〈大加速〉导读》，载《学术研究》
2020 年第 2 期。

［8］滕菲：《"人类世"的到来与生态现代主义的后自然思想》，载《福建师
范大学学报》（哲学社会科学版）2019 年第 5 期。

［9］钟晓林，洪晓楠：《拉图尔论"非现代性"的人与自然》，载《自然辩证法
通讯》2019 年第 6 期。

[10]麦永雄:《将科学带入政治——拉图尔"政治生态学"思想初探》,载《马克思主义与现实》2016 年第 2 期。

[11]张亢:《重构自然与政治:论拉图尔的政治生态学》,载《自然辩证法通讯》2020 年第 1 期。

[12]常照强:《行动者网络理论的后人类主义困境——从马克思主义的观点看》,载《自然辩证法研究》2022 年第 2 期。

[13]徐斌:《市场失灵、机制设计与全球能源治理》,载《世界经济与政治》2013 年第 11 期。

[14]叶海涛:《生态环境问题的技术化和经济学解决方案批判——以"杰文斯悖论"为中心》,载《江苏行政学院学报》2015 年第 6 期。

[15]高剑平,牛伟伟:《技术资本化的路径探析——基于马克思资本逻辑的视角》,载《自然辩证法研究》2020 年第 6 期。

[16]郇庆治:《"碳政治"的生态帝国主义逻辑批判及其超越》,载《中国社会科学》2016 年第 3 期。

[17]张振:《西方生态批评的第三波浪潮——"人类世"话语及局限》,载《中国高校社会科学》2022 年第 3 期。

[18]刘魁:《当代有机哲学的价值危机与价值重估》,载《江苏社会科学》2019 年第 2 期。

[19]王常冉,刘魁:《福斯特与摩尔关于新陈代谢断裂理论的论战》,载《南京林业大学学报(人文社会科学版)》2019 年第 5 期。

[20]张一兵:《后现代文化与资本帝国的全球统治——奈格里、哈特〈帝国〉解读》,载《文学评论》2018 年第 5 期。

[21]蓝江:《走出"人类世":人文主义的终结和后人类的降临》,载《内蒙古社会科学》2021 年第 1 期。

[22]唐正东:《异化的生产方式与资本主义的生态危机——福斯特的资本主义危机论解读》,载《南京社会科学》2015 年第 1 期。

[23]何山青:《福斯特的生态思想:个人道德视角抑或生产方式视角?——兼与唐正东教授商榷》,载《科学技术哲学研究》2018 年第 2 期。

[24]许涤新:《马克思与生态经济学——纪念马克思逝世一百周年》,载

《社会科学战线》1983 年第 3 期。

[25] 张云飞：《社会发展生态向度的哲学展示——马克思恩格斯生态发展观初探》，载《中国人民大学学报》1999 年第 2 期。

[26] 张云飞：《"生命共同体"：社会主义生态文明的本体论奠基》，载《马克思主义与现实》2019 年第 2 期。

[27] 贾学军：《"生态帝国主义"：福斯特对垄断资本主义批判的新视角》，载《理论视野》2013 年第 6 期。

[28] 牛田盛：《"人类世"帝国主义是 21 世纪资本主义的灭绝阶段——福斯特对帝国主义的最新批判述评》，载《世界社会主义研究》2019 年第 10 期。

[29] 王志伟：《后人类主义技术观及其形而上学基础——一种马克思主义的批判视角》，载《自然辩证法研究》2019 年第 8 期。

[30] 张南燕：《金融资本与"新帝国主义"批判——基于列宁的"帝国主义论"之阐释》，载《国外社会科学前沿》2020 年第 1 期。

[31] 尤西林：《现代性与时间》，载《学术月刊》2003 年第 8 期。

[32] 苏百义、林美卿：《马克思的新陈代谢断裂理论——人与自然关系的反思》，载《教学与研究》2017 年第 6 期。

[33] 徐水华、陈璇：《论马克思的"新陈代谢"理论及其当代启示——读福斯特的〈马克思的生态学：唯物主义与自然〉》，载《延边大学学报（社会科学版）》2013 年第 5 期。

[34] 姚大志：《什么是社群主义》，载《江海学刊》2017 年第 5 期。

[35] 陈良斌：《后传统背景下的共同体重建》，载《学海》2009 年第 3 期。

[36] 郭广银：《历史视域中的人民旨归——改革开放坚持的价值导向》，载《求索》2019 年第 1 期。

[37] 赵建军、杨博：《"绿水青山就是金山银山"的哲学意蕴与时代价值》，载《自然辩证法研究》2015 年第 12 期。

[38] 孙永祥：《梦想照不进现实 欧洲页岩气开发降温》，载《中国经济导报》2012 年第 4 期。

[39] 韩秋红：《当代西方左翼学者资本主义现代性批判的三重维度》，载《马克思主义研究》2022 年第 3 期。

[40] 世界气象组织:《温室气体公报(第 17 期)》,(2021-10-25)[2022-05-06][EB/OL]. https://library. wmo. int/doc_num. php? explnum_id=10931.

[41] 美国能源信息署:《一次能源概述》,(实时更新)[2022-05-07][EB/OL]. https://www. eia. gov/totalenergy/data/browser/♯/? f=A&start=1949&end=2021&charted=4-6-7-14.

[42] 世界银行:《通电率(占人口的百分比)》,(2022-04-08)[2022-04-25][EB/OL]. https://data. worldbank. org. cn/indicator/EG. ELC. ACCS. ZS? view=chart.

[43] 国际能源署:《1990—2019 年世界二氧化碳排放来源能源》,(2021-12-09)[2022-04-25][EB/OL]. https://www. iea. org/data-and-statistics/data-browser? country = WORLD&fuel = CO2％ 20emissions&indicator = CO2BySource.

[44] 国际可再生能源署:《世界能源转型展望》,(2021-06-06)[2022-05-06][EB/OL]. https://www. irena. org/publications/2021/Jun/World-Energy-Transitions-Outlook.

[45] [意]麦克尔·哈特、颜海平:《"帝国"与"大众":对话的开始》,(2007-3-19)[2022-1-20][EB/OL]. http://www. chinawriter. com. cn/2007/2007-03-19/22775. Html.

[46] [法]丹尼尔·萨莫拉、[法]米切尔·迪恩:《福柯是怎么把新自由主义理解得如此错误的?》,李丹译,"澎湃新闻·思想市场"2019 年 9 月 22 日,参见 https://www. thepaper. cn/newsDetail_forward_4390056.

四、外文著作、译著、论文类

[1] 埃德加·莫兰:《超越全球化与发展:社会世界还是帝国世界:第 1 册》,上海文化出版社 2006 年版。

[2] [德]哈尔特穆特·罗萨:《加速:现代社会中时间结构的改变》,董璐

译,北京大学出版社 2015 年版。

〔3〕〔德〕哈尔特穆特·罗萨:《新异化的诞生:社会加速批判理论大纲》,郑作彧译,上海人民出版社 2018 年版。

〔4〕〔美〕詹姆斯·奥康纳:《自然的理由:生态学马克思主义研究》,唐正东、臧佩洪译,南京大学出版社 2003 年版。

〔5〕〔美〕约翰·贝拉米·福斯特:《生态危机与资本主义》,耿建新、宋兴无译,上海译文出版社 2006 年版。

〔6〕〔美〕约翰·贝拉米·福斯特:《马克思的生态学:唯物主义与自然》,刘仁胜、肖峰译,北京高等教育出版社 2006 年版。

〔7〕〔美〕约翰·贝拉米·福斯特:《生态革命:与地球和平相处》,刘仁胜、李晶、董慧译,人民出版社 2015 年版。

〔8〕〔美〕P. Hawken & Amory & L. H. Lovins:《自然资本论——关于下一次工业革命》,王乃粒、诸大建、龚义台译,上海科学普及出版社 2000 年版。

〔9〕〔美〕莱斯特·R·布朗:《B 模式 4.0:起来,拯救文明》,林自新、胡晓梅、李康民译,上海科技教育出版社 2010 年版。

〔10〕〔美〕阿尔温·托夫勒:《第三次浪潮》,朱志焱、潘琪、张焱译,生活·读书·新知三联书店 1983 年版。

〔11〕〔德〕赫尔曼·希尔:《能源变革:最终的挑战》,王乾坤译,人民邮电出版社 2013 年版。

〔12〕〔美〕约翰·M·波利梅尼、〔日〕真弓浩三、〔西〕马里奥·詹彼得罗等:《杰文斯悖论:技术进步能解决资源难题吗》,许洁译,上海科学技术出版社 2014 年版。

〔13〕〔匈〕卢卡奇:《历史与阶级意识》,杜章智等译,商务印书馆 2017 年版。

〔14〕〔美〕汉娜·阿伦特:《人的境况》(第二版),王寅丽译,上海人民出版社 2021 年版。

〔15〕〔德〕李比希:《李比希文选》,刘更另、李三虎译,北京大学出版社 2011 年版。

〔16〕〔德〕李比希:《化学在农业和生理学上的应用》,刘更另译,农业出版

社 1983 年版。

　　[17] [英]彼德·斯拉法,M. H. 多布:《大卫·李嘉图全集》(第 1 卷),郭大力、王亚南译,商务印书馆 2013 年版。

　　[18] [美]约翰·H·霍兰:《隐秩序》,周晓牧、韩晖译,世纪出版集团 2011 年版。

　　[19] [古希腊]伊壁鸠鲁、[古罗马]卢克莱修:《自然与快乐:伊壁鸠鲁的哲学》,包利民、刘玉鹏、王玮玮译,中国社会科学出版社 2018 年版。

　　[20] [联邦德国]A. 施密特:《马克思的自然概念》,欧力同等译,商务印书馆 1988 年版。

　　[21] [德]路德维希·费尔巴哈:《费尔巴哈哲学著作选集》(上、下卷),荣震华、李金山译,商务印书馆 1984 年版。

　　[22] [英]达尔文:《物种起源》,周建人、叶笃庄、方宗熙译,商务印书馆 1995 年版。

　　[23] 斯拉沃热·齐泽克:《意识形态的崇高客体》,季广茂译,中央编译出版社 2001 年版。

　　[24] [法]布鲁诺·拉图尔:《着陆何处——全球化、不平等与生态巨变下,政治该何去何从》,陈荣泰、伍启鸿译,群学出版有限公司 2020 年版。

　　[25] [法]布鲁诺·拉图尔:《我们从未现代过》,刘鹏译,苏州大学出版社 2010 年版。

　　[26] [美]艾尔弗雷德·克罗斯比:《生态帝国主义:欧洲的生物扩张,900—1900》,张谡过译,商务印书馆 2017 年版。

　　[27] [英]戴维·佩珀:《生态社会主义:从深层生态学到社会正义》,刘颖译,山东大学出版社 2005 年版。

　　[28] [德]霍克海默、阿道尔诺:《启蒙辩证法:哲学断片》,渠敬东、曹卫东译,上海人民出版社 2006 年版。

　　[29] [德]哈贝马斯:《合法化危机》,刘北城、曹卫东译,上海人民出版社 2000 年版。

　　[30] [德]马丁·海德格尔:《演讲与论文集》,孙周兴译,生活·读书·新知三联书店 2005 年版。

［31］［法］拉加斯纳里:《福柯的最后一课》,潘培庆译,重庆大学出版社 2016 年版。

［32］［法］福柯:《生命政治的诞生》,莫伟民、赵伟译,上海人民出版社 2011 年版。

［33］［英］哈耶克:《通往奴役之路》,王明毅等译,中国社会科学出版社 1997 年版。

［34］［德］黑格尔:《自然哲学》,梁志学译,商务印书馆 1980 年版。

［35］［德］黑格尔:《精神现象学》(上卷),贺麟、王玖兴译,商务印书馆 2019 年版。

［36］［美］菲利浦·罗斯:《最伟大的思想家:怀特海》,李超杰译,中华书局 2014 年版。

［37］［英］阿尔弗雷德·诺斯·怀特海:《过程与实在》,周邦宪译,北京联合出版社 2014 年版。

［38］［英］阿尔弗雷德·诺斯·怀特海:《科学与近代世界》,何钦译,北京商务印书馆 1959 年版。

［39］［法］阿兰·图海纳:《我们能否共同生存?》,狄玉明、李平沤译,北京商务印书馆 2003 年版。

［40］［德］霍耐特:《为承认而斗争》,胡继华译,上海世纪出版集团 2005 年版。

［41］［德］滕尼斯:《共同体与社会》,林荣远译,北京大学出版社 2010 年版。

［42］［美］桑德尔:《自由主义与正义的局限》,万俊人等译,南京译林出版社 2001 年版。

［43］［加拿大］查尔斯·泰勒:《黑格尔》,张国清等译,南京译林出版社 2002 年版。

［44］［英］李约瑟:《李约瑟文集》,辽宁科学技术出版社 1986 年版。

［45］［英］安东尼·吉登斯:《现代性的后果》,田禾译,译林出版社 2011 年版。

［46］［德］胡塞尔:《欧洲科学的危机与超越论的现象学》,王炳文译,商务

印书馆2001年版。

　　[47] [美]阿拉斯戴尔·麦金太尔:《追寻美德:道德理论研究》,宋继杰译,刘东主编,译林出版社2011年版。

　　[48] [法]雅克·朗西埃:《歧义:政治与哲学》,刘纪蕙、林淑芬、陈克伦、薛熙平译,西北大学出版社2015年版。

　　[49] [意]吉奥乔·阿甘本:《神圣人:至高权力与赤裸生命》,吴冠军译,中央编译出版社2016年版。

　　[50] [斯诺文尼亚]斯拉沃热·齐泽克:《敏感的主体:政治本体论的缺席中心》,应奇等译,江苏人民出版社2006年版。

　　[51] 罗伯特·基欧汉:《气候变化的全球政治学:对政治科学的挑战》,谈尧、谢来辉译,载《国外理论动态》2016年第3期。

　　[52] 苏珊娜·杰弗瑞:《化石能源、资本主义和工人阶级》,盛国荣译,载《国外理论动态》2019年第8期。

　　[53] 安德烈亚斯·马尔姆:《生态学与马克思主义:重要议题和阅读指南》,苑洁译,载《国外理论动态》2021年第5期。

　　[54] 约翰·贝拉米·福斯特,何山青:《"人类世"时代生态马克思主义的演进》,载《国外理论动态》2017年第7期。

　　[55] 约翰·贝拉米·福斯特:《社会主义理想的复兴》,刘仁胜译,载《国外理论动态》2021年第1期。

　　[56] 斋藤幸平,陈世华,卓宜勋:《"人类世"的马克思主义》,载《南京工业大学学报(社会科学版)》2019年第3期。

　　[57] 瑞尼尔·格伦德曼:《马克思主义面临的生态挑战》,刘魁、张苏强译,载《南京林业大学学报(人文社会科学版)》2015年第2期。

　　[58] [法]雅克·比岱:《福柯和自由主义:理性,革命和反抗》,载《求是学刊》2007年第6期。

　　[59] [美]大卫·格里芬:《建设性后现代主义与生态思维》,载《唐都学刊》2013年第5期。

　　[60] [美]大卫·格里芬:《生态文明:拯救人类文明的必由之路》,载《深圳大学学报(人文社会科学版)》2013年第6期。

［61］Reinhart Koselleck, *Vergangene Zukunft : Zur Semantik Geschich-tlicher Zeiten* (Frankfurt a. M. : Suhrkamp, 1995).

［62］Pierre Bourdieu, *Outline of a Theory of Practice* (Richard Nice, Trans.) (Cambridge : Cambridge University Press, 2013).

［63］David Harvey, *The Condition of Postmodernity : An Enquiry into the Origins of Cultural Change* (Chichester : Wiley-Blackwell, 1992).

［64］Hermann Lübbe, "Gegenwartsschrumpfung", in *Die Beschleuni-gungsfalle oder der Triumph der Schildkröte*, ed. by Klaus Backhaus & Holger Bonus, 3rd edn (Stuttgart : Schäffer-Poeschel, 1998).

［65］Hartmut Rosa, *Social Acceleration : A New Theory of Modernity* (Jonathan Trejo-Mathys trans.) (New York : Columbia University Press, 2013).

［66］Hartmut Rosa & Klaus Dorre & Stephan Lessenich, "Appropriation, Activation and Acceleration : The Escalatory Logics of Capitalist Modernity and the Crises of Dynamic Stabilization," *Theory, Culture & Society*, Vol. 34, No.1(2017).

［67］Hartumut Rosa, *Resonance : A Sociology of the Relationship to the World* (New York : John Wiley & Sons, 2019).

［68］Hartmut Rosa, "Dynamic Stabilization, the Triple A. Approach to the Good Life, and the Resonance Conception," *Questions de Communication*, No.31 (2017).

［69］James Trafford & Pete Wolfendale, *Alien Vectors : Accelerationsim, Xenofeminism, Inhumanism* (London : Routledge, 2019).

［70］Isaac Ariail Reed, "When Acceleration Negates Progress," *Contem-porary Sociology*, Vol. 43, No. 6 (2014).

［71］Alex Williams & Nick Srnicek, "Accelerate : Manifesto for an Ac-celerationist Politics", in *Accelerate : The Accelerationist Reader*, Robin Mackey & Armen Avanessian eds. (Cambridge, MA : MIT Press, 2014).

［72］Vanessa Lemm & Miguel Vatter, et al, *The Government of Life :*

Foucault, *Biopolitics and Neoliberalism* (New York: Fordham University Press, 2014).

[73] Andrew Barry & Thomas Osborne & Nikolas Rose, et al, *Foucault and Political Reason: Liberalism, Neo-Liberalism, and Rationalities of Government* (Chicago: University of Chicago Press, 1996).

[74] Deborah Cook, *Adorno, Foucault and the Critique of the West* (London and New York: Verso, 2018).

[75] Antonio Negri, *Marx and Foucault* (New York: John Wiley & Sons, 2017).

[76] Donna Jeanne Haraway, *Primate Visions: Gender, Race, and Nature in the World of Modern Science* (London: Routledge, 1989).

[77] Donna Jeanne Haraway, *The Companion Species Manifesto: Dogs, People, and Significant Otherness* (Chicago: Prickly Paradigm Press, 2003).

[78] Donna Jeanne Haraway, *When Species Meet* (Minneapolis: University of Minnesota, 2008).

[79] Donna Jeanne Haraway, *Simians, Cyborgs, and Women: The Reinvention of Nature* (London: Routledge, 1991).

[80] Donna Jeanne Haraway, The *Haraway Reader* (London: Routledge, 2003).

[81] Donna Jeanne Haraway, *Staying with the Trouble: Making Kin in the Chthulucene* (London: Duke University Press, 2016).

[82] Jacques Derrida & David Wills, "The Animal that Therefore I Am (More to Follow)" *Critical Inquiry*, Vol.28, No.2 (2002).

[83] Charles Taylor, *Multiculturalism and "the Politics of Recognition"* (Princeton, NJ: Princeton University Press, 1992).

[84] Christopher Martin, "Disrespect: The Normative Foundations of Critical Theory by Axel Honneth" *Journal of Philosophy of Education*, Vol. 41, No.3 (2007).

[85] Axel Honneth, *The Idea of Socialism: Towards a Renewal* (New

York: John Wiley & Sons, 2016).

[86] Erik Olin Wright, *How to be an Anticapitalist in the Twenty-First Century* (London and New York: Verso, 2019).

[87] Kenneth Hewitt, "The Idea of Calamity in a Technocratic Age," in *Interpretations of Calamity: From the Viewpoint of Human Ecology*, (London: Routledge, 1983).

[88] Ben Wisner & Piers Blaikie & Terry Cannon & Ian Davis, *At Risk: Natural Hazards, People's Vulnerability and Disasters* (London: Routledge, 2005).

[89] Kyle Harper, *The Fate of Rome: Climate, Disease, and the End of an Empire* (Princeton, NJ: Princeton University Press, 2017).

[90] Nick Srnicek & Alex Williams, *Inventing the Future: Post capitalism and a World without Work* (London and New York: Verso, 2015).

[91] Steven Shaviro, *No Speed Limit: Three Essays on Accelerationism* (Minneapolis: University of Minnesota Press, 2015).

[92] Andreas Malm, *Fossil Capital: The Rise of Steam Power and the Roots of Global Warming* (London and New York: Verso, 2016).

[93] Andreas Malm, *Corona, Climate, Chronic Emergency: War Communism in the Twenty-First Century* (London and New York: Verso, 2020).

[94] Andreas Malm, *How to Blow up a Pipeline: Learning to Fight in a World on Fire* (London and New York: Verso, 2021).

[95] Asef Bayat, *Revolution without Revolutionaries: Making Sense of the Arab Spring* (Stanford, CA: Stanford University Press, 2017).

[96] Bruno Latour, *Facing Gaia: Eight Lectures on the New Climatic Regime* (New York: John Wiley & Sons, 2017).

[97] Bruno Latour, *Pandora's Hope: Essays on the Reality of Science Studies* (Cambridge: Harvard University Press, 1999).

[98] Bruno Latour, "How to Make Sure Gaia is not a God of Totality? With Special Attention to Toby Tyrrell's Book on Gaia," *Theory, Culture*

and Society, Vol.34, No.2-3 (2017).

[99] Bruno Latour & Denise Milstein & Isaac Marrero-Guillamón, et al, "Down to Earth Social Movements: An Interview with Bruno Latour," *Social Movement Studies*, Vol.17, No.3 (2018).

[100] Bret Clark & Richard York, "Carbon Metabolism: Global Capitalism, Climate Change, and the Biospheric Rift," *Theory and society*, Vol.34 (2005).

[101] Rex Butler, Slavoj Zizek, *The Žižek Dictionary* (London: Routledge, 2014).

[102] Timothy M. Lenton & Bruno Latour, "Gaia 2.0: Could Human Add Some Level of Self-Awareness to Earth's Self-Regulation?" *Science*, Vol.361, No.6407 (2018).

[103] Will Steffen & Regina A. Sanderson & Peter D. Tyson, et al, *Global Change and the Earth System: A Planet under Pressure* (Berlin: Springer Science & Business Media, 2005).

[104] William Roscher, *Principles of Political Economy* (Chicago: Callaghan and Company, 1878).

[105] Michael Shellenberger & Ted Nordhaus, "The Death of Environmentalism: Global Warming Politics in a Post-Environmental World," *The Environmental Grantmakers Association* (2004).

[106] Michael Shellenberger & Ted Nordhaus, *Break Through: From the Death of Environmentalism to the Politics of Possibility* (New York: Houghton Mifflin Harcourt, 2007).

[107] Michael Shellenberger & Ted Nordhaus, et al, *Love Your Monsters: Post-Environmentalism and the Anthropocene* (Oakland: Breakthrough Institute, 2011).

[108] Michael Shellenberger & Ted Nordhaus et al, "Wicked Polarization: How Prosperity, Democracy and Experts Divided America," *Breakthrough Journal*, Vol. 3 (2013).

[109] Michael Friedman, "Metabolic Rift and the Human Microbiome," *Monthly Rev*, Vol.70, No.3 (2018).

[110] Eileen Crist, "The Reaches of Freedom: A Response to An Ecomodernist Manifesto," *Environmental Humanities*, Vol.7, No.1(2016).

[111] Evangelos D. Protopapadakis, "Environmental Ethics and Linkola's Ecofascism: An Ethics Beyond Humanism," *Frontiers of Philosophy in China*, Vol. 9, No.4 (2014).

[112] Ernst Haeckel, *Gennerelle Morphologie der Organismen* (Berlin: De Gruyter, 1866).

[113] F. W. Schelling, *Ideenzuiner Philosophieder Nature* (1857).

[114] Gwyn Prins & Isabel Galiana & Christopher Green, et al, *The Hartwell Paper: A New Direction for Climate Policy After the Crash of 2009*(London School of Economics and Political Science, LSE Library, 2010)

[115] Gwythian Prins & Mark Caine & Keigo Akimoto, et al, *The Vital Spark: Innovating Clean and Affordable Energy for All* (London School of Economics and Political Science, LSE Library, 2013).

[116] Holly Jean Buck, *After Geoengineering: Climate Tragedy, Repair, and Restoration* (London and New York: Verso, 2019).

[117] *The Anthropocene and the Global Environmental Crisis: Rethinking Modernity in a New Epoch*(London: Routledge, 2015).

[118] Harry Magdoff, "Globalization-To What End?" *Socialist Register*, Vol. 28 (1992).

[119] John Bellamy Foster & Brett Clark, "Ecologocal Imperialism: The Curse of Capitalism," *Socialist Register*, Vol. 40 (2004).

[120] John Bellamy Foster, "Marxism in the Anthropocene: Dialectical Rifts on the Left," *International Critical Thought*, Vol.6, No.3 (2016).

[121] John Bellamy Foster & Hannah Holleman & Brett Clark, "Imperialism in the Anthropocene," *Monthly Review*, Vol.71, No.3 (2019).

[122] John Bellamy Foster, *Marx's Ecology: Materialism and Nature*

(New York: NYU press, 2000).

[123] Sam Moore & Alex Roberts, *The Rise of Ecofascism: Climate Change and the Far Right* (New York: John Wiley & Sons, 2022).

[124] Jason W. Moore, *Anthropocene or Capitalocene? Nature, History, and the Crisis of Capitalism* (Oakland, CA: PM Press, 2016).

[125] Jason W. Moore, "Transcending the Metabolic Rift: A Theory of Crises in the Capitalist World-Ecology," *The Journal of Peasant Studies*, Vol.38, No.1 (2011).

[126] Jason W. Moore, "Metabolic rift or metabolic shift? Dialectics, nature, and the world-historical method," *Theory and Society*, Vol.46 (2017).

[127] Janet Biehl & Peter Staudenmaier, "Ecofascism: Lessons from the German Experience," *Ethics and the Environment*, Vol.1, No.2 (1996).

[128] John Peter Nettl, *Rosa Luxemburg: The Biography* (London and New York: Verso, 2019).

[129] Jean Philippe Sapinski & Holly Jean Buck & Andreas Malm, et al, *Has It Come to This? The Promises and Perils of Geoengineering on the Brink* (New Brunswick, NJ: Rutgers University Press, 2020).

[130] Justus von Liebig, *Familiar Letters on Chemistry, in its Relation to Physiology, Dietetics, Agriculture, Commerce and Political Economy* (London: Walton & Maberly, 1859)

[131] Jacob Moleschott, *Der Kreislauf des Lebens, Physiologische Antworten auf J. Liebig's Chemische Breife* (Mainz: V. von Zabern, 1852).

[132] James O'Connor, *Natural Causes: Essays in Ecological Marxism* (New York: The Guilford Press, 1998).

[133] Kohei Saito, *Karl Marx's Ecosocialism: Capital, Nature and the Unfinished Critique of Political Economy* (New York: NYU Press, 2017).

[134] Roland Daniels, *Mikrokosmos: Entwurf Einer Physiologischen Anthropologie* (Frankfurt am Main: Peter Lang, 1988).

[135] W. Neil Adger, "Vulnerability," *Global Environmental Change,*

Vol.16, No.3 (2006).

[136] P. M. Kelly & W. Neil Adger, "Theory and Practice in Assessing Vulnerability to Climate Change and Facilitating Adaptation," *Climatic change*, Vol.47, No.4 (2000).

[137] Mark Sagoff, *Price, Principle, and the Environment* (Cambridge: Cambridge University Press, 2004).

[138] Mark Sagoff, *The Economy of the Earth: Philosophy, Law, and the Environment (Second Edition)* (Cambridge: Cambridge University Press, 2008).

[139] Helen Hester, *Xenofeminism* (New York: John Wiley & Sons, 2018).

[140] Paul J. Crutzen, Eugene F. Stoermer, "The 'Anthropocene'," *Global Change Newsletter*, Vol.41 (2000).

[141] Paul J. Crutzen, "Geology of Mankind," *Nature*, Vol.415, No. 6867 (2002).

[142] Paul J. Crutzen, "Albedo Enhancement by Stratospheric Sulfur Injections: A Contribution to Resolve a Policy Dilemma?" *Clamite Change*, Vol.77, No.3-4 (2006).

[143] Jan Zalasiewicz, Mark Williams, Paul Crutzen, et al, "When did the Anthropocene Begin? A Mid-Twentieth Century Boundary Level is Stratigraphically Optimal," *Quaternary International*, Vol.383 (2015).

[144] Will Steffen, Jacques Grinevald, Paul Crutzen, John McNeill, "The Anthropocene: Conceptual and historical perspectives," *Philosophical Transactions of the Royal Society A: Mathematical, Physical, and Engineering Sciences*, Vol.369, No.1938 (2011).

[145] Slavov Zizek, "Nature and its Discontents," *SubStance*, Vol.37, No.3 (2008).

[146] Gregory Clark, "The Price History of English Agriculture," *Research in Economic History* (2004).

［147］Dipesh Chakrabarty，"The Climate of History：Four Theses,"
Critical Inquiry，Vol.35，No.2（2009）.

［148］Dipesh Chakrabarty，"Postcolonial Studies and the Challenge of
Climate Change," *New Literary History*，Vol.43，No.1（2012）.

［149］Dipesh Chakrabarty，"Climate and Capital：On Conjoined Histo-
ries," *REAL-Yearbook of Research in English and American Literature*，
Vol.33（2017）.

［150］Scientific American，*The Impact of Global Warming on Human
Fatality Rates*（2019）.

［151］World Meteorological Organization，*WMO Statement on the State
of the Global Climate in* 2019(2019).

［152］Mark Sagoff，*A Theology for Ecomodernism：What is the Nature
We Seek to Save?*［EB/OL］. https：//the breakthrough.org/journal/issue-5/a-
theology-for-ecomodernism.

［153］Mark Sagoff，*What Would Hayek do about Climate Change?*
［EB/OL］. https：//the breakthrough. org/journal/no-13-winter-2021/what-
would-hayek-do-about-climate-change.

［154］Meera Subramania，*Anthropocene Now：Influential Panel Votes
to Recognize Earth's New Epoch*，［EB/OL］. https：//www.nature.com/arti-
cles/d41586-019-01641-5.

［155］Ted Nordhaus & Michael Shellenberger，*Beyond Cap and Trade*，
A New Pathto Clean Energy，［EB/OL］. https：//e360. yale. edu/features/
nordhaus_shellenberger_beyond_cap_and_trade_a_new_path_to_clean_energy.

［156］Ted Nordhaus & Michael Shellenberger，*The Creative Destruction
of Climate Economics*，［EB/OL］. https：//the breakthrough.org/journal/on-
line-content/the-creative-destruction-of-climate-economics.

［157］Michael Shellenberger & Ted Nordhaus，*Against Technology
Tribalism：Why We Need Innovation to Make Energy Clean*，*Cheap and Re-
liable*，［EB/OL］. https：//the breakthrough. org/articles/against-technology-

tribalism.

[158] Michael Shellenberger & Ted Nordhaus, *The Great Green Melt-down: How Economic Arguments Against Nuclear Highlight Environmen-talist Delusions*, [EB/OL]. https://the breakthrough.org/issues/energy/the-great-green-meltdown.

[159] Ted Nordhaus, *Using Technology to Address Climate Change: O-ral Testimony to the House Science Committee*, [EB/OL]. https://the breakthrough.org/issues/energy/using-technology-to-address-climate-change.

[160] Ted Nordhaus, *The Earth's Carrying Capacity for Human Life is not Fixed*, [EB/OL]. https://aeon.co/ideas/the-earths-carrying-capacity-for-human-life-is-not-fixed.

[161] Erle Ellis, *The Long Anthropocene: Three Millennia of Humans Reshaping the Earth*, [EB/OL]. https://the breakthrough.org/articles/the-long-anthropocene.

[162] Erle Ellis, *Mapping the Anthropocene: Visualizing How Humans are Embedded in Nature*, [EB/OL]. https://the breakthrough.org/issues/conservation/mappingthe-anthropocene.

[163] Erle Ellis, *Evolving toward a Better Anthropocene: How did People Evolve the Capacity to Push the Planet into a New Geologic Era?* [EB/OL]. https://the breakthrough.org/issues/conservation/evolving-toward-a-better-anthropocene.

[164] John Asafu-Adjaye, et al, *An Ecomodernist Manifesto*, [EB/OL]. https://the breakthrough.org/manifesto/manifesto-english.

[165] Jeremy Caradonna, et al, *A Call to Look Past An Ecomodernist Manifesto: A Degrowth Critique*, [EB/OL]. https://www.resilience.org/wp-content/uploads/articles/General/2015/05 _ May/A-Degrowth-Response-to-An-Ecomodernist-Manifesto.pdf.

[166] Ian Angus, *"Anthropocene or Capitalocene?" Misses the Point*. https://climateandcapitalism.com.

［167］John Bellamy Foster，*In Defense of Ecological Marxism*：*John Bellamy Foster Responds to A Critic*，［EB/OL］．http：//climateandcapitalism．com/2016/06/06/in-defense-of-ecological-marxism-john-bellamy-foster-responds-to-a-critic/，2016－06－06．